METAPHYSICS

형이상학 강의 2

METAPHYSICS

형이상학 강의 2

민음사

편집자 서문

 1995년 박홍규 선생님의 서거 1주년에 맞추어 박홍규 전집의 제1, 2권인
『희랍 철학 논고』와 『형이상학 강의 1』이 나온 지 정확히 9년이 지나 서거
10주년이 되는 지금에야 전집의 제3권인 『형이상학 강의 2』와 제4권인 『플
라톤 후기 철학 강의』를 세상에 내놓는다. 그 간격은 길다면 긴 시간이지
만 선생님의 철학의 생명력으로 보면 별로 문제 되지 않는 시간일지도 모
른다. 이제 90분짜리 테이프 약 20개의 분량에 해당하는 『창조적 진화 강
독 1, 2』만 나오면 박홍규 전집은 모두 완간되는 셈이다. 현재 작업이 상당
부분 진행되어 있는 상태이므로 그리 오래지 않아 출간될 것으로 기대해도
좋을 것이다.
 전집의 제3권인 『형이상학 강의 2』는 『형이상학 강의 1』과 마찬가지로
1984년 정년퇴임 기념 고별강연 이후, 서울대학교 명예교수로서 대체로 한
학기에 한 번씩 학생들을 모아놓고 녹음을 의식하며 하신 강의들을 편집한
것으로서, 그중 1988년 이후부터 돌아가시기 직전인 1993년 말까지의 강의
들이 시기순으로 실려 있다. 다만 「고르기아스의 비존재 강의 후 질문」은
본 강의인 「고르기아스의 비존재」가 녹음되지 않아서 그 다음 날 다시 댁으
로 찾아가 질문하는 형식으로 이루어졌기 때문에, 내용의 통일성이 미흡하
여 맨 뒤로 뺐다. 『형이상학 강의 1』이 「고별 강연」이나 「광주 강연」을 제
외하면 상당히 전문적이고 비교적 어려운 내용인 데 비해, 『형이상학 강의
2』는 이해하기가 쉬우면서도 선생님의 사상의 정수가 잘 드러나 있는 강의

들이기 때문에 일반 독자들에게 가장 권하고 싶은 책이다. 각 강의는 바로 전 강의와 연결이 되고 꼬리에 꼬리를 무는 방식으로 전개되어 전체적으로 보면 어떤 일정한 논리 전개 방식에 따라 순서대로 이루어지는 것처럼 진행되기 때문에, 독자들은 가능하면 책의 배열 순서(＝시기순)대로 읽기를 권한다. 또 각 강의는 선생님의 생각을 죽 말씀하시는 앞부분(책의 대부분)과 거기에 대한 학생들의 질문과 선생님의 답이 진행되는 뒷부분으로 이루어지는데, 가능하면 다 읽으면 좋겠지만 정 시간이 없는 독자는 앞부분을 중심으로 읽어도 무방할 것이다.

편집 방식은 이미 1권에서 자세히 밝힌 대로 가능한 한 실제의 강의에 충실하려고 노력했지만, 사투리, 말이 중복되는 곳, 도치된 곳 등이나 그냥 두어서는 어색한 부분들을 윤문했다. 또 선생님께서는 희랍어를 비롯한 많은 외국어를 쓰시는데, 가능한 한 모두 번역어로 대치하고, 처음 나오는 곳과 나온 지 한참 지나서 잊어버릴 우려가 있을 때, 그리고 혼동될 수 있는 부분에는 그 외국어를 병기했다. 단, 희랍어 표기는 『형이상학 강의 1』과 다르게 단순화했다. ⟨η⟩를 ⟨ē⟩로, ⟨ω⟩를 ⟨ō⟩로 표기하여 ⟨ε⟩와 ⟨o⟩가 다르다는 것만 표시하고 그 외의 장단과 악센트는 무시하였다. 따라서 가령 ⟨voύς⟩는 그냥 ⟨nous⟩로 표기된다.

다음은 각 강의의 개략적 내용이다.

「아리스토텔레스의 우시아」는 우시아를 중심으로 아리스토텔레스 존재론의 핵심을 정리하고, 입체를 만들어낼 능동자가 결여되었다는 결정적 맹점을 지적하는 강의로서, 아리스토텔레스 철학의 위치를 정립하려면 반드시 읽어야 할 강의이다.

「철학이란 무엇인가?」는 철학의 정의와 추상의 방법을 자세하게 설명하는 강의로서, 철학이란 무엇인지를 밝힐 뿐 아니라, 선생님의 분석 방법의 치밀한 내부를 이해하게 해주는 강의이다.

「플라톤과 허무주의 극복」은 플라톤이 어떻게 고르기아스의 허무주의를 극복했는가를 보여주는 강의로서, 존재에 대한 긍정적 기술description과 존재 그 자체를 드러내는 데에 성공함으로써만 허무주의가 극복된다는 것을 보여준다. 플라톤 철학의 중요성을 다시 한번 확인하게 하는 강의이다.

「플라톤과 전쟁」은 일반 독자들에게는 가장 재미있을 강의로서, 선생님의 전쟁 경험에 대한 생생한 기술과 더불어 철학의 형성에 전쟁이 어떤 역할을 했는지, 플라톤 철학이 근본적으로 어떤 성격을 가졌는지를 말해 준다. 전쟁의 의미가 단절이라는 대목에 이르러서는 역사와 국토의 단절을 지금도 겪고 있는 우리 민족의 정신사적 위치를 깨닫게 해 준다.

「소크라테스 이전의 철학」은 원시 사유로부터 사물의 내포를 완전히 정의하기에 이르는 소크라테스까지의 인간 지성의 발달사를 기술하고 있는데, 중간의 상당 부분이 녹음되지 않아서 아쉽다. 그러나 전체적 방향은 그려져 있으므로 『희랍 철학 논고』(전집 1)의 「서양 고중세 철학사 개관」을 더불어 참조하면 보완이 될 것이다.

「피시스 I, II」는 서양 철학의 중심 개념인 피시스의 동적인 의미와 정적인 의미를 밝히고, 그것이 서양의 원시 사유, 특히 식물 숭배와 어떻게 연관되는지를 보여준다. 「소크라테스 이전의 철학」에서 부각되는 마나mana 개념과의 연관도 암시되어 있다.

「존재의 충족 이유율」은 플라톤이 왜 충족 이유율을 자기 운동에 집어넣었는지, 그리고 충족 이유율과 원인론의 관계는 무엇인지를 밝힌다. 이 강의는 상당히 전문적이나 선생님의 철학의 어려운 부분을 이해하는 데에 중요한 시사점들을 던져준다.

「희랍 철학의 이면」은 희랍인들의 사고방식의 역사심리학적 연원을 밝히면서 희랍 철학이 나오게 된 배경을 설명한다. 텐느로부터 뒤메질, 베르낭으로 이어지는 독특한 프랑스적 정신사 연구에 대한 소개이자, 희랍인들의 정신 속으로의 대탐험이다.

「무제」는 갈릴레이에서부터 출발하여 아리스토텔레스, 플라톤, 파르메니데스에 이르기까지 서양 철학의 중심적 가정들의 내용과 성격을 훑어보면서 그 각각의 의미가 무엇인지를 밝히는 강의이다. 이것은 마치 「고별 강연」을 뒤에서부터 거꾸로 듣는 듯한 느낌을 주는 강의로서, 선생님 생의 마지막 〈고별 강연〉이다.

「고르기아스의 비존재 강의 후 질문」은 이미 앞에서 언급한 바와 같은 경위로 학생들의 질문에 답하는 형식으로 이루어졌다. 여러 문제들이 두서 없이 이것저것 언급되는 강의이지만, 원래의 강의의 내용이 무엇이었을까를 짐작해 가면서 따라 가면 재미가 없지 않다.

이상 11개의 강의는 하나하나 모두 독립적이면서도, 그 전체는 희랍철학을 넘어 서양 정신사 전체의 핵심 내용과 그 배후와 조건들을 해박한 지식과 치밀한 논리적 분석으로 파헤쳐 밝혀낸 정신의 해부학적 지도(地圖)를 그리고 있다. 뿐만 아니라 그것을 거울로 한국인과 한국 사회에 대한 때로는 냉소적이면서 때로는 애정 어린, 그러면서도 언제나 날카로운 비판을 담아내고 있으며, 힘없던 과거에 대한 반동으로 자기 것이라면 무조건 좋다는 오늘날의 무비판적 자아도취가 얼마나 유치하며 얼마나 위험한 것인가를 준엄하게 꾸짖고 있다. 이 한 권의 책으로써 서양 철학 수용 100년에 서양 철학 전체를 자기 것으로 소화하고 그 핵심을 찔러서 새로운 자기의 목소리를 내는 책을 이제 한민족도 소유하게 되었다. 장차 "사룸마다 히뼈 수비 니겨 날로 뿌메 뼌한킈 ᄒᆞ고져 홇 ᄯᆞᄅᆞ미니라."

2004. 2. 25.

〈박홍규 전집〉 간행 위원회

차 례

아리스토텔레스의 우시아

박홍규 지난 학기에 〈방황하는 원인planōmenē aitia〉에 대해 얘기했지?[1] 그것의 연속이야. 이번에는 아리스토텔레스의 개체(個體) 이론에 대해 얘기하려고 해. 아리스토텔레스의 사상 중에 중요한 것 하나가 개체에 대한 이론이거든. 그런데 이 문제에 대해서 아리스토텔레스가 충분히 설명했느냐, 꽤나 어려운 것 같아. 왜냐하면 아리스토텔레스의 저서라는 것이 문장 자체가 간단 간단하고, 『범주론 *Categoria*』이나 『형이상학 *Metaphysica*』을 읽어봐도 자기 사상의 결과만을 얘기하지, 왜 그렇게 되어야 하는지에 대한 자세하고 풍부한 설명이 없는 것 같아. 그러니까 지금부터 내가 얘기하는 것은 그것에 대한 나의 생각이야.

(카세트테이프를 가리키며) 이제 이것은 물리적 physical인 개체 individuum야. 이것을 우리는 개체라고 번역했는데, 그건 한문이야. 그런데 아리스토텔레스는 『형이상학』에서 이것을 〈atomon〉, 즉 쪼갤 수 없는 것이고, 〈hen arithmō〉, 즉 수에 있어 하나이며, 다른 개체들과 〈chōris〉, 즉 떨어져 있다고 해. 이 테이프는 독립된 존재자야. 우리 상식의 세계에서 얘기하자면, 이 테이프는 분명히 독립된 존재자이지.

11

그러니까 테이프를 가져오라면, 테이프만 가져오는 것이지, 책을 가져올 필요는 없는 것이거든. 이것은 상식의 세계에서는 분명히 옳은 이야기야. 어긋난 얘기는 아냐. 아리스토텔레스는 이 개체를 또 〈tode ti(여기 이것)〉라고 해. 〈tode ti〉라는 것은 우리가 이렇게 딱 지시해서 보여줄 수 있는 것을 의미해. 그런데 이 지시된 내용은 하나거든. 이 하나 hen라는 것의 의미가 무엇이냐 하면, 통일되어 있다는 뜻이야. 〈atomon〉이란 것도 쪼갤 수 없다, 통일되어 있다는 말이야. 〈atomon〉은 라틴어로 〈individuum〉이라고 번역하는데, 이것도 쪼갤 수 없다는 뜻이야. 내가 지시하는 여기 이 대상은 통일된 하나로서 바로 하나뿐이니까, 고유명사란 무엇이냐 하는 문제하고도 관계돼. 그리고 또 〈hekaston(각각)〉이란 표현도 있지. 〈ta kath' hekasta〉, 즉 개별자라는 말도 써.

그런데, 여기에 있는 이 통일된 것을 〈ousia(존재, 실체)〉라고 해. 통일된 전체인 이것을 『범주론』에서는 〈prōtē ousia〉라고 해. 제1존재first being, 가장 으뜸된kuriotata 의미에서의 존재란 뜻이야. 여기에서의 통일의 계기를 〈eidos(형상)〉, 〈to ti ēn einai(본질)〉라고 해. 그리고 유(類)개념을 〈deutera ousia(제2존재)〉라 불러.

그런데 『형이상학』편에서는 형상eidos이나 본질to ti ēn einai을 제1존재prōtē ousia라고 해. 따라서 왜 제1존재가 두 개 있느냐 하는 문제가 생겨. 이해하기 힘들지. 애매하다고 넘겨버리면 그만이지만, 그러나 생각해 봐야 돼. 어째서 한편에서는 전체인 개체를 〈ousia〉라 하고, 그리고 이것이 가장 으뜸되고 또한 제1차적인 존재라 하고, 다른 한편에서는 또 형상을 제1존재라고 하느냐? 내가 지금 그것에 대한 내 견해, 그것이 성립하기 위한 조건을 밝히려는 거야.

---

1) 박홍규, 『형이상학 강의』, 「방황하는 원인」 참조.

이 문제에 답하기 위해서는 〈ousia〉란 것이 무엇이냐부터 설명해야 돼. 〈ousia〉라는 것은 라틴어로 〈substantia(실체)〉라고 번역되는데, 이 것은 나중에 아리스토텔레스 철학의 내용에 근거해서 번역한 것이지. 〈substantia〉는 사실상 희랍어로는 〈hypostasis(기층)〉에 해당해. 〈ousia〉가 〈substantia〉로 즉시 번역이 되는 것이 아니야. 〈ousia〉에 맞는 번역은 라틴어에도 근대어에도 없어.

김남두 〈essentia(본질)〉는 어떻습니까?

박홍규 〈essentia〉도 아냐. 〈ousia〉의 일부분일 뿐이지. 요컨대, 라 틴어나 근대어나 도대체 희랍어가 가지고 있는 존재, 〈ousia〉라는 말에 대한 번역이 없어. 〈substantia〉로 번역했지만 그건 나중에 내용상 번역한 것이지. 〈substantia〉에 해당하는 말을 찾는다면 희랍어로는 〈hypostasis〉야. 그건 나중에 신플라톤 학파에서나 나오지, 아리스토텔레스에는 잘 나오지 않는 말이야. 우리말로는 〈존재(存在)〉라고 번역하는데, 그건 사실 한문이거든. 내가 지금 잘 기억이 나지는 않지만, 유승국 교수한테 존재와 유(有)라는 말의 한문 어원 etymology이 무엇이냐고 물어봤어. 〈有〉 밑의 달 월(月)은 살이래. 고기 육(肉) 자하고 같대. 그래서 내 몸에 가지고 있는 것이 〈有〉래. 〈存在〉의 〈在〉는 흙이래. 〈存〉 자도 뭐라고 들었는데, 좌우간 중국어의 어원상 〈存在〉하고 〈ousia〉하고는 별로 잘 들어맞지 않아. 〈所在〉라는 말을 쓰지만 〈所有〉하고는 전혀 달라. 〈所在〉는 땅 위에 있는 것이고, 〈所有〉는 내가 내 몸에 갖고 있는 것이야. 달라져 버려. 그러니까 어떤 사람은 〈存在〉라 번역하지 않고, 〈有〉라고 번역해. 다 일본 사람들이 번역한 거야. 중국 사람들도 그렇게 번역할는지 몰라. 하여간 한문에도 희랍어의 〈ousia〉라는 말에 대한 번역은 없어. 우리말에도 없고. 그래서 이제 그 의미 내용을 설명해야 돼.

그러면 존재란 것은 뭐냐? 존재는 파르메니데스부터 계속해서 논의되어 오는데, 아리스토텔레스는 『형이상학』의 난문 aporia들이 나오는 *B*편에서 존재는 유(類)개념도 종(種)개념도 아니라는 거야. 만약에 존재가 유개념라면 종은 존재 아닌 것, 즉 없는 것이냐는 거야. 그래서 존재란 것은 〈여러 가지로 말해지는 것 pollachōs legomena〉이라고 하지. 플라톤은 『소피스트 *Sophist*』편에서 〈ousia〉가 최고류 megista genē로 나누어진다고 하지. 그건 아리스토텔레스와 대비돼. 그것도 복잡해. 그러면, 존재라고 하는 것은 아리스토텔레스가 말한 것처럼, 유도 아니고 종도 아니고, 그렇다고 해서 또 정의 define된 것만을 존재라고 하느냐, 정의되지 않은 것은 존재가 아니냐 하는 문제가 나와. 그래서 스콜라 철학에서는 존재를 초월적 transcendental인 개념이라고 해. 그럼 초월적인 개념이란 무슨 뜻이냐 하는 문제가 생겨.

　존재라는 것이 무엇이냐 하고 묻는다면, 뭔가 학문적으로 보여줘야 할 것 아냐? 거기서 증명 apodeixis이 나와. 증명이란 다른 사람이 알수 있도록 보여주어야 하는데, 증명을 하려면 벌써 증명하는 사람이 존재하고 있어야 해. 내가 지금 저 사람한테 무엇을 증명하려고 할 때에는, 저 사람이나 나나 이미 〈있다〉 그 말이야. 그렇지? 그러니까 존재 자체는 증명이 되지 않아. 도대체 무엇에 대한 증명이야? 허허. (카세트를 흔들며) 이것에 대한 증명, 이것이 존재하느냐 아니냐에 대한 증명은 할 수 있어. 누가? 내가 여러 사람들에게 하는 것이지. 그러나 존재 일반은? 그것을 증명하기 이전에 벌써 내가 존재해. 그러니까 그것은 증명이 안 되는 것이거든. 벌써 내가 있잖아? 실제로 증명이란 것은 벌써 두 개의 존재자 사이의 관계야. 증명이라는 것은 보여주는 것이거든. 이것이 있냐 없냐를 증명한다는 것은 힘들어. 이것이 있다는 것을 어떻게 증명해? 간단하지 않아.

　그러면 우리가 존재를 학문적으로 어떻게 취급해야 하느냐? 그 방법이 무엇이냐? 내가 누누이 강조했어. 희랍 철학 한 사람과 하지 않은 사람이 거기서 달라져. 학문은 어디에서부터 출발해? 학문은 무엇이든지 나에게 직접적으로 주어진 〈pragma(사상)〉, 데이터에서부터 출발해. 존재뿐만 아니라, 시간이건 공간이건 마찬가지야. 추상적이라는 것이 도대체 뭐야? 데이터에서 출발해서, 그 속에 들어 있는 것을, 어떤 요소들을 추상abstract해 내는 것이지. 그 추상의 출발점은 데이터야. 우리 학문의 출발점은 항상 데이터야. 데이터 없이 존재가 무엇이냐를 논하면 곤란해. 잘하면 괜찮아. 잘못하면 곤란해. 잘하려면 어떻게 해야 되나? 데이터를 잘 처리하려면, 이 데이터에 대해서 존재라는 것이 무엇을 규정하느냐는 데서 출발해서, 바꾸어 말해, 이 데이터에서 존재가 공통적으로 무엇을 뜻하는지를 추상화해 가지고, 다시 데이터로 되돌아오면, 존재에 대한 성격을 올바르게 규정하는 것이 되지. 왜냐? 존재라는 것은 가장 추상적인 것이고, 초월적이란 것은, 요컨대 모든 사물에 대해서 구별이 없이 어떤 경우를 막론하고 적용될 수 있다는 뜻이야. 그런데 이 데이터를 떠나서 존재 그 자체가 무엇이냐고 물을 때에는, 그 존재의 내용을 우리가 알 수 있어, 없어?

양문흠 추상적 내용 말이죠?

박홍규 존재 그 자체에 대한 내용이 무엇이냐는 말이야. 이것은 (테이프를 가리키며) 그 내용이 딱 나오거든! 테이프라고 딱 나와.

양문흠 내용이 없이 어떤 것이 주어졌다고는 말 못하죠.

박홍규 그러니까, (테이프를 가리키며) 이 경우에는 분명하지만, 이런 데이터를 떠나서 존재 일반이 무엇인가에 대해서, 그 내용을 우리가 규정할 수 있냐 없냐 그 말이야.

양문흠 우선 본능적으로 대답하자면, 그것이 무엇이건, 일단 대상으로 되면, 내용이 없는 어떤 것이라는 것은 있을 수가 없겠죠. 내용이 없는 대상이란 것이 있을 수 있겠습니까?

박홍규 그게 무슨 이야기냐 하면 말이야, 우리 인식이란 것은 하나의 대상과의 관계인데, 이때 초월적인 것은 그 관계를 끊어버린다는 의미가 들어가 있어. 초월적인 것은 그러니까 데이터와 관계 맺는 한에 있어서만 그 내용이 드러나. 따라서 초월적이란 것은 학문의 차원에서 볼 때 이 사물에나 저 사물에나 어떤 것이든지 간에 차별 없이 그것의 규정이 적용된다는 뜻이야. 유개념이나 종개념은 아냐. 반드시 어떤 데이터에 관해서 그것이 존재한다, 하지 않는다에서부터 출발해야 돼. 그래서 거기에서 존재 일반이 무엇이냐는 것을 추상화한다는 말이야. 알아들었지? 그렇지 않으면 학문이 되지 않아.

유제기 그런데 선생님! 우리가 개별적인 사물로부터 출발한다고 하더라도, 그 이전에 먼저 존재에 대한 이해가 막연하게나마 선행되어야 하지 않겠습니까?

박홍규 바로, 바로 자네와 같은 그런 생각을 반박하기 위해서 내가 지금 이 이야기를 하고 있는 중이야. (일동 웃음)

양문흠 하이데거적인, 허허.

박홍규 하이데거가 아니라 헤겔이 그래. 헤겔의 『논리학 *Wissenshaft der Logik*』을 보면, 존재에서 출발하는데, 〈존재는 무규정적이다, 따라서 무(無)와 같다, 그러므로 존재는 존재이며 동시에 무다, 그러니까 운동이 나온다〉는 거야. 그런데 무규정적이라고 하면 존재라고 할 수도 없고, 무라고 할 수도 없고, 도대체 무규정적이란 말도 못해, 요컨대! 그러니까 종합이란 말도 못해! (이태수 들어옴) 자네 이리 오게. 이리 와.

이태수 대만원이어서 어디…….

박홍규 아니, 이리 들어와, 들어오라고. 강의 시작했어. 내가 지금까지 〈ousia〉, 개체에 대해 얘기했어. 아리스토텔레스 철학에서 가장 중심적인 것이 자연적인 세계의 개체거든. 그것을 아리스토텔레스는 〈tode ti(여기 이것)〉라고 했고, 또 〈atomon〉, 즉 〈individuum〉, 쪼갤 수 없는 것이라 했어. 그리고 ⟨hen arithmō⟩, 수에 있어서 하나라고 했어. ⟨tode ti⟩라는 것은 (테이프를 가리키며) 이렇게 지시할 수 있는 것인데, 그것은 하나야. 그래서 고유명사하고 관계가 돼. 그래서 고유명사가 뭐냐 하는 걸 설명해야 돼. 그리고 또 개체에 대해 ⟨hekaston(각각)⟩, ⟨ta kath' hekasta(각각의 것)⟩라는 말도 썼어. 그리고 그 개체를 ⟨prōtē ousia(제1존재)⟩, 가장 으뜸된(kuriotata, malista) 의미에서의 ⟨ousia⟩라 했어. 그래 놓고는 또 『형이상학』에 가면 형상 eidos을 ⟨prōtē ousia⟩라고 해. 왜 ⟨prōtē ousia⟩가 두 개가 나오느냐, 왜 ⟨prōtē⟩라는 말을 쓰냐는 문제가 나와. ⟨deutera ousia(제2존재)⟩를 가정하니까 그것에 대해서 ⟨prōtē(제1)⟩이라는 말을 쓸 텐데 말이야. 그래서 먼저 ⟨ousia⟩를 알아야 돼. 그것을 ⟨substantia(실체)⟩로 번역했지만, 라틴어에도 현대어에도 정확한 번역은 없어. ⟨substantia⟩는 ⟨hypostasis(기층)⟩에 해당하는 말이니까. 그건 나중에 신플라톤 학파에서 나오는 말이야.

이태수 지금 쓰는 말들이 전부 라틴어에서 만들어진 거죠.

박홍규 라틴어에서 만들어졌지. 보에티우스 당시부터 나와서 스콜라 철학으로 넘어오거든.

이태수 보에티우스 이전에도 아마 있었을 겁니다. 키케로나…….

박홍규 아, 키케로 때도 있었을 거야. 응. 있어. 사전에 나와. 그런 것 같아. 그러나 요컨대 ⟨ousia⟩에 대한 번역은 없어. 한문 ⟨存在⟩도 안 되고. 그래서 존재란 뭐냐는 걸 설명하고 있는 거야.

이태수 한문의 ⟨存在⟩ 말씀이죠. 그건 어디서 생겨난 말입니까?

박홍규 내가 전에 유승국 씨한테 물어봤는데 다 잊어버렸어. 난 필기 note 안 하는 사람이라…… ⟨在⟩는 흙 위에 있는 것이야. ⟨所在⟩하면 주소가 있는 곳 아냐? ⟨有⟩는 내 살에 가지고 있는 것이야. 달 월(月)은 고기 육(肉)이니까. 소유(所有)와 소재(所在)가 달라. 한문은 상형문자라 구체적인 경험적 상Bild의 세계야. 〈ousia〉는 달라. 좌우간 〈ousia〉에 대한 번역은 없다는 것만 알아두면 돼. 그러면 존재란 무엇이냐? 유개념도 아니고 종개념도 아냐. 아리스토텔레스는 존재가 〈여러 가지로 말해진다polachōs legetai〉고 하고, 스콜라 철학은 〈초월적transcendental〉이라고 했어. 존재 자체, 존재 일반에 대해서는 증명이 없어. 증명을 뜻하는 희랍어 〈apodeixis〉의 〈apo-〉는 무엇으로부터(from, away)라는 의미이고, 〈deixis〉는 보여준다는 얘기야. 사전에 찾아보면 〈apo-〉에는 〈어떤 근거에서〉라는 의미가 없어. 학문이란 데이터가 있고, 그 데이터에 관해서 존재가 어떠한 규정을 가지느냐부터 출발하는 것이야. 그래서 그 가장 추상적인 것에서 다시 돌아와. 추상적인 존재에서 출발할 때 잘못하면 빗나가. 그래서 그것이 맞느냐, 맞지 않느냐는 데이터에 적용해 보면 알아. 적용을 해봐야 돼. 학문의 출발점은 가령 여기 이 테이프라는 어떤 데이터야. 여기 이것에 대해서 존재가 무엇이냐는 것에서부터 출발해. 그러니까 사변적인 존재냐 무(無)냐에서부터 존재론이 나오는데, 그것은 데이터에 대해서 추상적인 여러 존재의 규정을 다 빼낸 것이라고 가정을 할 때, 그것을 정리해 가지고 다시 출발하는 거야. 데이터에서부터 출발해서, 추상적인 그런 규정을 정리해 놓았다는 것이 가정되어야 돼. 그래서 다시 데이터로 오는 거야. 먼저 존재에 대한 이해가 있다고 주장하는 사람들, 그 사람들은 존재를 무엇이라 규정해? 이해란 말도, 그 말 자체가 우스워! 허허.

이태수 존재에 대한 이해가 있다는 말을 할 수 있는 것은, 번역을 통해서 존재란 말이 일상 언어에 친숙하게 되어 있기 때문이겠죠. 그것이 〈ousia〉든지, 독일어로 〈Sein(존재)〉이든지요. 그 사람들 자신은 그런 뜻으로 사용하지 않을 겁니다. 그런데 아마도 스콜라 철학을 통해서, 파르메니데스적인 존재나 그 비슷한 것에 대한 교육을 받으면서 그렇게 생각하게 되었겠죠.

김남두 아니, 하이데거 이야기는 그것이라기보다는 예를 들어서 〈렌즈는 동그랗다〉라든지 하면서 〈이다〉란 말을 사용할 때에, 그렇게 하면서 어떤 방식으로 세계를 구획 짓고, 그 구획에 어떤 성질을 부여하는 등의 작업을 하잖아요. 우리가 존재다, 어떻다 하는 철학적인 말을 하기 이전에, 그런 방식으로 〈이다〉에 친숙해 있다는 이야기이고, 그것은 어떤 방식으로 세계에 대해서 이미 이해가…….

박홍규 이해가 있다고 가정하고 정리해 본다는 것이지.

이태수 그러면, 그 질문은 문화적인 어떤 배경이 없이도 나올 수 있다는 건가?

김남두 하이데거에 대해서도 그런 물음을 할 수가 있겠죠.

박홍규 일상적 alltäglich인 이해가 있고, 거기에 〈ego cogito(나는 생각한다)〉 입장에서의 반성(反省)이 있고…….

이태수 그러나 서양에서 그 일상적인 이해라는 것 자체가 스콜라 철학적 성향을 띠고 있는 것이죠. 왜냐하면 중세 영어 가르치는 분의 이야기를 들어보니까, 〈영어 교육이란 무엇인가?(What is English teaching)〉이란 주제가 문제가 된다고 해요. 그분의 말에 의하면 서양인들의 일상적인 사고방식을 규제하는 어떤 선을 그어준 것은 문법, 표준어 문법이라는 것이죠. 그것이 어떤 방식으로든 정돈되는데, 특히 국가가 권력을 쥐고 표준어 문법을 통일어로서, 하나의 규범 norm으로서 계속해서 가르쳐 온 것이란 말이죠. 그런데 그렇게 문법이 정리되기 전의 언어를 보면, 좋게 말해서 아주 유연하고 flexible 자유로운데, 문법 교육에 의해 일상적 사고방식이 규제되는 과정을 거친 후에도 과연 하이데거와 같은 질문이 던져질 수 있을지 의문입니다.

박홍규 『존재와 언어 *Sein und sprache*』라는 책도 있지. 그러니까 요컨대 언어를 기준으로 해서 철학을 해보자는 이야기지. 결국 그런 이론으로밖에는 가지 않아.

이태수 아니요. 이미 언어 자체가 특정한 제도를 통해서 문법이라는 규범으로 딱 맞춰지니까, 문법이 전제하고 있는 철학을 이제⋯⋯.

김남두 아니, 그러니까, 하이데거가 이야기하려는 것을 살려준다면, 문법으로 정리되는데 왜 〈ist(이다)〉로 정리되었느냐는 것이에요.

박홍규 그렇지, 응.

이태수 존재가 주제화되는 방식으로 정리되는 성도는 나올 수 있겠지.

김남두 세계에 대해서 어떤 방식으로 태도를 취하는데, 그것이 문법으로 정리가 될 때 〈ist〉로 정리가 되거든요. 그렇다고 한다면 그것이 그렇게 자의적인 것은 아니고⋯⋯.

박홍규 아니고, 그걸 보면 우리의 세계에 대한 태도가 거기에 드러나 있다⋯⋯.

이태수 아니 그렇지만, 아까 말한 것은 또⋯⋯

김남두 아까의 그것은, 이제 선생님께서 유제기 군의 질문을 헤겔 쪽으로 받으셔서, 헤겔이 『논리학』에서 〈순수한 존재 reines Sein〉를 출발점으로 삼는 것을 문제 삼았죠. 그러니까 이제 존재 Sein라는 범주에는 내용이 들어가지 않은 것이고, 그것을 또 무규정적이라고 하는데, 무규정적이라면 존재라는 말도 아무것도 나오지 않는다는 이야기인데, 사실 그 부분에 관해 헤겔 입장을 살려준다면, 무규정적이라고 해도 무차별적으로 무규정적인 것이 아니라, 우리가 일반적으로 존재라고 할 때는, 그 무엇을 갖다가 보여주면서 〈있다〉라든지, 〈퍼렇게 있다〉라든지 하는 식으로 이야기하는데, 존재만 이야기할 때는 그런 규정이 안 들어간다는 것이죠. 그런 의미에서 이제⋯⋯.

이태수 가만있어. 거기서 안 먹힌다고.

김남두 거기서도 그의 입장을 더 살려준다고 한다면——글쎄 제가 살려주는 사람이 됐는데, 허허⋯⋯, 선생님께서 추상이 된다고 말씀하셨는데, 왜 그런 식으로 추상이 되느냐는 거예요.

박홍규 왜 그런 식으로 추상이 되느냐, 내 말 들어봐. 헤겔이 말하는 〈순수한 존재〉에는 〈순수〉라는 말이 이미 들어 있거든? 요컨대 〈순수〉를 갖고 하는 거야. 〈순수한 존재〉나 〈순수한 무규정성 reines Apeiron〉이나 〈순수한 무 reines Nichts〉나 모두 〈순수〉인 것은 마찬가지야. 그러니까 존재건 무건 〈순수〉인 것에 요점이 있어, 허허. 〈순수〉에 요점이 있지마는, 그 〈순수〉라는 것 자체가 존재의 기본적인 정의 definition 혹은 규정이 될 수 있느냐 그것이 문제야! 그러니까 빗나가면 곤란하다는 얘기야.

김남두 왜 순수가 먼저 들어가야 되느냐, 그것은 헤겔에 나오지 않죠.

이태수 그러나 왜 〈순수한 존재〉로부터 출발하느냐는 것은 나는 지금 정확히 증명하지 못하겠는데, 서양의 문법이 만들어지면서 기본적인 것을 뭐라고 잡아내는 방식이 문화적인 것이라고 생각되는데요.

김남두 그런 식으로도 접근할 수가 있겠죠.

이태수 그러니까 도대체 문법이 어떻게 정리가 되고, 일상생활을 어떻게 꾸려서, 논리라는 것을 어떻게 생각했느냐는 서양인의 그…….

박홍규 독일 사람의 사고방식. 무의식 속에 들어가 있는 사고나 여러 가지…….

이태수 무의식까지는 아닐 겁니다. 아마도 역사적으로 설명할 수 있을 것 같아요.

박홍규 행동 방식의 하나의 표현이야. 행동 방식이나 사고방식이야. 속에 들어 있는 무의식적인, 독일인에게만 있는 행동 방식이야. 사물에 대한 적응 adaptation의 한 방식이지.

김남두 무의식 쪽으로 너무 빨리 가시면 안 될 것 같은데요.

박홍규 아니, 언어 속에 다 들어 있지.

손동현 선생님, 독일어만 그렇지는 않거든요.

박홍규 독일어도 그렇고, 한국어도 그렇고, 다 그렇지. 그러니까, 우리의 학문, ⟨epistēmē(인식, 학문)⟩에서는 내 개인의 성격 같은 것은 다 버려야만 된다는 이야기야, 본성 physis의 입장에 선다는 것은. 다시 말하면 어떤 사상 pragma, 즉 데이터가 주어지고, 이 데이터에 대해서 ⟨이다 ist⟩니 ⟨아니다 nicht⟩니 시간이니 공간이니 하는 모든 것을 논할 수 있다는 얘기야. 데이터가 주어지지 않을 때 그런 것들이 과연 무엇이냔 말이야. 데이터를 떠나서 이야기해 봤댔자, 그것은 지식이 될지 안 될지를 몰라.

김남두 아니 ⟨데이터에서 출발한다⟩는 것까지 인정을 한다고 하더라도 말이죠, 유제기 군 질문은 데이터가 주어지는 방식이 여러 가지가 있는데, 선생님께서 데이터라고 하실 때는 틀림없이 어떤 것, 예를 들어 아리스토텔레스적인 의미에서 ⟨여기 이것 tode ti⟩을 데이터로 놓고서 출발하시는데, 데이터가 꼭 그런 식으로 주어지느냐 하는 것입니다.

이태수 응. 그런 질문을 할 수 있지.

김남두 하이데거에 의하면 인간의 존재 구조 Seinsverfassung에 의해서 규정되는 것이지, 꼭 그런 방식으로 데이터가 주어진다는 말을 어떻게 하느냐는 거죠.

박홍규 내 말이 바로 그거야. 그렇다면 자기 자신의 존재 구조가 자기에게 먼저 주어져야 될 것 아냐? 그것에 대해서 ⟨ist⟩를 먼저 붙여야 돼. 그걸 먼저 보라는 말이야. 그것 먼저, 그것의 ⟨ist⟩의 규정성을 먼저 봐야 돼.

김남두 그렇죠. 하이데거 이야기도 그런 이야기일 겁니다.

이태수 뭐, 칸트 이야기도 그런 이야기지. 유제기 군 얘기도 그런 얘기일 겁니다.

박홍규 자 이제 봐. 우리에게 주어진 최초의 데이터를, 희랍인들은 감각이라고 보았어. 그러나 지금은 생물학이 발달해서 외부 세계가 기

22

능적인 것이 되니까. 생철학에서 베르그송 같은 사람은 우리 자신의 내부의 세계가 가장 일차적primary인 데이터라고 해. 실존 철학이 그 영향을 받았어. 우리에게 가장 일차적인 데이터가 (테이프를 가리키면서) 이런 것이 아니라, 자기 자신의 내면적 세계라고 해. 그러면 그 일차적 데이터 속에, 즉 내면적 세계 속에 무엇이 들어 있느냐, 그 말이야. 언어 능력을 보는 사람이 있고, 관심을 보는 사람도 있고, 사유하는 자아 ego cogitans로 보는 사람도 있고, 여러 가지야. 그런데 우리 내면적 세계의 구조가 무엇이냐는 것은 요컨대 생물학적으로 규정할 수밖에 없어. 왜냐? 그런 데이터를 규정하는 것이 생물학이니까. 그것을 머리에다 놓고 읽어야 돼.

유제기 네, 그런데요. 아까 시간에 대해서 물을 때에도 시간의 대상 pragma, 즉 시간의 데이터를 뽑아야 할 텐데, 그때 우리가 시간이란 것을 이해하지 못한다면 시간의 데이터를 어떻게 뽑을 수가 있습니까?

박홍규 (앞의 것을 가리키며) 이것에 대해서 시간의 데이터를, 시간이 무엇이냐를 규정해! 시간이 성립하려면 운동이 있어야 되니까 이것을 운동시켜 봐야 해.

유제기 시간에 대해서 우리가 모종의 무엇을 알고 있어야 그러한 데이터를 갖다가……

박홍규 시간에 대해서 무엇을 알아? 어떻게 알고? 도대체 무엇에 대한 시간이야?

유제기 무엇에 대한 시간이라기보다는, 우선 시간에 대해 우리가 무엇이든지 간에……

박홍규 자네 그 머리를, 사고방식을 고쳐야 돼. (일동 웃음) 그렇게 하면 학문이 되질 않아. 공중에 뜬 것이 돼. 물리학적 시간은 물체에 대한 시간이고, 생물학적인 시간은 생물학적인 데이터에서 나타나는 시간이야. 우리 의식 구조에 있어서의 시간은 우리의 의식이라는 데이터에서 나타나고, 역사적 시간은 역사 현상이라는 데이터가 우리에게 주어지고, 거기서 추상화한 시간이야. 그걸 빼놓고 나서 무슨 시간이야? 존재 일반이라면 존재 일반의 구조Struktur가 주어져야 돼. 그걸 빼놓고 나서 시간 일반이 있다고? 누가 그런 소리를 잘하냐 하면 청년들이 잘해.

이태수 예?

박홍규 청년, 청년들. (일동 웃음)

김남두 그건 왜 그렇죠?

박홍규 왜냐? 현실 감각이 없는 사람들이니까. (일동 웃음)

손동현 열정에 끓는 사람들.

박홍규 열정에 끓는 사람들, 응.

유제기 그런데, 선생님. 말씀하신 생물학적 시간으로 본다면, 그것은 먼저 생명이라는 것이 무엇인가에 대한 규정이 있어야 될 것 같은데요.

박홍규 그러니까 생명이란 것이 무엇이냐를 규정하려면, 생명체를 앞에다 놓고 거기서 여러 가지로 끄집어 내갖고 추출해야 될 것 아냐?

이태수 선생님, 전 그런 식의 질문을 던지는 것 자체가——제가 아까 한 얘기에 너무 집착하는 것 같은데——바로 학교 교육 탓이라고 생각하거든요.

박홍규 허허허허.

이태수 예를 들어, 이제 플라톤과 아리스토텔레스의 책을 비교해 보면, 플라톤에게서는 〈자연이란 무엇이냐〉라고 질문을 하면서 책이 시작되는 법이 없죠. 〈오늘 내가 내 아들 가정교사를 구해야 될 텐데, 가정교사로서 유능한 사람이 누구요?〉에서부터 시작해서, 어느 맥락에서 이제 〈자연이란 무엇이냐?〉라는 질문이 나오죠. 그에 반해서 아리스토텔레스의 책은 첫 구절부터 〈자연이란 무엇이냐?〉에서부터 나오는데, 그 이유는 학교에서 그렇게 가르치기 때문이거든요. 〈자연이란 무엇이냐?〉는 질문이 나올 수 있는 그 맥락을 글자 바깥에서, 책 바깥에서 해결해 준 거죠, 제도로. 학교에 입학했다든지 하는 걸로요. 그런데 그게 한 2000년 정도의 전통이 되어버리니까, 우리에게는 〈시간이란 무엇이냐?〉든지, 〈자연이란 무엇이냐?〉는 질문이 자명한 것으로 자연스럽게 들리게 되지요. 그러나 그러한 질문을 할 수 있다는 정도에서 그치는 것이 아니라, 우리 인식도 그것에서부터 출발한다고까지 생각하게 되면, 2000년의 제도 교육 속에서 질문을 하는 방식까지, 더 나아가 우리의 인식 구조까지 그렇게 변형이 된 것이겠지요.

김남두 아까의 그 질문은 그런 식으로 해석되어야 할 성질의 것은 아니죠. 막연한 시간에 대한 의식을 가지고 있다는 그런 정도의 이야기인데……

이태수 시간에 대한 막연한 의식을 가지고 있다고 하는데, 도대체 어떻게 그런 막연한 의식을 가질 수 있냐는 말이야. 방금 선생님께서 말씀하신 대로, 시간이란 의식이 이런 대상, 시간 아닌 것과……

김남두 아니, 그 막연하다는 것은 무엇이냐 하면, 선생님께선 지금, 〈이것의 시간〉, 〈역사의 시간〉 등의 분류를 하시지 않았습니까? 그것을 그렇게 분류하는 것은 학문에서 분류하는 것이고, 일상생활에서야 〈지금 몇 시다〉, 〈배가 고프다〉고 말하겠죠.

이태수 그것은 시간에 대한 관념이 아니지. 배가 고픈 때라든지……

김남두 그러면서도 우리는 〈지금 몇 시이기에 벌써 배가 고프지?〉라는 말을 사용하죠.

이태수 〈몇 시나 됐기에〉는 시계를 만들어놓지 않으면 전연 의미가 없는 말이겠지.

김남두 표현을 다른 식으로 할 수는 있겠죠. 예를 들어, 〈해가 저기까지밖에 안 왔는데, 배가 고프다〉는 식으로 표현할 수 있지 않겠어요?

이태수 그것은 벌써 시간에 대한 관념이 상당히 진척된 후겠지.

김남두 하여튼 어떤 방식으로든지, 그런 식으로……

박홍규 아냐, 아냐, 가만 있어봐. 일상적인 것도 그 내용을 분석해 보면, 구체적인 것이 있고, 추상적인 것이 있고 그래. 그것도 따지고 보면 항상 어떤 데이터에 관한 어떤 시간이 있고, 그 여러 시간들이 나중에 추상화되어서 일상적인 시간으로 쓰이는 거야. 그렇지 않고, 일상적인 시간이 있으니까, 시간에 대한 이해가 먼저 있을 것이라는 생각, 그걸 분석해 봐, 절대로 그렇지 않아. 데이터에서 따로 떨어진 시간? 그런 것은 완전히 난센스야. 존재는 더구나 더 무의미한 것이야. 그런데 초월적이란 것은 그것 자체의 의미가 요컨대 데이터에서 떨어졌다는 얘기야. 따라서 그것 자체의 내용에 대해서 우리는 모른다는 얘기야. 그런 의미가 들어가.

이태수 내용을 모른다, 그러니까 대상적인 인식은 할 수 없다는 이야기가 되겠죠.

박홍규 그렇지. 그것 자체만 갖고서는 대상적 인식이 되지 않는다는 이야기야. 그런데 학문의 입장에서 그것을 학문으로 끌어들이려면 어떻게 변화되느냐 하면, 그 초월자 Transzendenz가 어느 데이터에서도 규정되어질 수가 있다는 뜻으로 의미가 전환돼. 다시 말하면, 어떤 사물의 데이터에서는 존재가 규정이 되고, 어떤 데이터에서는 규정이 안 되고 하는 것과 같은 차별이 없다는 이야기야. 그래야만 학문이 돼. 학문하고 관계가 맺어져. 데이터와 관계 없는 것에 대해서는, 기독교에서 말하는 것처럼, 신앙의 대상이라고밖에 할 수 없지. 그렇지 않으면 자기 견해Meinung의 대상밖에 안 돼. 그러니까 신앙이나 견해나 학문이 서로 구별이 되지 않는 시대가 있어. 청년 시대가 그래. (일동 웃음). 감정하고 지능이 서로 얽혀서 구별이 안 되는 시대야. 그럴 때에는 〈존재!〉라고 하면 하―, 그럴 듯하게 보이지만, 그것에 대해 자세히 내용상의 설명을 해보라 하면, 설명은 무슨 설명이 나와?

안재오 저 질문이 하나 있는데요. 일단 〈우리에게(pros hemin, for us)〉와 〈그 자체(kath' hauto, in itself)〉의 구분이 필요한 것 아니겠습니까? 학문의 출발점에서 보면, 희랍 철학에서도 우리에게 먼저 주어진 것부터 출발한다고 하고……

박홍규 우리에게 먼저 주어진 것부터 출발한다고 해. 아리스토텔레스도 플라톤도 똑같아.

안재오 존재론적으로 먼저인 것은 그 자체로 먼저인 것이니까 자체적인 것이 존재론적으로 앞선다고 하면 존재론과 인식론의 문제에서도……

박홍규 그래. 그것은 우리의 학문적인 출발점에서부터 데이터를 분석해서 점점 직접 우리의 데이터에 나타나지 않는 것으로, 즉 원리 archē로 들어갔다는 이야기야.

유제기 그러면 선생님, 데이터 그 자체에서 출발해서 그 속에서 추상해서 존재를 규정한다고 하셨는데, 데이터 그 자체를 분석해서 과연 존재란 것이 나올 수가 있는지요?

박홍규 그래서 아까 말했잖아. 존재 자체에 대한 증명은 없어. (앞의 테이프를 가리키며) 항상 이것이 존재하느냐가 문제야. 그러니까 이 데이터에 대해서 우리가 맨 처음에 존재를 어떻게 인식하느냐? 어떻게 규정짓느냐? (테이프를 가리키며) 여기서 제일 먼저 구별되는 것은 이것이 있다, 없다는 것이야. 거기에서 존재라는 것이 딱 오려져 나와. 그래야 될 것 아냐. 다른 말로 말하면 흐리멍덩한 것이 아니고 분명한 것이 딱 오려져서 구별되어서 나와. 이러한 구별이 어떤 때에 가장 잘 드러나느냐 하면, 가령 자기 아버지가 지금껏 살았는데 갑자기 돌아가셨을 때, 바로 그때에 자기 아버지가 없다는 것이 우리에게 제일 강하게 나타나. 감정적으로, 그야말로 실존적으로. 어떤 제삼자, 가령 알지도 못하는 에스키모 인이 죽었다. 그래서 현재 그가 없다 해도 그것은 우리에게 별로 감동을 주지 않아. 그러나 자기 친구나 아버지나 아들이나 딸이 죽었다 하면 그것은 그에게 많은 감동을 줘, 영향을 미쳐. 그 경우에 그 사람이 살아 있는 것과 죽은 것은 의미가 전혀 달라. 거기서부터 존재가 딱 드러나. 존재가 존재 아닌 것하고 딱 구별되어 나와야 존재가 규정될 것 아냐? 그것을 일반화시켜 보면, (테이프를 두드리며) 이것이 있다는 것이 구별되어 나오는 것은 나중에 집에 와서 보니까 누가 가져가버리고 없을 때야. 그럴 때 있다는 것이 없다는 것에 대해서 구별되어 나와. 요컨대 이 데이터가 있다는 것이 구별되어서 나와야 돼. 그러면 무엇에 대해서 구별되어서 나오느냐? 희랍 사람들이 어떻게 생각했느냐 하면, 없다는 것에 대해서 구별되어서 나온다는 거야. 그러니까 맨 먼저 존재에 대한 파악은 동사로서 파악돼. (테이프를 가리키며) 이것이 있다 없다를 동사로 생각하는 것이지. 파르메니데스 단편에 〈hopōs esti te kai hōs ouk esti mē einai(있다는 것, 그리고 없는 것은 없다는 것)〉[2]이라고 나와. 그런데 이 단편에 대한 해석은 많아. 딜스 Diels는 〈daß IST ist(이다가 있다는 것)〉라고 번역해. 〈IST〉라는 주어를 하나 더 놓았지. 그런데 여기 〈hopōs esti〉, 〈있다는 것〉에서 주어를 뺐다는 해석도 있는데, 왜 주어를 뺐냐는 거야. 또 다른 해석에 의하면, 당시에 존재를 표현하는 말이 없었기 때문에 〈estin〉을 썼다고 해. 그럼 〈on(있는 것)〉도 있고 〈ousia(존재)〉도 있는데 왜 하필 〈estin〉을 썼느냐 이거야. 문제는 거기에 있어. 주어를 뺐다면 왜 주어를 뺐냐? 그 이유는, 우리가 최초에 (테이프를 가리키며) 이것을 존재라고 규정을 하려면, 이것이 있다는 사실이 불거져 나와야 하는데, 그것은 이것이 없어질 때 가장 잘 드러난다, 그 말이야. 무와 대비시켜, 〈이것이 없다〉는 것에 대해서, 〈이것이 있다〉는 것이 규정돼. 그러니까 맨 처음에 동사로서 규정돼. 그러고 나서, 조금 추상화되면, 〈아! 이 테이프는 지금은 없는 것!)으로 생각하게 돼. 가장 구체적concrete인 데이터의 차원에서, 그 데이터의 존재가 우리에게 가장 구체적으로 인식되는 것은 그것이 동사로서 나타날 때이고, 그 다음에, 어제 있었는데 지금은 없는 것, 즉 현재분사로서 나타나. 존재자로서. 그리고 〈있다〉는 동사 일반은 부정법으로 표현해. 독일어의 〈Sein〉은 부정법인데, 그건 도대체 뭘 의미하는 거야? 희랍어에서는 분명해. 부정법 〈einai〉와 〈esti〉가 다 달라, 우리에게 인식되는 것이. 〈Seiendes(존재자)〉는 〈on〉에 해당해. 희랍어에서는 그렇게 분화되어 있어. 존재에 대한 인식이 그만큼 분화 내지 분류되어 있어. 라틴어나 현대어에는 그만큼 분화가 되어 있지 않아. 이제 〈on〉은 존재자이고, 명사로 쓰이면서, 항상 없는 것에 대해서 존재자로 딱 불거져 나와.

그러면 〈ousia〉는 무엇이냐? 복잡해. 이것은 〈einai〉 동사의 분사인 〈ousa〉에다가 어미 〈-ia〉를 붙인 것이야. 사전을 찾아보면, 이오니아 방언에서는 〈ousiē〉라 하고, 도리아 방언에서는 〈essia〉라고 했어. 〈-ia〉라는 접미사는 동사 어간verbal stem에 붙이면 동작과 더불어 추상적인 명사가 되게 해. 또 현재분사나 형용사에 붙이면 질quality을 표시하는 추상명사가 돼.

유제기 선생님, 그런데 〈ousia〉가 일상적으로 집이라든지, 부동산이란 뜻이 또 있다고 하던데요.

박홍규 그렇지 재산이란 의미도 있고, 또 다른 의미들도 있어.

이태수 아까, 한문의 어원을 이야기하실 때, 소유한다는 데서 존재가 나왔다고 하셨던가요?

박홍규 소유의 〈有〉는 〈내 살에 갖고 있는 것〉을 의미해.

김남두 그러니까 〈有〉라고 하는 말의 의미가 소유라는 말의 경우에

---

2) 『파르메니테스』 단편 2, 9.

서 잘 드러난다는 말씀이죠.

이태수 그런데 희랍어에도 소유한다가 〈echein〉인데, 그것이 〈einai〉와…….

박홍규 〈einai〉로 쓸 수도 있지.

이태수 그래서 〈ousia〉가 소유물 property도 되는데요. 무엇이 〈있다〉, 〈없다〉, 〈나한테 있다〉, 〈없다〉 등으로요.

박홍규 자, 이제 봐! 사전에 〈ousia〉를 이오니아 방언에서는 〈ousiē〉, 도리아 방언에서는 〈essia〉라고 해놓았는데, 이 〈essia〉가 어디에서 나왔는가 생각해 보니까 잘 모르겠어. 문헌학적인 문제야. 그런데 〈eimi(있다)〉 동사의 어근이 〈es-〉이고 라틴어의 〈esse(있다)〉하고 같은데, 거기에다가 붙인 것 같아.

이태수 그렇죠. 도리아 방언에 〈esmi〉가 그 원형을 잘 보존하고 있죠.

박홍규 응. 그러면 틀림없어. 라틴어 〈essentia〉나 희랍어 〈essia〉, 〈esmi〉가 어근이 같은 〈es-〉야. 그렇다면, 〈ousia〉하고 의미가 달라져. 스미스 Smyth 문법책에 나왔듯이, 동사 어간에 〈-ia〉를 붙이면, 있다는 동작과 더불어 추상적인 명사가 돼.

이태수 동사에 갖다 붙이면 그렇게 되겠죠. 그런데 〈ousia〉는 분사에 붙인 거죠.

박홍규 분사 participle에 붙이면 질을 표시하는 추상명사가 돼.

이태수 그런데 선생님, 희랍어에서는 그냥 분사를 사용해서 동사의 관념을 전달하기도 하거든요.

박홍규 그렇게 해석하면, 〈ousia〉가 있다는 동작의 추상명사가 돼.

이태수 그렇죠. 그런 점도 있죠.

박홍규 아니, 저, 동작도 표시하고 또 그 추상명사도 표시하고. 정적인 질을 표시하는 것이 아니라. 그런데 맨스필드 Mansfield는 〈ousia〉가 정적인 질을 표시한다고 해. 그러니까 이것 봐. 사전에 〈자신의 소유인 것that which is one's own〉, 〈자신의 실체one's substance〉, 〈소유물〉을 뜻한다고 되어 있는데, 철학적으로 생각해 봐. 가장 일차적 primary인 의미에서 〈자신의 소유인 것〉이 뭐야?

김남두 신체를 말씀하시는 건가요?

박홍규 아니, 철학적으로 보면 〈존재한다는 것〉, 〈존재한다는 질〉, 〈내가 없는 것이 아니라 있다〉는 것이 가장 일차적인 질 primary quality이야.

김남두 그것, 굉장히 추상화된 이야기인데요.

박홍규 응, 굉장히 추상적으로 보면. 희랍 사람들이 그렇게 썼느냐 안 썼느냐의 문제는 별도로 하고, 철학적으로 해석하면 그렇게 되어버려. 그 이외에도 재산이란 뜻이 나와. 재산이란 것은 내가 있고 나서 있는 것이지, 그렇지 않으면 그것은 아무런 의미가 없지.

이태수 선생님, 그것은 아까 말씀하셨던 추상적인 것이고, 일단 〈이것이 있느냐 없느냐〉가 감정에 와 닿는다고 하셨는데······.

박홍규 감정에 와 닿는 것은 내 존재에 밀접한 영향을 미치는 것이고.

이태수 그렇죠. 그게 지금 소유, 즉 〈내가 지금 무엇을 가지고 있다, 아니다〉가 〈있다, 없다〉와 연결이 되겠죠.

박홍규 그렇지. 그것과 연결이 되겠지.

이태수 거기에서 일차적으로 존재를 만나겠죠. 〈존재한다〉는 말은 나중에 생긴 것이겠고, 〈내가 이것을 가지고 있다, 아니다〉와 같은 소유 관념이 아마 더 먼저일 겁니다.

박홍규 아! 희랍 사람들에게서?

이태수 희랍 사람들뿐만 아니라 한국 사람들에게도 마찬가지겠죠. 우리 말에 〈아버지가 있다, 없다〉에서 볼 수 있듯이, 한국 말에서도 있다, 없다가 일단은 나에 관련해서 나타나는 소유 속에서 가장 잘 드러나죠.

박홍규 그럴는지 몰라. 우리에게 가장 가까운 것에서 잘 드러날는지 몰라.

양문흠 선생님, 나에게 가장 일차적으로 주어지는 것이 있는 것이라고 한다면, 〈esti〉의 주어는 〈to on(존재자)〉이죠.

박홍규 그렇지.

양문흠 그러면 〈to on esti(있는 것이 있다)〉라는 해석이 나오죠.

박홍규 그런 해석이 나올 수 있지. 그러나 희랍인들이 그렇게 썼느냐, 안 썼느냐는 다시 살펴봐야지.

이태수 그러나 파르메니데스에는…….

박홍규 파르메니데스에서는 내가 한 해석이 들어가지. 그때쯤 되면 들어가. 그러니까 〈ousia〉라는 것은 가장 추상적인 존재에 대한 설명이야. 그리고 제일차적으로 존재가 존재 아닌 것으로부터 딱 드러나야 되는데, 희랍인에게 그것이 어떻게 드러났느냐 하면 무(無)에 대해서 가장 확실하게 드러났어.

그 다음에 또 존재가 어디에서 다르게 드러나느냐 하면, 변화하는 것에 대해서 드러나. 즉 〈ousia〉가 변화하는 것에 대립해서 사용돼. 플라톤에서 〈ousia〉와 생성genesis이 대립되거든. 그러면 어째서 존재는 변화하는 것과 대립되는 것일까? 그건 이차적secondary인 문제지만 하여간 그 이유는, 변화라는 것이 비존재(非存在)를 이끌고 오기 때문이야. 그것은 결국 사라져 버리니까. 따라서 존재는 변화에 대비되어서, 그것과 더불어 드러나기도 하지. 그러나 파르메니데스에서는 존재가 맨 처음 무(無)에 대해 딱 구별되어 드러나지. 그러니까 지금 〈ousia〉를 논할 적에 우리는 가장 추상적인 이야기를 하고 있는 것이지. 희랍인들은 이렇게 존재에 관해서, 그 출발점에서부터 끝에 이르기까지, 현대인이나 중세 사람보다 오히려 더 처음arche과 끝telos이 분명하고, 아주 추상적이야. 출발점도 분명해.

지금까지의 이야기는 파르메니데스에 대한 나의 해석이야. 파르메니데스에 대해서는 해석이 여러 가지이지만 나는 그렇게 해석한다는 말이야. 왜냐하면, 지능 발달이라는 것은 운동의 측면에서부터 출발하기 때문이야. 희랍 철학을 보면, 초기 단계에서는 동적dynamic인 세계관이야. 그 후에, 추상적인 것이 발달하면서, 정적인 세계관——운동이 빠지고 요소적elementary인 것이 들어간다는 의미에서——이 나오게 되지. 후기 철학에 가면 그렇게 돼. 이러한 발달과 비교하면, 존재도 처음에는 동적인 ⟨esti⟩에서 출발해서 추상적인 ⟨on⟩으로 나아가.

　　이태수　존재가 그렇게 추상화되고 난 뒤에, 문법도 정리가 되고, 중세를 통해서 서유럽에 퍼져서, 이제 그 동적인 의미는 별로 살아남지 못하게 되죠.

　　박홍규　별로 안 살아. 스콜라 철학 영향이야.

　　이태수　그렇죠. 그런데 히브리어의 ⟨있다⟩에 해당하는 단어가 역동적인 뉘앙스를 갖는대요. 그래서 히브리어를 공부하는 서양 학생들이 그걸 이해하기가 그렇게 어렵대요.

　　김남두　그것 좀 자세하게 설명해 주시죠. 무슨 얘기죠?

　　이태수　그러니까 ⟨있다⟩를, 가령 ⟨불이 난다⟩, ⟨물이 떨어진다⟩와 같은 뜻으로 이해해야 한다는 거야. 그러니까 존재니, 계사copula니 하는 의미는 빼버려야 된다는 거야.

　　김남두　히브리어에서 그렇단 말이죠? 그렇다면, 히브리어가 훨씬 더 역동적이군요.

　　이태수　역동적이지. 그러니까 정적인 ⟨is⟩에 대한 그러한 철학적 고려가 들어가서, 다시 그것에 의해서 일상 언어를 어떤 문법에 의해서 정돈하는 과정을 밟지 않았으니까 그렇게 된 것이겠지. 우리가 희랍어 문헌 읽으면서 항상 소유 3격에 대해 얘기하잖아. 영어, 독일어 책을 놓고 우리가 배울 때에는 ⟨누구에게는 아버지가 있다⟩는 문장을 ⟨나는 아버지를 가졌다I have a father〉고 번역하지. 왜냐하면 영어에는 〈누구에게 아버지가 있다for this man there is a father〉란 표현은 없으니까. 〈is〉가 〈무엇인가가 나에게 주어져서 내가 소유한다〉든지 하는 특수한 뜻을 갖는 〈is〉가 아니라, 추상적인 〈is〉가 되니까, 그 번역을 〈나는 아버지를 가졌다I have a father〉라고 할 수밖에 없는 거지. 그러나 우리 한국어에서는 〈아버지가 있다〉라고 하면 희랍어에서 그대로 번역이 되는 셈이지. 그것을 영국인이나 독일인의 눈을 한번 더 거쳐서 그것을 이해하려니까 바보 같은 짓이 되지.

김남두 히브리어에서도 〈is〉란 말이 있긴 있고요?

이태수 그러한 기능을 하는 말이 있고, 여기 소유의 3격에 나오는 〈is〉도 그게 간단한 〈is〉가 아니란 말이야.

김남두 소유의 3격 이전에, 아까 그 역동적인 의미의 〈is〉는 어떻게 되죠?

이태수 사건에 해당하는 〈is〉이겠지.

김남두 그 사건이라는 것은, 예를 들어 학교에 갔다 오니까 아까 없던 것이 있더라 하는 그런 의미인가요?

이태수 그런 것이겠지. 그런 것이거나, 또 변화에 대해서 그걸 동적으로 파악하라 하면 그것 자체가 멈춤인데, 그것 참 어렵긴 하지만 어쨌든 변화를 거스른다는 어떤 힘으로 생각해야 되겠지.

김남두 아니 그러니까, 파르메니데스와 관련하여 존재적existential 인 의미에서의 〈is〉는 나타나지 않는다는 해석도 있지 않습니까?

박홍규 아니, 〈existence(실재)〉란 말은 의미가 또 달라. 그냥 무에 대한 〈is〉하고 달라. 그것의 함축implication이 다르지. 복잡한 말이야. 희랍어의 〈eksistēmi〉, 라틴어의 〈existere〉라는 것은 〈나타난다 appear〉, 〈싹이 튼다〉는 뜻이야. 〈existēmi〉가 존재와 같은 말이냐? 좀 곤란해. 〈existence〉라는 것은 다른 말이야.

김남두 찰스 칸Charles Kahn의 견해에 따르면, 서양 철학에서 존재라는 의미에서의 〈is〉가 문제되기 시작한 것은 기독교가 희랍 철학과 접합되면서라는 것이거든요. 〈신이 있느냐〉는 물음을 하기 시작하면서부터 존재가 철학의 주제적인 개념으로 등장했다고 하지요.

이태수 그건 바로 〈exist〉의 의미가 그렇다는 거지.

김남두 아니, 〈to on〉이 그렇다는 거지요.

이태수 아니, 희랍어의 〈to on〉이 〈existence〉와 같지 않은 만큼, 그 문제는 계속해서 있었고, 현대 철학에서 〈케팔로스Kephalos가 있느냐?〉, 혹은 콰인Quine의 존재론적 언명commitment이라고 할 때의 〈exist〉의 의미 등은 아마 기독교가 있고부터 나온 걸 거야.

김남두 아니, 콰인까지 연결시킬 필요 없이, 신이 있느냐 없느냐가 왜 문제가 돼요? 안 보이니까 그런 것 아니에요?

박홍규 자연 신학이야.

김남두 한 사물이 있다가 없어지면 없다고 하는 것처럼, 다른 것들은 다 보이는 것에 대해서 있다고 하는데, 신은 보이지 않는데도 있다고 하느냐? 그 신은 어떻게 있는 것이냐? 그래서 〈있다〉는 것이 물론 그 이전에도 존재적인 의미로 사용되었겠지만, 주제적으로 철학적인 어떤 개념으로 등장하는 것은 기독교가 들어오면서부터라는 것이죠.

박홍규 존재가 철학의 주제로 된 것이? 아니지. 파르메니데스부터지.

김남두 그러니까 선생님하고는 다른 견해를 취하는 입장이죠.

양문흠 그러면 김남두 선생 말에 의하면, 파르메니데스의 〈esti〉도 〈있다〉, 〈없다〉고 하지 말고, 〈이다〉, 〈아니다〉로 해석할 수 있다는 것이겠죠?

박홍규 아니, 그런 해석은 곤란해. 문장상 곤란해. 억지소리야. 허허허.

이태수 그렇게 연결될 수 있는 측면이 있는데, 그것이 가령 논리학적인 술어predication의 문제와 연결해서 철학사를 한번 보려고 한 것이지.

박홍규 응, 그렇게 보려고 하는 사람이겠지. 존재적인 〈is〉가 먼저냐 계사적 〈is〉가 먼저냐 하는 문제가 논의되고 있어. 그러나 요점은, 논리적으로 계사냐 아니냐 하는 의미의 〈is〉는 상당히 추상적인 논리적 사고가 발달한 뒤에 나오는 것이고, 가장 소박하게 우리 인간에게 맨 처음 〈is〉가 딱 와서 부딪치는 것은 언제냐? 아까도 말한 바와 같이, 〈아! 친구가 죽었다, 그가 없다, 그래서 그의 방에 들어가 보니 무언가 공허하다〉, 그럴 때 딱 부딪치게 되는 것이지.

이태수 한국 말에 또 다른 표현 있죠. 〈돈 있어?〉 그러면, 〈있어〉, 〈없어〉 그럴 때. 그건 영어로는 표현 못하죠. 유제기 씨가 논문에서 칸트하고 연결을 해서, 이미 파르메니데스에서부터 존재가 사유와 연결되어 있다고 썼는데, 그것도 일리가 있지 않습니까?

박홍규 일리는 있겠지만, 문헌학적 토의를 거쳐야지, 그렇게 번역이 쉽게 될 수 있느냐는 문제가 남지. 그런 것은 희랍 철학 전공한 사람들을 통해서 문헌을 읽어서 해야지, 그렇게 쉽게 단정하지 마.

이태수 그 이전에 해야 할 일이, 논리적인 의미에서 도대체 〈Sein〉이다, 〈존재〉다, 그런 말 하지 말고, 희랍어에서 〈esti〉가 어떻게 쓰이고, 일본어, 한국어에서는 어떻게 쓰이는지, 자연언어 수준에서 그 의미를 살펴봐야겠죠. 철학하는 사람들이 보편적인 논리를 고찰한다고 하면서, 사실은 영어의 〈is〉나 독일어의 〈Sein〉을 보면서, 그것이 마치 보편적인 존재 문제를 다룬 것처럼 생각하는데, 가령 한국 말에서는 있다와 이다가 이미 딱 구분이 되는 것처럼——사실 조선 시대에는 그것도 비슷했다는데——역사적으로 각 나라마다 그 용법을 고찰해 보고 나서 이야기해야 할 것 같아요. 철학은 아직도 커다란 잘못을 하고 있는 셈이죠.

양문흠 찰스 칸에 의하면 존재에 대해서 그 당시에는 뭐라고 썼다고 되어 있나요?

김남두 진리적 veridical인 의미.

양문흠 그러면 〈있다〉가 아니죠?

박홍규 찰스 칸의 입장에서 파르메니데스를 보는 것 자체가 우습지.

이태수 아니, 진리적인 의미가 일차적이라는 것도 맞죠, 용법상. 그러나 진리적이라는 그 말 자체가 나중에 『명제론』에서 이야기하는 그 진리냐 하는 것이 문제고, 또 그 진리란 말 자체가 상당히 다를 수 있지요.

박홍규 희랍어에서의 〈alētheia(진리)〉란 말은 또 달라. 따라서 희랍인들이 그 당시에 쓰던 말의 의미를 먼저 알고 이야기해야지. 그렇지 않으면 현대 철학이지.

이태수 희랍 철학은 한국 사람이 하면 더 잘 이해할 것 같은 생각이 요새 점점 들어요. 왜냐하면 서양 언어 가지고는……

박홍규 사고가 너무나 논리적 logical이 되어버렸지!

이태수 그렇죠. 서양인들의 문화는 학교 문법에 의해서 계속해서 지배되어 왔기 때문에, 희랍어가 갖고 있는 사고의 유연성 flexibility, 사고의 근원성 같은 것들은 오히려 한국어에서 더 잘 나타날 것 같거든요.

박홍규 사고가 아직 정리가 안 되어서 그래.

이태수 정리가 안 되었다는 점도 그렇구요.

박윤호 저는 희랍인들이 애당초부터 왜 그렇게 〈esti〉 또는 〈on〉의 문제에 관심을 갖는지 모르겠어요.

박홍규 바로 그거야. 그것은 희랍 철학의 생존 existence 문제와 바로 연관이 돼. 요컨대 존재를 논하는 것은 존재가 플라톤 식으로 말하면 난문 aporia에 빠져 있기 때문이지. 자기 자신을 위주로 하는 존재의 세계가, 살고 있는 세계가, 파국 catastrophe으로 빠져들기 때문에,

즉 비존재 mē on 속으로 빠져들어가기 때문에, 존재가 거기에서 구별되어 딱 분리되어 나와. 파국에 빠지지 않고, 그저 영속적permanent인 세계에 있으면, 도대체 존재 문제가 나오지 않아.

이태수 존재론이라는 분야가 생기지 않는다는 말씀이죠?

박홍규 난관에 빠지지 않으면 도대체 존재 문제가 나오지 않아.

이태수 대학에 학과를 만들어서 존재론 과목을 설강하기 전에는 안 나오죠, 하하하.

박홍규 하하, 그러기 전에는. 이건 강단 철학school philosophy이 아니거든. 자기 체험에서 우러나온 것이거든. 따라서 희랍 철학은 그 시대의 문명 속에서 철학자가 어떤 파국에 빠졌다는 것을 전제로 하고 이해해야 돼. 그렇지 않으면 존재론은 설명이 안 되지. 플라톤도 그렇고. 희랍 철학은 전부 다 문제학Aporetik이거든.

박윤호 어떻게 생각하면 희랍이라는 나라가 그 당시에 그렇게 파국의 지경도 아니지 않았습니까?

박홍규 파국적인가 아닌가는 나중에 이야기해. 왜냐하면 희랍은 다원적 세계였으니까.

양문흠 그러나 이것은 말할 수 있지 않겠습니까? 어떤 한 특정한 문화이기 때문에만 그렇게 되는 것이 아니라, 어떤 문화에서도 모두 다 변화무쌍한 세계라는 것이죠. 그리고 변화무쌍한 세계에서는 있다, 없다가 매우 중요한 관심사가 된단 말이죠. 어떤 특정한 문화에만 국한된 것이 아니고, 모든 인간 문명에 대해서 말입니다.

박홍규 그렇지, 물론 그렇게 보면, 보편 개념은 어디에서든지 나올 수 있지. 그런데 그것이 유난히 문제가 되는 것은, 특히 무(無)에 대해서 특별히 분리되어 나오는 것은 〈지금까지 있었던 성벽이 없어졌다〉든지 〈도시가 멸망했다〉든지 하는 파국으로부터 나오지. 가령 불교에서는 무와 대립되는 것이 아니라 생성 Werden과 유전(流轉), 희랍 철학적으로 말하자면 생성genesis과 대립되지. 반면에 희랍 철학이 존재와 무를 대립시킨다는 것은, 그만큼 그 역사가, 그 사람들의 생존이 존재와 무 사이에서 동요하고 있었다는 것을 알아야 돼. 이것이냐, 저것이냐의 양자택일 entweder-oder 속에서 항상 움직이고 있다는 것을 가정해야만 존재론이 나오지, 존재와 무 사이에서 양자택일을 하지 않고 사는 사람에게는 존재가 문제가 되질 않아.

김남두 이런 식으로 질문을 다시 하면 어떻겠습니까? 예를 들어, 파국을 현재 앞에 두고 있는 혹은 그 속에 있었던 문화나 민족이 희랍만 있었던 것이 아닌데, 다른 곳에서는 존재라고 하는 물음이 그렇게 확연히 드러나지 않았는데, 왜 희랍에서는 그것이 드러났느냐는 거죠.

박홍규 그것은 희랍 사람들이 그만큼 지적으로 발달해서 그것을 문제 삼을 수 있었다고 보아야겠지. 예를 들어, 레그혼Leghorn보고 왜 알을 많이 낳느냐고 물어봤댔자 소용없어. (일동 웃음) 레그혼이 알을 잘 낳으려면 사료도 많이 주고, 병도 안 걸리게 해야 된다는 조건이 들어가지만, 레그혼 아닌 다른 닭에다가 사료를 많이 주고 병에 안 걸리게 한다고 그것들이 그만큼 알을 많이 낳나?

이태수 에이! (일동 웃음) 아니 그러면, 동양 사람은 전쟁을 겪어도 존재와 무를 문제 삼지 않은 것은 머리가 뭐 백인보다 못해서 그렇습니까? 그렇지는 않을 것 같고요.

박홍규 분명히 희랍 사람, 로마 사람들의 특징이 어디냐 하면, 그 사람들이 가진 감각은 지적으로 천재야. 그렇지 않으면 플라톤, 아리스토텔레스 철학이 안 나와. 이러한 분석적인 철학이 나올 수 없어. 동양 철학은 흐리멍덩해. (여러 냉소적 웃음) 요컨대 존재와 무로 딱 구별해낼 수 있을 만큼 분명하다는 거야. 왜 그러냐 하면 말이야, 분간 능력의 기준의 하나가 모순을 모순으로서 분간하는 것이기 때문이야. 예전의 고대인에게는 그런 분간 능력이 없어. 예전에는 죽어도 죽었다고 생각하지 않아. 딴 세계로 간다고 하지. 이 세계가 연장된다고 생각했지.

양문흠 그거야 희랍의 플라톤도 마찬가지 아닙니까?

박홍규 플라톤도 그렇지. 예전의 윤회설도 마찬가지고. 그런데 존재와 무의 사고는 윤회설도 끊어버리지. 이건 끊는 사고야. 딱 떨어지는 사상이지. 내가 잘 모르지만 창조신(創造神)이란 개념이, 사막에서는 스트레스 때문에 살 수가 없고, 이것이냐 저것이냐entweder-oder, 바람이 어디에서 불어올지 모르고, 내일 죽을지 살지 모르는 극한 상황 속에서 사는 사람들에게서 나온 것과 같은 이야기이지.

양문흠 그러니까, 험한 세계, 못사는 세계일수록 존재론이 발달한다 할 수 있겠군요?

박홍규 그렇지. 존재론이 그래.

김남두 그렇다면 사실 히브리 같은 데서 훨씬 더 선명하게 발달했어야죠.

박홍규 아니, 거기에서는 종교로 나타나지. 창조신이라는 종교로 나타나. 반면에 희랍에서는 지적으로 나타나고.

그 문제는 이제 그만 해. 〈ousia〉에 대해 무슨 얘기 했지? 〈ousia〉라는 것이 추상적인 규정이라는 이야길 했지? 그런데 아리스토텔레스는 그 존재한다는 것을 어디에 놓고 나가느냐 하면, 다(多)와 운동(運動)의 세계에서 존재한다는 것이 무엇이냐를 놓고 나가. 여기에서 염두에 두어야 할 것은, 파르메니데스나 엘레아 학파가 존재 자체를 무(無)에 대해서 논의했고, 또 생성genesis에 대해 논의했는데, 그 존재의 특성property은 무엇이고, 그것이 아리스토텔레스 철학에서는 어떻게 나타나느냐 하는 것이 문제야. 그것을 머리에 두고 읽어야 돼. 아리스토텔레스는 플라톤의 제자이니까, 우선 다와 운동이 있으면 모순이 나오기 때문에 그것들이 성립하지 않는다는 제논의 논증을 반박해야 돼. 그 문제는 플라톤의 〈방황하는 원인 planōmenē aitia〉에서 내가 설명했어.

존재와 무는 양자택일이야. 제삼자가 없어. 어떤 한계가 나와야 돼. 딱 끊어져야 돼. 끊으면 항상 존재와 무가 들어가. 모순은 그 끊은 한계에서 성립해. 따라서 모순을 넘어서려면, 그 한계를 넘어서야 돼. 그 한계를 넘어서는 것을 우리는 연속성이라고 해. 연속성은 항상 생성 Werden 속에서만 성립하고, 한번에 다 주어지지 않는 것이 연속성의 특징이야. 과정 process 속에서만 주어지는 것이지. 그러나 만약에 어떤 사물이 연속성 속에서 주어진다고 가정하더라도, 그것이 존재하기 위해서는 끊어져야 되겠지? 사실상, 한 사물이 변화했다는 것도 여기에서 여기까지 끊어져야 설명이 되는 것이지, 그렇지 않으면, 아까 헤겔의 말대로 그야말로 순수한 reine, 즉 아무 규정도 없는 것이 돼. 그렇게 되면 뭐가 뭔지 모르게 돼.

한편, 연속성에 어떤 것이 들어가느냐 하면, 예를 들어 〈A에서 B까지 갔다〉고 할 때, A에서 B로 가기 직전까지는 그 무엇이 변하지 않았다는 것이 들어가게 돼. 그래야 연속성이라고 하지. 그래서 B에 들어가면 A는 없어져. 그러나 그것이 돌연히 없어지는 것이 아니라, 과정을 통해서 어느새인지 모르게 없어지게 돼. 이 두 가지가 다 들어가. 그리고 A에서 B로 갈 때, B 직전에 이르기까지는 변하지 않는 측면과 또 B로 들어가는 순간에 변하는 측면, 이 양 측면이 서로 구별되지 않는 상태에서 주어지는 것이 순수한 과정이야. 그런데 그것이 딱 끊어지면, 서로 비교될 수 있잖아? 그 변하지 않는 측면을 잘라서 볼 때, 무수히 많은 잘라진 부분들이 동시에 공존(共存)할 수 있어. 그것을 공간이라고 해.

그러면 공간이란 무엇이냐? 아리스토텔레스는 〈topos(장소)〉니 〈poū(어디에)〉니 하는 말을 쓰지만, 플라톤은 〈chōra(장소)〉라는 말을 쓰는데, 『티마이오스 Timaios』편에는 그것에 대한 규정이 나오지. 플라톤에서, 〈chōra〉는 〈형상idea의 흔적ichnē이 그대로 남아 있는 곳〉을 의미해. 그것은 무슨 뜻이냐? 변화 속에서도 변화하지 않는 측면이 〈chōra〉라는 것이야. 그리고 변화 속에 들어가 버리면 흔적이 모두 사라져 버려. 자꾸 사라진다고 했지? 말하려는 순간 사라져버려. 그 변화 속에서 변하지 않고 그대로 남아 있는 것이 〈chōra〉라는 말이야.

그러면 왜 그대로 남아 있느냐? 이것을 설명해야 돼. 그것은 무한정자apeiron에서 존재가 드러날 때, 그 무한정자의 성격이 무엇인가의 문제에로 돌아가. 〈apeiron〉의 〈a-〉는 결여 privation야. 그러면 그 결여라는 것이 무엇인지를 규정해야 돼. 아리스토텔레스에서뿐만 아니라 일반적으로 결여라는 것은 가령 어떤 사람이 대학에 들어갈 때 만점이 100점이라면, 99점, 98점, 97점 등은 만점에서 1점, 2점, 3점 모자라지. 그 부족한 것이 결여야. 그 반대는 충만이고. 또 그 반대는 과잉이야. 그러면 없다는 것하고 어떻게 달라?

양문흠 정도차degree가 들어가겠죠.

박홍규 응. 정도차가 들어가, 요컨대. 99점이나 98점이나 97점이나 만점이 아닌 것은 다 같아. 만점이 아니라는 점에서 모두 낙제야. 그것은 다 같아. 그러나 한 사람은 조금만 더 잘했으면 합격할 수 있었고, 또 다른 사람은 그보다 더 잘했어야 됐지. 그러니까 무(無)는 무인데, 정도를 인정하는 경우에는, 연속성에서 드러나는 무가 결여의 성질을 갖고 있는 것이야. 그러면 무는 무엇이냐? 아까도 나왔어. (앞의 물건을 가리키며) 이것은 존재고 이것은 무인데 그 없다는 것이 어떻게 나왔느냐의 문제야. 대단히 어려워. 무는 그야말로 아무것도 없는 것이야. 따라서 무의 속성property은 무엇이냐면, 어떤 사물에 대해서도 어떤 영향도 미치지 않는 것이야. 무가 어떤 영향을 미치면 곤란하잖아? 그런 것은 무가 아니지. 물리학적으로 여기에 영향을 미치려면 다른 어떤 물질적 존재가 있어서 그것이 이 사물에 영향을 미쳐야지. 그래야 물리적인 영향이 되지. 그러면 그것은 물리적인 대상이야. 또 생물이 있어서 여기에 영향을 주면, 이것은 생물학적 영향이 되지. 그리고 어떤 경제적인 법칙이 있어서 여기에 영향을 주면 그것은 경제적 영향이 되지. 그런데 무란 것은 아무것도 없는 것이야! 아무것도 없는데 어떻게 영향을 미치느냔 말이야. 알아들었지? 아까도 말한 바와 같이, 이것이 존재하느냐 아니냐를 증명하기는 대단히 힘들어. 인식론은 이것이 존재한다는 것을 가정하고 나가. 어떤 것이 존재하느냐 아니냐의 인식론적으로 가장 확정적인 증거는 무엇이냐? 플라톤도 자꾸 얘기해. 내가 한 대상에 대해서 어떤 작용을 하는데, 그것이 나에게 반작용을 하지 않으면 아무것도 없는 것이 돼. 낙타를 타고 사막을 가다가 신기루를 만나, 그것을 따라가 보면 결과적으로 환상일 뿐이지. 가보아도 아무것도 없고, 나에게 영향을 미치는 것이 아무것도 없지. 영화는 영화로서 우리 시각에 대해서만 존재해. 영화에 나오는 아름다운 경치는 실제로는 내가 그 스크린에 들어가 보면 아무 영향을 줄 수 없지. 결론적으로 말해, 무는 나에게 아무 영향도 안 줘. 준다면 벌써 무엇인가 있어.

양문흠 주는 한에서는 있다고 할 수 있겠죠.

박홍규 주는 한에서는 있어. 그러면 무규정자apeiron는 무엇이냐? 무규정자는 그것이 무니까 영향을 주지 않는 것은 사실 아냐. 그런데 거기에는 정도가 있어. 영향을 주는 정도가 있더라, 다시 말해 그 뒤에 연속성이 있더라는 거야. 그것이 바로 공간의 특징이야. 그러면 그 영향을 주는 것은 무엇이냐? 플라톤에서 무질서한ataktos 운동 속에, 즉 무한정자 속에 들어가면 과정 속에 들어가게 되니까, 과정의 성격을 받아서 A가 B로 변하는 것이지. 그러니까 그것은 영향을 미치는 것이지. 그러나 공간이란 그 속에서 그 연속성이 영향을 미치지 않는 것이야. 요컨대 운동이 빠지는 것이 공간이야. 그런데 그 운동이 영향을 미치는 정도차가 있다는 말이야. 플라톤에서 형상Idée으로부터 죽 나오는 여러 가지의 공간의 위계질서 hierarchy가 있잖아? 그것이 바로 영향이 미치지 않는 위계질서야. 제일 위에 있는 형상은 어떤 것에 의해서도 영향을 받지 않는 것이고, 논리적 사유 logizomai의 대상은 그 자신은 아무런 영향을 받지 않으면서도 다른 사물과 결합 koinōnia할 수 있는 것이고, 또 거기에 대응하는 물리적 세계에서는 지·수·화·풍이 입체 sōma로서, 요소 stoicheion로서 영향을 받지 않고 그 자체로 있으면서 비례에 따라 조화 harmony를 이루는 것이고, 그 다음에 이십면체, 삼십면체 같은 입체들은 물체이긴 하지만 영향을 받아서 십면체, 십이면체 등으로 변해. 그 다음 단계에는 어느 정도 흔적 ichnē만 남아. 여기서 더 들어가면 완전히 순간순간 변해 버려.

그렇다면 추상적인 공간과 물리적인 공간의 차이는 어디에 있느냐? 물리적 공간도 가령 뉴턴 물리학 공간에서는 물체는 영향을 받지 않고 그대로 있고 운동만 하니까, 공간 운동에 환원돼. 확실히 수학적으로 계산해 내려니까 그런 규정을 하는 거야. 실제는 그렇지 않은 공간이 있어. 현대 물리학이 그래. 운동 자체가 질적으로 변해 버려. 그렇게 되면 뉴턴 물리학 공간은 없어져 버려. 왜냐하면 뉴턴 공간에서는 공간과 물체가 따로 있으니까. 그러니까 물리적 공간에서도 그런 공간이 있고. 또 물리적 공간과 다르게 추상적 공간은 존재자 entity의 자기 동일성 identity이 유지되면서 관계를 맺을 수 있는 곳이야. 그런데 이제 끝에 가면 관계를 전혀 맺지 않는 존재자가 드러날 것인데, 그것이 바로 플라톤의 형상 eidos이야. 플라톤이 왜 이 형상을 중요시했느냐 하면, 변화하지 않는 것에 대해서 존재가 규정됐는데, 제일차적으로 공간에서 그러한 존재를 찾아내기가 가장 쉽기 때문이야. 운동에서 찾는 것은 우선 운동에서는 변한다는 것이 나와 있으니까 찾기가 힘들어. 그래서 거기에 대해서는 특별한 주의가 필요해. 플라톤은 운동의 불멸성 athanatos에서 운동의 자기 동일성을 취급하고 있지만, 그러나 거기서 출발해서 운동의 자기 동일성이 어떻게 나타나느냐 하는 것은 학문적으로 그렇게 중요하게 취급하지 않았어. 사실 그것은 매우 어려운 문제이거든.

그러니까 형상이라는 것은 무한정자에서 영향을 받지 않는 측면의 극한치야. 공간에서는 사물이 무수히 쪼개져서 다 분리돼. 서로 영향을 받지 않으니까. 공간에서는 운동이 빠지니까 사물을 구성하고 있는 여러 가지 질들이 서로 엉키는 것이 아니라, 모두 분리되어서 독립되어 버려. 그것이 바로 형상의 세계야. 그곳에서는 모든 것이 분석되어 버려. 논리적 공간에서는 분석analysis이란 말을 쓰고, 물리적 공간에서는 해체란 말을 쓰지. 대상의 세계는 실제로는 완전히 엉켜 있는데, 엉켜 있다는 것은 무한정자의 과정으로 들어간다는 뜻이야. 운동은 두 사물이 엉켜야 되는데 엉키는 것, 즉 과정이 빠져버렸으니까, 그 속에 들어 있는 존재자, 질들이 모두 다 해체되어 버려. 해체된 것들이 전부 형상idea의 세계에 들어가면 죽 일렬로 나란히 서. 일렬로 섰다 해서 어떤 것이 앞에 있고, 어떤 것은 뒤에 있고 하는 것도 없어. 그래 갖고 그것들이 연속이 되어 있어.

그런데 아리스토텔레스의 입장에서 보면, 플라톤의 이러한 형상은 원래의 사물들을 해체시키는 것이야. 실제 존재한다는 것은 무엇이냐? 다가 존재한다는 것은 무엇이냐? 이것이 문제야. 존재한다는 것은 다가 하나로 뭉친다는 것이라는 거야, 하나. 존재한다는 것은 무엇이냐? 파르메니데스는 무엇을 의미했느냐? 하나가 된다는 것이야. 존재의 특성은 하나가 된다는 것이야. 플라톤은 다의 다성(多性)을 봤어. 다가 여러 가지로 분화되는 것을 봤어. 그런데 아리스토텔레스는, 그 분화된 다가 존재한다고 하는데, 그 존재한다는 것은 무엇이냐, 그 말이야. 하나가 되어야 존재한다는 거야.

양문흠 그것은 플라톤의 주장이 훨씬 더 설득력 있는 것 같은데요.

다에서 어떤 것들로 쪼개졌으면, 그거야말로 진짜 하나이지……

박홍규 실제 이것을 봐. 우리 학문은 형상들을 모아서 실제로 우리가 출발했던 데이터로 다시 돌아와야 돼. 문제는 거기에 있어. 우리는 (앞의 물건을 두드리며) 여기 이 사물에서 출발했어. 이제 이 사물로 다시 돌아와야 돼. 형상도 이 사물로 다시 돌아와서 이 사물을 구성해야 돼. 그래야 그 이론이 맞아. 그런데 이 사물은 따로따로 떨어져 있는 것이 아니라 뭉쳐 있지 않느냐, 하나로 되어 있지 않느냐, 존재라는 것은 하나로 되어 있다는 것이라는 말이야. 〈atomon(쪼개지지 않는 것)〉으로서, 수적으로 하나로 있어야만 존재하는 것이지, 그렇지 않으면 존재가 아니라는 말이야. 그러면 형상으로서 관계를 맺으려면 어떻게 맺어야 할 것이냐? 플라톤은 『티마이오스』편에서 이상적ideal인 우주가 있고 그것을 모방한다고 하거든? 그러면 그 이상적 우주란 무엇이냥 말이야. 분석된 단일 형상mia idea이 아니고 서로 모두 엉켜서 완전한 perfect 하나의 우주를 이루어야 되는데, 그것이 도대체 무엇이냥 말이야. 아리스토텔레스는 그것이 복제물duplicata이 아니냐는 거야. 『티마이오스』편의 우주론도 아리스토텔레스의 입장에서 보면 그렇지. 가령 『형이상학Metaphica』에서 운동의 형상이 있다고 해도 그것이 복세물 이외의 무엇이냐는 거야. 그러나 운동은 실제로 이 우주에 있는 것이야. 아무리 이상적 우주라도 운동이 없이 어떻게 우주가 성립할 수있어. 그러니까 플라톤의 『티마이오스』편에 나오는 그런 이론은 의미가 없다는 얘기야.

(테이프를 흔들며) 이 데이터에서 출발하여 다시 이 데이터로 돌아와야 하는데, 요컨대 이것이 존재한다는 것은 다가 뭉쳐서 하나로 되어야 한다는 거야. 제일 중요한 요점은 거기에 있어. 수적으로 하나가 되어야 한다, 〈atomon〉이라는 거야. 다시 말하면 파르메니데스의 일자(一者)야. 요는 파르메니데스의 일자가 다 속에서 어떻게 성립하느냐 하는

문제야. 그것은 형상의 세계가 무한정자와 합쳐져서 어떻게 하나가 되느냐는 문제로 돌아가.

양문흠 그것은 아리스토텔레스에서도 마찬가지 문제 아닙니까?

박홍규 아리스토텔레스 입장이 바로 그거라니까! 플라톤은 사람, 머리카락, 코의 형상들이 각각 따로 있다는데 그건 말뿐이지 그런 것이 어디 있어? 도대체 형상과 형상의 관계는 뭐야? 형상에 있어서 사람과 머리카락 그리고 코의 관계는 뭐냐, 그 말이야.

양문흠 아리스토텔레스 입장에서 보면 우습죠.

박홍규 우습지. 그런데 봐. 플라톤에서는 생성의 세계에서 운동이 빠진 세계에까지 위계질서를 가지고 연속되어 있거든. 그 연속체가 하나로 이렇게 딱 오려져야만 돼. 형상이 이 세상에 존재하려면 어떤 조건이 필요하냐? 아리스토텔레스에 있어서는 모든 것의 형상이 동일한 차원에 있을 수 없다는 거야. 플라톤에서는 모든 형상이 똑같이 분석되어서 같은 차원에 서버려. 반면에 아리스토텔레스에서는 본성상 physei 다 달라. 가령 『티마이오스』편을 읽어보면 곧 알 수 있어. 불이, 형상으로서의 불이 있고, 추론 logizomai 대상으로서의 불이 있고, 원소로서의 불이 있고, 십이면체로서의 불이 있고, 흔적으로서의 불이 있고, 나중에 가서는 불의 성격을 띤 무한정자가 있다고 해. 그렇게 여러 가지 불이 있거든. 그동안 불의 성격이 달라져. 전혀 달라. 그런데 플라톤은 불 하나를 가지고 이야기했지만, 아리스토텔레스는 존재 내용으로서의 형상이 무한정자와 관계를 맺을 때에 그 위계질서에 따라서 존재의 성격이 각각 달라진다는 거야.

이것을 언어로 표시해 보면, 형용사, 부사, 명사가 있는데, 자연 세계에서는 본래 명사로서만 취급될 수 있는 것이 있고, 또 형용사, 부사는 본래 운동체가 있고 그것에 대해서만 있는 것이지, 따로 명사처럼 독립적으로 있는 것은 아니라는 거야. 그걸 구별해야 돼. 『소피스트』

편에 나오듯이 플라톤의 명제 logos는 명사와 동사만으로 간단하게 이루어져. 그러나 아리스토텔레스의 『범주론』은 그렇지 않아. 명사, 동사, 형용사, 부사 다 들어가면서 복잡하거든. 왜 그런 이론이 나오는가 하면, 존재가 분할될 때, 플라톤에서는 다 형상으로 나아가니까 모두 똑같지만, 아리스토텔레스에 있어서는 그렇지 않기 때문이야. 아리스토텔레스에서는 각각이 각 층을 다 메워준다는 거야. 다시 말하면 위계질서에 따라서 각 사물의 성격이 달라진다는 거야. 근본적으로 명사로서만 성립할 수 있는 것이 있고, 형용사, 부사로서만 성립하는 것이 있고, 또 동사로서 성립하는 것들이 있어. 서로 다르다는 거야. 그래서 그것들이 뭉쳐서 하나가 되어야 한다는 거야.

양문흠 그것이 〈ousia〉다.

박홍규 응. 그런데 그 형상이 변하지 않아야 하거든. 그러려면 어떤 조건이 들어가느냐 하면, 그 연속된 것이 딱 끊어져야 한다는 거야. 왜 끊어져야만 하느냐? 만약에 끊어지지 않으면, 그것은 방황하는 planōmenē 흐름 flux, 변화 속에 들어가기 때문이야. 결국 끊어진다는 것은 변화 속에 들어가지 않는다는 얘기야. 문제는 거기에 있어. 요컨대 독립해 있다, 떨어져 있다 chōris라는 말은 외부 생성의 세계에서 영향을 받지 않으면서 이렇게 딱 끊어져 있다는 것을 의미하는 것이야. 이 테이프는 이 책하고는 상관이 없다는 얘기야. 그런데 이 세상에는 이런 테이프 같은 것만 있는 것이 아니라, 색깔도 있고, 성질도 있고, 장소도 있지 않느냐. 바로 이런 것들이 형용사나 부사로서 나타낼 수 있는 것이고, 본래 명사로서 표시할 수 없는 것, 다시 말하면 중간적인 위계질서 속에 들어갈 수 있는 성격의 것이야. 이 중간 단계가 다 채워져야 된다는 거야. 왜냐하면 존재의 세계는 딱 떨어져서 명사로 넘어갈 수 없기 때문이야. 운동에서 바로 뛰어서 떨어져 chōris 있는 형상으로 넘어갈 수 없어. 그 간격을 다 메워줘야 된다는 거야. 그 사이의 모든 것들이 다 나와야 된다는 거야.

그러면 이제 어떤 문제가 생기느냐? 이 사물이 모든 측면에 있어서 딱 구별되어야 해. 이렇게 구별되어서 나온 것들을 우리는 입체body라고 해. 그러니까 본래적으로 이렇게 구별되어서 독립된 것이 자연적 입체natural body인데, 그것은 선으로서 성립하는 것도 평면으로 성립하는 것도 아니고, 입체로서만 성립해. 입체라는 것은 뚝 떨어져 나와 있는 것인데, 그 말은 외부 생성 속에 들어가지 않고 자기 동일성을 유지할 수 있는 조건을 말하는 거야. 그리고 바로 그곳에서만, 본래 명사로서 성립할 수 있는 자기 동일적identical인 형상이 드러날 수 있고, 그 나머지는 그러한 개체에 달라붙어symbebēkos 있어. 달라붙어 있는 것은 변할 수 있어. 색깔은 파랄 수도 있고 흴 수도 있고 상관 없다는 거야. 그걸 〈symbebēkota(우연적 속성)〉이라고 해. 〈symbebēkota〉란 무엇이냐? 복잡해. 〈같이 발을 묶고 함께 걸어간다〉는 뜻이야. 그런데 함께 걸어가려면 둘 이상의 것 즉 상대방이 있어야 돼. 그 상대방이 무엇이냐? 형상이냐 뭐냐? 거기에 대해 여러 가지 문제가 생겨.

그런데 왜 아리스토텔레스는 플라톤처럼 떨어져 있다고 보지 않고, 통일된 측면을 보려고 하느냐? 그리고 어떻게 공간들이 그것을 연결시켜 주느냐? 아리스토텔레스는 수(數) 같은 것을 추상물exaireta이라 그러지. 가령 우리가 선을 그으려면 제2성질secondary quality이 있어야 돼. 논리적 공간에서는 선을 그을 수가 없어. 논리적 공간에서 수를 하나, 둘 써봤자 성립하지 않아. 아무런 형태도 없어. 그러니까 만약에 우리가 유클리드 기하학적 직선을 긋는다고 하면, 우선 제2성질이 있고 또 거기에 자기 동일성을 보존해 주는 유클리드 기하학 공간 혹은 논리적 공간이 나와서, 그 두 개가 합쳐진 한계선에서 선이 그어져. 적어도 자연적으로는 그렇게 되어 있어. 따라서 아리스토텔레스는 선이나 수를 따로 떼어내서 생각한 것은 추상물이고 사실은 연결되어 있다는 거야. 그러니까 생성의 세계에서 형상까지 다 연결되어 있다는 거야. 물론 플라톤에서도 연결되어 있어. 그러나 플라톤은 그중에서도 떨어지는 측면을 봐. 왜 떨어지는 측면을 보느냐? 수가 바로 그렇게 성립하기 때문이야. 감각적인 수sensible number는 감각적 데이터에서만 성립하는데, 그 감각적 데이터가 테이프든지, 책이든지 아무 상관이 없어. 따라서 수 자체만 갖고서 논의하여도 수학 자체는 성립해. 이게 바로 플라톤의 입장이야. 반면에 아리스토텔레스에 있어서는, 자연의 세계에서 수가 따로 떨어져서 그 자체만으로 실재해도 그건 의미가 없다는 거야. 수는 항상 감각적 수와 더불어 있어. 형상도 질료matter, 무한정자와 함께 더불어 있어. 그것을 〈synholon(결합된 전체)〉이라 불러. 플라톤에서는 〈metechein(분유)〉이지만 아리스토텔레스에서는 〈synholon〉이야. 더불어 있어. 그래서 하나가 되면 그것이 바로 개체야.

그러니까 가장 중요한 것은 다(多)가 존재한다는 것이 무엇이냐 하는 것이야. 파르메니데스에서처럼 일자로서 존재해. 파르메니데스는 비유적으로 구(球)와 같다고 하거든. 그 사상은 『티마이오스』편에도 나와. 완전한 우주는 구와 같다, 그것의 밖에는 아무것도 없다고 하지. 왜냐하면 그것 밖에 무엇이 있다면, 그것이 영향을 미쳐서 파괴하니까. 아리스토텔레스도 우주는 비록 개체가 아니지만, 우주 밖에는 아무것도 없다고 해. 그 말은 우주에 대해 영향을 미치는 것이 아무것도 없다는 얘기야. 그러니까 우주는 영원하다고 해. 이 우주 속에서만 운동이 있고 변화가 있고 시간, 공간이 있지, 우주가 공간 속에 있는 것이 아니야. 외부 세계에 공간이 있으면, 외부 세계에서 무엇인가 영향을 미치게 돼. 시간과 공간은 연속성이므로, 다른 사물들을 연속시키고 과정 속으로 들어가게 해. 따라서 우주 밖에는 아무것도 없다는 거야. 그렇게 되면 이제 유한한 세계가 나와. 유한한 세계가 나오면, 거기에 좌표, 즉 삼차원 좌표를 그을 수 있어. 따라서 아리스토텔레스의 입장에서 보면, 이 테이프는 이 책 위에 있고, 이 책은 이 방 속에 있고, 이 방은 과천에 있고, 과천은 한국에 있고, 한국은 지구상에 있고, 지구는 우주의 어느 일부분에 떠 있다는 거야. 그러니까 이 테이프는 고유명사로서 딱 나와. 〈tode ti(여기 이것)〉, 바로 이것 하나! 그러면 어떤 사람은 그럴 거야. 이 테이프하고 똑같은 테이프를 만들어 내면, 두 개의 테이프는 똑같지 않느냐고 말이야.

이태수 요즘 고유명사 proper name를 논하는 사람들이 대상의 지시 refer를 가능하게 해주는 조건 중의 하나가 연결되어 있는 물리적 시간 속에서 점을 찍어줄 수 있다는 것을 지적하죠.

박홍규 아―, 시간 속에. 그것은 조금 발달된 것이지. 왜냐하면 시간은 일차원적이니까 시초가 나와야 돼. 그런데 우리는 시초가 있는지 없는지 모르니까, 시간 속에 인위적인 것을 넣어서 가령 예수가 나온 날을 기준으로 해서 기원을 삼지. 그것은 고유명사이지만 인위적인 것이야. 그러나 아리스토텔레스에서 시간은 영원해. 시간이 영원한 것은 우주가 영원하니까 그런 거야. 그러나 우주의 공간은 한정되어 있어. 한정되어 있으니까 공간상에서 모든 사물은 〈tode ti〉로서 이렇게 딱 지시할 수 있고, 따라서 고유명사로 딱 나와. 여기에서 완전한 고유명사라는 것은 무엇인가 하는 문제가 나와. 공간에서 일회적인 것, 시간에서 일회적인 것, 그 내용에서 일회적인 것이 나와야만 완전한 고유명사가 나올 거야. 그런데 내용상으로 우리는 이것과 저것이 똑같은 것인지 다른 것인지를 알 수가 없어. 그러나 공간상으로는 이것은 여기 하나뿐이고, 이것을 〈tode ti〉라고 부를 수 있어. 가장 확실해. 고유명사는 한정된 세계에서만 가능해. 무한정자 속에서는 성립하지 않아. 고유명사이든지 일반명사든지 간에, 그 속에 일단 무한정자를 포함하고 있으면, 그것에 대한 기술은 무제한하게 가.

양문흠 좌표를 설정할 수 없으니까…….

이태수 글쎄, 그런 이론을 〈이렇게 하면 설명이 잘 된다〉고 쭉 끌어 내는데, 그것보다 좌표를 설정한다는 것의 의미가 도대체 무엇이냐, 좌표를 설정한다고 할 때 인정하고 들어가는 것은 무엇이냐를 생각해야 되는데, 말하자면 한정된 체계 closed system를 전제로 해야 좌표가 가능하죠.

박홍규 공간에서는 그렇지. 시간에서는 그것이 삼차원이 아니고 일차원이니까 시초가 딱 나와야 돼.

이태수 그렇죠. 그런 세계관을 함축하는데, 그런 함축은 전혀 문제를 삼지 않고, 맨 쓸데없는 소리만 하죠. 분석 철학을 보면, 말만 끼워 맞춰보고 이러니까 된다, 안 된다는 식이죠. 영어에서 이것이 맞느냐, 안 맞느냐만 따지죠. 사실상 중요한 것은 통합 coordinate이라는 생각이 나오면 통합이라는 말이 전제하고 있는 바의 그 세계관을 규명해 내는 일인데, 원인적 지시 causal reference니 하면서 정작 원인이라는 게 어떻게 성립하는가는 생각지 않죠. 그래서 관심은 말맞추기 놀이나 논리학 연습으로 가는데, 그런 건 공대 1, 2학년들이 더 잘한다고요. 사실은 그것보다 더 근본적인 것을 캐내야 하는데 말입니다.

박홍규 우리가 철학적으로 가장 기본적 basic인 것을 이야기해 보면, 다(多)와 운동의 세계에서만 고유명사냐 일반명사냐, 일회적인 것이냐 되풀이되냐 하는 문제가 생겨. 다, 즉 둘 이상이 있어야 되풀이되느냐, 되지 않느냐 하는 문제가 생겨. 다시 말하면 무한정자 속에서 나타날 때만 그런 문제가 생기지, 파르메니데스의 일자 같은 것은, 고유명사도 아니고 그 무엇도 아니고 아무것도 아니야. 또 무한정자는 그저 무한하기 때문에 그것에서 고유명사가 나올 수 없어. 한정된 begrenzt 어떤 것에서만 고유명사는 성립하고, 그 점에서만 고유명사야. (테이프를 가리키며) 이것은 공간적으로 하나이니까 고유명사라 할 수 있어. 그러나 다른 측면에서 보면, 〈tode ti〉에서는 학문이 없다고 하거든. 무제

52

한하게 내용이 많으니까. 그런 의미에서는 이것이 고유명사가 될지, 안될지 몰라. 고유명사가 아니란 말은 아니야. 그러나 〈고유명사다〉는 말도 못해. 그 내용이 무제한하게 가서 어디에서 정지를 해야 할지 모르니까. 결국 사물은 공간적으로 이렇게 물체 sōma로서 딱 한정되어 있고 우주도 딱 한정되어 있으니까, 그 위치도 한정되어 있고, 따라서 〈tode ti〉라고 이렇게 지시할 수 있다고 설명할 수 있어.

이태수 선생님, 그렇게 되면 유한한 세계를 상정해야 하거나 아니면 관념론이 되거나 해야죠. 관념론이 되면, 세계 자체야 어떻든지 간에, 이 좌표축이 정신이나 내 언어 속에 있게 되죠.

양문흠 그것도 유한한 것은 마찬가지죠.

이태수 아니, 그건 세계가 유한하다, 유한하지 않다는 질문을 아예……

박홍규 아리스토텔레스는 공간에서 보니까. 공간, 시간에서 내용을 다 봐야지.

이태수 아리스토텔레스에서는 그런데, 〈tode ti〉를 얘기하면서 아리스토텔레스적인 실재론의 입장에 서지 않으면 어떻게 되느냐 하는 문제를 던질 수 있죠.

박홍규 아, 실재론에 서지 않으면? 그렇다면 시간에서는 시간의 시초를 인정해야 돼. 시간에서는 시초를 인정해야 되고, 생물학에서는 베르그송의 기억 이론을 집어넣어야 돼. 과거의 모든 기억은 우리에게 들어가 저장이 되고, 그 기억 내용은 사람마다 다 달라. 베르그송 이론은 생물학적 입장에서 모든 개인은 그 내용이 모두 다르다는 거야. 그래서 인격적 personal이야. 인격적인 것은 비인격적 impersonal인 것에 대립돼. 개인적인 것은 일회적 einmalig이고, 비개인적인 것은 수(數)처럼 항상 되풀이돼. 우리 생명의 세계는 전부 인격적인 것이고, 개인적인 내용은 사람마다 다 달라. 기억이 다 다르니까.

양문흠 세계가 유한해야 된다는 생각과 원인이 유한해야 된다는 것은 항상 같이 가는 것 아닙니까?

박홍규 아니, 좌표를 그려야 되는데, 시간은 일차원이니까 시초가 있고, 거기서 세어서 첫 번째, 두 번째가 나와야 고유명사가 나올 것 아냐? 그리고 이제 시간, 공간이 아니라, 내용상 다르다고 해야 될 것 아냐? 내 체험 내용과 자네의 체험 내용이 달라야 될 것 아냐? 그러면 인간으로서의 고유명사가 나와. 그것이 인간과 동물이 다른 점이야. 동물은 종적spécifique이야. 인간은 개인에 따라서 하나는 음악가, 하나는 사업가, 하나는 정치가, 다 달라. 소질이 없는 사람이 아무리 음악가가 되려고 해도 안 돼. 각자 성격character이 있어. 음악가 중에서도 자기 체험 내용이 다르니까 다 다르다는 거야.

양문흠 거기서 고유하게 만드는 것이 무엇이냐는 것이 아리스토텔레스는 늘……

박홍규 〈tode ti!〉 아리스토텔레스에서 확정될 수 있는 것은 우선 공간에서야. 그 인격적인 내용에 대해서는 아무런 상관이 없어. 왜냐하면 내용은 분석해서 무한히 나오게 되니까.

기종석 선생님, 아까 공간이라는 것이 연속성이 성립할 때만 성립한다고 이야기되었는데요……

박홍규 연속성의 일부분이야. 운동이나 변화에도 연속이 들어가. 두 개의 사물이 공존하도록 연결시켜 주는 연속성이 공간이야.

기종석 그 말과 우주가 한계 지어져야 한다는 말과는 모순이 아닙니까?

박홍규 만약에 한계가 없다고 한다면, 자꾸 외부에서 영향을 미쳐서 이 우주의 자기 동일성이 어디 성립하느냐는 거야. 『티마이오스』 편에도 나와.

이태수 선생님의 말씀은 한계 지어졌으면서도 연속하는 것을 말씀하시는 것이지. 도대체 한계 지어지기 위해서라도 연속이 있어야 된다는 것이지. 한계가 있으려면 그 안에 연속이 있어야지, 그렇지 않으면 도대체 그 한계라는 말을 우리가 쓸 수 없다는 것이지.

김남두 글쎄, 그건 그런데, 연속이라는 말 자체가 한계를······.

박홍규 연속이 없으면 한계가 없어.

이태수 〈한계다〉 그러면 그 다음에······.

박홍규 그 다음에 무엇이 올지 몰라. 밖에 아무것도 없을는지 몰라.

이태수 그 안에는 또 무한정자가 들어가야 하겠죠.

양문흠 아니, 기 선생 질문은, 한계란 말 자체가 이미 연속성이란 말을 배제한다는 것이죠.

이태수 〈tode ti〉는 물론 연속성을 배제하지. 그런데 그것은 연속성을 배제하는 그 관점에서 이야기하는 것이고······.

박홍규 속에는 연속성이 들어 있어.

이태수 그리고 지금 말씀하시는 것은 그러한 좌표가 설정되면 유한한 세계가 나올 수밖에 없고, 그러면 병렬되는 공간이 나오게 된다는 이야기이지.

박홍규 아리스토텔레스는 감싸는 것 container의 내적 한계 inner limit를 공간이라고 불러. 그것은 그의 개체 이론과 우주론에 입각해 있어. 플라톤의 공간, 〈chōra〉하고는 달라. 아리스토텔레스는 〈pou〉나 〈topos〉란 말을 사용해. 가령 방을 한계 지어주고 있는 것이 뭐야? 천장이나 벽이고, 우리는 그 속에 들어 있어. 우리말도 참 재미있어. 공간이란 〈비어 있는 사이〉거든. 아리스토텔레스의 개념을 표현하기에 적절해. 그런데 〈비어 있는 사이〉란 말은 무슨 뜻이야? 그것은 내가 책을 갖다 놓든지, 테이프를 갖다 놓든지, 그 어떤 것을 갖다 놓아도 아무 영향을 받지 않는다는 뜻이지.

기종석 그런데 영향을 받는 측면도 살펴보아야겠죠. 가령 테이프가 테이프로만 있지 못하고 변할 수도 있으니까요. 테이프에는 테이프로서 규정받는 측면도 있지만, 테이프가 변하는 운동을 설명해 줄 수 있는 측면도 있을 테니까요.

박홍규 그런 것은 자연학에 해당해. 운동하는 한에 있어서 사물을 볼 적에는 자연학에 들어가고, 존재하는 한에 있어서 사물을 볼 적에는 자연학에 들어가지 않아. 여기서는 지금 존재하는 한에서의 존재 ousia 를 보고 있는 것이지. 그런데 존재란 것은 파르메니데스가 말한 것처럼 하나가 되어야 돼. 문제는 거기에 있어. 다(多)가 존재한다는 것은 하나가 되어야 한다. 하나가 되지 않는 것이 어디에 있느냐? 예를 들어 사람을 살펴보면, 간, 콩팥, 심장 등 모두 합쳐서 하나가 되어야지. 그것들이 떨어져 있으면 사람이 아니지. 이 테이프도 따로따로 분열되어 있으면 하나가 되냐? 그 하나가 되는 방식, 즉 그 하나에 접근하는 방식이 범주 category야. 여러 부분들로 되어 있으니까 서로 맞춰져야 될 것 아냐? 조화 harmony 사상이야, 요컨대. 범주 사상은 조화 사상이야. 어떻게 해서 하나 속에 다가 공존할 수 있느냐? 다가 공존하면서도, 거기에서 하나가 나올 때 그것을 조화라고 해. 어떻게 부분들이 서로 조화되어서 하나가 될 수 있느냐의 문제야. 플라톤도 『티마이오스』 편 앞부분의 우주론에서 가장 완전한 우주는 생물과 같다고 해. 하나밖에 없어. 외부에 아무것도 없어. 하나, 파르메니데스적인 일자가 거기 들어가 있어!

기종석 그러면 질문을 조금 바꾸어서, 아까 자연학이라는 말을 쓰셨는데, 자연학과 존재론의 관계는 어떻게 설명할 수 있겠습니까?

박홍규 이것이 운동하는 한에서 볼 적에는 자연학에 해당하고, 존재하는 한에서는 자연학이라고 하지 않아. 그 양자를 구별해야 돼.

이태수 그러니까 존재 ousia라고 하면, 거기에 대해 약간의 문제가 있어요. 자연물로서의 존재를 문제 삼으면, 그 존재도 자연학의 대상이 될 수밖에 없죠. 이 테이프를 테이프로서 문제 삼으면 자연학에서 문제 삼을 수밖에 없단 말입니다. 테이프의 구성 속에 이미 질료 hylē가 들어가서 운동하게 되는 것이니까요. 그리고 그것에서 선과 크기 등을 문제 삼으면 수학이 되는 것이고요.

박홍규 요컨대 존재하는 것은 개체로서, 하나로서 존재해. 그리고 이 개체가 있고 나서 운동도 있고 다른 것도 있게 돼. 플라톤과는 그 점이 달라. 플라톤은 운동의 세계, 존재의 세계가 이렇게 딱딱 떨어져서 그 다양성에서 보는데, 아리스토텔레스는 존재의 입장에서 전부 질서정연하게 정돈해 놓은 철학이야. 플라톤은 아까도 말한 바와 같이 파르메니데스의 일자를 죽였지, 『소피스트』편에서. 그래서 〈비존재도 존재한다〉고 하고, 허위도 존재와 똑같이, 진리와 똑같이 동일한 수준 level에서 존재해. 선과 악이 동시에 동일한 수준에서 존재해. 무질서한 운동과 질서 있는 세계가 동시에 존재해. 양극이야, 모두. 그 양극이 동시에 존재한다 말이야. 플라톤은 그것이 바로 다(多)의 세계라는 거야. 서로 다르니까 그것들이 다가 아니냐는 거야. 플라톤은 다른 것을 이렇게 다 놓았어. 아리스토텔레스는 〈존재한다는 것은 하나로 되는 것이다〉라고 하기 때문에, 다시 파르메니데스의 일자로 돌아가. 그런데 그 일자가 파르메니데스에서는 무(無)에 관해서만 일자인데, 여기에서는 다와 운동의 세계에 있어서 그 일자가 어떻게 성립할 것인가가 문제이지. 그러니까 이것이 딱 떨어져서 chōris 통일되어 있으면, 다른 타자로부터 영향을 안 받는다는 이야기야.

그 다음에 또 하나 목적론이란 무엇이냐? 다와 운동이 있으면, 그것에서 상반된 결과가 나와서 서로 모순이 되더라 하는 것이 제논 아냐? 그런데 아리스토텔레스는 거꾸로 가. 조화 사상이거든. 여러 가지 것이 동시에 하나로 향하더라, 조화롭게 harmonized 되더라, 그러니까 무슨 모순이 나오느냐는 얘기야. 아리스토텔레스의 범주가 그런 이야기 아냐? 꼭 파르메니데스의 일자와 제논의 모순 이론을 머리에 넣고 읽어야 돼. 목적론은 그 두 사람의 이론과 반대야.

그러면 이제 왜 〈ousia〉는 두 개가 있냐? 아까도 말한 바와 같이 파르메니데스 입장에서 본다면, 즉 존재냐 무냐의 관점에서 볼 적에는 질료를 포함해서 모든 것이 존재on야. 아까도 말한 바와 같이, 모순을 넘어섬으로써 과정과 연속성이 나오는데, 그 속은 무한정자거든. 이 무한정자는 플라톤에 있어서는 존재도 무도 아닌 것이지만, 아리스토텔레스는 존재의 차원에서만 보니까 무는 없고 존재로만 가. 그러니까 존재냐 무냐의 관점에서 보면 형상form이나 질료matter나 우연적인 것symbebēkota이나 모두 존재on이고 그것이 무가 아닌 한에서는 같아. 알아들었지? 그리고 무가 아닌 한에서 모두 같기 때문에, 하나로 뭉쳐질 수 있다는 이론이 나와. 따라서 〈존재냐 무냐〉의 의미에서 볼 때에는 개체만이 제1존재prōtē ousia야. 한편, 플라톤이 왜 형상idea을 중요시하느냐 하면, 운동이 빠진 최후에 가서는 변하지 않는 극한치에 다다르게 되어서, 자체적인 것kath' hauto으로서의 형상이 파르메니데스의 일자와 같은 성격에 접하게 되더라는 거야. 플라톤에서는 그것이 위(上)에 매달려 있어. 그것이 내려오거든. 그러니까 플라톤의 입장에서 보면 그것이 〈제1존재〉야. 그러니까 아리스토텔레스에서는 존재가 두 개 나와. 하나는 무에 대해서 존재이고, 하나는 생성에 대해서 존재야. 생성에 대비될 때는 존재의 의미가 달라져. 그럴 때는 형상이 제1존재이야. 제1존재가 갈라져. 단, 이 이야기는 내 해석이야. 아리스토텔레스에는 그런 말 없어. 『형이상학』이나 『범주론』을 자세히 읽어보면 내 해석을 다 나올는지 몰라. 옛날에 읽어서 내가 지금 증명 못해. 『형이상학』에서는 제1존재인 형상eidos이 모든 사물, 즉 개체를 둘러싸고 있어. 〈peri〉라는 말을 썼지. 〈peri〉는 둘러싸고 있다는 뜻이야. 그렇게 함으로써만이 개체가 되고 불가분적atomon인 일자가 성립하게 돼. 그러니까 제1존재가 돼. 형상 이론에서는 그렇게 될 수밖에 없어.

그러면 이제 가장 중요한 문제는 〈무엇이 이렇게 개체로서 딱 오려내 주느냐〉 하는 것이지. 내 생각에 아리스토텔레스 철학의 가장 기본적인 문제가 그거야. 〈무엇이 이렇게 입체(sōma, body)로서 딱 독립시켜 오려내 주느냐〉, 이것이 문제야. 어떤 운동이 들어가야 될 것 아냐? 그런데 아리스토텔레스에서는 운동이 속에 들어가 버렸어. 목적론으로 들어가 있어. 속에 있는 운동은 일자로서의 형상으로만 향하는, 일방적인 운동이야. 그러한 운동은 개체를 일자로서 삼차원적으로 오려내 주는 일을 못해. 형상은 가만히 있어서 어떤 조건이 붙을 때 내려오는 것이지 — 그러니까 목적론이라고 하고 형상을 향해서 간다고 해 — , 형상이 능동자agent처럼 사물을 오려내 주는 일은 못해. 성격상 개체를 둘러싸고 통일하고 있다고 말하는 것뿐이야. 그러니까 아리스토텔레스의 입체에 관한 대목을 자세히 읽어봐.

양문흠 오려내는 것은 형상이라고 해야 되지 않습니까?

박홍규 아니, 입체가 나와야 된다니까. 입체가 나와야만 형상이 딱 이렇게 나와. 〈무엇이 입체를 입체로서 딱 오려내 주느냐〉는 것은 다른 이야기야.

손동현 선생님! 그 문제에 들어가기 전에, 그 형상의 자기 동일성이 어떻게 확보되느냐 하는 것이 더 선결문제인 것 같은데요.

박홍규 자기 동일성이란 것은 운동이 타자로부터 영향을 받지 않는 그 영점 Zero Punkt에서 주어져. 공간이 끝나는 장소에서, 자체적인 것에 접해서 나타나는 것이야.

손동현 제1존재의 자기 동일성이 아니라, 형상이라는 제2존재의 자기 동일성이 어떻게 주어지느냐 말입니다.

박홍규 형상의 자기 동일성이라니?

손동현 책상은 선풍기하고 다르지 않습니까? 그러면 선풍기의 선풍기다움을 확보해 주는 것은 무엇인가를 알고 싶은 거죠.

박홍규 그러니까 형상의 입장에서 아리스토텔레스는 플라톤의 제자라니까. 다만 그것이 혼합된 전체 synholon으로서 성립한다는 거야.

이태수 아리스토텔레스도 형상의 성립에 관한 사고에서는 플라톤과 마찬가지지. 사실 형상의 성립은 플라톤에서 주어지는 것이지.

박홍규 그렇지, 주어진 거야. 그래서 공간이란 것이 무엇인가를 설명했어. 그걸 알아야만 플라톤도 아리스토텔레스도 알고, 형상 이론 자체를 알게 돼. 다만 플라톤은 구분되는 층을 보니까 〈metechein(분유, 참여)〉이란 말을 썼고, 아리스토텔레스는 연속되고 합일하는 점을 보니까 〈synholon(전체)〉이란 말을 썼어.

이태수 여기에서의 문제는 형상이 어떻게 성립되느냐가 아니라, 그 형상이 어떻게 여기 와서 이것을 딱 잘라서 규정하느냐를 아는 것이겠죠.

박홍규 그것이 조건으로서 잘라줘야 할 텐데, 〈무엇이 이것을 이렇게 잘라주느냐〉 하는 것이 문제야.

손동현 작용주 agent가 도대체 어디서 오느냐는 말씀이지요?

박홍규 응. 아리스토텔레스에 있어서 자연적 입체 natural body는 다 잘라져 있는 것이지. 그러면 자연에 있어서 잘라주는 요인이 무엇이냐? 자른다는 것은 운동이니까, 운동이 들어가야 할 텐데, 속에 있는 목적론적 운동이 잘라줄 수 있느냐? 잘라줄 수 없다는 거야.

이태수 토마스 아퀴나스에서는 〈materia designata(지시된 질료)〉라고 명확히 나오죠.

박홍규 그것도 정적인 구조지. 〈materia designata〉에도 어떤 능동자가 왜 그렇게 잘라주느냐에 대한 설명은 없어.

이태수 아퀴나스의 하느님이겠죠. 허허허.

박홍규 아퀴나스에게서는 하느님이 되겠지. 아리스토텔레스에서는 그게 안 나온단 말이야. 사실 이것을 제대로 설명하려면, 아리스토텔레스의 『형이상학』을 다시 다 읽어봐야 돼.

양문흠 아리스토텔레스에서는 형상 아닙니까? 〈사람이 사람을 낳는다〉고 할 적에 볼 수 있듯이 말입니다.

박홍규 형상은 정적이어서 가만히 있는 것이고…….

양문흠 아니, 꼭 정적인 것만이 아니라, 활동성이 있지 않습니까?

박홍규 아, 형상은 공간에 있다니까, 공간에.

이태수 그러니까 아리스토텔레스에서 〈사람이 사람을 낳는다〉는 말은 운동인, 형상인 등이 전부 다 합쳐 있으니까 그것이 그렇게 해주는 것이겠죠.

강상진 생명체에 있어서는 영혼이 모든 것을 하나로 만들어주는 기능을 해주는 것 아닙니까?

박홍규 생명체에서? 영혼psychē이 형상form인데, 형상이라는 것은 가만히 있어서 정적인 것이고, 조건이 주어질 때에만 밑으로 내려오는 것이지. 그런 것을 목적론이라고 해. 형상은 절대로 능동자가 될 수 없어. 아까도 말한 것처럼, 형상은 움직이지 않는 것으로서 공간에서 성립하는 것이고, 운동에서 벗어나는 극한치야.

양문흠 그런데 목적론이라 할 때에는, 아리스토텔레스는 형상이란 말을 쓰지 않고 현실성energeia, 가능성dynamis이란 말을 쓰지 않습니까?(테이프 교체)

이태수 가장 고유한 의미에서의 〈ousia〉를 갖고 있는 것은 생명체밖에 없죠.

박홍규 아리스토텔레스에서? 아리스토텔레스에서는 그렇지 않지. 일차적으로는 자연적 입체natural body지. 이 입체가 운동의 근원을 자기 자신 속에 갖고 있어. 이 테이프는 생명체가 아니라, 생명체 비슷한 것, 말하자면 반(半)생명체지, 영혼을 갖고 있지는 않아.

이태수 그것도 〈ousia〉는 〈ousia〉죠.

박홍규 그러나 살아 있다고 하지는 않지.

이태수 그렇죠. 살아 있다고는 하지 않죠. 그런데…….

양문흠 선생님! 조금 전에 〈ousia〉는 독자적인 것이라고 하셨죠?

박홍규 형상은 가만히 있어. 그것은 안 변해.

양문흠 가만히 있으면 안 되죠. 여기서 문제인 것은 저 테이프나 선풍기를 우리가 〈ousia〉라 하고, 다른 것들과 독립되어 있다는 것을 인정했지만, 그것은 공간적으로만 독립된 것이지, 자기 나름대로의 특정한 성격을 보여주지 않죠. 밖에서 운동을 부여해야 되지 않습니까?

박홍규 아니, 내 말은 이거야. 플라톤에서 형상이란 본래 이 테이프를 분석해 보면 색깔이니, 크기니, 테이프니 하는 것들이 분석되어 나오고, 그것들이 모두 〈하나의 형상mia idea〉으로서 동일한 위치에 선다는 것을 의미해. 하지만 이제 그 각각이 합쳐질 때에는 어떤 것들은 형용사로, 또 어떤 것들은 명사로 되거든. 그러니까 아리스토텔레스에 의하면 본래적으로 명사인 것하고, 본래적으로 형용사인 것은 다르다는 거야. 그것은 생성의 세계에서 곧바로 모든 것이 형상으로 비약할 수 없다는 뜻이야. 그 중간 단계가 모두 메워져야지. 본래 최후에 있는 것은 명사로서만 성립할 수 있는 것이고, 그 중간에 있는 것은 운동과 정지의 관계 사이에 있어. 그것이 바로 형용사, 부사거든. 그런 것들이 그 사이를 다 메워줘야 된다는 거야. 그래서 개체를 형성하게 돼. 딱 오려내져야 된다는 거야. 그래야 형상이 성립하지, 그렇지 않으면 형상의 자기 동일성이 사라진다는 거야. 만약에 오려지지 않고 운동 속에서 변화한다면 형상은 나중에 소멸해 버리고 말거든. 그러면 이것을 누가, 무엇이 오려내 주느냐는 것이 문제야. 아리스토텔레스는 형상은 그대로 있는 것이고, 질료hylē가 현실성과 가능성을 통해 형상으로 간다는 거야. 그러면 항상 가는 도중으로 있는데, 그 도중에 대해서는 〈개체적인 것으로 하강한다〉느니 하는 말밖에는 쓸 수 없어. 질료가 그런 것이냐? 아리스토텔레스에서 운동은 속에 들어 있는데 그것이 물체로서 딱 오려낼 수 있느냐? 없어. 이것이 물체인 한, 즉 자연물인 한, 플라톤이 말한 것처럼, 작용주가 밖에서 이것을 오려내 줘야지, 무생물인 한에서는 안 돼. 생명체는 영혼이 하지만. 그러나 그것은 베르그송 이론이고, 아리스토텔레스 이론이 전부 베르그송 이론인 것은 아냐.

이태수 베르그송 이론과 비슷한 것도 있죠. 결국 이것은 누가 잘라줬느냐 하면 사람이 잘라준 것이거든요.

박홍규 그렇지, 사람이 잘라줬어! 그러니까 베르그송의 말대로, 사람이 만들어낸 것들에 대해서는 아리스토텔레스의 이론이 잘 들어맞는다는 거야. 그러나 사람을 떠난 자연물natural thing에 대해서는 잘 안 들어맞는다는 거지.

이태수 자연물이란 것은 가령 어떤 것입니까?

박홍규 돌이니…….

이태수 돌은 〈ousia〉가 아니죠.

양문흠 그러니까 생명체가 가장 우월한 의미에서의 〈ousia〉라는 거죠. 왜냐하면 무생물들은 바깥에서 무엇인가를 해줘야 움직이는데, 생물들은 독자적으로 움직인다 말입니다.

이태수 독자적으로 움직인다는 것이 〈ousia〉의 기준은 아냐. 자연물의 기준은 될 수 있지. 그런데 그 자연이라는 것이…….

박홍규 『범주론』에서 중심이 되는 〈tode ti(바로 이것)〉라는 것은 합성된 것syntheton이야. 아리스토텔레스는 합성된 것과 합성되지 않은 것asyntheton을 구별해. 합성되지 않은 것을 순수 현실태energeia haplē라 하고, 나머지 것은 모두 합성된 것이라고 해.

양문흠 그것은 『범주론』에서의 이야기고요……

이태수 그러나 아리스토텔레스가 〈ousia〉의 예로 열거한 것을 보면, 첫 번째가 생명체 zōon이고, 그 다음이 생명체의 각 부분들이고, 그 다음이 생명체가 아닌 물, 불, 흙, 공기 같은 4원소이고, 그 다음에는 아무것도 없죠. 아! 그 다음엔 〈artefacta(인공물)〉라고 해서 사람에 의해 인위적으로 만들어진 것이 있는데, 그것이 돌멩이는 아니죠.

박홍규 아니, 아니, 입체가 있는데, 그 입체의 내용에 따라서 무생물도 되고, 생물도 돼. 분명히 생명체는 형상 form이야. 무생물이 질료 matter가 되어서 또 하나 형상을 얻은 것이 생명체야. 자연적 입체에는 생명체도 들어가지만 생명체 아닌 것도 들어가. 아리스토텔레스에서는 입체의 내용이 단순한 것에서 복잡한 것으로 가.

양문흠 그러나 그것하고 우월한 의미에서의 〈ousia〉는 조금 다르죠. 가장 기초적인 것은 자연적인 것이고……

박홍규 『범주론』에서도 개체는 감각적인 것 aistheton이야.

양문흠 선생님! 『범주론』에서의 실체와 형이상학적 의미에서의 실체는 구별해야 되지 않을까요?

박홍규 글쎄 내 말 들어봐! 아리스토텔레스의 『자연학』에 보면, 자연물의 일부분으로서 맨 처음에 무생물의 세계가 나오고, 그 다음에 생명체가 나와. 그 중간에 다른 것들이 모두 나오고 그래.

이태수 그러면 하여간 최소한도 생명체에서는 영혼이 자르는 역할을 한다는 것이 설명될 수 있죠.

박홍규 설명이 안 돼! 왜 설명이 안 되느냐 하면, 형상은 정적인 공간에서, 운동으로부터 멀리 빠져나와 영향을 받지 않는다는 데에서 자기 동일성이 성립하는 질 quality이니까.

양문흠 그것이 가장 잘 이루어지는 것이 생명체 아닙니까?

박홍규 그 형상은 정지해 있어, 그렇지 않으면 목적론이라고 하지 않아.

양문흠 일정한 운동으로 향하게 하는 것은 형상 아닙니까?

박홍규 여기 봐. 거기에 대해서 싸움이 있다고. 로스 D. Ross 같은
사람은 제1운동자 prōton kinoun가 갈망 aspiration에 의해서 물체를
움직인다고 하고, 또 스콜라 철학 하다가 아리스토텔레스 공부한 사람
있지? 브렌타노!

이태수 브렌타노가 스콜라 철학을 했습니까? 심리학 하지 않았어
요?

박홍규 응, 심리학 하다가 스콜라 철학 영향을 많이 받았어. 브렌타노
같은 사람은 제1운동자가 작용하는 agent 능력도 갖고 있다고 해. 그런
데, 『자연학』을 읽어보면 〈akinēton (부동자)〉이야, 안 움직인다고 해.

양문흠 『형이상학』에서는 활동성 energeia이죠.

박홍규 그것은 가능성 dynamis이 존재로 간다는 그 과정에서 보니
까 활동성이야.

양문흠 그런데 거기서는 자기 동일성을 지녔다는 의미에서 〈움직이
지 않는 것〉이죠.

박홍규 아니, 제1운동자는 안 움직여. 안 움직이면서, 목적론적으로
자기에게 오도록 한다는 거야. 그리고 목적론이니까 이 이야기가 맞는
다고 가정해 보자. 그러면……

이태수 선생님, 움직이지 않는다는 데는 찬성하더라도, 그것이 가령
이러한 것을 오려내 주는 일을 할 수는 있죠. 움직이지 않으면서도 얼
마든지 할 수 있죠.

박홍규 어떻게 해줘? 작용주가 들어가야 되는데?

이태수 그 본인이 작용주이지 않습니까?

박홍규 본인이 누구야?

이태수 영혼 psychē 말입니다.

박홍규 어떻게 영혼이 할 수 있어? 아리스토텔레스가 이 테이프를 잘라주는 것을 영혼이라고 했어?

양문흠 그러니까 그건 우월한 의미에서의 〈ousia〉가 아니죠.

이태수 물, 불, 흙, 공기 같은 것은 영혼이 없는데 어떻게 되느냐 하는 것은 곤란하긴 하죠. 영혼 대신 들어가는 것이 활동성이거든요.

박홍규 허허허. 내 말 들어봐. 불이고 물이고 간에, 아리스토텔레스 철학은 제일 처음에 제1질료 prōtē hylē가 있고, 그 다음에 제1대립자 prōta enantia가 있어. 건(乾), 습(濕)과 같은 것이야. 그 다음에 두 대립쌍이 합쳐져서 4원소가 나와. 그때에 그 반대되는 성격은 어디까지나 질이지, 입체 sōma는 아니야. 이걸 주의해야 돼.

이태수 그래요, 그게 중요한 것 같은데, 물, 불은 속성과 질을 떼지 말아야 하는 존재란 말이죠.

박홍규 뭐? 질과 물체는 다르잖아.

양문흠 다르죠. 그러나 물체는 이미 전체 synholon이죠.

이태수 바로 그 질 하나로만 되어 있는 그런 물체를 생각하는 거죠.

박홍규 내 말 들어봐. 형상 eidos은 입체에서 벗어나. 연속성에서 벗어나 있어.

양문흠 예. 자른다는 말이죠.

박홍규 형상은 가만히 있고 움직이지 않는 akinēton데, 그것이 어떻게 잘라?

양문흠 선생님! 너무 정적인 입장에서 이야기하시는 것 같은데요.

박홍규 정적이라니! 그것 자체가 정적인 것이야! 아리스토텔레스에 형상이 자른다는 얘기가 어디에 있어?

양문흠 형상이 자기 동일성을 가지고 있기는 하지만 자르는 능력을 가지고 있는 한에서는 활동성이라고도 할 수 있지 않겠습니까?

박홍규 활동성은 가능성 dynamis에서 형상으로 가는 과정에서 보니까 활동성이지, 그것이 자르는 능력을 갖고 있으면 목적론이라고 하지 않아. 〈목적 telos〉은 가만있고, 다른 것들이 그것을 향해서 가. 시간을 통해서 나아가.

양문흠 자르기도 하면서 이끌어가기도 하죠.

박홍규 이끌어가는데 목적론으로 이끌어간다는 것이야. 그것은 작용주 agent가 아니야.

이태수 아리스토텔레스가 자기 동일성을 가진 것이 현실성 energeia 이라고 할 때, 중요한 것은 움직이지 않는 것이고 타자로부터 전혀 영향을 받지 않으면서도, 운동인 것이 있거든요. 예를 들어, 〈내가 무엇을 본다〉고 할 때, 눈이 바로 눈일 수 있는 이유는 그것이 보는 운동을 하는 바로 그것 때문이거든요.

박홍규 내 말 들어봐. 아리스토텔레스의 잘못된 점을 생각해 봐야지. 아까서부터 내가 누누이 이야기한 것은 플라톤에서는 공간에서 형상이 나오니까 운동이 들어가지 않더라. 그런데 운동은 변화하는 것이니까 운동의 자기 동일성 identity을 따로 놓아야 되겠더라. 그래서 능동자 poioun가 따로 나와.

이태수 그렇다면 생물학에서의 이 구별은 어떻겠습니까? 형태 morphē와 형상 eidos을 구별해 가지고, 석고의 손과 산 사람의 손이 다른 점은, 산 사람의 손은 만질 수 있는 형상이 있고 석고의 손은 만질 능력이 없으니까 손이 아니라고 했잖아요. 그러니까 벌써 형상이라는 것이 어떤 만지는 힘이죠.

박홍규 그런 이야기 다 내버려두고 내 얘기 들어봐! 아리스토텔레스에서는 최초에 제1질료가 있고, 또 대립자들이 있고, 그 다음에 4원소가 있고, 4원소가 모여서 동질소 homoiomere를 만들어내고, 그것이 유기체의 일부분을 만들어내고, 그 유기체가 모여서 생물체가 돼. 이 중에서 입체는 물, 불, 흙 등에서 시작해. 그것이 자연적 입체 natural body야. 알아들었지? 그러면 그 자연적 입체의 〈입체body〉가 어디에서 나오느냐, 그것이 문제야.

이태수 예. 물, 불, 흙, 공기에서는 그렇죠.

박홍규 물, 불, 흙, 공기를 구성하고 있는 그 성격은 질이지 물체는 아니라는 거야. 『자연학』에서. 그리고 현실성이니 하는 것은 가능성이 형상으로 향하는 목적론적인 과정에서 하는 얘기야. 형상은 가만히 있어. 가만히 있지 않으면 형상이라고 하지 않아.

양문흠 그런데 선생님께서 내리시는 정의가 어떻든지 간에, 아리스토텔레스의 책에서는 형상이 활동성이라고 쓰여 있거든요.

박홍규 책에서? 어디에 그렇게 쓰여 있어?

양문흠 『형이상학』 9권에요.

박홍규 그러니까 『형이상학』을 먼저 읽지 말고 『자연학』에서부터 읽어야 돼. 아리스토텔레스 이론은 가장 단순한 것에서부터 복잡한 것으로 나아가. 제1질료부터 그 다음에 제1대립자 나오고, 그 다음에 4원소 나오고, 그 다음에 동질소 나오고, 생물 나오고, 그렇게 자꾸 복잡한 것으로 가니까, 그 과정에서 모순을, 맞지 않는 것, 즉 조화되지 못한 non-harmonized 것을 보라는 얘기야. 요컨대 제일 밑의 단계들 중에 입체가 어디에서 나오는가 하는 문제를 해결해야 돼.

이태수 해결 안 되죠.

박홍규 그 문제가 해결되지 않으면 그 위의 것도 다 해결 안 된다는 얘기야.

이태수 그런 자연물은 사실상 없죠. 지금 자연과학이 그런 것을 인정하지 않잖아요?

박홍규 그러니까 아리스토텔레스 사상이 무너지는 거지.

이태수 그러나 생명체에 대해서는 아리스토텔레스의 설명이 가장 상식적이죠.

박홍규 어디가 맞아?

이태수 뭐, 여럿–하나라는 생각이 가장 그럴듯하죠.

양문흠 우리가 가지고 있는 심장, 창자, 모두가 다 하나로 묶일 수 있죠.

박홍규 내 말 들어봐. 형상 학설에서는, 아까도 말한 바와 같이, 이런 질이 있으면, 그 질이 연결에서 벗어나야 돼. 연결되면 운동이 들어가. 그런 운동에서 벗어나면, 운동 속에 들어 있는 여러 가지 질이 각각 독립해서 움직이지 않는 절대적 자기 동일성을 갖게 돼. 그것의 극한치가 형상이란 말이야. 그것은 어떤 작용주도 될 수 없고, 운동도 될 수 없고, 무엇도 될 수 없고, 말하자면 자체적인 것 kath' hauto에 접하게 돼. 자체적이라는 것은 절대로 작용주가 안 된다는 뜻이야. 그런데 이런 구체적 사물이 나오기 위해서는 우선 입체가 있어야지. 그러면 형상은 그대로 가만있고, 질료가 그 형상을 향해 나아가니까 목적론이란 말을 쓰는 거야. 그렇지 않으면 목적론이라는 말을 쓰지 않아. 자네들 형상에 대한 기본적인 정의가 확립되어 있지 않은 것 같아.

형상은 플라톤에서 절대로 운동을 하지 않는 것이니까 가만히 정지해 있지. 따라서 이것을 결합시키거나 뭐 다른 것을 하려면 따로 운동이 나와야 돼. 그러니까 능동인 poioun을 따로 넣은 거야. (앞의 테이프를 가리키며) 이것을 자른다면 자르는 운동이 들어가야 될 것 아냐? 아리스토텔레스에서는 과연 무슨 운동이냐, 내 말이 그 말이야. (양문흠에게) 자네, 『형이상학』부터 읽지 마. 아리스토텔레스의 자연물의 구조가 어떻게 되는가를 보란 말이야. 단순한 것에서부터 복잡한 것으로 올라가. 그럴 때 가장 단순한 차원에서 설명이 안 되면, 위의 것 다 무너져. 밑의 단계에 있어서 물체가 어디서 나올 것이냐가 설명이 안 된단 말이야. 다른 말은 그만 해! (일동 웃음) 아리스토텔레스에 대해서 여러 가지 이야기를 할 수 있지만, 한번 분류해서 분명하고 이치에 맞게 정리해 보자는 거야.

그리고 내가 전에도 설명했듯이, 형상form은 생명 현상을 설명할 수가 없어. 왜냐하면 형상은 밖에서 질료에 주어지기 때문이야! 그런데 생명체에 있어서 형질이라는 것은 유전자 속에 잠재적으로 갖고 있는 것으로서 그것을 자기 내부에서 자기 힘으로 펼쳐 나가지. 그것을 성장이라고 해. (테이프를 흔들면서) 이런 것은 사람이 만들었다고 하지, 성장했다고 하지 않아. 왜? 밖에서 형상이 주어졌으니까. 형상은 항상 밖에서 주어지기 마련이야. 인간이나 생명체의 형태는 밖에서 주어지는 것이 아니라, 그 씨앗 속에 잠재적으로 들어 있는 형질이 점점 그 생명력에 의해서 연속적으로 성장해 나가는 것이지. 속에서 꽃이 피어나. 꽃이 속에서 피어나는 것이지 우리 인간이 인공적으로 피웠나? 인공적으로 형태를 주었다면 그것은 조화(造花)이지 생화(生花)가 아니야! 형상은 생명체에 대해서 난센스야. 생명체를 설명할 수 없어. 형상은 여기 연결된 것에서 운동이 빠져서 정적인 상태에서 독립적으로 있어. 딱딱 잘라야 돼. 그러나 생명체는 운동이며, 한 사물에서 한 개체로 연결되는 운동 속에서만 성립해. 잘라버리면 생명체는 죽어. 형상은 죽어. 그래서 베르그송은 목적론teleology은 의미가 없다는 거야. 생명체에 목적telos을 놓는다는 것은 죽으라는 것과 똑같대. 아리스토텔레스 이론은 생명체를 설명하는 데 절대로 안 들어맞는다는 거야. 생명체에는 목적이라는 것은 없대. 목적을 놓는다는 것은 죽으라는 소리야. 생명체는 영원히 살려고 한다는 거야. 자기 자신을 영원히 연속시키는 입장에서 자기 자신의 동일성을 가지려고 한다는 거야. 따라서 형상 가지고는 생명체가 설명이 되지 않아. 아리스토텔레스의 가장 큰 난점은, 무생물에 대해서는 그럴듯하지만, 생물체에 대해서는 절대로 들어맞지 않는다는 것이야. 형상-질료 이론은 생명체에 대해서는 무의미한 것이야. 인공적인 것에 대해서만 들어맞아. 사람이 밖에서 형상을 주니까.

이태수 선생님, 그러면 손의 비유는 어떻게 됩니까?

박홍규 어디서 이야기했어?

이태수 『생성 소멸론』이던가요? 정확한 출처는 기억이 안 나는데, 하여간 손의 비유는 유명하죠. 형태와 형상을 구별할 때, 겉에 보이는 모양이 똑같다고 형상이 같은 것이 아니다. 석고로 만든 손은 손의 형상을 갖고 있지 않다고 하죠. 왜냐하면 신체의 부분으로서의 손이나 만질 수 있는 능력이 있지, 석고의 손은 만질 수 없으니까, 양자는 형태만 같지 형상은 다르다고 하거든요.

박홍규 아―, 석고의 손 이야기! 아리스토텔레스 이론은 상식으로서는 많이 들어맞는데, 엄격하게 학문적으로 따지고 들어가면 난문 aporia에 빠지는 경우가 많아. 사실 내가 아리스토텔레스를 많이 이야기하지 않는 이유도 거기에 있어.

양문흠 이제 형상이 항상 밖에서 주어진다는 이론을 말할 때는 플라톤과 연결해서 당장 이해가 되는데, 아리스토텔레스에 있어서는 형상과 질료가 항상 같이 이야기되기 때문에 양자를 서로 상대적인 것으로 이해해야 하지 않는가 하는 생각이 듭니다.

박홍규 같이 있지마는 질료가 그 자체 속에서 형상을 발전시키는 것은 아니야. 만약에 그렇다면 그것은 물활론이 되어버리겠지. 그러나 아리스토텔레스 이론은 물활론은 아니야. 형상 이론에서는 요컨대 사물을 공간에서 정적으로 잘라놓고 분류할 때 형상이 나와. 딱딱 잘라놓으면 생명체는 죽어.

손동현 선생님, 제가 평소에 가지고 있던 생각인데요, 지금 선생님 말씀을 죽 들어보니까 다시 한번 확인이 되는 점이 있어요. 무기물의 세계에 대한 물리학적 탐구의 근거를 놓아주는 형이상학은 아리스토텔레스가 제시했고, 생명을 가진 생명체에 대한 학문인 생물학의 근거를 정초해 주는 형이상학은 베르그송이 제시했다는 생각이 들어요.

박홍규 물리학도 곤란해, 허허허.

손동현 어쨌든 제 생각으로는, 우리가 그 세계에 대한 학적 탐구의 정초라는 형이상학적인 작업을 함에 있어서, 우리의 인지의 한계인지도 모르겠지만, 세계는 하나임에도 불구하고 하나의 어떤 형이상학적인 원리에 의해 통일적으로 세계를 정초지울 수 없지 않느냐는 거죠. 우리에게 적어도 세계는 하나라는 것은 분명하지만, 그것이 하나로서 비치지 않고 단층적으로밖에는 우리에게 주어지지 않는다는 것이죠.

박홍규 왜 안 주어져? 아리스토텔레스에서도 보기 나름이지. 거기서도 나누어져. 하나의 세계로 이렇게 위계hierarchy가 있지.

손동현 그런데 위계를 인정하지 않고, 하나의 연속체로 닫힌 통일성으로 보려니까 아리스토텔레스에 대해 두 분과 선생님 사이에 논쟁이 일어나는 것 아닙니까? 선생님께서는 밑에서 보니까 위에 가서 안 들어맞는다, 밑에서 보니까 생명체를 설명 못한다고 하시는 것이고, 두 분은 아리스토텔레스의 여러 다른 전거를 볼 때 생명체의 생명성이 바로 형상의 자기 동일성을 확보해 주는 것이니까 그걸로 봐서는 물체만을 존재로 규정해서는 안 된다고 이야기하는 거거든요.

양문흠 닫힌 통일성을 가장 잘 드러내 주는 것은 생명체이죠. 물질 세계에서는 그런 것이 잘 안 되죠. 예를 들어 구름은 너무 막막해서 어디에 한계가 있는지 모르겠고 말이죠.

이태수 문제는 이거야. 선생님 말씀대로 그런 것들까지 두루뭉술 거기다 넣어가지고 형상이라 하는 것이 옳으냐는 거지. 확실히 플라톤에 있어서는 형상과 작용자가 따로 있기 때문에, 논의가 더 분명하지. 형상은 움직이지 않는 채로 있고, 작용자가 그것을 보고 만들어내고, 등등. 그런데 아리스토텔레스는, 만일 우리의 해석이 맞는다고 하면, 그 둘을 적당히 섞은 거지.

손동현 한 말씀만 더 드리면요, 세계는 분명히 하나인데, 그 위계들 사이에는 우리가 연결시킬 수 없는 단절이 있는 것이 아닌가 말이죠.

박홍규 단절이 있어. 아리스토텔레스에서는 그 단절이 있어. 플라톤하고는 다르지.

김재현 상식적인 질문인데요. 보통 저희들은 아리스토텔레스의 철학이 생물학에 기초를 두었다는 얘기를 많이 들었는데요……

박홍규 생물학이 많이 들어 있어. 아리스토텔레스의 철학은 물론 생물학적이야. 그러나 〈ousia〉와 같은 기본적인 것을 깊이 보면, 파르메니데스나 제논 그리고 플라톤을 거쳐서 그 사람의 사상의 학문적 기초가 형성되었다는 것을 알 수 있어. 그가 생물학에 조예가 깊었던 것은 사실이야. 물론 거기에 영향을 많이 받았겠지. 그러나 우선 철학적 기본 용어term들을 보면 생물학적 용어가 얼마나 되느냐는 거야. 아리스토텔레스가 가령 『자연학』에서 쓴 용어들을 보더라도, 그것들이 어디서 나왔느냐, 함의implication가 뭐냐는 것부터 면밀히 조사를 해야 돼.

이태수 양 선생님, 아까 거기서 끝낼 문제가 아니라고. 그게 어디서 문제를 일으키느냐 하면, 생물학 책에서 생물을 분류할 때, 완전히 순수한 형태학적인 분류를 하는 것인지, 아니면 기능에 따른 분류를 하는 것인지 그 분류 기준이 애매해져 버린다고요. 형상에다가 그걸 다 집어넣어 버리니까.

양문흠 형태와 형상이 일치되어 버리면 아무 문제가 없는데 말입니다.

박홍규 아리스토텔레스는 『영혼론 *De Anima*』를 읽어봐도 그것이 생물인지, 무생물인지 구별이 안 돼. 그것이 특징이야. 개체 이론은 감각적 사물에서 출발해.

이태수 아리스토텔레스는 생물학에서 사람을 이족(二足) 동물이라 그랬죠.

양문흠 그게 형태란 말이야.

손동현 그런데 선생님, 조금 전에 〈물리학도 안 돼〉 하고 말씀하신 것은 조금 더 설명을 들어야겠는데요.

이태수 물리학에는 플라톤 철학이 더 맞지. 현대 물리학뿐만 아니라 근세 물리학도 기본적인 모델은 결국 수학적인 모델을 갖고 보는 것이니까.

박홍규 왜 내가 물리학에도 안 맞는다고 했느냐? 요전에 내가 쓴 거 있지? 거기에다 이걸 첨가했으면 좋겠어. 요전에 내가 갈릴레이를 근세 물리학의 시초라고 했어. 자네도 들었지? 그게 무슨 말이냐 하면, 아리스토텔레스 이론을 가지고 갈릴레이를 봐. 그러면 분명해져. 갈릴레이가 피사의 사탑에서 무거운 것과 가벼운 것을 던졌더니 동시에 낙하했다고 그랬지. 아리스토텔레스에 의하면 무거운 것은 빨리 낙하하고, 가벼운 것은 늦게 낙하해야 돼. 그런데 똑같이 낙하하더라는 거야. 가령 지동설 같은 것은 근세 이전에도 있었어. 그러나 물리학의 기초는 운동하는 한에서 사물을 보는 거야. 이 사실을 확실히 염두에 두어야 해. 그런데 낙하 운동을 보니까 가벼운 것이나 무거운 것이나 똑같이 떨어지더라는 거야. 그런데 아리스토텔레스에 의하면 무거운 것과 가벼운 것은 형상이 다르기 때문에 형상에 따라서 운동이 달라질 수밖에 없어. 왜냐하면 닫힌geschlossen 개체로서 속에 운동이 들어 있으니까, 그 개체의 형상에 의해서 운동이 좌우돼. 동적으로 정도차를 갖고 나오니까 현실성이니 완전성 entelecheia이니 하는 말을 쓰는 거야. 결국 아리스토텔레스 이론에 따르면, 무거운 것이 빨리 떨어지고 가벼운 것은 천천히 떨어져야 하는데, 어디 그러냐는 거야. 그러니까 형상 이론은 다 소용없다는 거야. 거기서부터 물리학에서의 형상 이론은 다 무너져 버려. 형상 이론이 무너지고, 운동을 이제 그것이 일어나는 시간과 공간의 관계 속에서만 취급하게 돼. 이차 성질들은 다 빼어버리고,

일차 성질만 갖고 논해. 그것은 요컨대 무한정자에다 환원시키는 거야. 시간, 공간은 무한정자에서 사물이 나타나는 형식이니까 말이야. 그러면 파장이니 뭐니 하는 다른 운동이 주어져도, 그것과 다른 운동과의 관계, 항상 관계에다 놓아. 그것이 무슨 얘기냐 하면, 무한정자는 사물을 관계 맺게끔 하는 것이고, 형상은 관계를 끊게 하는 것이기 때문에, 형상은 이제 소용이 없고 무한정자에 환원시켜서 모든 것을 관계에다 놓아. 무한정자에 환원시킨 다음 그것을 정량적(定量的)으로, 정량화해서 봐. 따라서 근세의 갈릴레이에서 시작하는 물리학은 법칙 law을 취급해. 법칙은 형상이 아니라, 관계, 즉 반복되는 관계야.

이태수 그런데 법칙이라는 것도 하나의 형상이죠. 그것이 비록 양적인 것은 아니지만⋯⋯.

양문흠 그렇죠. 형상이 법칙으로 발전했다.

박홍규 형상은 각각 떨어져 있고, 그 자체는 언제든지 〈하나의 형상 mia idea〉으로서 궁극적으로는 직관의 대상이고, 법칙은 두 사물의 관계 즉, 그 양자가 연속되고 맺어지는 데서 성립해. 그것을 무한정자에 환원시켜야만 관계가 나와. 그러니까 베르그송은 근세의 학문은 사물의 관계 rapport를 취급한다고 해. 그 점을 명백히 한 사람은 오귀스트 콩트 A. Comte야. 콩트에 따르면 학문은 현상 phome의 법칙 loi을 취급한다는 것이지, 원인 cause을 취급하는 것이 아니야. 플라톤이나 아리스토텔레스는 원인을 취급해. 결국 근세에 와서는 관계 법칙을 취급하기 때문에, 인과법칙이든 무엇이든 법칙이라고 그러지, 형상이라고 하지 않아!

이태수 선생님! 형상에 대한 해석 중에 그런 것이 있지 않습니까? 나토르프 Nathorp 같은 사람은 형상을 합법칙성 Gesetzmassigkeit, 즉 법칙을 응축한 것이라고 해석하고 있거든요.

박홍규 그것은 나중 이야기야. 기본적인 것은 관계로 보느냐 아니냐야. 무한정자에 환원시키면 관계 법칙만 나와. 내가 요전에 결정론이냐 비결정론이냐 하는 문제를 이야기했지? 관계는 필연적인 것과 우연적인 것, 두 개로 나누어져. 그런데 고전 물리학은 필연적 관계를 보려는 것 아냐? 따라서 고전 물리학은 인과율 같은 것을 가정hypothesis으로 놓고 나가지. 반면에 현대 물리학에서는 그렇게 잘 되지 않기 때문에, 자꾸 확률probability을 이야기해. 필연적인 것을 보면 결정론이 나오는데, 우연적인 것이면서도 그 사물의 자기 동일성——학문적인 사물의 자기 동일성을 파악하는 것이니까——이 어떻게 드러나느냐? 드러나는 것이 있느냐? 있다는 거야. 우연성은, 필연성과 반대로, 그렇게 되지 않을 수도 있는 것을 의미해. 가장 극단적인 우연성은, 존재가 무로부터, 즉 불가능한 것이 나타날 때, 가장 잘 드러나. 그러한 극단적 우연성이 잘 드러나는 곳이 생명체야. 플라톤의 『파이드로스 *Phaidros*』편에 나오는 영혼의 자기운동autokinēton에서도 그것이 드러나지. 생명체에서는 불가능한 것이 드러나. 그것이 드러나는 과정이 유전이야. 생명체는 언제든지 죽을 수 있어. 그러니까 근세 물리학의 인과론이 생명체에 오면 흐리멍덩하게 되잖아. 그러나 철학은 생물체와 무생물체를 동시에 성립시킬 수 있는 것을 봐야지. 그러니까 아리스토텔레스 이론은 다 무너져 버려. 아리스토텔레스의 물리학이 선험적으로 틀렸다는 것이 아니라, 근세 물리학은 아리스토텔레스의 물리학을 부정하고 출발했기 때문에 발전을 했다는 거야. 결국 플라톤이나 아리스토텔레스의 형상 이론에 기초한 물리학은 궁극적으로 발전하지 않아. 무한정자에 환원시켜 보아야, 물질을 무제한하게 쪼갤 수도 있고, 무제한하게 많은 관계를 맺어볼 수도 있고, 무제한하게 큰 우주를 생각해 볼 수도 있는 것이지. 그것이 물체를 무한정자에 환원시켜 볼 때의 특징이야. 속도를 무제한하게 증가시킬 수도 있고, 모든 질을, 가령 온도도 무제한하게 높게 할 수도 있고 낮게 할 수도 있어. 현대 실증 과학이 발달한 이유가 거기에 있어.

이태수 그렇게 무한히 증가, 감소시킬 수야 없죠. 실제적으로나 이론적으로도 그것은 불가능하지요.

박홍규 어째서 이론적으로도 못해? 가정할 수는 있지, 허허.

이태수 원칙적으로 못하는 선이 있지요. 가령 수학을 적용했을 때…….

박홍규 그건 수학을 적용했을 때겠지. 그 전제를 빼면 되지. 또 현대 물리학의 한계일 수도 있지.

이태수 가령 속도도 마찬가지죠. 수학적으로 생각하면 무한히 빠른 어떤 것을 생각할 수 있지만, 실제로는 유한한 한계 속도가 있죠. 그때 는 유한하다는 말도 할 수 없겠죠. 그 유한을 넘어선 것을 생각할 수 없으니까요.

양문흠 선생님, 여기서 끝내시고…….

이태수 어디 가서 저녁이나 먹구, 또…….

박홍규 자네들 가게.

(1988. 6. 19.)

철학이란 무엇인가?

박홍규 여러 철학이 있거든. 스토아 학파도 있고, 플라톤 철학도 있고, 엠페도클레스 철학도 있고, 플로티노스 철학도 있고, 이런 여러 철학이 있는데, 왜 그렇게 여러 가지 철학이 있느냐, 이것부터 생각해야지. 그런데, 철학을 두 가지 입장에서 볼 수 있어. 하나는 사람이 하는 거니까 그 동기motivation의 입장에서 볼 수 있고, 또 하나는 철학 그 자체가 가지고 있는 형태만을 가지고 얘기할 수 있어. 그러니까 실존적 existential인 입장에서 볼 수 있고, 본질적 essential인 입장에서 볼 수 있어. 본질적인 입장이란 철학 그 자체가 가지고 있는 학문으로서의 성격에서, 즉 그것이 어떠어떠함Sosein에서 보는 입장이야. 그런데 지금 여기서는 실존적인 입장에서는 보지 않아. 가령 스토아 학파 같은 것은 윤리학파라 하는데, 그것은 동기적 입장에서 이름을 지은 거야. 안심입명(安心立命)을 하기 위해서 그런 철학을 했다는 거지. 그러면 다른 철학은 그렇게 하지 않았느냐 하는 문제가 생겨. 플라톤은 그럼 안심입명하기 위해서 철학하지 않았느냐? 그거 파고 들어가면 사실은 곤란해, 응? 다만 그런 철학에서 그것이 특별히 두드러졌다고 사람들이 평가하

78

기 때문에 그렇지, 가령 플로티누스 철학도 안심입명한다는 계기가 들어가 있지 않느냐 하면, 그것도 곤란하지? 그러니까 그런 입장에서 볼 수도 있어. 플라톤도 다 그런 입장에서 한번 봐야 돼. 그러나 워낙 플라톤은 학문으로서의 성격이 중요하고 나중에 끼친 영향도 많기 때문에 그렇게는 보지 않아. 그러니까 여기에서는 지금 학문으로서의 성격상, 철학이 왜 그렇게 여러 갈래로 갈라질 수 있느냐는 것부터 우리가 생각해 봐야 돼. 이것은 사실 고대 철학뿐만 아니라 지상에 있는 모든 철학에 다 들어맞아. 별의별 철학이 다 있거든.

요컨대 고대 철학에 대해서 얘기할 때 우리는 기본적으로 두 가지로 볼 수 있는 거야. 여러 가지 철학이 있는데, 철학은 사람이 하는 거니까, 사람이 왜, 어떤 동기로 철학을 하는가 하는 문제하고, 철학 자체가 가지고 있는 그 형태가 왜 다르냐 하는 형태의 차원에서 볼 수 있다는 거야. 그것은 지상에 있는 모든 철학에 다 들어맞아. 동기의 입장에서 본다면, 사람이 철학을 했던 어떤 동기와 목적이 있었을 텐데, 그 목적만 달성되면 그 철학의 임무는 다 하는 거야. 그러나 그렇지 않고 철학이 가지고 있는 일정한 형태의 입장에서 본다면 문제가 달라져.

왜 달라지느냐? 그것은 철학이라는 것이 인간이 가지고 있는 지적 능력의 소산이기 때문이야. 지적 능력이란 무엇이냐? 이걸 먼저 확실히 집어넣어 둬야 해. 능력은 희랍어로 〈dynamis〉야. 〈dynamis〉라는 것은 무엇을 할 수 있는 가능성인데, 가능성에는 될 수 있는 것도 있고 그렇지 않은 것도 있고, 두 가지가 있어. 가능성은 항상 존재에 대한 가능성이야. 그것은 동시에 그렇게 안 될 수도 있다는 가능성을 포함하고 있지. 그게 항상 따라다니는데, 그러한 부정의 가능성을 우리는 존재의 가능성에 대해서 우연성이라고 해, 우연성. 다시 말해서 그렇게 되지 않을 수도 있었는데 됐다고 할 때에는 우연히 됐다고 해야 돼. 처음부터 그렇게 될 가능성이 있었는데 그것이 실현됐다고 할 때에는 능력이 어느 정도 발휘되었느냐, 개연성probability이 얼마나 등으로 말하고, 그렇게 되지 않을 수도 있었는데 그렇게 되었을 때에는 우연적이란 말을 써. 그러니까 가능성이란 것은 그것이 나타날 수 있는 정도degree가 있고, 또 그렇게 되지 않을 수도 있어. 가능성이란 것은 또 일정한 방향으로 가는 것이 아냐. 그런 것은 가능성이라고 하지 않아. 우연성이 따르기 때문에 철학을 한다고 하지마는 그것이 빗나갈 수도 있는 거야. 바로 그런 성격이 능력이라는 것 속에는 들어 있어.

다시 해. 가능성은 존재에 대한 가능성이고 그것은 동시에 그렇게 되지 않을 수 있는 가능성을 항상 뒤따라 가지고 다니는데, 그것은 부정에 대한 가능성이고 극한치에 가서는 또 그렇게 되지 않을 수도 있는 가능성이며, 그럴 때의 그 부정의 가능성을 우연성이라고 하더라. 그리고 또 그 부정과 존재 사이에, 그 우연성 사이에 여러 가지 정도차가 있어서, 그 방향도 여러 가지로 갈 수 있어. 그러니까 가능성은 긍정적positive인 것으로서 나타날 적에는 어느 정도 나타나느냐는 정도차를 얘기할 수 있고, 부정적인 것으로 갈 수 있는데도 불구하고 나타났다고 할 때에는 우연성이란 말을 쓴다, 그 말이야. 부정적인 것으로 갈 수 있는 가능성은 우연적이라고 하는데, 거기에 대립되는 것으로서 가능성을 쓰더라는 얘기야. 그러니까 한 사물이 가능성을 통해서 나타날 때에는 어느 정도 나타날 수도 있고, 또 거기에 근사치로서도 나타날 수도 있고, 거기서 빗나갈 수도 있고 하는 성격을 가지고 있다는 얘기야. 희랍어로 〈dynamis〉라는 것은 능동적active이라는 의미도 있고, 능력potentia이라는 의미도 있어. 〈dynamis〉에 〈dynamic(역동적)〉이라는 의미가 들어 있잖아? 그러니까 그것은 뭣과 대립이 되느냐 하면, 결정론하고 대립돼. 이거 꼭 집어넣어 둬. 결정론은 처음부터 끝까지 길이 딱 하나밖에 없어. 그것은 거기에 꼭 도달하기 마련이지 도달하지 않는 법이 없어. 결정론하고는 대립이 되더라, 응, 대립이 되더라.

또 그 다음에 가능적으로 나타나는 것은 이렇게 어떤 정도차를 가지고 나타나기 때문에, 탁월하게 나타날 수도 있고 그렇지 못하게 나타날 수도 있어. 그러나 전지전능omnipotence은 없어. 지적인 능력에 전지전능이란 것은 있을 수 없어.

염수균 신은……?

박홍규 기독교에서 신은 전지전능이라고 하거든? 왜 그러냐 하면, 희랍의 신은 어떤 재료나 질료matter가 있어야 가공한다는 점에서 제약이 있는데, 기독교에서의 신은 허무에서 만들어내기 때문에 전지전능하지 않느냐는 거야. 그런데, 희랍 철학에서는 존재와 무 사이에는 가능성이란 말을 쓰지 않아. 가능성에는 연속성이 들어가야 돼. 개연성probability에는 연속성이 들어가. 한순간에 탁 이루어지는 것이 아니야. 그러나 존재와 무 사이에는 한순간에 탁 창조돼. 가능성은 죽 연속적으로 이뤄져. 그러다가 어디서 빗나갈 수도 있고, 이렇게 갈 수도 있고 저렇게 갈 수도 있어. 그러니까 무에서 존재를 만들 때에는 지적인 능력이 들어가나, 안 들어가나?

강상진 지적인 능력이 필요 없겠죠.

박홍규 응, 필요 없지. 그것은 지적 능력 밖이야. 지식은 요컨대 일정한 능력인데, 능력은 연속적으로 그 힘이 발휘될 수 있는 것에 대해서만 실현돼. 모든 것을 다 안다는 것은 의미가 없어. 그리고 모든 것이란 다(多)에 대해서 하는 이야긴데, 무 속에는, 무나 존재의 관계 속에는 연속성도 없고, 단위도 들어가지 않아. 단, 무라고 하는 것은 전체에 대해서 대립이 돼. 전체라는 것은 희랍적인 연속성의 입장에서 본다면 다로 구성돼 있으면서 하나로 통일될 때 나오는 것인데, 이 전체 밖에는 뭐가 있냐? 아무것도 없어. 그러니까 전체를 하나의 통일적 전체whole로서 볼 때에, 그것을 다른 타자에서, 전체 아닌 것에서 만들었다고 할 적에 결국은 무에서 만들었다는 말밖에 안 돼. 그러려면 연속성이 어디선가 완전히 빠져야만 된다는 결론이 나와. 그런데 연속성이라는 것은 어떤 한계를 지어놓으면 그 바깥으로 자꾸 나가는 것이 그 특징이야. 그러면 연속성에서는 전체가 주어지나 안 주어지나?

강상진 안 주어지죠.

박홍규 응, 안 주어져. 방황하는 원인 planōmenē aitia을 논할 때 늘 얘기했어. 연속성은 과정 process으로서만 주어지더라. 그러니까 우리 능력도 과정으로서만 주어져. 전지전능은 그러니까 신앙의 대상이라고 하지, 학문의 대상이라고는 하지 않아. 학문의 대상이면 무엇 때문에 믿어? 우리가 그것에 따라서 실천하면 되는 것이지. 결국 결정론과 전지전능은 능력하고는 대립이 된다는 얘기야. 그러니까 능력은 그것을 발휘할 적에 시행착오를 거칠 수 있다는 것이 플라톤을 이해하는 데에서의 특징이야. 베르그송을 이해하는 데도 이것이 기본적이야. 비결정론이니까. 전지전능을 부정하는 입장이니까. 비행기를 하나 만들 때에도 자꾸 시행착오, 시행착오를 하다가 도달해. 또 도달하지 못할 수도 있어. 플라톤 대화록에 난관이 왜 나오느냐? 아까도 말한 바와 같이 가능성은 부정에 대한 가능성을 항상 갖고 있어서, 난관에 빠져 이렇게 될 수도 있고 저렇게 될 수도 있고 헤매다가, 도달할 수도 있고 또 도달하지 않을 수도 있는 과정이기 때문이야. 그런데 우리의 인식 주관, 영혼에는 기본적이고 선험적 a priori인 성격으로서 능력이 들어 있어. 능력이 들어 있으니까 영혼은 항상 선험적으로 과오에 빠질 수 있어. 따라서 능력을 가지고 있는 우리의 지능은 허위에 빠질 수도 있고 빠지지 않을 수도 있어. 그래서 허위에 빠지지 않도록 끌고 나가야 돼. 능력을 발휘하도록 옆에서 도와줘야 돼. 능력은 그대로 나오는 것이 아니라 어떤 조건이 있어야 발휘되니까. 그것이 대화(對話)야. 소크라테스가 산파 역할을 해서 이끌어줘. 도와주는 거야. 그럼 누가 인식을 하느냐? 소크라테스가 인식하는 것이 아니라, 그 대화자 자기 자신이 스스로 인식을 해. 그러니까 주입식은 안 돼. 곤란해. 그냥 외우면 되게? 주입식이 된다면 사람이 뭣 때문에 공부를 해? 로봇 하나 갖다 놓고 전부 거기다 입력시켜 놓고, 단추만 누르면, 이때는 이런 식 나오고, 저때는 저런 식 나오고 하면 되는 것이지, 응? 그러나 사람의 지적 능력이란 것은 틀렸다가 자기가 스스로 〈아, 이건 틀렸다!〉 해서 고칠 수도 있는 것이지. 그럴 수 있는 것이 진리야. 기계하고 다른 점이 거기야. 기계는 인과법칙으로 가지만, 능력은 자기운동autokinēsis의 그 자기auto에서 나왔기 때문에 기계가 될 수 없어. 타고난 본성에서 나온 거야. 기계는 외부에서 힘이 주어진 것이야. 이것을 딱 집어넣어 둬.

그러면 말이야. 고대 철학뿐만 아니라 지상에 있는 모든 철학은 인간이 능력을 발휘한 하나의 결과로서 나온 것이기 때문에 여러 가지로 나올 수 있다는 거야. 철학사뿐만 아니라 우리 인간의 역사가 다 그래. 인간이 가지고 있는 능력이 발휘되어 나가는 과정을 시간적으로 보면 역사가 된단 말이야. 그런데 사실 인간의 능력이라는 것은 여러 가지가 있거든. 그러면 이제 우리가 철학적으로 어떤 것이 기본적인 것이냐를 논의하면, 역사를 보는 하나의 철학적 관점이 딱 나오는 것이지, 응? 그러니까 왜 고대 철학에 그런 여러 가지 형태상이 있느냐, 즉 철학의 학문적인 지식의 형태로서 볼 때 왜 여러 가지가 있느냐 하면, 능력의 소산이기 때문이다. 딱 나오지. 그것은 마치 플라톤의 대화편을 읽어볼 때 이 대화편에서는 이 얘기 하고 저 대화편에서는 저 얘기 하고, 서로 상충된 것도 있고 하는 것과 마찬가지인데, 능력의 소산은 그렇더라는 얘기야. 그리고 이 능력을 이해하지 않으면 인식epistēmē에서의 산파술도 이해할 수 없어. 산파술의 의미란, 능력은 타고 나면서 가지고 있는 것이지, 외부에서 준 것이 아니라는 거야. 그러니까 옆에서 다만 도와줄 따름이라는 거야. 도와준다는 것은 능력이 항상 옆에서 어떤 조건이 주어져야만 발휘되는 것이지, 그렇지 않을 때에는 발휘되지 않는다는 얘기야. 능력의 특성이 그거야. 조건이 주어지지 않으면 능력은 절대로 발휘되지 않아.

그러면 이제 철학이라는 것이 무엇이냐 하는 하나의 선험적인 규정이 있을 거 아냐? 철학은 거기로 나아가는 능력이거든. 그런데 철학이라고 하는 것은 요전 시간에 이야기했듯이,[3] 사물을 지적으로 가장 탁월하게 취급할 수 있는 능력이야. 그런데 이 탁월이란 말 그 자체가 비결정론적이야. 정도가 있다는 얘기야. 그러니까 어떤 철학은 어떤 측면에서 다른 철학보다 탁월하다는 얘기는 할 수 있지만, 어느 하나의 철학만 있다고 할 수는 없어. 하나의 완전한, 전지전능한 철학은 없어, 있을 수가 없어. 만약 전지전능하다면 하나의 철학만 나와야 돼. 그러나 하나의 철학만 나올 수는 없어.

그러면 이제 지능이 가장 탁월하게 사물을 볼 수 있는 경지가 어디냐 하는 문제가 생겨. 플라톤의 대화편을 가지고 이제 한번 보잔 말이야. 그러면 지능의 주체자는 영혼 psychē의 자기운동 autokinēsis의 자기 auto야. 영혼이 주체자야. 그러니까 가장 탁월하게 사물을 볼 수 있는 때는 영혼이 그 기능을 완전 full하게 발휘할 때야. 플라톤에서는 영혼에 두 가지 기능이 있어. 하나는 운동 그 자체를 유지하려고 하는 능력으로서의 지적 능력이고, 또 하나는 그것을 방해하는 것이야. 방해하는 것은 어디서 주어지느냐? 밖에서 주어지는 수밖에 없어. 자기 auto에 대해 그것을 방해하는 것은 항상 밖에서 주어져. 따로. 그런데 플라톤은 『파이돈 Phaidon』편에서 그것의 극한치를 놓아. 즉, 우리의 신체적인 것을 놓아. 그러니까 영혼이 신체로부터 해방되어서 볼 때에는 사물을 그 자체로서 봐. 우리 눈으로 볼 수 없는 것, 자체적인 것 kath'

---

3) 박홍규, 『형이상학 강의 1』, 「앎의 개념」 참조.

hauto을 봐.『파이돈』편의 어디냐면 말이야, 내가 면수만 일러줄게, 봐. 83a-b, 여기 봐. 〈그것(영혼) 자체가 사유하는 것은 어떠한 것이든 존재자들 중의 자체적인 것이다ho ti an noēsē autē kath' hautēn auto kath' hauto tōn ontōn……〉 그러니까 우리 인식 기능은 영혼이 하는데, 이제 말한 바와 같이 신체 속에 가둬져 있다는 조건 속에서만 보는 걸 감각이라고 하지? 결국 감각을 떠난다는 얘기야. 플라톤은 물질이 영혼을 거꾸로 가는 운동을 한다고 해. 그래서 물질이 영혼을 방해, 제약하고 있어. 그걸 벗어나야 된다는 얘기야. 완전히 벗어날 때는 〈auto kath' hauto tōn ontōn〉, 즉 존재자 그 자체를 본다는 거야. 그러니까 이게 극한치야.『국가론』에도 죽 나와 있지? 대상에서 사유물noēton, 감각적인 것 등 죽 나와 있지? 이것이 대단히 중요해. 영혼은 왜 인식이 있느냐는 문제하고, 물질은 왜 인식이 없느냐는 문제는, 물질이 무엇이냐의 설명으로 가. 그것의 정의definition로 가. 그것은 복잡하니까 여기서는 말 못해.『파이돈』편에서는 신체적인 것과 신체를 벗어나는 것으로 나오고,『국가』편에 가도 나와 있고, 또『소피스트』편에 가면 감각aisthēsis, 상상phantasia, 추리dianoia 등으로 나와. 상상은 중간의 것이지? 또『필레보스 *Philebos*』편에 가면 쾌락hēdonē, 사려phronēsis, 혼합된 것 등이 나오지.

인식 규명에 있어서 이 대목은 중요해. 플라톤에는 여러 가지 측면이 있지만, 요컨대 신체에서 벗어난다, 감각적인 것에서 벗어난다, 이것을 주의해야 돼. 물질에는 인식이 없다. 왜냐하면 물질의 운동은 자기 동일성identity을 가질 때에는 인과율의 법칙을 따라가니까. 요컨대 선택이 없어, 선택. 그래서 하나야. 힘이 외부에서 주어져. 영혼은 자기 내재적인 것이고. 물질에 대해서는 자세히 다루지 않겠지만, 요컨대 신체sōma를 가지고 있다는 것이 자신kath' hautēn, 즉 우리의 영혼이 가지고 있는 지적 능력을 방해하고 제한하더라는 거야. 우리 감각은 항상 한정돼 있어. 그뿐만 아니라, 『테아이테토스 *Theaitetos*』편을 읽으면, 우리가 잘못 듣고parakouesthai, 잘못 보게 하더라는 거야. 그 말은 무슨 말이야? 우리의 영혼은 들으려고 하는데 귀가 병이 난다, 가령 조직이 잘못된다면 소리가 들리지 않아. 멀쩡한 눈도 타고난 시각 능력은 갖고 있지만, 가령 안구가 제대로 돌아가지 않는다면 안 보이는 수도 있거든. 또 어떤 사람은 잘 보여. 요는 그 속에도 정도차가 있다는 거야. 또 신체를 갖고 있기 때문에 우리가 행동을 하는데, 행동의 결과로서 쾌락이나 고통이 나와. 여기 씌어 있어.

그런데 우리가 행동할 때는 관심interest이 들어가지? 그런 것에서 떠나라고 했어. 『테아이테토스』편에서 그런 것을 떠나야 철학자가 된다고 얘기했지? 발밑에 있는 모든 일상생활에 무관심amelēs, 즉 관심을 두지 않고 전체를 보거나 자체적인 것을 보는 것을 철학가라 했지? 요컨대 신체에서 떠나야 돼. 『테아이테토스』편에서 또 뭐가 나오느냐하면, 프로타고라스의 상대설 나오지? 신체를 가지고 있어서 그렇지? 때에 따라, 사람에 따라 의견doxa이 다르다고 했어. 그게 무슨 얘기냐? 사회라는 것이 왜 성립하느냐는 것을 생각해야 돼. 사회라는 것은 두 사람이 있어야 사회가 되지, 한 사람 갖고는 안 돼. 그런데 그때 가령 하나의 유기체처럼 간이나 폐가 합해서 연결되어 있으면 사회라고 하지 않아. 떨어져 있어야 돼. 나는 나고 너는 너다, 딱 구별되어야 돼. 그러면서 관계를 맺어야 사회가 성립돼. 그러면 어머니하고 자식하고는 어떻게 되지? 엄마 뱃속에서 나오기 이전에는 하나야. 그럼 언제부터 사회가 성립해? 어머니 뱃속에서 아들이 딱 나와 버리면 어머니와 아들 사이에 사회가 성립해. 그러나 그 생명력은 연속적인 것, 같은 것이거든. 그 생명력은 같은 것이지? 그걸 우리가 유전이라고 해. 연속돼 있기 때문에 생물학에서는 유전이라고 해. 어머니의 생명력이 분할되어서 아들, 딸로 갈라져. 그리고 또 남녀로 갈라지지? 그러니까 생명력이 갈라지는 것은 우리의 신체에 의해서 나는 나고 너는 너라는 이런 개체가 딱 성립할 때야. 이 신체의 개체성을 파괴해 버리고 나면 속에 있는 생명이 하나로 뭉쳐. 하나의 근원으로 돌아가. 그렇다면 프로타고라스 얘기는 무엇이냐, 그 말이야. 우리가 지금 분석해 보면 이런 얘기야. 신체에 따라 나와 네가 있고, 한국 사람은 한국 사람의 핏줄이 있어. 조선 시대 때는 오백만인가밖에 안 되고, 그 이전에는 더 적었을 거야. 거기서 불어서 사회가 커지거든? 그러면 여기에는 여기 나름대로의 생활 습관, 행동방식이 형성될 거 아냐? 그래서 상대적이 된단 말이야. 일본 사람은 일본 사람, 한국 사람은 한국 사람, 중국 사람은 중국 사람대로 관습nomoi이 생겨서 행동방식, 생활방식이 달라. 환경에 적응하는 방식이 다르니까. 그러면 거기에는 거기 나름대로의 관습이 있고, 거기에 따라서 상대적인 가치평가가 있어. 그러니까 그런 것이 성립하는 이유는 요컨대 신체 때문이야. 신체라는 것은 지금 여기서 물리적 세계physical world를 대변하고 있는 거야. 물리적 세계에는 신체가 있을 뿐만 아니라, 운동이 있어. 물리적 운동physical movement이 있어. 그것이 특징이야.

그러니까 우리가 추상한다는 것은 물리적 세계에서 벗어난다는 얘기야. 가령 유클리드 기하학 같은 추상적 학문이란 것은 삼각형이 있는데 그것을 일일이 재어서 하는 기하학이 아니라는 말이야. 물리적 세계에 있다면 실제로 재어야지? 재어야 되는데 재지 않고 내포implication 가지고 하는 것이지? 그러니까 그것은 물리적 세계 속에 들어가지 않는다는 것을 곧 알 수 있지? 그래서 아리스토텔레스는 그것을 사유 질료hyle noēte라 그러지. 물리적 공간physical space이 아니라 사유적 noetical인, 즉 이론적인 공간이야. 거기서만 성립해. 요컨대 물리적 세계 속에 들어가지 않는다는 얘기야. 완전히 벗어났다는 얘기야. 그러니까 플라톤에서 물리적 세계와 물리적 세계에 들어가지 않는 세계, 물리적 세계가 아닌 세계가 완전히 구별되었다는 거야. 이것이 대단히 중요해. 왜냐하면 아까도 말한 것같이 희랍에서 안다는 말을 보면 전부 구체적인 것, 경험적인 것에서 추상적인 것으로 올라가. 다 그렇게 되어 있어. 〈eidenai(보다, 알다)〉라는 말은 첫째 눈으로 본다는 얘기지? 그러나 나중에는 눈으로 보는 것이 아니라, 눈으로 보는 것 자체를 넘어서서, 그것도 포함해서, 안다는 것 일반으로 가. 철학, 즉 〈philosophia〉란 말도 구체적인 행동을 해서 사물을 잘 처리한다는 의미에서 나중에 지적으로 처리하는 것을 뜻하게 돼. 〈theoria(관조)〉는 눈으로 실제로 보는 건데, 나중에는 추상적인 것이 돼. 이론적 학theoretical science 이라고 할 적에는 눈으로 보는 것이 아니야. 희랍의 안다는 말을 분석해 보면, 전부 구체적인 물리적 세계에서 추상적 세계로 올라간다는 것이 특징이야. 그것이 뭐냐 하면 지능이 그렇게 발달했다는 얘기야. 우리말로 하면, 눈으로 본다, 그것으로 끝나, 그렇지? 추상적인 의미는 없지? 그런데 희랍어에서는 그렇지 않아. 눈으로 본다는 것이 나중에 추상적으로 안다는 얘기가 돼. 희랍어에 안다는 말이 거의가 다 그래. 추상적으로 올라가, 전부 다. 그 말은 지능이 그렇게 구체적인 저급 상태에서 추상적인 세계로 부상했다. 물리적 세계에서 물리적이 아닌 세계로 올라갔다, 지능이 발달했다, 그 얘기야.

그러면 이제 플라톤으로 가는 과정, 플라톤 이전의 자연철학은 어떠냐? 후기 자연철학을 봐. 그걸 보면, 가령 버넷J. Burnet 같은 사람은 원자론이 자연철학의 가장 최후라고 하는데, 분석해 보면 그것이 물리적 세계인지 논리적 세계logical world인지 구별이 안 돼, 공간이나 뭐나. 문제는 거기에 있어. 자연철학도 초기 자연철학과 후기 자연철학을 나누지? 그런데 파르메니데스도 엄격히 따지면 그 사람이 자연철학자인지, 순수한 존재론Ontologie을 한 사람인지 구별이 가질 않아. 요컨대 물리적 세계하고 비물리적 세계non-physical world, 즉 초물리적 세계supra-physical world가 합쳐져 있는 것이 특징이야. 그러나 초기 자연철학하고 비교해 보면 또 달라. 후기 자연철학에 가면 정적static 인 공간이 나와. 정적인 공간이 나와서 운동자와 운동이 딱 구별돼. 우리가 논리적으로 사고한다는 것은 정적인 공간이 나와야 된다는 얘기야. 나와야 돼. 운동으로 자꾸 변하는 공간이 나오면 논리적 공간은 나오지 않아. 아까도 말한 것과 같이 물리적 세계에는 신체(sōma, body)하고 운동이 두 특징이야. 추상한다는 것은 신체에서도 벗어난다는 얘기지만, 우선 운동에서 벗어난다는 얘기야. 논리학에서 운동 취급하지 않지? 모두 다 정적인 것이지, 응? 양상modality에서도 항상 딱딱 끊어서 생각해야지? 항상 끊어져 있어, 후기 자연철학은 항상 끊어져 있어. 그런데 초기 자연철학은 끊어져 있는 것이 아니라 물활론이라든지, 헤라클레이토스가 그 대표적인 것인데, 만물은 흐른다는 거야. 끊어져 있지 않아, 이게. 만물은 흐른다는 것은 정적인 공간이 나와 있지 않다는 거야. 지능 발달은 처음에는 정적인 공간이 나오지 않는 동적 dynamic인 우주에서 정적인 우주로 간다는 거야. 그런데 그 정적인 우주론에서도 물리적인 정적 공간하고 논리적인 정적 공간이 구별되어서 나와야 할 텐데, 나오지 않더라. 그것이 이제 플라톤에서는 완전히 나와 버려. 이게 플라톤의 특징이야.

그러면 이제 그 이전의 상태, 즉 신화에서는 어떠냐? 아까도 말한 바와 같이 인간이 사회를 형성한다는 것은 나와 너, 적어도 두 사람이 있어야 돼. 그 각각은 신체로서 딱딱 갈라져야 돼. 그러면 최초의 사회는 뭐냐? 아버지, 어머니, 아들 사이의 가족이야. 그러면 아버지, 어머니가 있고 아들이 있고, 딸이 있고, 그렇게 계보로 나오는데, 거기서 가족주의적인 사고가 나와. 그런데 그 아들, 딸들은 어떠냐? 지금 발달심리학을 갖다놓고 보면 이렇게 돼. 아이들에게 직접적인 주위환경은 부모와 가정이야. 세계에 대해서 아이가 직접적으로 반응할 능력이 없고,

아버지와 어머니의 말대로 따라서 반응해. 외부의 자연 세계를 직접 다룰 능력이 없다는 거야. 그러니까, 인간의 세계, 이 사회 속에 인간이 묻혀 있을 때는 항상 사회가 먼저 세계를 해석, 설명하는 기준이 돼. 그래서 의인적 anthropomophisch인 사고가 나와. 그래서 아이들은 다 아버지를 신으로 봐. 요컨대 희랍 신화는 단순한 신이 아니지, 신들의 가족이지? 집단이야. 남편이 있고, 헤라는 마누라이고, 아들을 낳고, 허허, 그래 갖고 이렇게 모두 다를 전체 우주에다 집어넣었어. 그러니까 지금 발달심리학에 나온 것을 보면, 그 의인적인 사고란 것은 언제 나오느냐 하면, 어린아이 때 나와. 이런 보고가 있어. 뉴기니 같은 원시 사회에 가면 가족도 없어. 사람들이 동물처럼 무리만 있어. 그래서 저녁에 잘 때면 남자들은 남자대로, 여자들은 여자대로 자는데, 편의대로 관계를 맺어서 자식을 낳아. 그런 자식을 누가 가르치느냐 하면, 무리에서 가르친대. 그런데 가족이 생겼다는 말은 벌써 내 자아Ego가 생겼다는 얘기야. 내 마누라, 내 아들이라는 것은 내 자아가 생겼다는 얘기야, 요컨대. 알아들었지? 원시 사회에는 나, 자아가 없어. 그러니까 거기에는 사유재산도 있을 수 없고, 공동체일 것 아냐? 그러다 이제 자아가 생기면, 〈아, 이건 내 자식이다, 내 마누라다〉, 그래서 점점 대가족주의에서 소가족주의로 가고, 자아가 자꾸 발달하니까 지금 우리들은 핵가족 제도로 나왔지? 너무나 핵가족주의로 되어서, 나중에는 핵가족 제도도 분열되어서 미국처럼 일인 가족 single familly으로 가려고 한대, 허허. 그러면 가족은 없어져. 요는 희랍은 어디서부터 시작하느냐? 신화로부터 시작해. 사실, 그 당시의 신화라는 것은 그 사람들로 보면 실재적 real인 거야. 이걸 대단히 중요시해야 돼. 지금 우리들이 보면 그건 허구적 fictive인 거지만, 그 사람들에게는 실재적이야.

요컨대 신화라는 것은 현실적인 것을 초현실적인 것으로 놓는 데에 특징이 있어. 그 사람들의 사고방식은 인간적인 것과 초인간적인 것,

인간과 자연이 구별되지 않아. 자연이나 외부 세계를 인간 세계를 통해서 봐. 바로 거기에 신화가 성립해. 그런데 그것이 허구적임이 자각될 때에 비로소 철학은 나와. 탈레스가 나와. 그 말은 무슨 얘기냐 하면, 어린애가 컸다는 거야. 큰다는 얘기는 무슨 얘기냐, 독립한다는 것은? 처음에 어린아이에게는 어머니가 제일 영향을 많이 줘. 어머니와 자식 사이의 관계가 있고, 가족간의 관계가 있어. 그러다 점점 커. 그러나 국민학교 어린아이들만 해도 맨 어머니 말, 아버지 말로서 세상을 이해해. 말 갖고 이해를 해. 아까 중요한 것 하나를 빼먹었는데 말도 사람이 신체를 가지고 있어야 나오는 것 아냐? 왜냐? 혀가 있고 입이 있어야 말이 있지? 기호도 문자 도형이거든? 요컨대 물리적 세계에다 내놔야 기호가 돼. 기호와 기호 사이의 관계에 붙잡혀 있는 한 물리적 세계를 못 벗어나. 우연적인 것이야, 그게. 사물과의 관계하고 달라. 그러니까 논리학을 아무리 해도 철학이 되지 않는다는 걸 알아둬야 해. 조심하라고. 도움 되는 것도 있겠지만 말이야. 논리 구조란 문장 구조 아냐? 저 외부 세계에는 문장이 없잖아? 문장 구조가 어디 있어? 간접문장이 있고 직접문장이 있는 건[4] 우리 인간이 만들어낸 것이지. 그것도 서양 말에나 있지, 우리말에는 또 없어. 하여간 자아가 독립한다는 것은 어머니나 가정에서 벗어나서 성인이 된다는 얘긴데, 성인이 된다는 얘기는 아버지, 어머니 사이에, 그 가정에 자기가 파묻히는 것이 아니라, 그 밖으로 벗어난다는 얘기고, 그럼으로써 가족이건 무엇이든지 간에 그 밖에 선다는 얘기고, 그 말은 어느 사물에 파묻히지 않고 모든 것을 객관적으로 볼 수 있다는 얘기야. 그 극한치가 영혼의 자기 자신 kath' hautēn이야. 영혼이 그 자체가 된다는 얘기는 그 얘기야. 내가 독립했다, 인식적으로 독립했다는 것은 나의 인식 대상이 될 수 있는

---

4) 간접화법과 직접화법을 의미하는 듯하다.(편집자 주)

모든 것으로부터 벗어났다는 얘기야. 그래야 모든 것을 고찰할 수 있지. 그런 상태를 아리스토텔레스는 무감동apatheia이라 그래. 감정 pathos이란 무슨 얘기냐? 어떤 규정이 미리 들어 있다는 얘기야. 선입관, 관습nomos적인 것이 들어 있다는 거야. 한국 사람은 한국 사람 나름대로 무엇을 본다. 그것은 벌써 무감동이 아니야. 그러니까 자신 kath' hauten이라는 것은 인식의 주체자가, 인식의 대상이 될 수 있는 모든 것에서, 우리의 상상력이든지 우리의 인식 속에 들어 있는 것이든지 뭐든지 간에, 그 모든 것에서 벗어났다는 얘기야. 완전히 독립했다. 그래야 그것이 자기 인식의 주체자가 될 수 있는 것이지, 타자에 따라다닌다면 인식의 주체자가 될 수 없어. 그것에 종속되니까. 항상 종속된 자로서 인식을 하는 것이고 항상 어떤 제한된 인식밖에 못해. 플라톤에서는 인식이 모든 것에서 벗어났다는 데까지 가. 최고야. 그 이상은 갈 수 없어. 인식이 대상화하는 한에서, 그 이상은 갈 수 없어.

그런데 이런 걸 순수사고라 하면서 자꾸 부정하는 사람이 있어. 그러나 〈sōmatoeidēs(신체적인, 신체 모습의)〉라는 말이 뜻하는 바와 같이 우리가 신체와 관계 맺고 있는 한에서 인식 기능이 없다는 것이 아니라, 그것에 국한되면 안 된다는 얘기야. 그러나 그런 사람들에 대해서, 가령 인식 기능은 항상 우리 관심을 따라다닌다고 하는 사람들에게 뭐라고 반박해야 돼? 이런 입장은 대단히 중요해. 가령 우리 인식 기능은 상호주관적인 것이라고 하는 사람들에 대해서는 뭐라고 말해야 돼? 상호주관적이란 것을 사실fact로서 인식하는 그 기능은 상호주관적이 아니란 말이야. 또 우리가 행동할 때에 관심이 따라간다고 한다면 관심이 따라간다는 그 사실을 그것으로서 인식하는 데에는 관심이 들어가지 않아. 그 자체로서 그걸 확인하는 것에는 관심이 들어가지 않아. 관심의 관심의 관심의 관심, 그런 건 없어. 어디서 끊어야지. 알아들었지?

박홍열 지금 순수사고 말씀하실 때부터 무슨 말씀을 하시는 건지 도저히 모르겠어요.

박홍규 그러니까 사물 그 자체를 그것으로서 인식하는 능력은 이런 순수사고에서만 가능하다는 말이야. 가령 행동에서 관심이 들어간다는 것을 우리가 부정하는 것이 아니야. 그런데 그것에만 국한시키려는 사람이 있어. 그런 사람에 대해서 뭐라고 답변해야 하냐면, 관심이 들어간다는 그 사실을 사실로서 자기 동일성을 주면서 인식할 수 있는 그 능력은 무엇이냐를 물어야 돼. 그러면 그 속에도 관심이 들어가야 돼? 관심이 안 들어가야지. 관심이 들어가면 그 사실 자체가 나타나지 않을 것 아니냐는 거야, 알아들었나?

요컨대 운동에서 벗어나면 자기 동일성이 부여돼. 제일 첫 단계로 자체적인 것 kath' hauto에서 자기 동일성이 부여돼. 그러니까 사물의 자기 동일성을 가지고 보는 것은 신체적인 것 sōmatoeidēs, 신체에서 벗어나. 물리적 세계에서 벗어나야 돼. 물리적 세계에서는 항상 상대적이야. 그 관계에서만 봐. 그러니까 그러한 상호주관성이라든지 하는 것이 없다는 것이 아니라, 또 관심이 들어가는 면이 없다는 것이 아니라, 그 측면도 있고 이 측면, 즉 넘어서는 측면도 있다는 거야. 그러니까 그것이 전부 다 합쳐져야 되는 것이지, 거기에서 끊어버리면 곤란해. 또 순수에서만 끊어도 곤란해. 그런데 요즘과 같은 경험론은 순수사고를 부정하는데, 사실 경험론만 그런 게 아니지. 요컨대 인간이 물리적 세계에 있을 적에는 관심도 나오고, 상호주관성도 나오고, 모조리 다 나와. 상대성도 나오고 의미 부여도 나오고, 관습을 앞세우면 아까 말한 의인적인 것이 우주 해석의 기초가 되기도 해. 신화에서 그렇지. 관습을 기준으로 하면 관습이 가지고 있는 의미 기준이 대자연의 설명의 기준이 된다는 말이야, 알아들었지?

그래서 극단적인 사람은 실증 과학도 일종의 관습에 의해서 성립한 것이 아니냐고 주장한단 말이야. 가령 쿤Thomas Kuhn이란 사람 있지? 쿤은 자기 말로는 플라톤주의자 platonist라 하는데, 그의 〈패러다임 paradigm〉이라는 것은 플라톤에 따르면 〈physei(자연에)〉, 즉 자연 속에 들어 있는 것이야. 〈패러다임〉이라는 말 자체가 여러 가지 의미를 가져. 플라톤에서는 형상 Idée을 의미한 것 같아. 그런데 쿤은 과학자하고 과학자 집단이 아닌 사람이 있는데, 과학자들 사이에서 상호합의된 것이라고 얘기해. 그러나 플라톤에서는 그렇게 되지 않아. 왜냐하면, 합의되었다면 검증할 필요가 없어. 합의되느냐 아니냐만 문제지. 검증한다는 것이 무슨 얘기야? 우리가 행동할 때 우리 인식을 제약하는 것이 있어. 아까처럼 관심 interest이 들어간다는 것이 사실이라면 검증을 해야 될 것 아냐? 그러면 검증을 한다는 것은 뭐냐? 그것이 그자체로서 사실로서 동일성을 가지고 있기 때문에 검증을 하는 거야. 알아들었지? 내 주관에 의해서 평가되는 것이라면 그 평가한 사람한테 물어보면 돼. 평가하느냐 하지 않느냐만 문제야. 내 주관이 평가하면 되는 거고, 하지 않으면 안 되는 것이지, 일일이 대상에 대해서 검증할 필요가 없다는 말이야. 알아들었나? 쿤 얘기는 그러니까 상대주의야. 주관주의야. 간단히 얘기하면 집단적인 주관주의야. 자기들은 역사적으로 본다는데, 역사 해석이 벌써 틀려먹었어. 허허허. 어딘가 틀렸어. 학문의 역사에 대한 해석이 다르다는 말이야. 학문하는 사람들이 공통적으로 가지는 합의된 것이라고 하면 합의되느냐 안 되느냐로 끝나. 그렇게 합의된다는 것도 사회적인 입장에서 본다면 필요한 조건이야. 그러나 그것이 사물의 〈패러다임〉이라고 할 때에는 사물과의 관계에서 이러저러한 성격과 관계가 있다는 것을 인정을 해야지? 인정을 하고, 어떠한 차원에서 사람들의 합의가 이루어지느냐를 문제 삼아야 돼. 여기 나왔지? 초신체적 supra-somatisch인 차원에서, 비물리적 non-physical인 차원에서 합의가 이뤄져야 된단 말이야. 이론적 학이란 것은 민족이 다르거나, 가정이 다르거나, 성씨가 다르거나 하는 차원에서 합의가 이뤄지는 것이 아니라, 그것을 넘어서는 차원에서 합의가 이뤄져야 학문적인 합의가 돼. 그렇지 않고 합의가 이뤄지면 그것은 그 사람들의 사상이야, 사상. 사상하고 학문은 달라. 가령 사회사상과 사회학은 전혀 달라. 학은 검증해야 되는 것이고, 사회에 대한 사상은 검증할 필요가 없어. 내가 그 사람의 사상에 대해서 동의하느냐 않느냐, 거기서 끝나. 가령 내가 마르크스주의를 연구한다면 마르크스의 사상을 연구하는 것이지, 그것이 사회철학은 될 수 없어. 사회철학이 되려면 사회학이 있고, 그 사실에 대해서 검증을 해야 돼. 알아들었나?

박홍렬 아까 학문적 합의가 이루어진다고 했을 때, 비물리적 차원에서 합의가 이루어져야 된다고…….

박홍규 비물리적인 차원에서 이뤄져야만 돼. 물리적인 차원에서 합의가 되면 쿤은 그걸 역사적이라고 할는지 모르겠지만, 다르단 말이야. 우리 학문의 역사는 달라. 지금은 그런 생각이 모두 다 팽배해 있어. 이런 순수사고를 부정하는 것이 팽배해 있어. 아주 팽배해 있어. 모든 영역에 다 들어가 있어. 뭐 기호 갖고 해야 된다, 명제를 분석해야 된다는 것이 전부 그런 사상이야. 물리적 세계 속에 나와야만 돼. 물리학하는 사람들에게 기호가 나오든 안 나오든 그게 무슨 상관이야? 기호에 의해서가 아니라 실제 사실로 증명해 줘야지. 눈에 보여줘야지, 그렇지? 그러니까 플라톤의 철학이 대단히 중요해. 『국가론』에서 인식의 여러 단계가 있는데, 그 후와 그 이전에서의 플라톤 철학의 위치를 알아야 돼. 요는 비물리적 세계에서 이뤄져야만 학문적인 합의가 되는 것이지, 그렇지 않으면 학문적인 합의가 아니라 단순히 사상(思想)에서의 합의야. 그런 건 의견 doxa이라 그래. 사회사상과 사회학은 달라. 사회사상은 그 사람이 가지고 있는 견해이고, 내가 거기에 따라가느냐 아니냐, 그것뿐이야. 검증이 필요 없어.

박홍렬 선생님, 비물리적인 차원에서 학문적인 합의가 이뤄진다고 하셨는데, 그때도 검증을 해야 됩니까?

박홍규 검증이 되어야지. 그런데 비물리적인 세계에서 이뤄진 것은 어떻게 하느냐 하면, 우선 실증 과학적으로 거기에 대한 밑받침이 있어야 돼. 연결이 되어야 돼. 그래서 실증 과학을 통해서 구체적인 현실로 연결이 되어야 돼. 사상, 즉 의견에서는 검증할 필요가 없어.

박홍렬 〈physical(물리적)〉이라는 단어가 혹시 현실이나 실생활을 뜻하는 것 아닙니까?

박홍규 아니야. 〈physical〉이란 것은 요컨대 물리적인 세계라고 생각하면 돼. 운동이 있고, 신체가 있고, 그래서 추상화한다. 추상적인 세계란 것은 신체나 운동에서, 물리적인 운동에서 벗어난다는 얘기야. 아까 내가 유클리드 기하학 갖고 설명했지? 유클리드 기하학은 일일이 재지 않아. 재는 것은 물리적 세계 속에 들어 있어.

심철호 실증 과학에서 사실이라고 제시한 것이 과연 사실이냐고 물으면 무한소급으로 나가지 않겠습니까? 실증 과학에서 사실이라고 제시한 것이 있어야만 현실 세계하고 연결이 되어서 비물리적인 합의를 이룰 수 있다고 하셨는데, 실증 과학에서 사실이라고 제시하고 있는 것이 과연 사실이냐는 것을 다시 묻게 되면 무한소급으로 빠지게 되죠.

박홍규 아냐, 무한소급으로 빠지지 않아.

심철호 관심이 개입된 것이고…….

박홍규 아니, 무한소급에 빠지지 않을 수 있는 대상의 측면에서만 실증 과학은 성립해.

심철호 그렇게 되면 순환적인데…….

박홍규 어디가 순환적이야? 이제 봐. 우리의 인식이란 것은 감각이든 무엇이든지 간에 동일한identical 것, 동일성을 가지고 있는 것에 대한 것이야. 플라톤은 그것을 존재on이라 그래. 불변치야. 변하는 것에 대해서는 인식이 없어. 뭔가 변하지 않는 것이 나와야 돼. 변하지 않게 하는 것, 그 내용은 뭔가 있어. 변하지 않는 것에 대해서만 우리의 인식이 가능해. 물리적 세계에서 우리에게 실증 과학적 인식의 대상으로서 들어올 수 있는 것은 무엇이냐? 거기에서 변하지 않는 것만 들어와. 우리 감각에도 변하지 않는 측면, 내 영혼에 참여하고 있는 한 거기에 내 자신의 동일성, 주체의 동일성이 들어가 있는 측면이 꼭 있어. 만약 그렇지 않다면 혼동되어 버리게? 변하지 않는 것이 없으면 이 우주, 저 물리적 세계 다 혼란이야. 무엇이 무엇인지 모르지? 또 우리의 감각 기능도 왜 하나는 시각이라 하고, 하나는 청각이라 하고, 하나는 후각이라고 해? 플라톤도 가령 포도주도 혀에 따라서 쓰고 달다고 하지만 아무렇게나 쓰고 단 것은 아니야. 병자에게만 쓴 것이지. 일정한 관계가 있어. 감각 기구에도 한정되어 있기는 하지만 거기에 변하지 않는 무엇인가가 반드시 있어. 감각에 대해서 상대적이긴 해. 아까도 말한 것과 같이 우리 영혼의 능력은 정도를 갖고 나와.

심철호 그러면 변하지 않는 그 무엇하고 상호주관성이나 관심 등에 의해서 변화할 수 있는 그 무엇을 구별해 주는 것은 어떻게……

박홍규 그런 측면이 있는데, 그것만 있는 것이 아니라, 그것을 그것으로서 확인해 주는 인식 능력은 그것을 넘어선다는 거야. 넘어서야 될 거 아냐? 자꾸 상호주관성, 상호주관성 하면 어디로 가? 무제한하게 가지? 그것이 딱 한정되어야 될 것 아냐? 사실 fact는 사실로서 정해져 determinate 있어야지. 상호주관성이 있다면 그것이 자기 동일성을 가지고 있는 하나의 객관적인 사실이라는 것을 딱 인정하고 나가는 것 아냐, 그렇지? 지금 말을 하고 있는데, 〈아, 그런 말 없더라〉 하면 곤란하지? 내가 지금 〈상호주관성이 있다〉는 이 말을 하지만, 내일도 있고 모레도 있고, 저기에도 있고 여기에도 있고, 한국에 가도 있고 일본 가도 있더라, 그래야 그 말이 학문으로서 성립하는 것 아냐? 그러려면 동일성을 가져야지. 그럴 때 동일성을 갖는 것으로서 그것을 확인해 주는 그 인식 능력은 그것을 넘어선다는 거야. 넘어서야 될 거 아냐? 그렇지 않다면 남한테 말 못하게? 그렇지 않으면 상호주관성을 얘기하는 사람은 그 상호주관적인 관계만 하고 있으면 돼. 남한테 말 못해. 남한테 뭣 땜에 그런 소릴 해? 의사 표시할 필요가 없는 것이지?

어느 학생 상호주관성을 확인하는 그 능력이란 것이 있어야 된다는 말씀입니까, 아니면 있다는 말씀입니까?

박홍규 있어. 그런 사람들 주장을 깔고 나가면, 있을 거야. 왜냐하면 우리의 신체적인 것 sōmatoeidēs에서 보면 상호주관적인 것이 있으니까. 또 상호주관적인 것을 넘어선 측면도 있고. 내가 말한 것은 전부 신체적인 차원에서 물리적 세계 속에 인간이 있을 적에 상호주관적인 것이 생긴다는 거야. 그걸 넘어서면 상호주관적인 것이 없어. 아까 내가 얘기했잖아, 아이가 어머니 뱃속에서 나올 때, 어머니에서 그 생명은 유전에 의해서 하나야. 그런데 언제 단절돼. 어머니는 어머니고 아들은 아들이라는 것이 언제 이루어져? 어머니 뱃속에서 나올 때, 엄격히 말하면 태가 끊어질 때야. 그때 상호주관성이 나올 것 아냐, 그렇지? 공간에 의해서, 신체에 의해서 어머니는 어머니, 자식은 자식이라고 할 때 상호주관성이 나오지, 한데 붙어 있으면 무슨 상호주관성이란 말을 써. 쓸 필요가 없는 것 아냐? 쓸 필요 없지, 하나지? 연속돼 있지? 연장 extension이야. 그렇지 않으면 어린아이는 어머니 신체 세포 하나밖에 안 되잖아? 그땐 상호주관성이란 말 안 써.

어느 학생 그럼 실증 과학하고 철학은 어떻게 다릅니까?

박홍규 실증 과학보다 더 추상적인 것이 철학이지. 여기서 지금 플라톤이 말하는 철학은 그래. 다른 철학은 그렇지 않아. 지적 능력은 존재자 ontōn, 즉 사물을 그대로 받아들여야만 인식을 하는 거야. 우리가 행동할 적에 관심 interest도 들어가고 기억도 들어가고 해석도 들어가고 여러 가지 것이 들어가. 그러나 해석이니, 기억이니 하는 것들은 인식이라고 하지 않아. 그걸 구별해야 돼. 사물을 볼 적에 지금 여기서 이 순간에 나에게 들어온 것만 인식이라고 해. 여기서 내가 나가지. 과거의 기억도 나가고 해석도 하지. 그러나 그런 것은 인식이라고 하지 않아. 구별해야 돼. 과거에 인식했던 것이 들어가서 설명을 하고, 보충을 해줘. 우리의 대부분의 사고는 그래. 지금 내가 새로 본 것에 과거는 많이 들어가. 그러나 구별해야 돼. 관심과 지적 기능은 달라, 전혀 달라. 관심은 동기motivation적인 것이고, 지적 기능은 동기에서 벗어나야 돼. 외부 사물을 있는 그대로 받아들여야 되니까 관심이 들어가서 망쳐버리면, 즉 자기 동일성을 해치면 인식이 되지 않잖아? 이건 대단히 중요해.

그러면 말이야, 『파이돈』편에는 이렇게 나오지만, 그 다음에는 이제 반성이 나와. 반성이라는 것은 무슨 얘기야? 경험적인 사고에서는 반성이 없어. 경험적인 오관에서 떨어진 우리의 내면적인 세계, 다시 말하면 신체에서 벗어난 내면적인 세계가 있고 그것이 대상화될 때 우리가 반성이라 해. 반성이라는 것은 벌써 어느 일부분에서는 신체에서 벗어났다는 걸 곧 알 수 있지? 그러면 아까도 말한 것처럼 경험을 경험으로서 인정한다고 할 때, 신체가 완전히 경험에서, 이 물리적 세계에서 벗어났다면 형상Idée의 세계, 즉 경험을 벗어난 세계만 보일 텐데, 경험을 경험으로서 인식하는 그 인식 기능은 무엇이냐 하는 문제가 나올 것 아냐? 그렇겠지? 우리가 직접 경험하는 것은 오관을 통해서이지? 그때 우리는 오관을 통해서 경험하는 주체자이지? 주체자가 그 오관으로부터 떨어져서 반성을 해. 그렇게 반성reflex해서 〈이건 상호주관적이다〉, 〈이건 경험이다〉 하는 것을 동시에 인식할 수 있는 데까지 가야 된다는 것은 분명하지? 그런데 그 반성도 물리적 세계에서 완전히 벗어난 영혼이 자기 자신 속에 가지고 있는 지적 기능을 반성해야만 학문적인 반성이 되지, 그렇지 않으면 학문적인 반성이 아니야. 가령 우리의 상상력으로 반성하면 학문적인 것이 아니야. 왜냐하면 학문적인 반성이라고 하는 건 사리에 따라야 되니까. 사리에 따라야 학문적인 반성이 되는 것이지, 그렇지 않으면 학문적인 반성은 될 수 없어. 우리가 수학 문제를 풀 때 수의 공식에 따라 자꾸 반성해 가면서 어떤 문제를 풀어나가. 유클리드 기하학도 그렇고. 그걸 내 맘대로 상상대로 fantastic 하면 안 된다는 말이야. 아까도 말한 바와 같이 신체, 물리적 세계에서 벗어난 영역에서 주어진 형상eidos을 갖고, 인식 내용을 갖고 반성해야 돼. 그래야 내포implication를 가지고, 그것이 들어 있는 사물의 자기 동일성이 확정돼. 이렇게 색깔이니 뭐니 저항을 가질 수 있는 것은 감각적으로 인식이 돼. 그런데 운동이니 시간이니 공간이니 그런 것은 감각적으로 인식되나? 그런 것들이 〈있다〉는 말을 잘 쓰는데, 그런 것이 감각적으로 인식돼? 운동이나 공간도 마찬가지지. 공간은 텅 비어서 무한limitless한데? 한계가 없어. 한계가 딱 나와야 돼. 대상이 나와야지? 그러니까 그런 것은 인식이 안 된다는 얘기야. 감각적인 대상은 우리의 감각적인 오관에 대상Gegenstand으로서 나와야 돼. 그런 것만 인식이 되지, 그렇지 않으면 인식이 되지 않아. 운동 자체니 뭐 그런 것은 다 되질 않아. 그러나 물리적 세계를 벗어난 세계에선 모든 것에 자기 동일성이 주어진다면——이것이 대단히 중요해——, 그것이 어떤 성질이든지 간에 인식의 대상이 된다, 그 말이야. 자기 동일성이 주어진다는 것은 그것 나름대로의 어떠한 성질이 있다는 것이고, 공간이건 무엇이건 자기 동일성이 주어지면 다른 타자와 구별이 되고, 타자 바깥에 있기 마련이야. 그렇지? 타자와 섞이면 자기 동일성이 성립하지 않으니까. 그러면 인식 주관이 그것을 맘대로 할 수 있나, 없나? 맘대로 못해. 인식 주관 속에 들어 있는 것이 아니야. 진정한 인식 주관은 그것을 객관화해서 볼 수 있는 것이야. 그럼 인식 주관 바깥에 있어. 희랍어에서 뭐든지 간에 〈auto(그 자체)〉를 붙이면 항상 밖에 있어. 섞이지 않아. 그걸 자체성이라 그래. 〈itself(그 자체)〉, 그건 밖에서 주어져. 안 섞여. 섞이면 객관인지, 주관인지 모르잖아? 여기까지는 주관이고 여기까지는 객관이라고 분명히 해줘야지? 그리고 그것이야말로 감각 세계보다 더 주관과 객관이 분명해져. 감각은 신체의 오관이지만 내 신체가 물질인 한에서 외부 물질과 연속이 되어 있어. 흐리멍덩한 것이 들어가 있어. 그럼에도 불구하고 그것이 감각에서 인식된다는 것은 주관은 주관이고, 대상은 대상이라는 측면이 나오기 때문이야. 그래서 적극적positive인 감각이 성립하는 거야. 그런데 물리적 세계에서 벗어나면 말이야, 인식론 입장에서 본다면……

어느 학생 자기 동일성이 주어진다고 말씀하셨는데요, 그것이 현상에서 그냥 저절로 주어진다는 겁니까?

박홍규 아니, 자기 동일성이 부여되면.

어느 학생 자기 동일성이 부여된다고 하는 것이 우리가 인식 차원에서 보면, 결국 우리가 그것을 바탕으로 해서 대상화한다……

박홍규 그렇지, 대상화가 될 수 있다는 얘기야. 왜냐하면 A는 A대로 자기 동일성이 있고, B는 B대로, C는 C대로 있다는 것은 A와 B가 안 섞인다는 얘기야. 밖에 있다. 접촉은 할 수 있어. A가 자기 동일성을 갖는다는 것은 주관에 의해서 맘대로 못한다는 얘기야. A가 자기 동일성을 가지고 있다면 B가 A를 맘대로 못해, C도 A를 맘대로 못해, 알아들었지? 주관도 맘대로 못해. 주관이 맘대로 못하는 것이 대상이야. 대상을 〈object〉, 〈Gegenstand〉라고 하지? 〈Gegenstand〉란 것은 저항한다는 얘기야. 저항한다는 것은 무슨 얘기냐? 내가 그걸 변화시키려 하는데 그걸 반대하는 것, 자기 고집을 부리는 것, 자기 동일성을 갖는 것이야. 동일성을 갖고 있기 때문에 〈Gegenstand〉라고 해. 자기 동일성을 가지고 있지 않으면 저항할 필요가 없는 것 아냐, 그렇지? 변화해

버리지? 내가 그걸 파악하려고 하면 변해 버릴 것 아냐? 뉴턴 물리학에서 말하는 것처럼, 저항한다는 것은 그것이 나름대로 내가 미는 힘과는 다른 그 자체의 동일성을 가진 무엇인가가 있다는 것이지. 물리학적인 어떤 동일성이 있기 때문에 저항하는 거야. 그러니까 자기 동일성이 주어지면 그것은 인식이 돼. 대단히 중요해.

그런데 가령 공간은 감각적으로는 인식이 되지 않아. 운동도 그렇고. 그런데 뭐든지 자기 동일성이 주어지면, 자체적인 것 kath' hauto으로서 자기 동일성이 주어지면, 인식의 대상이 된다는 얘기야, 알아들었지? 이것은 대단히 중요해. 왜냐하면 지금 생물학 같은 데서 우리의 내부 세계는 물질 세계와 달라서 사실 전부 해석의 대상이야. 안 보이거든. 가령 DNA 정보 이론에 의해서 단백질이 모두 배열된다고 그래. 그걸 우리가 어떻게 알아? 모르지? 사실 기능은 거기서 주어지지 않는 것 아냐? 우리에게 주어진 것은 감각뿐인데? 그래서 그걸 해석이라 그래. 왜냐하면 어떤 의미에서도 전혀 주어지지 않는 것은 우리가 그것을 해석한다고 하니까.

박홍렬 DNA에서 어느 부분을 말씀하시는 겁니까?

박홍규 정보 이론. 정보 기능이 있다고 하거든.

박홍렬 거기서 뭐가 인식이 안 된다는 겁니까?

박홍규 그 정보 기능. 자네가 지금 인식을 하고 있다, 자네가 듣고 있다, 그걸 내가 어떻게 알아? 감각적으로 아나? 자네가 나한테 대답을 하니까 〈아, 이제 이해했다〉, 허허, 그렇게 아는 거지, 자네가 가만히 있어봐. 자네가 이해하는지 않는지, 어떻게 알아? 모르지? 자네가 나한테 말을 해서 그렇게 대꾸를 하고 대답을 하니까, 〈아, 나는 자네가 그것을 이해했다〉고 감각을 하는 것이 아니라, 그렇게 해석을 내려. 이해했다는 것은 눈에 안 보여.

박홍렬 예를 들어서 정보 기능 중 무엇을 말씀하시는 겁니까?

박홍규 정보 기능 자체. 내가 말하는 것이 그거야. 그 정보 기능이 자네 속에 들어 있어, 지금.

박홍렬 예, 그것은 맞습니다.

박홍규 있지? 그러나 그것은 내 눈에 안 보여. 내 눈에 보이는 건 자네 머리카락 색깔하고 얼굴 색깔, 형태, 그것뿐이야. 뭣이 있어? 자네 마음속에 들어 있는 것이 나한테 뭐가 보여?

박홍렬 DNA의 그 구조가……

박홍규 아니, 글쎄, 그 구조에서 정보 기능만 생각해, 정보 기능. 정보 기능이 있다고 생물학자가 그래. 내가 물어봤어. 당신 어떻게 아냐? 그러니까 그걸 놓고 나가면 생물이 이렇게 쭉 나오고, 개체가 나오고 하는 전 과정이 이렇게 쭉 설명이 된다는 얘기야. 그게 언제든지 되풀이되니까, 〈아, 그렇구나〉하고 실증 과학자가 그렇게 해석을 하는 것이지, 한번만 나오고 다른 땐 다르게 나오면 해석은 틀려. 나중에 그 결과가 되풀이되어야만 돼. 자네에게도 정보 기능이 들어 있는데 나한테는 보이지 않아. 그런데 그런 대꾸를 한다는 것을 통해서만이 내가 자네가 이해했다고 나는 해석을 해. 플라톤에서는 그런 내면적인 세계에 대한 인식, 말하자면 심리학이 발달되지 않았어. 심리학이나 생물학은 나중에 발달해. 언제든지 항상 물리학이 발달한 뒤에 발달해. 늦어, 이건. 그런데 봐. 〈해석이란 것이 무엇이냐?〉고 그렇게 딱 의미를 주고 그것이 동일성을 가질 때에는 인식 내용이 돼. 해석이란 것이 뭐냐는 정의definition을 딱 내리면. 요컨대 동일성에 입각한 정의를 내리면 뭐든지 인식 대상이 돼. 그러한 인식 대상은 어느 차원에서 이루어지느냐 하면 이 물리적 세계에서 이뤄진 것은 아니라는 말이야. 동일성을 부여하는 우리의 영혼 속에서……

강상진 아까 공간이 감각이 안 된다는 말씀에서 지금 여기까지 온 것 같은데, 그럼 공간도 우리가 일정하게 해석을 해서 동일성을 준 겁니까?

박홍규 아냐, 그런 것은 해석이라고 하지 않아. 공간은 물질과 더불어서 주어지지. 해석이란 가령 문자 같은 걸 해석이라 그래. 왜냐? 문자는 도형이거든? 도형인데, 그 속에 들어 있는 의미는 우리 정신 속에 들어 있는 것이거든. 정신을 갖다가 그 속에다 집어넣어 놨거든. 그런데, 그건 우리 눈에 안 보여. 아무리 봐도 문자뿐이지. 인식되는 것은 도형이야. 그래서 그땐 문잘 해석한다고 그래. 공간은 달라. 공간은 사물과 더불어서 주어져. 문자는 도형이고 거기에 의미를 넣기에 달렸어. 넣을 수도 있고 넣지 않을 수도 있고. 직접적으로 주어지지 않는다, 그것뿐이야. 해석은 잘못하면 오리무중이야. 해석은 여간 잘해야지, 그렇지 않으면 안 돼. 유클리드 기하학에서 점은 위치는 있어도 크기는 없으니까 감각되지 않는 거 아냐? 그렇지만 선이 거기서 끝나는 건 분명해. 그렇지? 그러니까 그 끝나는, 말하자면, 허허, 그 한계 limit를 우리가 생각할 수 있거든, 감각적으로. 그래서 그런 것은 해석이라고 하지 않아. 좌우간 어떤 방식으로든지 우리에게 주어지지 않는 것을 해석하는 거야.

심철호 선생님, 칸트의 경우에 그런 것은 우리의 어떤 감성적 형식으로서 있다고 하지 않습니까? 동일성에 대해 아까 말씀하셨는데, 선생님 말씀대로라면 일단 어떤 형태의 동일성이 주어지는데, 칸트 경우에는 대상성이 우리의 어떤 주관적인 형식이 관여했을 때 비로소 성립되는 것이 아닙니까?

박홍규 그때의 대상은 우리 마음속에 있는 대상이야. 그러나 진정한 인식 주관은 그 선천적인 형식 자체를 인식하는 주관이야. 그 자체로서 벌써 대상화될 수 있으니까. 인식 주관은 어떤 의미에서도 대상화되지 않는 것이야. 그래야 진정한 인식 주관이 될 것 아냐? 어떠한 의미에서도 대상화되지 않는 것, 아까도 말했듯이 모든 대상을 다 빼버리고 난 나머지야. 그래야 모든 것이 들어가지. 칸트처럼 선험적인 형식이 들어 있다고 하면 그것에 맞는 것만 들어갈 것 아냐? 현대 수학이니 다른 것, 그 형식에 맞지 않는 것은 모른다는 얘기가 돼. 그렇지? 그러니까 모든 대상화될 수 있는 것은 다 빼버린 나머지가 진정한 인식 주관이야.

심철호 바로 그런 식으로 인식 주관이 동일성을……

박홍규 자기 동일성은 말이야, 뭐든지 붙일 수 있어. 칸트의 선험적 인 것과 같은 것에 국한되지 않아. 어떤 제한이 없어.

박홍렬 다른 질문인데요. 저번에 칸트 수업 시간에 제가 질문했었어 요. 칸트가 말한 인식 주관이 누군지 모르겠는데, 그 주관은 아마 사람 일 것이다. 그런데 어떤 사람이든 저쪽에서 지금 인식하고 있는 것이 내 눈에 뵈는 것 같거든요. 그러니까 어떤 인식 주관이든 그 사람은 사 람이기 때문에 내 앞에 있는 사람 아니겠습니까? 그래서 어떤 인식 주 관이든 다 나에게 대상화가 되고, 저 사람은 나를 대상화시킬 거란 말 입니다. 그렇게 어떠한 대상화도 되지 않는 주관이란 것은 아마 찾을 수가 없을 것이라고 제가 질문을 했거든요. 거기에 대해서 담당 선생님 께서 논리적이라고나 할까, 무슨 답변을 하셨는데 제가 납득을 잘 못했 습니다. 그렇다면 선생님께서 방금 어떤 의미에서도 대상화되지 않는 것이 인식 주관이라고 하셨는데, 그런 게 과연 있는 건지……?

박홍규 그런 것을 인정하는 것은 아까도 말한 것과 같이 하나는 우 리 생명 현상이 그러한 자기 자신을 내적으로 느끼기 때문이고, 그 다 음 또 하나는 인간이나 생물들의 여러 행동을 보고 나서 그런 것을 인 정해야 되겠다고 해석되기 때문이야. 실증 과학적으로 보면 그렇게 돼. 그리고 또 철학적으로는, 선험적으로 운동의 자기 동일성은 무엇이냐, 영혼이 무엇이냐는 그 성격을 이론적, 연역적으로 정의해 봤을 때에도 그런 것이 나와. 그 둘이 들어맞아야 돼. 상식적으로는 내가 그걸 느낀 다고 할 수 있지만, 철학적 차원에서는 운동의 자기 동일성이 무엇이냐를 정의해서 거기서 끄집어내야 돼. 『파이드로스』편의 그 불변의 영혼 psychē akinēton이 대단히 중요해. 이론적인 학문에서는 정의로 나와.

어느 학생 인식 주관이 일단 있다고 하는 말은 어떤 의미에서 연장성 extension이 있다는 얘긴데……

박홍규 연장성? 무슨 연장성?

어느 학생 인식 주관이 어떤 형태로든 있다고 했었거든요. 그러나 그 앞에서 어떤 의미에서 대상화되지 않는다는 말씀은 연장성이 있다는 얘기 아닙니까?

박홍규 연장성이 없지. 내가 언제 연장성이 있다고 했어? 연장성이 빠져나가야 된다고 했지. 물리적 세계에서 빠져나가야 된다고 했지. 넘어선다고 했지.

박홍렬 선생님, 저 강의를 하시고 난 뒤에 나중에 질문 시간을 갖습니까, 아니면 중간에……

박홍규 아니, 강의부터 먼저 해. 그러면 이제 봐. 플라톤 입장이란 게 얼마나 중요한 건지 알아둬. 아까 어디까지 했지? 영혼 자체 psychē kath' hautēn까지 갔지? 그러니까 경험이든 경험적인 것이 아니든 뭐든지 간에 〈자체 auto〉를 붙이면 그것 자체로서 인식이 돼. 거기까지 갔지? 그것이 없으면 가령 플라톤의 책의 내용도 성립이 되지 않아. 읽어보면 말이야, 직접적 경험으로 주어진 것은 얼마 되지 않아. 물리학적인 부분도 그렇지? 자체적인 것이 없으면 기술(記述)도 안 되고, 또 있다, 없다는 말도 못해. 있다, 없다는 것은 자기 동일성을 가지면서 어떤 의미 meaning, 어떤 내용을 가지고 있기 때문에 쓰는 것이지?

어느 학생 그런데 다른 질문이 하나 있는데요. 선생님께서 아까 공간은 물질과 더불어 주어지기 때문에 우리가 감각적으로 확인할 수가 없다고 하더라도 그걸 우리 인식의 대상으로 삼을 수 있다고 말씀하셨는데……

박홍규 자기 동일성을 가지고 있다고.

어느 학생 네, 자기 동일성을 가질 수 있다고 말씀하셨는데, 거기서 말씀하신 공간이란 것이 삼차원의 공간을 얘기하시는 겁니까? 그러니까 고전 역학에서의 삼차원 공간 같은 거요. 예를 들면, 사차원의 세계 같은 것은 우리가 감각을 통해서는 지금 확인해 볼 수가 없지 않습니까. 물질과 더불어 우리에게 주어지는 건 아니잖아요. 그런데, 사유 속에서는 생각할 수가 있고, 학문의 대상으로 삼는단 말이죠. 그래서 그 공간 얘기를 하셨을 때, 해석과 해석이 아닌 것, 해석과 사실을 구별하는 기준이 무엇인지 잘 모르겠습니다. 공간이 해석이 아닌 이유는 물질과 더불어 주어지기 때문이라고 말씀하셨는데 사차원의 세계와 같은 건 물질과 더불어 현재 우리에게 주어지지 않는다면……

박홍규 절대 안 주어지나? 그런데 이런 것이 있어. 지금은 주어지지 않지만 지금 주어진 것과 더불어서, 연속해서 거기에 접근할approach 수 있는 것, 그런 것은 해석이라고 하지 않아. 그건 우리가 인식 대상으로 접근하게끔만 만들면 되니까. 이론적인 차원에서 그런 것은 가령 추리니, 그런 말을 써. 해석은 딱 완전히 단절되어 버린 거야.

어느 학생 그 기준을 명확하게 그을 수가 있습니까? 앞으로의 가능성이 있는 것과 영원히 가능하지 않은 것 사이에 기준을 분명하게 그을 수가 있는지……?

박홍규 이론적으로야 모순적kontradictorisch이 아니면 가능한 것이지.

어느 학생 선생님께서 아까 생물학 예를 많이 드셨는데, 현재 우리가 해석이라고 생각하는……

박홍규 그건 그 근본이 물질적인 운동하고 생물학적인 운동하고는 다르니까 그래. 기본적인 정의가 다르니까. 생물은 자기운동자autokinēton이고, 물질 운동은 플라톤에서는 스스로 움직인다고 하지 않아.

어느 학생 그런데 그 궁극적인 원리에 있어서는 확연하게 구별이 되더라도 그 정도차를 생각해 본다면 생물학에 있어서는 상당 부분까지는 물리적, 화학적인 요소들에 의해 설명이 되고 있잖아요?

박홍규 어떤 부분에서는. 생물을 어떻게 보느냐의 문제야. 생물의 기능이 어느 부분이냐는 거야.

어느 학생 그러니까 그런 부분에 대해서 지금 우리가 판단을 내릴 때, 앞으로 이론이 더 발달……

박홍규 이론이 가능하면, 또 실험을 해보면 앞으로 되겠더라, 하는 것은 해석이라고 하지 않아.

어느 학생 그런 건 해석이라고 하지 않는다고요?

박홍규 응, 그런 것은 해석이라고 하지 않아. 앞으로도 도대체 불가능한 것, 선험적으로 불가능한 것에 대해서만 해석이라고 해. 그러니까 해석은 잘해야 돼. 프로이트는 꿈의 해석이라고 그러지? 꿈이 상징이라는 것이지?

그 다음에, 탈레스부터 플라톤에 이르기까지, 지적 기능이 죽 발달되었다고 했지? 그래서 플라톤이 〈그것이 무엇이냐ti esti?〉를 물은 것, 이것이 대단히 중요해. 왜 무엇이냐를 묻느냐? 지난번 강의는 그 동기적인 입장에서 설명했지. 이번에는 인식론적인 차원에서, 인식 능력의 발달 과정에서 나타나는 〈무엇이냐?〉가 문제야. 이 세상에 여러 가지 것들이 있으니까, 무엇이냐를 물어. 파르메니데스처럼 우주가 일자(一者)일 적에는 무엇이냐를 묻지 않아. 파르메니데스는 존재가 존재로서 가득 차 있다, 모든 것이 같다는 거야. 그러나 플라톤에서는 모든 것이 다 다르니까 무엇이냐를 묻는데, 그때 그런 여러 가지의 구별이 분명해져야만 이 다(多)의 세계가 나타나. 〈무엇이냐?〉의 대답은 뭐야? 정의

definition야, 정의. 그러니까 대상의 세계에서 정의를 넘는 학문 체계는 없어. 그거 알아둬야 돼. 공간에서 볼 때 정의를 넘는 학문 체계는 없어. 그게 대단히 중요해. 정의를 넘는 인식이 있느냐, 없느냐? 대상의 입장에서는 없어. 그러나 가령 베르그송은 정의하는 지성 intelligence이 자기 자신의 생명 그 자체로 다시 돌아와서 하나가 될 때, 전인적으로 움직일 때에는 생명적 기능으로서 넘어선다고 해. 또 이런 감각 기능 밑에 무의식적인 것, 진정한 자유 같은 것이 나와. 직관으로 나갔다가 신비주의mysticism로 나갔다가 해. 그런 기능 자체로 돌아가지 않으면 넘어설 수 없어. 그러나 그것도 대상화시켜 놓으면, 신비주의는 무엇이냐, 직관은 무엇이냐 하는 정의가 나와야 될 것 아냐? 그러면 대상화돼 버려. 대상화되면 또 항상 정의가 나와. 알아들었지? 항상 대상화시켜서 규정하면 정의가 나와. 베르그송은 생명 현상은 정의의 대상이 아니라 경향tendency만 있다고 해. 왜냐하면 정의는 딱딱 끊어야 나오니까. 그러나 경향은 무엇이냐는 것에 대해서 또 정의가 나와야지? 그러니까 이 정의란 것은 학문적 사고에서는 항상 따라다녀. 가장 최고야. 대상화시킬 때에는 이것을 넘어설 수가 없어. 요컨대 대상화시키지 않고 주체적인 기능 자체 속으로 들어갈 때만 다시 넘어설 수 있는 것이지, 대상화할 적에는 항상 정의가 나와. 정의를 따라가. 그러니까 플라톤 철학은 대상화해서 보는 철학이야.

그럼 그 다음에 정의의 대상이 되면 있을 수 있는 모든 것이 서로 동시에 주어질 수 있어. 이게 대단히 중요해. 동시에 주어지니까 이 문장을 쓰지, 동시에 주어지지 않으면 문장 못 쓰지, 그렇지? 문장을 쓰려면 동시에 주어져야 될 것 아냐? 그러면서 그 하나하나가 딱딱 자기 동일성을 갖고 있어야 명확한 기술이 성립해. 그것이 조건이야. 그런데, 가령 여기 책이 하나 있다고 했을 때, 이 속에 들어 있는 지식 내용을 전체로서 취급할 적에 도대체 이것은 어떤 성격을 갖고 있느냐, 다시 말하면 대상화될 수 있는 지식의 일반적인 성격은 무엇이냐 하는 문제가 나와. 왜냐하면 철학은 탁월하게 취급하는 것인데, 탁월하게 취급한다는 것은 일부만 취급하는 것이 아니라 가능한 전부를 취급하는 것이니까. 그런데 전부라 했을 때, 내가 갖고 있는 지식 전부, 저 사람이 가지고 있는 지식 전부, 내용이 다 달라. 저 사람 다르고 이 사람 다르고, 플라톤이 가지고 있는 지식 다르고, 현대인이 가지고 있는 지식 달라. 그러나 그 나름대로 가지고 있는 지식, 대상화될 수 있는 지식의 전체의 성격은 무엇이냐 하는 문제가 나와. 철학이라고 하는 것은 으뜸 되게 탁월하게 사물을 취급하는 거니까, 가능한 한 하나라도 남겨놓지 않고 취급해야 탁월하지, 그렇지 않으면 탁월하다고 말 못하지. 그러니까 탁월함의 극한치는 그때그때 주어진 지식 내용의 전부를 총체적으로 연관지어서 그것이 어떠한 관계에 있는가 하는 것을 따져야 돼. 한 사물이 주어질 때 그것만 취급하면 안 돼. 모든 사물과의 총체적인 연관 하에서 취급해야 탁월해, 알아들었지? 철학의 의미는 그거야.

그런데 플라톤은 『소피스트』 편에서 뭐라고 말하느냐 하면, 없는 것은 대상화되지 않는데. 없는 건 대상화되지 않아. 따라서 대상화된 것의 기본적인 특징은 무가 아니라는 것이야. 또 존재ousia라고도 해. 무가 아니라는 것, 알아들었지? 그러면 이제 왜 무가 아닐까, 그런 문제가 나오지? 『소피스트』 편에서는 무가 아닌 것이 파르메니데스의 일자와는 달라서, 운동도 있고 다(多)도 있고 하니까, 그 속에 정지와 운동과 동일성과 타자성이 있더라고 얘기해. 『소피스트』 편에서는 소피스트는 무엇이냐는 것을 정의하는데, 소피스트를 개인으로 분리해서 보는 것도 아니고, 사회적 존재social being로서 보는 것도 아니고——문제가 거기에 있어——, 역사적인 존재로서 보는 것도 아니고, 그 한계를 모조리 넘어서서 데이터 일반의 성격에서 보려는 거야. 그러니까 철학이지. 만약 사회적 존재로서 본다면 사회학이나 정치학이 되겠지?

그러니까 그걸 넘어서서 데이터 일반이 가지고 있는 성격에서 그것을 규정 지으면, 다른 모든 데이터와 관계 맺어지더라 하는 결론이 나오지. 그런 논의를 하는 것은, 소피스트가 허위를 가지고 사람을 속이는 자라 정의하려고 하기 때문이야. 허위 명제logos는 무엇이냐, 허위는 무엇이냐는 것을 설명하기 위해서야. 허위를 설명하려면, 같은 것과 다른 것이 있어야 돼. 사물과 달리 말해야 허위가 나오니까, 같은 것과 다른 것을 놓아. 또 명제를 설명하려고 플라톤은 동사와 명사가 동시에 있어야 된다고 해. 사실은 희랍어 기준이지? 그래서 아, 대상에는 운동하는 것과 운동하지 않는 것이 있더라는 거야. 명제는 그걸 지시하는 것이니까.[5] 명제도 존재의 일부분이지만, 명제를 설명하기 위해서 그렇게 나온 거야. 『필레보스』 편에서는 모든 존재자는 무한정자 apeiron, 한정자peras, 이성nous, 또 혼합된mixed 것으로 나눠진다고 했어. 가장 중요한 것이 『티마이오스』 편이야. 왜냐하면 물리적 세계 전체를 취급하니까.

방황하는 원인 planōmenē aitia에 대해 전에 얘기했었지? 『티마이오스』 편에서 그 원인aitia이란 것은 우주가 성립하는 이유나 원인이지, 성립하지 않는 이유는 아니야. 이 우주가 어떻게 해서 존재ousia가 될 수 있느냐 하는 원인을 찾는 거야. 찾고 보니까 거기에 방황하는 원인하고 형상idea하고 제작자dēmiourgos가 나오더라는 얘기야. 이 우주에는 물체sōma도 있지만 운동도 있는데, 운동을 하는 한에서 보면 우주가 없어져야 되고, 실지로 없다고 주장한 사람이 있는데, 없다는 것은 동적dynamic으로 보면 모순이 돼. 그런 주장을 한 사람이 바로 제논인데, 그 제논의 반론에서부터 읽어야 돼. 방황하는 원인이 플라톤이

---

5) 명사와 동사로 구성된 명제를 설명하기 위해서, 명사와 동사가 지시하는 운동하지 않는 것과 운동하는 것이 있다고 했다는 것.(편집자 주)

고 베르그송이고 어느 철학, 어느 형이상학이든지 간에 항상 관문이야. 여기서부터 들어가야 돼. 플라톤을 잘못 읽어서 형상 이론idea theory 에서 그를 논하는데, 그건 잘못이야. 그것은 아리스토텔레스가 플라톤 의 형상 이론을 중요시한 뒤부터 나온 것이지. 그러나 철학 그 자체의 입장에서 보면 결국 형상이 아니라, 방황하는 원인이 중심이야. 그런데 방황하는 원인은 그 자체가 원인으로서 불완전하고 방황하기errant 때 문에 그것만 갖고는 존재가 나오지 않아. 그래서 보충하는 원인aitia이 있어야 되겠는데, 그 하나가 형상이고 하나는 제작자라는 얘기야……(테이프 교체)……이건 존재론의 기본이 되니까. 요컨대 방황하는 원인 갖고는 존재가 안 나오더라. 존재가 나오려면 먼저 딱 끊어져야 되겠더 라. 또 거기서 존재, 있다는 것이 나와야 하는데, 있다는 것은 변화 속 에서는 나오지 않으나, 변화 속에서 나올 때는 자기 동일성을 가지고 나오더라. 방황하는 원인 속에서 어떤 동일성이 나올 때에는 어떤 관 계, 어떤 사태가 이루어지느냐? 연속성이니까 A에서 B에 도달되지 않 는 측면이 있고 또 그것만 있으면 안 되니까 연속되는 측면이 있더라. 되는 측면은 시간이고, 안 되는 측면은 우리가 공간이라고 하더라. 공 간의 성립은 형상이라고 하더라. 시간의 측면에서 동일성을 인식하는 것은 제작자라고 하더라. 딱 나와. 그러니까 존재가 성립하는 원인을 가지고서 사물에 대한 우리의 지식의 전체를 설명을 해줘야만 철학이 돼. 한 사물을 총체적인 관점에서 본다는 것은 무슨 뜻이냐 하면, 모든 사물을 성립시키고 있는 원인에 그것을 환원시켜야만 그것이 다른 모 든 사물과 관계를 맺게 돼. 알아들었지? 이게 대단히 중요하대. 전체를 이루고 있는 그 사물을, 그것을 구성하고 있는 원인에다가 환원시켜야 만 전체와의 연관성이 주어지더라. 알아들었지? 그러니까 존재론이라 고 하지. 철학이란 것은 아까도 말한 바와 같이 전체, 가능한 한 전체 를 파악해야 되겠다는 거야.

그러면 이제 그 전체가 어디서 성립하느냐가 문제야. 그리고 그 전체의 연관성에 환원시킨다면 그 원인에 의해서 전체가 어떻게 기본적으로 분류classify되느냐? 이런 기본적인 문제가 들어 있어. 『티마이오스』편은 기본적typical인 것이니까 형이상학 하는 사람, 철학하는 사람은 꼭 읽어둬야 돼. 전체라는 것은 다(多)가 있는데 그것이 하나로 통일될 때를 말해. 그렇지? 하나가 나와야 돼. 요컨대. 하나의 통일자가 나오지 않으면 전체가 나오지 않아. 그러면 존재를 구성하고 있는 것이 세 개이고, 셋이 합쳐야 동일성identity이 나오는데, 어떻게 해서 셋이 합쳐서 하나가 될 수 있느냐 하는 문제가 나와. 그래야 될 것 아냐? 그래야 전체가 나오지. 대단히 어려워. 어려운 첫 번째 이유는 그것이 원인과 결과인데, 완전히 하나가 되면 원인과 결과라는 관계는 사라진다는 것이야. 사라져야지? 그러면 원인은 결과 속에 들어가 있느냐, 밖에 있느냐 하는 문제가 나오지. 그러니까 플라톤에서, 『티마이오스』편 해석이 둘 있어. 하나는 원인이 결과 밖에 있다는 거야. 형상이나 제작자는 우주 밖에 있어, 원인은. 그런데 원인은 그것이 합쳐서 결과를 이뤄야 원인이지, 따로따로 떨어져 있으면 원인이 될 수 없어. 그런 어려운 문제가 생겨.

그러니까 아까도 말한 바와 같이 우리의 지적 능력은, 능력이기 때문에, 전지전능은 없어. 항상 난문aporia이 따르기 마련이야. 그래서 객관적으로 검증을 해서 물리적 세계에 연속되어 닿을 수 있는 것만 우리가 현실적으로 옳다고 인정을 해야 돼. 알아들었지? 연속이 되지 않는 것은 소용이 없다는 말이야. 내가 누누이 말한 것같이, 객관적이라는 것은 이 물리적 세계에 연속이 되어서 닿아야 해. 내가 아까 사회철학하고 사회사상은 다르다고 했어. 사회철학이나 사회학은 객관적으로 연속이 되어야 해. 검증이 되어야 돼. 요새는 검증이라고 하지. 사회사상은 연속이 되지 않아도 상관없어. 그건 자기 사상이니까. 자기 사상이니까 우리가 간섭 못해. 그러니까 연속된 것만 우리가 진리라고 해야 되는데, 이론상으로 결과는 원인하고 같으면서도 다르지 않느냐 하는 문제가 생겨. 연속이 되면 결과와 원인은 하나가 되어 없어지거나, 그렇지 않으면 결과와 원인이 따로따로 놀아서 원인이라고 할 수 없어. 그런 어려운 문제가 생겨.

　방황하는 원인은 공통적인 것이고, 거기에 보충적인, 말하자면, 정의 definition에 가까운 것이 형상과 제작자인데, 형상을 중심으로 해서 이 우주 전체가 나올 수 있느냐? 그래서 기본적인 분류 classify가 되느냐? 형상이란 것은 전부 다 무제한하게 분석 analyse을 해서 쭉 나눈 거야. 무제한하게 가. 그러니까 전체란 것이 나올 수가 없어. 그래서 플라톤은 『티마이오스』편에서 완전한 우주가 있고 그것을 모방해서 만들었다고 해. 완전한 우주가 있어서 모방했다는 얘기는 형상 가지고는 전체가 나오지 않는다는 얘기야. 그것이 분류하는 원칙이 안 되더라는 얘기야. 완전한 우주가 미리 있어야 돼. 알아들었지?

　또 공간적으로는, 전체가 나오려면 닫힌 체계 closed system가 나와야 돼. 아리스토텔레스 강의할 때 얘기했지? 전체가 나오려면 공간적으로도 닫힌 체계가 나오고, 시간적으로도 처음과 끝이 있어야 돼. 플라톤은 이것을 충족시켜야 되겠거든? 세 개의 원인이 다 합쳐야겠거든? 두 개의 원인이 합쳐서 방황하는 원인의 세계를 지배해서 하나가 나와야 돼. 그것을 살아 있는 동물과 같은 우주라 그래. 〈pan〉이란 말을 써, 전체라고. 궁여지책이지. 그럼 그것만 남느냐 하면 그게 아니라 그렇지 않은 세계가 또 나와. 나올 수밖에 없어. 왜냐하면 한정된 세계 갖고 방황하는 원인을 전부 다 포섭하지 못하니까. 방황하는 원인의 입장에서 본다면 전체란 건 없어, 나오지 않아. 대단히 중요한 점이야. 그 다음에 운동 이론에서 본다면 이 우주란 것은 전부 다 연결되어 버려, 알아들었지? 형상에서 보면 우주가 전부 다 분산되고. 분석되면

analysed 다 쪼개져. 운동 이론에서 본다면 우주란 것은 전부 다 하나가 돼. 하나의 운동 원인으로 가. 그러니까 우주의 운동 원인은 하나야. 제작자는 하나야, 형상은 많지만. 그렇게 보면 이 우주의 통일된 하나를 기술(記述)할 수가 있어. 하나를 설명할 수 있어. 그렇게 한 이가 베르그송이지. 아리스토텔레스는 전에 말한 것처럼 공간적인 차원에서 전체를 찾으려고 하니까 입체(sōma, body)가 나오고. 플라톤은 이 양자를 다 충족시키려고 하는데, 우리가 보면 충족이 되지 않지. 형상하고 제작자는 완전히 달라. 다른 것이 어떻게 해서 하나가 될 수 있느냐 말이야. 어떻게 전체가 될 수 있느냐, 하나여야 할 텐데, 그 어려운 문제를 풀 수가 없어. 형상 갖고는 이 우주의 근본적인 분류가 안 돼. 운동 이론을 갖고 하면 생물과 무생물이 나와. 그게 베르그송 이론이야. 그건 『파이드로스』편에 나오는 불멸성 athanaton의 범주야. 생물과 무생물이 딱 나와 버려. 시간에서는 플라톤도 베르그송도 시초를 딱 놓았어. 그렇지 않으면 곤란하니까. 그러나 미래는 한정이 없어. 왜냐? 시간에서도 완전한 전체가 나오려면, 시간이란 건 동적dynamic인 것이고, 동적인 것은 끊어지면 안 되니까 끝을 놓지 않았어.

그리고 또 하나의 문제가 있어. 데이터의 일반적인 성격은 없는 것이 아니라는 거야. 없는 것은 대상이 되지 않아. 있는 것만 대상이 되지. 이렇게 있다고 하는데 그 있다는 성격이 무엇이며, 그 원인이 무엇이냐 하는 것이 존재론의 기본적인 문제야. 그 원인의 결합에 의해서 있다는 것이 기본적으로 분류classify되거든, 알아들었지? 그런데 그 다음에 구체적인 내용, 가령 생물과 무생물이 갈라지고, 한국 사람이냐 아니냐, 또 색깔이냐, 나무냐 같은 것은 말하자면 형상idea에서 오는 질quality이야. 그런데 그런 것들은 전부 우연적이야. 요컨대 형상이 그 자체라는 것, 가령 색깔에서 흰 것이 흰 것 자체라는 것은 설명이 되지 않는다는 얘기야. 어디 다른 근거나 설명이 없어. 우리가 그것을 그것대로 인정할 수밖에 없다는 얘기야. 그러한 내용은 일반론에서 도출되지 않아. 그러니까 구체적으로 경험적으로 주어진 사고의 질, 가령 왜 흰 것이 흰 것이냐는 것에 대한 설명은 없어. 그래서 우연적이라고 해. 그러니까 우연적으로 주어진 것과 데이터 일반의 차원에서 성립하는 것, 데이터 일반으로부터 분류된 것을 구별해야 돼. 그래서 이 우연적으로 주어진 내용을 데이터 일반을 분류하는 원칙에다가 환원시켜서 결합시켜야만 구체적인 현실이 나와. 알아들었지? 이건 광주에서 하지 않은 얘기야.[6] 이 우주의 내용 중에 생물이냐 무생물이냐는 것은 끄집어낼 수 있지만 질은 전부 우연적이야. 그러니까 이론적으로 설명하기가 곤란해. 우연적인 것하고, 다시 말하면, 그때그때 성립하는 질하고, 데이터 전체를 지배하는, 데이터 일반을 성격 지우고 그것을 성립시키는 원인에 의해서 그 데이터가 구별되는 일반론하고는 다르다는 것을 알아둬야 돼. 내가 사람이라면 내가 왜 이런 사람이냐, 저 사람은 왜 다르냐 하는 것은 근본에 가면 설명이 안 돼.

우리가 아까도 말한 것과 같이 철학이란 것은 탁월한 지식인데, 탁월하다는 것은 정도차가 있어. 그런데 어떤 것이 탁월한 지식이냐 하면 요컨대 그것이 연속적으로 우리의 실증 과학에 탁월하게 일치하는 것이어야만 돼. 그래야 탁월한 형이상학이 돼. 탁월하게 검증될 수 있는 것, 탁월하게 실증 과학과 합치해야만 탁월한 철학이 되지, 검증될 수 없는 것은 플라톤에 의하면 억견doxa이야. 허구적fictive인 것이야. 탁월한 철학은 될 수 없어. 이론으로도 어느 정도는 판단할 수 있지. 가령 아리스토텔레스 이론이 왜 망했냐? 내가 요전에 아리스토텔레스 강의한 이유가 그거야. 아리스토텔레스에서는 개체가 중심인데, 그 개체가 성립하느냐? 이론적으로 성립하지 않더라는 얘기야. 사실 내가 거

---

6) 박홍규, 『형이상학 강의 1』, 「광주 강연」, 163쪽 이하 참조.

기다 역점을 뒀던 거야. 형상 가지고는 이 우주의 기본적인 질서가 분류되지 않아. 이것은 플라톤 공부하는 사람에게는 확실히 중요해. 왜냐? 과거의 플라톤 공부하던 사람은 맨날 형상 idea만 논의해. 가장 중요한 것이 거기에 있는 것이 아닌데. 가장 중요한 것이 거기에 있는 것이 아니라, 플라톤이 〈그것이 무엇이냐 ti esti?〉를 물은 데에서부터 학문의 길이 어떻게 해서 가장 탁월한 방식으로 나갈 수 있느냐 하는 길을 모색하는 데에 있어. 이 세상에 완전한 철학은 없고, 어느 철학이든지 간에 문제가 있어. 베르그송 같은 철학은 생물과 무생물을 설명하는데에는 참 좋은데, 그렇게 하면 공간의 자립성이 없어져. 실제 실증 과학하고 실질적으로 이론상 차이가 없어. 무생물만이 형상이 있을 수 있다는 것은 베르그송 이론이 옳아. 왜냐하면 그것은 정지해 있으니까, 운동하지 않으니까. 만약에 완전한 철학이 있다면 하나의 철학만 있을 것 아냐? 그러니까 우리가 정의 definition할 때부터 어떻게 정의할 것이냐, 이것 자체가 문제거든. 그래서 그것을 가정 hypothesis이라고 하는 거야. 완전한 정의가 나오면 사람들이 이 우주를 다 알게? 곤란하지? 그러니까, 플라톤 존재론의 기본적 성격은 전체 pan를 찾으려는 것인데, 전체라는 것이 다 극한적인 일부분에서만 성립하더라는 거야.

그리고 전체가 주어지면 무엇이 주어지느냐 하면 고유명사가 주어져. 아리스토텔레스에서 내가 얘기했었지? 닫힌 체계가 나오면 고유명사가 나와. 고유명사도 우리가 생각하는 것처럼 일회적인 것인데, 모든 의미에서 일회적인 것은 되풀이되지 않으니까 학문의 대상이 되지 않아. 알아들었지? 우리가 보통 고유명사라 하는 것도 절대로 완전한 고유명사는 아냐. 소크라테스라 해도 몇 십 년을 살았는데? 소크라테스가 해마다 되풀이되잖아? 해마다 되풀이된다는 얘기는 공통적이라는 얘기야. 어떤 기준을 세워서 소크라테스가 고유명사라고 하는 거야. 언제 어느 날 어디서 난 사람은 이 사람 하나뿐이다, 아버지 누구에서 난 사람, 그 사람을 소크라테스라 하자고 해서 정한 거야. 완전히 일회적인 것은 없어. 또 그것을 가지고 소크라테스라 하는 것이 아니야. 고유한 이름을 붙이는 것은 항상 순간순간 달라지는 거야. 장소에 따라 달라지고 내용에 따라 달라져. 얼굴색이 파랄 때도 있고, 건강이 좋을 때도 있고 나쁠 때도 있는 것이지, 똑같은 소크라테스가 어디 있어? 상대적인 것이지. 우리가 보통 고유명사라 하는 것은 따지고 보면 전부 다 상대적이야. 구체적인 세계에서 진정한 고유명사가 나오는데 그건 우리 학문의 대상이 되지 않아. 희랍에서 철학이 어떤 것인가? 이런 철학도 있고 저런 철학도 있더라 하는 것 알아두고, 철학 그 자체의 형식으로 봐서는 요컨대 플라톤이 중심이야, 기초야. 플라톤을 넘어서야 돼. 플라톤을 자연히 많이 하게 되는 이유는 거기에 있어.

그리고 또 하나 광주에서 강의할 적에 사람들이 의아해한 게 이거야. 허구적fictive인 것 뒤에는 실재적real인 것, 사상(事象, pragma)이 있더라는 얘기 했었지? 우리가 눈으로 볼 때에는 반드시 대상이 있어. 또 행동, 기술도 항상 대상이 있어야 돼. 그걸 희랍어로 〈pragma〉라고 해. 그런데 〈pragma〉는 〈res(사물)〉라고 번역하는데, 〈onoma(이름)〉하고 대립되고, 또 〈praxis(행동, 실천)〉라는 의미도 있어. 〈praxis〉는 〈logos(말)〉와 대립이 되는데, 또 이 〈말〉에 대립되는 가장 중요한 것이 〈ergon(일, 행위)〉이야. 〈ergon〉도 〈pragma〉, 〈praxis〉하고 같아. 〈ergon〉은 〈deed(행위)〉나 〈Wirklichkeit(현실성)〉나 〈Tatsache(사상)〉 등을 뜻하는데, 요컨대 말과 대립돼. 내가 누누이 얘기하지만 신앙은 허구적인 것이어서 말뿐이야. 그래서 〈logos〉와 〈ergon〉의 대립이 희랍 철학의 출발점이야. 그렇기 때문에 아리스토텔레스에서 논리학은 학문에 들어가지 않아. 그런데 내가 그때 이 〈ergon〉이 영어에 〈act(행동)〉, 〈activity(능동성)〉, 〈actuality(현실성)〉로 나온다고 그랬지? 그래서 이 세상은 뭐든지 우리 인간의 행동이 만들어낸 것 아니냐고 설명하는 사람이 있어. 그런 뜻이 아니야. 그것이 아니라 과연 저 사람이 정직하냐 아니냐는 것은 실제로 그 사람이 행동하는 것을 봐야 된다는 뜻이야. 말만 가지고는 모른다는 뜻이야. 그런데 나중에 아리스토텔레스에 가면 〈energeia(현실성)〉란 말이 나와. 동사 〈ergō(하다)〉[7]가 있고 명사 〈ergon〉이 있고, 아리스토텔레스에 가면 〈energeia〉가 나오는데 그것도 〈actuality(현실성)〉로 번역해. 그런데 그때에는 〈potentiality(가능성)〉하고 대립돼. 즉 아리스토텔레스에 가면 그것이 분화돼.

아리스토텔레스에서 그것이 분화된 이유는 다(多)로서 성립할 수 있는 것은 그것 혼자 성립하지 않고 다의 도움을 받아야 하기 때문이야. 그것을 가능케 하는 다, 즉 다른 조건이 있어야만 성립하기 때문이야. 그것을 가능케 하는 것이 있어야 하고, 〈energeia〉라고 하는 것은 그것을 가능케 하는 조건이 모조리 완성되어서 그 사물의 형상이 드러날 때를 말해. 그 전에는 〈potentia〉라고 해. 그 말은 다로서 구성되어 있는 것은 아무렇게나 구성되는 것이 아니라는 뜻이야. 가령 연필이 있다면 연필은 희고 단단하고 등등의 성격이 있어. 그것을 분석해 보면 화학적으로든 물리적으로든 일정한 성격이 나올 거야. 그런데 물을 구성하는 요소를 가지고는 연필을 못 만든다는 얘기야, 간단히 얘기하면. 연필은 나무로 만들지, 아무것이나 가지고는 만들 수 없다는 거야. 또 나무에 나무를 해치는 요소가 들어가면 나무가 될 수 없어. 사람도 독약을 먹으면 죽지. 그러니까 다가 구성될 때에는 상호 보완되는 다른 타자가 있어야만 성립하지, 상반된 것, 그걸 해치는 것이 있으면 안 된다는 얘기야. 연필을 분석해 보면 연필이라는 형상은 언제든지 같지만, 색깔은 변할 수 있어. 이 변할 수 있는 것이 조건이야. 한도가 있으니까. 그런

---

7) 〈ergon〉과 같은 어원을 가지면서 일반적으로 사용되는 동사는 〈ergzomai(일하다)〉이며, 〈ergō〉 동사는 실제로는 사용되지 않고 다만 〈erdo(하다)〉 동사의 활용 기본형의 역할만 한다.

데 그것은 질료matter에서 나오는 측면이야. 가능하게 해줘야 연필이 나와. 그래서 가능적인 것과 실제로 나온 것ergon이 나와. 그때도 객관적인 것이 가능적인 것과 현실적인 것energeia으로 나누어져. 둘로 나눠져. 그러니까 허구적이 아닌 것이 가능적인 것과 현실적인 것 둘로 나눠져. 중세기에 가면 보편 논쟁이 있지? 보편적universal인 것에 대해 실재론realism이냐 개념론conceptualism이냐 유명론nominalism 이냐? 유명론은 보편적인 것이 우리 말 속에만 있다는 것이고, 개념론은 개념으로서만 있다는 것이고, 실재론은 개념concept 밖에 실재적 real으로 존재한다는 것이고. 유명론이나 개념론의 입장에서 보면, 실재론은 허구적인 것이라는 뜻이야. 개념을 스콜라 철학에서는 〈intentio(지향)〉라고 해. 지향적 존재intentional being하고 실재적 존재real being는 구별돼. 실재reality는 허구적인 것에서 출발해서, 허구적이 아닌 걸 실재적이라 그래. 그러니까 가령 플라톤에서 형상은 실재적이고, 감각적인 세계는 실재적이지 않다는 얘기는, 형상을 인식하는 입장에서 하는 얘기야, 알아들었지? 감각적인 세계에 대해선 감각적인 대상이 실재적이야. 형상을 인식하는 입장에서 보면 감각적인 세계는 실재적인 것 이외에 다른 것이, 가상이 들어 있고, 그래서 허구적이라는 얘긴데, 실증주의자나 경험론자는 그 반대지. 그건 형상이 허구적이고 경험적인 대상이 실재적이라 생각하기 때문이야. 요컨대 실재적이라는 것은 희랍에서는 우선 허구적인 것이 아니다, 내 주관적인 것이 아니다, 억견doxa이 아니라는 것이야. 그것을 알아둬. 오늘은 이만하지. 질문 있으면 질문해. 자네 녹음하고 있나? 지금 거 돌아가?

강상진 예. 돌아갑니다.

박홍규 『티마이오스』편의 존재론은 『티마이오스』편을 읽고 난 사람이 이해하지, 그렇지 않으면 모를 거야. 요는 이렇게만 외어둬. 데이터 전체를 성격 지우는 것은 무엇이냐는 것을 찾고, 그것을 성립시키는 원인은 무엇이냐를 찾아서 그 원인에 의해서 데이터가 전체적, 일반적, 근본적으로 어떻게 분류classify되느냐를 탐구해야 돼. 그것이 존재론이야. 그게 기본 문제야. 그래서 구체적인 사물을 거기에다 환원시켜서 보는 것이 모든 사물이 관계를 맺게끔 하는 요인이 돼. 그걸 분명히 해 둬. 그렇지 않으면 전체와의 관계가 차단돼.

심철호   선생님, 안다는 말이 〈본다〉에서 나왔는데 〈epistēmē(인식)〉란 말은 그렇지 않죠?

박홍규   〈epistēmē〉는 그렇지 않아.

심철호   그러면 〈epistēmē〉는 무슨 뜻입니까?

박홍규   본래 〈epistamai〉에 부정법infinitive을 붙이면 뭐뭐 할 능력이 있다는 뜻이야. 불어의 〈savoir(알다)〉에 동사를 붙이는 것과 같아. 그러니까 〈epistēmē〉는 동사로 쓸 때하고 명사로 쓸 때하고는 사실 의미가 달라. 왜냐하면 〈epistamai logizesthai〉라 하면 논리적으로 사고할 수 있다. 그런 능력이 있다는 얘기야. 그런데 명사 〈epistēmē〉는 그런 뜻이 아니야. 플라톤이 〈epistēmē〉라 할 때는 대상화된 인식, 감각적인 대상에 대한 인식이라는 뜻이야. 처음에 〈epistēmē〉라는 말은 기본적으로 〈sophia(지혜)〉하고 똑같았어. 실천적, 기술적인 앎이야.

심철호   어원적으로 분석하면 〈epi(위)〉하고 〈histēmi(서 있다)〉로 분석됩니까?

박홍규   응. 그런데 그건 별로 의미가 없어. 위에 서 있다는 말이 되니까. 호메로스에서의 본래 의미는 그거야. 〈위에 서 있다〉에서 〈어떤 것을 할 능력이 있다〉, 〈처리할 능력이 있다〉로 된 것 같아. 사물을 실천적으로 구체적으로 처리할 능력이 있는 것을 〈epistamai〉라고 해. 기원전 4~5세기에는 〈epistēmē〉, 〈technē(기술)〉, 〈sophia〉는 같은 말이었어. 그런데 아까 말한 것같이, 나중에 지적인 부분만 자꾸 추상화돼.

그래서 〈epistēmē〉는 추상적인 이론적 지식이라는 데까지 간 거야. 그러니까 본래 〈epistamai〉라는 동사는 어떤 것을 할 능력이 있다는 거야. 그러면 이제 봐. 『필레보스』 편에 보면 이성 nous이 쾌락 hēdonē에다가 사려 깊음 phrōnesis을 집어넣어서 〈존재로의 생성 genesis eis ousian〉과 같은 중간치를 만든다고 되어 있지? 그래서 비존재 mē on니하는 것들을 통제 control하잖아? 그 능력도 사실은 〈epistamai〉가 되어야 될 것 아냐, 그렇지? 그런데 그럴 땐 〈epistamai〉란 말을 쓰지 않는단 말이야. 〈epistēmē〉가 이미 대상화되어 버렸으니까. 사실 플라톤에서는 심리적 기능 psychic function에 대한 연구 research가 적어. 베르그송에선 심리적 기능은 연구 대상이야. 우리가 본다면, 지금 나온 그 사려 깊음 phrōnesis을 가지고 쾌락을 통제해야 될 거 아냐? 통제한다면 무엇이 쾌락이고 무엇이 고통이냐를 알아야 될 것 아냐? 그렇지? 그런데 그럴 땐 〈epistēmē〉라는 말을 쓰지 않더라는 얘기야. 그러나 플라톤을 떠나서 희랍어로 〈epistamai〉라고 동사로 쓸 때는 어떤 동사든 붙일 수가 있는데, 그때는 생명의 가장 기본적인 능력까지 올라가. 논리적으로 사고하는 logizesthai 능력까지도 인정을 하니까. 그 차이가 있어. 그때 그 말의 용법, 플라톤의 용법의 한계를 우리가 이렇게……. (테이프 교체)

박홍렬 플라톤 이야기 중에 감각을 떠나야 된다, 그 다음에 신체적인 것을 떠난다, 추상화한다는 걸로 설명해 주셨는데요, 가령 감각을 떠나서는 지성에 있는 것은 없다, 감각 이외의 다른 인식 활동은 없다고 주장하는 사람들이 있어요. 혹시 플라톤에는 그런 측면이 없나요?

박홍규 경험론?

박홍렬 감각론이요.

박홍규 감각론. 플라톤은 그런 것 안 만들어. 다 인정하니까.

박희영 『테아이테토스』에도 그렇고, 그 다음 단계로 더 올라가야 되니까…….

박홍규 다 올라가. 대상화될 수 있는 것은 다 생각하려고 해.

박희영 감각을 아예 없앤 것으로 생각하는데…….

박홍규 없앤 것으로 생각하는데 그건 잘못이야. 다만 다르다는 얘기야. 또 그것만 갖고는 인식이 자꾸 문제가 생기더라는 얘기야. 이런 측면도 있고 저런 측면도 있지 않느냐? 그러면 그 양자가 다른데 어떻게 연결되느냐? 매우 어려운 문제지. 대상으로서의 성격이 그래. 가지적 intelligible인 물질하고, 이미지로서의 물질하고, 감각적인 대상, 촉각의 대상으로서의 물질하고 어떻게 다르냐? 의문이야.

박희영 아까 말씀이 끊어질까 봐 묻지 못했는데, 염수균 군이 질문할 때, 희랍 신화에서 희랍의 신이 허무에서 존재자를 만들어낸다고 말씀하셨는데…….

박홍규 아니야, 희랍이 아니라 기독교에서.

박희영 그 다음에 아까 능력dynamis이 결정론과 대립된다고 했을 때…….

박홍규 결정론은 길이 하나밖에 없고 꼭 가야 할 수밖에 없어. 능력은 결정되지 않았을 때야. 우리 인간은 예정표를 세울 뿐이지, 결정된 것은 아니잖아? 선택이 있잖아?

박희영 예, 그러니까 신학적 차원에서의 결정론 말고요, 과학의 가령 소립자 이론 같은 데에서 어떤 것을 연구해서 미래의 물질 운동을 추측해 보려고 할 때, 완전 결정된 것도 아니고 또 불확정하지만요, 자연 과학의 세계나 물질적 세계를 인간이, 베르그송을 빌리면, 지성으로 잘라서 대상화시켜서 그 관점에서 볼 때…….

박홍규 서로 일치해야. 그러니까 물질에도 여러 가지 물질이 있지.

박희영 그래서 그런 차원에서 어느 정도 앞으로 갈 거라는 것을 추측하는 정도로만 결정론을 규정을 내린다면, 능력은…….

박홍규 그건 결정론이 아니지. 그것은 개연성probability이나, 확률론이라고 하지. 결정론은 가령 철학에서는 헤겔 같은 거지.

박희영 그것만 결정론이라고 해야 합니까? 창조적 진화에 보면, 과학적인 입장은……

박홍규 오늘은 전체가 철학적 차원에서 얘기하는 거니까. 고전 물리학도 결정론이라고 하지. 가정hypothesis 자체가 결정론적으로 되어 있어. 그런 가정이 성립하느냐, 어떻게 성립하느냐는 것은 또 문제야. 그러니까 그런 차원에서만 물질을 본다는 얘기겠지? 그렇게 해석해야지, 그게 전부 다는 아니잖아.

박희영 그러니까 『창조적 진화』에 나타난 결정성dérmination은 아니죠?

박홍규 거기서는 비결정성indétermination이라고 하지. 비결정론이란 게 그 기본적인 생각idea이 플라톤에 기초를 두고 있어. 능력dynamis은 비결정성을 가져야 돼. 그렇지 않으면 능력이라고 하지 않아.

박희영 예, 그건 그런데, 베르그송이 쓰고 있는 결정론이라는 의미는 철학 일반의 결정론을 말하는 것은 아니죠?

박홍규 철학 일반에서는, 플라톤 같으면 가령 형상은 공간에서 딱 정의되어 버리잖아? 어떻게 다르게 될 수가 없지. 형상과 형상의 관계, 기관organ이면 기관이라고 하는 그 일정한 관계는 딱 결정되어 버리지. 그러니까 베르그송은 그걸 결정론이라고 하지. 그런 것이 먼저 있다는 거야. 운동이 들어가면 결정론이 파괴돼.

박홍렬 우리가 플라톤을 공부할 때 가장 애매하다, 잘 모르겠다 싶은 것이 형상의 세계가 어디에 있는가 하는 의문인데, 선생님께서 아까 내면적인 세계, 신체에서 벗어난 세계가 대상화될 때에는 반성이라고 한다고 하셨는데……

박홍규 그러니까 봐. 심리적 기능psychic function이 언제부터 발달했느냐? 현대 생물학이 나오고 거기에 기초한 심리학이 발달된 뒤부터 인식 기능이 제대로 연구돼. 그 전에 칸트나 헤겔은 전부 다 플라톤, 아리스토텔레스의 차원이야. 경험론도 그렇고. 인식 기능은 무의식에 서부터 시작해. 아메바를 현미경으로 봐. 그것도 막 다녀. 신경 계통이 나와야만, 감각 기구가 나와야만, 대상화가 돼. 아메바는 감각 기구가 없거든, 눈도 없고. 허허. 개미나 벼룩도 눈이 있냐고 내가 물어본 적이 있는데, 벼룩이 눈이 있나? 있지. 아메바 같은 것은 눈이 없어. 그런데도 현미경으로 보면 물건을 그렇게 잘 찾아다닐 수가 없어. 장애물을 비껴가고, 찾아다니고 하는 것이 우리가 하늘에서 비행기를 타고 사람을 보면 꼭 그 모양일 거야. 허허. 그러니까 앎이 대상화되는 것은 신경계통이 발달해서 감각 기구가 생기고 그것이 전문화될 적에 이루어지는 것이야, 똑 떨어져서. 그러나 가령 세포도 다 알고 있잖아? 가령 자꾸 주사를 하면 미생물에도 면역성이 생겨. 면역성이라는 것이 다 기억이 있고 아니까 생기지, 물질 현상에는 그런 것이 생기지 않아. 나올 수가 없어. 알아들었지? 약에 대해서 어떤 저항을 한다, 적응 방식을 찾으려고 한다는 것이 당장 우리 눈에는 안 보여, 절대로 안 보여. 아무리 현미경을 갖다놓고도 보이지 않으니까 해석이라고 해. 실증 과학은 해석이라고 하지 않아. 왜냐하면 그렇게 해서 들어맞으니까. 지금 생물학이나 물리학은 구별이 없어. 요컨대 경험적으로 주어진 데이터는 다 감각적인 것만 갖고 하는 것이니까, 들어맞으니까. 들어맞지 않으면 아마 해석한다고 할 거야. 들어맞지 않는 경우가 많으면. 그러나 들어맞아. 그런데, 무의식의 세계에서도 안다는 것은 성립해. 어린아이가 막 나와서 어머니의 젖을 빨아. 그걸 누가 가르쳐줬나? 안 가르쳐줬지. 이런 현상을 이해하려면 베르그송을 읽어야 돼. 본능에 의한 것이야. 제비는 날아가는데 누가 가르쳐서 경험에 의해서 날아가는 것은 아니야. 본능에 의해서 날아가. 여기서 태어난 제비도 겨울이 되면 남쪽으로 가. 누가 가라고 해서 가는 것이 아니야. 경험에 의해서 가는 것도 아니야. 그게 본능이야. 식물도 다 알아. 인식 기구가 없는데도. 요새 DNA, RNA 분자 생물학에서도 정보 이론을 놓는데, 그 이론이 파스퇴르에서부터 시작한 것 아냐, 미생물학이란 게? 아리스토텔레스에서는 무생물에서 생물이 나온다는 이론이 있었어. 그런데 생물에서만 생물이 나온다는 것은 아리스토텔레스에서 플라톤으로 간다는 얘기야. 생물에서 생물 아닌 것은 나오지 않아. 그래서 유전이 나오고. 무생물에서 생물이 나오면 유전이 필요 없잖아. 기계적으로 맘대로 고칠 수 있잖아. 그런데 유전이라는 것이 있거든? 생물에서 생물이 나오니까 유전이란 것이 있고, 이런 법칙이 딱 있고, 그것에 의해서 생물의 자기동일성이 성립해. 똑같은 것이 되풀이해. 당장 나와. 그게 어디로 가느냐? 플라톤 이론으로 간다는 말이야. 플라톤은 그 당시에 생물학이 발달하지 않았으니까 순전히 이론적으로만 따져놓았어. 그것이 실증과학에서 그렇게 확인되었다는 얘기야. 현재 실증 과학과 연결된 것만 맞아.

그리고 자네 얘기하듯이 플라톤의 형상이 어디에 있냐? 현재 생물학에서 대상화되는 것은 우리 감각, 신체와 관계 맺을 수 있는 것이야. 또 거기에 상상phantasy 같은 것만 감각되지 형상 같은 것은 현재 생물학에서는 대상화되지 않는단 말이야. 그런 것도 무의식 속에서 이뤄져. 그런데 플라톤은 그런 것이 대상화된다고 생각했어. 알아들었지? 현대 생물학과 달라. 현대 심리학하고도 달라. 그러면 어디에 있느냐 할 때, 그 〈어디〉라는 말 자체가 물리적 세계에서 쓰는 말이야. 그런 것에 대해 물리적 세계에서 사용하는 공간은 성립하지 않아. 현대 심리학을 갖고 얘기하면, 무의식 속에서 이뤄지니까 그 이상의 세계에서의 존재existentia는 그것 자체로서는 우리에게 주어지지 않아. 벌써 주어진다는 것은 우리 감각을 통해서만 주어져. 그런 것은 공간적으로, 객관적으로 나와. 요컨대, 그 문제는 공간의 연속성의 문제야. 유클리드 기하학적 공간이 성립하느냐 아니냐에 따라서 유클리드 기하학의 성립 여부가 판가름 나. 알아들었지? 쉽게 말하면 그래. 유클리드 기하학은 유클리드 기하학적 공간이 객관적으로 성립하느냐 아니냐의 문제고, 고전 물리학은 고전 물리학적 공간이 성립하느냐 아니냐의 문제로 돌아가. 그런데, 그런 가정 hypothesis을 세워서, 공간은 연속되어 있으니까, 그런 공간이 이 물리적 physical인 경험적 세계에 연속되어야 하고, 연속되면 반드시 그것이 검증될 것 아냐? 검증이 되면 그것은 객관적으로 성립한다. 그 말이야. 아까 내가 한 말이 그거야. 검증이라는 것은 연속됐다는 얘기야, 간단히 얘기하면. 또 분석이라는 것도 연속됐다는 얘기야. 알아들었지? 내 마음속에 있는 것은 원칙적으로 분석이라 하지 않아. 왜? 내 사고 내용이니까. 분석이라는 것은 한 사물의 동일성 identity을 유지하는 한에 있어서 그것과 더불어 지니고 있는 요인의 내용을 비물리적 세계에서 찾아보는 것이야. 희랍의 분석 analysis이라는 것은 그런 거야. 내 마음속에만 성립한다면, 분석이라고 하지 않아. 내가 누누이 말한 것같이, 그런 건 검증할 필요가 없어. 내 마음속에 있느냐 없느냐, 그것뿐이야. 그것으로 끝나. 객관성이란 그런 거야. 그래서 가정이라고 하는 거야. 객관성이라는 것은 객관적인 이 물리적 세계에 연속이 되어 있으면 성립하고, 연속이 되어 있지 않으면 성립하지 않아. 그런데 물리적 세계와 우리 마음속은 달라. 우리 마음속에서 성립하는 인식 공간은 물리적 세계가 아니야. 달라, 종류가 달라.

박홍렬 마음속이라는 것이 물리적 세계하고 다르다면 그것은 없는 것 아닙니까? 그런 것은 생각할 필요도 없는 것 아니겠습니까?

박희영 있다는 차원이 여러 가지 있어요.

박홍렬 물론 그렇겠지만 물리적 세계에 있지 않는 것은 보이지도 않을 것이고, 생각할 필요도 없겠죠.

박희영 보이지 않는 것은 있지 않는가?

박홍규 그런 사상도 있어. 그런데, 실제 여기에 있는 물리학 책을 봐. 그럼 공간도 나오고 여러 가지 나오는데, 그것이 순전히 경험적인 것, 구체적으로 그때그때 경험적으로 주어진 것으로만 이루어졌어? 아니잖아?

박홍렬 저는 이 앞에 막대기가 두 개 있든, 손가락이 두 개 있든, 숫자가 2라고 있든, 거기에 정말로 2라는 것이 있는 것이지, 그게 혹시 물리적 세계 아닌 곳에 있다고 한다면 그건 잘못인 것 같다는 말입니다. 그러니까 2라는 것도 물리적 세계에 있고, 2의 형상도 물리적 세계에 있는 것이지……

박홍규 물리적 세계는 다르다니까. 물리적 세계에 있으면 자꾸 변해야 될 것 아냐? 운동해야 될 것 아냐? 물리적 세계에서는 사실 항상 다른 사물과 연결되어 있어. 항상 운동이 들어가. 변하는 것하고 연결되어 있어. 떨어져 있지 않아. 고전 물리학은 그 운동 이론 자체가 특수한 형태야.

염수균 고대 철학을 처음 할 때부터 갖는 의문인데……

박홍렬 그런데 그 원칙은 정확하게 지켜줘야지, 그게 만일 2라는 형상이 현실에 없다면 그건 우리가 논의할 필요도 없는 거고, 2라는 게 정말 현실에 있다고 생각하고 그걸 찾으려 해야지……

염수균 아냐, 아냐.

박홍규 가만있어. 자네 있다는 말을 어떻게 증명해? 아니, 있다는 말이 무슨 뜻이야?

박홍렬 있다는 것은 우선 우리가 눈으로 본다든지……

박홍규 눈에 보인다는 것이 어째서 있다는 것이야? 어떻게 같아?

박홍렬 선생님, 간단히 이렇게 생각하시면 될 겁니다. 제가 주장하려고 하는 것은 대개 우리가 있다고 얘기할 때는 눈으로 보인다든지……

박홍규   보인다는 것하고 있다는 것은 다르지.

박홍렬   예. 제가 한번 설명해 보겠습니다. 아주 간단한 이야긴데요. 여기 이 큰 막대기 옆에다 작은 막대기 하나 그려놓고 큰 막대기 두 개를 더 그린다면 이 세 개는 크기가 비슷하고 가운데 조그마한 게 하나 있거든요. 그런데 여기에 가위표, 공표, 가위표, 가위표 그려놓고, 그다음에 플러스, 마이너스, 플러스, 플러스를 그려요. 좌우간 여기에는 색깔이니 잉크 같은 물질적으로 보이는 것도 있지마는 공통된 게 하나 있지 않습니까? 물질적으로 있는 건 아니지만 좌우간 있지 않습니까? 이 세 개와 가운데 것 하나는 좌우간 다른 것 아닙니까? 이것을 계속해 나가면……

박홍규   그러니까, 자네, 경험론만 주장하면 보고만 있지 뭣 땜에 남한테 얘기를 해. 자네가 벌써 남한테 얘기를 하는 건 경험이 아니야. 그것을 넘어서. 자네가 말하는 것이 이 물리적 장 physical field을 넘어서 내 귀에 들어와야 돼. 그래서 내가 이해를 해야 돼. 자네 말대로라면 자넨 경험만 하고 있으면 돼. 보고만 있으면 돼. 그 외에는 할 필요가 없어. 뭣 땜에 자꾸 얘기를 해? 자네가 쓰는 말, 가령 '여기'란 말은 자네가 이해하는 것과 내가 이해하는 것이 같아야 돼.

박홍렬   예, 맞습니다.

박홍규   같아야지? 그런데 자네도 나도 물리적 세계에 있지? 이 물리적 세계를 넘어서야만, 있다는 공통적인 것이 나와. 그래야 내가 이해하지. 자네는 어떻게 이해해?

박홍렬   아, 언어를 말씀하시는 겁니까?

박홍규   언어 속에 들어 있는 의미 내용. 언어 그 자체는 어디까지나 물리적 성격을 갖는 것이고.

박홍렬   그러니까 언어를 언어와 언어 안에 있는 뭔가로……

박홍규   의미 내용이라고 하지.

박홍렬 예. 의미라는 것도 저는 이렇게 생각하고 싶습니다.

박홍규 의미 내용이 어디서 나와? 자네 말이 의미가 있으려면 그 대상에 있는 내용하고 같아야 될 것 아냐? 같지 않으면 나한테 거짓말한 것이 되지.

박희영 그러니까 지금 그게 하루아침에 되는 게 아니고요, 물리적 차원, 경험적 차원, 논리적 차원, 형이상학적 차원까지의 여러 종류의 〈있다〉를 이야기하려면…….

박홍규 여러 가지의 공간이 있어. 공간이라는 것은 이렇게 정도차가 있어.

박홍렬 논리적 공간이라는 얘길 자주 듣는데 그게 만일…….

박홍규 사실 논리적이란 말은 쓰지 않는 것이 좋아. 추상적 공간이란 말을 써. 왜냐하면 운동에서 벗어난다는 얘기니까. 연장성에서 벗어나. 공간에서는 물체 sōma가 있어. 교차 cross하면 물체로 되어버려.

박홍렬 제 의문은 항상 그 물리적 세계에서 벗어난 것을 우리가 도대체 논의할 필요가 있는가 하는 것입니다.

박홍규 그럼 말도 할 필요가 없어. 항상 보고만 있고, 귀로만 들어. 자네가 물리적 세계에만 있으면 말이야 남의 말을 들어도 그 뜻을 이해 못해. 다만 소리만, 소음만 왔다 갔다 해, 자네 귀에서. 알아들었나? 속에 들어 있는 의미는, 의미는 이해가 안 되고 소음만 자네 귀에 왔다 갔다 해. (일동 웃음)

박희영 진짜 너무 하신다!

박홍규 알아들었지? 유클리드 기하학은 물리적 세계에 있지 않아. 그러나 공간이 객관적이라는 말은 그것이 물리적 세계에 연속되었다고 가정할 때 검증이 되더라는 거야. 그걸 이용할 적에 실지로 물리적 세계가 설명되더라는 얘기야. 그렇다면 모두 객관성이 있는 것이잖아. 연속이 되어 있다는 얘기야. 내 주관적인 것은 검증할 필요가 없어. 왜냐하면 내가 그 사상을 갖고 있으면 그만이야. 그것으로 끝나.

박희영 선생님, 아까 형상은 어디에 있냐고 할 때, 플라톤은 의식 속에 있다고…….

박홍규 내가 언제 의식 속에 있다고 했어?

박희영 현대 생물학은 무의식 속에서 이뤄진다고…….

박홍규 아, 대상 속에, 자연 physis 속에 있다고 했어. 플라톤은 항상 대상화해서 보거든. 그래서 대상 속에서 대상화될 수 있다고 하고, 현대 생물학에서는 무의식 속에 들어 있다고 하는데, 다만 주의할 것은 무의식 속에 들어 있는 우리의 지적 능력이 아무렇게나 이뤄지는 것이 아니고 일정한 공간의 법칙에 의해서 이루어져. 알아들었지? 그러면 플라톤 사상이 되살아나, 다른 의미에서.

박희영 그런데 현대 생물학에서 무의식에서 이루어진다고 한 사람이 누굽니까?

박홍규 현대 생물학자들 중에 그것이 대상화된다는 사람은 없어. 베르그송도 그렇고. 무의식 속에서 이뤄지지, 있어도 대상화되지 않아.

박희영 그럼 프로이트도 그렇다고 할 수 있어요?

박홍규 프로이트 심리학은 그런 지능 심리학이 아니니까.

박희영 딴 문맥이겠죠.

박홍규 딴 문맥이야.

박홍렬 선생님 논리적 공간이라고 말하지 않는 것이 좋고, 추상적 공간이라 하는 것이 좋다는 말씀은 무슨 뜻이죠?

박홍규 논리학이 학문의 기초라고 하는 사람들이 있잖아, 주관주의나, 응? 그 사람들은 논리를 중요시하는데, 사실 고대 철학에서는 논리적이란 말을 쓰지 않아. 물리학에서 논리적 공간이라 하나, 않지? 않는단 말이야. 왜냐하면 물리학은 객관적인 데이터를 써야 되니까.

박희영 컴퓨터에서는 모르겠는데요.

박홍규 컴퓨터에서는 모르지만, 물리학에서는 객관적인 공간을 논의하니까 논리적 공간이라는 말은 쓰지 않잖아, 쓰지 않아야 될 것 아냐? 논리라는 것은 말에서 성립하는 것이니까, 사실 쓸 수 없는 것이지.

강상진 선생님, 물리적 공간하고 추상적인 공간하고 관계가 어떻게 됩니까?

박홍규 물리적인 세계는 반드시 운동이 있고 물질과 같은 물체 sōma나 육체나 연장성이 있어야 돼. 물리적 공간은 재야지? 추상적인 공간은 그거 다 빠져버려.

강상진 그런데 물리적 공간에 관해 현대의 기하학사가 보여주는 바에 따르면, 비유클리드 기하학이 나오면서 기하학적 공리들이 그런 식으로 빼버리는 것에 의해서 성립하는 것이라기보다는 다른 방식으로 주어지기 때문에 서로 다른 공리 체계가 나오는 것이 아닌가……

박홍규 유클리드 기하학은 유클리드 기하학적 공간에서만 성립하는데, 현대 물리학이 나오면서 그런 고전 물리학 공간만으로는 안 되거든. 그러니까 공간 개념이 달라져야지.

강상진 전통적인 공간 개념이……

박홍규 그렇지. 달라져야지. 달라지면 유클리드 기하학이 아니라 비유클리드 기하학이 나올 거야. 가령 비유클리드 기하학적 공간에다 놓으면 직선이 원이 된다고 하잖아? 그걸 받치고 있는 공간이 달라.

강상진 그러니까 공리에 대해 이전에 갖고 있는 생각들의 변화라는 것은 그 이전에 공리에 대한 생각이 물리적 공간에 관해서 참인 것이라고 생각하다가, 그 이후에는 공리라는 것이 물리적 세계에 대해서 참이다 거짓이다를 말하는 것이 아니라 물리적 세계를 보는 우리의 경험을 조직해 주는 조직의 틀이라는 거죠. 그래서 국부적인 우리의 경험에 있어서는 유클리드 기하학이 타당하게 유용성을 갖고, 우주적 공간에 대한 경험에 있어서는 리만 기하학이 갖고 있는 정리의 틀이 타당하다…….

박홍규 들어맞지 않으니까, 그 공간 개념 갖고는 들어맞지 않으니까 그래.

강상진 그런데 그렇게 되면 국부적인 차원에서도 리만 기하학이 맞아야 되지 않습니까?

박홍규 아니, 그러니까 공간에는 여러 가지 차원이 있다 그 말이야. 그리고 리만 기하학도 하나의 정형 Typus이지. 실제 있는 구체적인 사물의 공간이란 게 꼭 리만 기하학만 갖고 설명되나? 그렇진 않거든. 나중에 안 되면, 또 나오고, 더 많이 나올 거야. 튀어 나왔다, 들어갔다, 별의별 것이 다 있을 거야. 거기에 접근approach를 해야만 구체적인 데이터에 가까이 가니까, 유클리드 기하학에서 자꾸 운동이 들어가고, 공간이 구부러지고 하는 것이지. 구체적인 공간이 그런 것이 아니니까 그래.

강상진 실제로 리만 기하학을 하는 사람들은 구체적인 공간에 대해서는 전혀 언급 않고, 형식적formal인 입장에서만 다루고 있고…….

박홍규 글쎄, 형식적이라면 그것도 유클리드 기하학보다는 더 현실에 가깝지만, 그것도 완전한 현실에 오면 다를 것이라는 말이야. 우리가 철학적으로 분리할 수 있는 것은 그래. 그것도 하나의 패러다임이지. 그 문제는 어려워.

강상진 선생님, 패러다임이라고 얘길하시면 그 이전에 선생님께서 물리적 공간과 추상적 공간을 말씀하셨을 때 하셨던 말씀과 다른 것 아닙니까?

박홍규 그것이 어려운 문제인 것이, 패러다임으로서 동일성을 부여하는 공간은 뭣이냐 하는 문제가 나와. 우리는 그것과 유클리드 기하학을 동시에 놓고 비교해서 보는 것 아냐? 그 공간은 어떤 공간이냐 하는 문제가 나와.

강상진 요컨대 현대 수학자들이 구체적인 공간에 대한 언급을 하지 않더라도, 그것이 하나의 패러다임으로서의 위치를 갖고 있다고 받아들이고……

박홍규 그래야 학문이 나오지. 자꾸 불규칙적irregular인 것을 찾으면 학문이 되나? 자꾸 반복repeat해야지. 반복하지 않으면 무슨 학문이 나와? 반복이라는 것이 뭐야? 동일성을 갖는다는 얘기지.

박희영 시간 차원에서.

박홍규 시간 차원에서도 자꾸 반복해야만 그것이 학문이 되지, 그렇지 않으면 학문이 되나? 아까 말한 것이 그거야. 고유명사라 해도 진정한 고유명사는 학문의 대상이 안 돼. 고유명사는 오늘도 쓰고 내일도 쓰고 늘 쓰는데? 소크라테스라 해도 그렇지? 소크라테스라는 하나의 전형이 나와야 돼. 그래야 될 것 아냐? 그래야 오늘도 소크라테스고 내일도 소크라테스라 하지. 오늘 소크라테스가 내일은 전혀 다르다, 키도 다르고, 생각도 다르고, 모두 다르다면 누가 소크라테스라고 해? 전체 속에, 총체적인 연관 속에 그런 모든 것을 봐야지. 반복해. 전체가 없어져. 그리고 또 개방돼. 그래서 반복해. 그래야 일반자, 특수자가 나오지.

(1988. 12. 11.)

플라톤과 허무주의 극복

박홍규 파르메니데스가 존재와 무를 동일한 차원에다 놓고 이야기한 것이 있어. 존재와 무는 존재하는 한에서 같다고 해. 파르메니데스가 존재와 무를 이야기하고 있는데, 말할 때 벌써 존재와 무가 있지 않느냐, 말의 대상, 사고의 대상으로서 존재와 무를 생각하고 있지 않느냐는 얘기야. 그러나 그것은 차원이 달라. 소크라테스도 어디가 틀렸느냐? 아무것도 모른다는 것과 그래서 현명하다는 것은 동일한 차원에서 있지 않아. 그것을 동일한 차원으로 놓으면 모순이 돼. 그래서 그 사람이 모순되는 거야. 알아들었지? 설명하려는 내용에 대해 진짜 아무것도 모른다면, 설명한다는 말을 하지 않아야 돼. 설명한다는 것과 아무것도 모른다는 것은 차원이 달라. 그걸 동일한 차원에 놓고 행동하니까 자기 모순에 빠지는 거야. 그러니까 요는 소크라테스가 아까도 말한 바와 같이 모순을 실천에 옮겼다는 데에 문제가 있어. 그 사람의 철학자로서의 의미는 거기에 있어.

그리고 또 하나가 우리가 존재 문제를 해결할 때에 우리가 존재라는 말을 쓰거나 사고하거나 무엇을 하든 간에, 아리스토텔레스의 존재를 다룰 때 이야기한 것인데…… (누군가 들어옴) 테이프 돌아가니까 빨리 이리 와. (일동 웃음) 벌써 강의 시작했어.

내가 왜 멜리소스하고 파르메니데스를 이야기했냐 하면, 우리가 이론적으로 혹은 개념적conceptual으로, 즉 정의definition에 의해서 따지는데, 그때 존재를 어떻게 따지냐 하면 존재를 정적static인 상태에서 파악하느냐, 동적dynamic인 상태에서 파악하느냐 그 두 개의 어느 하나를 갖고 따진다는 거야. 이건 알아두어야 해. 곧 뒤에서 설명해. 막연히 우리말로 존재라고 하면 이것은 애매해. 희랍어에서는 〈einai(있다, 이다)〉, 〈on(있는 것, 있음)〉, 〈esti(그것은 있다)〉, 〈ousia(존재)〉 다 달라. 그러나 그걸 대별해 보면 명사로서 표시될 수 있는 것과 동사로서 표시될 수 있는 것이 딱 구별돼. 희랍어에서 이것은 분명해. 그런데 우리말에서 존재라고 부를 때는 동사인지 명사인지 잘 몰라. 그러니까 우리가 여기서 허무주의nihilism를 논할 때에는 이것을 주의해야 돼. 우리가 허무라는 말을 쓰지만 그것을 정적인 상태에서 파악하는 것이냐, 아니면 동적인 상태에서 파악하는 것이냐를 딱 얘기하고서 허무주의를 논해야 돼. 존재론ontology을 논할 때도 그렇고. 아무것도 없다는 것은 정적인 것이야. 있다는 것은 명사로 취급된 존재에 대해서 대립된 것이고, 동적으로 무를 취급할 때에는 그냥 무라고 하지 않고 우리말로는 부정이니, 더 나아가서 모순이란 말을 써. 알아들었지? 그러니까 모순으로서 파악할 것이냐, 정적인 측면에서 허무로서 파악할 것이냐 이것을 구별해 놓고 허무주의를 취급해야 한다는 말이야. 이걸 분명히 해야 돼.

그런데 소크라테스는 어떤 사람이야? 실제로 행동을 하는 사람, 모순을 실천한 사람이야. 그런데 아까 무슨 말을 했냐 하면, 플라톤 같은 사람들은 고르기아스의 허무주의나 소크라테스의 모순을 해결하려고 하는데, 동일률과 모순율을 갖고——주로 동일률이고, 모순율은 거기에 관계된 것만 갖고 —— 설명하려고 하더라는 거야. 그것은 모순을 회피하려는 것이지, 모순의 해결은 아니야.

그런데 그것은 내가 그 전에 한 이야기이고, 소크라테스의 대화록을 읽어보니까, 그렇게 파악해서는 안 되겠더라는 얘기야. 모순은 어디로 가느냐 하면, 아무것도 없다는 데로 가. 그러니까 우리는 여기서 먼저 아무것도 없다는 그 정적인 허무주의를 플라톤이 어떻게 극복했느냐는 것부터 생각해야 돼. 그럼 플라톤이 아무것도 없다는 그 고르기아스의 허무주의를 어떻게 극복했어? 플라톤을 어떻게 읽느냐의 문제야. 플라톤 철학에 들어가는 데 가장 긴요한 데가 바로 이 대목이야. 어떻게 했어? 플라톤이 고르기아스처럼 어떤 이론을 놓고 그것을 이론적으로 따지고 그랬나? 그런 사람인가? 그런 사람이 아니지. 그러면 어떻게 했어? (일동 침묵)

그런 허무주의자가 실제로 이렇게 있더라, 그 기술description부터 시작해. 실제로 있다는 그 기술로부터 출발해. 그 말은 무슨 얘기냐? 아무것도 없으면 기술이 나오지 않을 것이 아냐? 그러니까 기술 자체가 바로 고르기아스에 대한 반박이 돼. 파르메니데스는 존재가 있다 하고 그것에 대해 사고도 하고 그것을 글로 썼는 데 반해, 고르기아스는 존재란 없는 것이고 파악도 안 될 뿐만 아니라 말도 못한다고 했는데, 바로 그렇게 말하는 고르기아스가 이렇게 있지 않느냐, 그 말이야. 고르기아스가 있는 한, 허무주의를 말하는 고르기아스가 있는 한, 고르기아스의 허무주의 이론 그 자체가 논파된다는 말이야. 알아들었지? 가장 중요한 대목이야, 이게. 다시 말하면 모순은 무엇이든지 허무로 돌아가지만, 그러나 실제로 그렇게 말하고 그렇게 행동하는 사람이 〈있다〉, 〈지금 있다〉는 이야기야. 플라톤의 대화록을 가만히 읽어봐. 내가 저 사람하고 대화를 한다, 어디에 있고, 어디서 온 사람이 있더라, 어느 마을이 있더라는 거야. 이것이 지금 사실로서 〈있다〉는 거야. 그런 사상이 들어 있어. 이 사상은 무엇이야? 예전의 〈historia(역사)〉의 사상이야. 신화는 허구적fictive인 것을 가지고 얘기해. 그러나 역사는 허구적인 것이 아니라 실제 있는 것, 목격한 것을 그려야 돼. 플라톤은 거기서부터 출발해.

실제 있는 것을 갖고 취급한다는 것은 무슨 이야기냐? 그것으로써 벌써 고르기아스의 아무것도 없다는 사상이 반박된다는 이야기야. 왜냐하면 허구적인 것은 아무것도 없는 것을 갖고 이야기하는 것이니까. 아무것도 없는 것을 갖고 이야기하니까 자꾸 틀리는 것이지. 그러니까 플라톤은 〈역사〉 사상이란 말이야. 플라톤 철학을 어디서부터 읽을 것이냐? 이렇게 기술한다는 것에서부터 출발해. 그럼으로써 그 당시에 실제로 생생real하게 살아 있던 플라톤 철학 그 자체를 우리가 기술하는 거야. 언제나 이 점을 유념해야 돼. 플라톤은 논리적 공간logical space에서 이렇다 저렇다 얘기하는 사람이 아니라, 실제로 이런 사실이 있다는 그 기술에서부터 시작해. 플라톤 철학은 거기서부터 들어가. 플라톤을 읽는다는 것은 거기서부터 출발한다는 것을 의미해. 그리고 거기서 끝나. 나중에 『티마이오스』편을 보면 거기서 끝나. 실제 있는 이 아테네 세계가 어떻게 해서 나왔는가를 이론적, 역사적, 우주론적으로 설명해 줘. 실제 있는 것이 없다고 하면 그것은 허구적인 것이야. 그러니까 고르기아스의 허무주의를 일단 둘로 나누어서 생각해야 하는데, 하나는 정적static인 상태에서 아무것도 없다는 사상이고 그것은 벌써 기술에 의해서 반박되더라, 이 얘기야.

그러면 이제 어려운 문제가 나와. 기술을 했는데 그것이 실제로 있는 대로 기술이 되었느냐 되지 않았느냐는 무엇으로 보장하느냐 하는 문제가 나와. 그렇지? 어려운 문제지? 이것은 인식론에서 객관적인 세계가 어떻게 있느냐 하는 바로 그 문제로 돌아가. 그렇지? 안 그래? 허구적fictive인 것과 그렇지 않은 것, 실재적real인 것이 있는데, 실재적인 것을 우리가 어떻게 인식했느냐, 그 말이야. 이것을 모르면 기술했다 해도 실재가 아니고 허구적인 것인지도 몰라. 자기가 기술한 것이 사실대로 기술됐다는 것을 무엇으로 증명하느냔 말이야. 이것이 플라톤 철학에서 우리가 캐내야 하는 문제야. 플라톤의 구절을 읽고서. 이것은 이제 직접적인 인식론의 문제로 들어가. 그러면 직접적인 인식론이 있는 『테아이테토스』 편을 봐. 그곳에 인식론이 씌어 있어. 거기에 뭐라고 씌어 있냐 하면 인식의 주체자가 세 가지 상태로 있대. 하나는 건강한 사람이고, 하나는 병든 사람이고, 하나는 잘못된 사람이래. 가령 희다는 성격을 건강한 사람이 보면 흰 것으로 봐. 병든 사람은 설탕 같은 것도 달게 안 느끼고 쓰든가 뭐 다르게 느낀대. 그 논리에 의하면 건강한 사람들은 다 똑같이 달다고 느껴야 할 텐데, 몸이 약하기 때문에 달게 느끼지 않는다는 말이야. 또 하나는 잘못 듣는다, 잘못 본다는 경우야. 가령 귀가 어디 망가졌다든지, 눈이 어디 뭐 망가졌다든지 하면 잘못 듣든지 잘못 봐. 이 경우에는 인식이 안 돼. 인식했느냐 아니냐는 재인해 봐야 알아. 그것이 증명이야. 재인을 해야만 그것을 인식했다는 증명이 돼. 그런데 개는 색맹이잖아? 색맹은 검은 것 흰 것밖에 안 보이잖아? 그러면 사람에게 빨갛게 보이는 것이 실제로는 흰 것인데 사람이 사실 병들어서 빨갛게 보이는 것인지 어떻게 알아? 어떻게 증명하느냔 말이야. 개는 다 희거나 검다고 하는데, 사람은 왜 빨간 것을 빨간 것으로 보고 색맹이 아니냐는 말이야. 색맹이라는 것은 우리 인간을 기준해서 색맹이지. 그렇지? 색맹이란 인간을 기준으로 해서 의미가 있어.

그러면 이제 인식은 무엇이 하느냐가 문제야. 건강한 사람의 인식은 무엇이냐는 것을 따져야 돼. 영혼이 해. 산파술이란 게 뭐냐 하면 영혼의 기능이야. 『테아이테토스』 편에서 하는 얘기가 인식은 인식한다고 해서 외부 대상에 대해 영향을 끼치지는 않는다는 거야. 그러면서도 그 내용이 우리에게 들어와서 그대로 있다가 다시 외부로 그 대상을 찾아가서 일치해. 그동안 하나도 안 변해. 변해 버리면 인식이라고 하지 않아. 변해 버리면 재인이 되지 않으니까. 그것은 물질 현상과 달라. 물질 현상과 거꾸로 가. 물질 현상은 연결이 되면 반드시 어떤 영향을 받게 마련이야. 그러니까 인식의 대상은 내가 인식하나 안 하나 언제나 같은 것으로 있어야 돼. 그러니까 〈on〉이란 말, 존재라는 말을 써.

그런데 인식의 주체자는 어떠냐? 인식의 주체자에 대해서는 기억이란 말을 쓰는데, 기억이란 뭐냐? 외부 대상이 나에게 인식되어서 그 대상으로부터 감각적으로 들어온 것이 그대로 동일성identity을 가지고 보존이 돼야만 기억이라고 해. 다른 것은 기억이라고 하지 않아. 그리고 그때 그 기억의 주체자는 외부에서 뭔가 들어왔다고 해서 영향을 받는 것이 아냐. 영향을 받으면 인식의 주체자라고 하지 않아. 왜냐하면 인식의 주체자가 외부 대상과 관계 맺을 때마다 변해 버리면 빨간 것을 빨간 것으로 보다가도 나중에는 빨간 것으로 안 보여. 왜냐하면 인식의 주체자가 다른 것을 보고 나면 아까 것은 또 다른 것으로 변해 버리니까. 그런 것은 물질 현상이라고 해. 그러니까 인식은 물질 현상에서 벗어났다는 얘기야, 알아들었지? 물질 현상과 거꾸로 가. 물질은 죽은 것이야. 『파이드로스』 편을 보면 영혼을 자발성이라고 해서 능동성이라 그래. 외부와 연결이 닿으면 그 외부로부터 수동적으로 영향을 받는 것이 물질 현상의 특징이야. 인식의 주체성은 외부에 대해서 영향을 받지 않아. 주체성은 아무리 인식을 해도 가만히 있어. 변해 버리면 주체성이라고 하지 않아.

그렇다면 인식의 주체성이라는 것이 무엇이냐? 그것은 내용이 없는 것, 백지tabula rasa야. 만약 내용이 있다고 해보자, 그러면 다시 그것을 인식하는 주체자는 무엇이냐 하는 문제가 나와. 그러니까 내용이 없어. 내용이 없어야 그대로 보지. 아리스토텔레스는 그것을 무감동

apatheia이라고 해. 무감동이라는 것은 인식의 주체자가 그 자신 속에 어떠한 규정도 가지고 있지 않다는 말이야. 그래야 모든 것을 다 인식할 수 있어. 물질 현상처럼 변해 버리면 볼 때마다 사물이 달라져. 그런데 사람의 경우 동물들과도 달라서 말이라는 것을 써. 똑같은 말을 하지. 사람은 감각을 벗어나서, 감각에서 오는 내용——내용은 외부에서 오니까——에서 벗어나서, 점점 추리 dianoia나 직관 noein으로 간다는 것은 무슨 뜻이냐? 감각에서 벗어나는 끝에 가서는 인식의 주체자는 아무 내용이 없어. 그래서 제작자 dēmiourgos는 형상 idea을 보고 세상을 만들었다는 거야. 요컨대 대상은 밖에 있어. 주체성 자신은 내용이 아무것도 없으니까.

그런데 그런 기능이 감각에서 벗어난 상태에서만 있는 것이 아니라 감각에도 그 나름대로 있다, 그 말이야. 그렇지 않으면 감각을 인식이라고 하지 않아, 물질 현상이라고 하지. 감각 나름으로 그런 성격이 있어. 그렇지 않고 감각에 들어와서 변해 버린다면 감각을 인식 기능이라고 할 수 없어, 물질 현상이지. 병들었다는 말은 간단히 이야기하면 영혼의 능력이 제대로 발휘되지 못하고 물질 현상에 의해 교란된 상태를 말하는 거야. 또 건강하다는 것은 요컨대 영혼이 물질을 완전 perfect하게 자기 통제 속에 집어넣었다는 얘기야. 누가 병이 들어서 심해지면 귀도 어두워지고 잘 못 들잖아. 읽어보면 플라톤은 주관주의가 아니라는 것을 알 수 있어. 주의해야 돼.

그러면 이제 봐. 감각하는 그 인식 기능의 속의, 속의, 속에는 순수 pure하게 어떤 것에 의해서도 영향을 받지 않는 주체성이 있는데 그때 파악되는 것이 형상 eidos이야, 사유물 noēton이야. 거기서는 사물의 순수한 자기 동일성 identity이 나와. 감각 세계 속에서는 그것이 운동과 더불어 나타나. 운동은 생성과 소멸을 가지고 와. 그러니까 운동이 빠졌다는 것은 생성과 소멸이 빠진 것이기 때문에 거기서 파악되는 것은 하나도 무로 돌아갈 수 없다는 거야. 그래서 형상을 표현해서 ⟨ontōs on(참된 존재, 존재적인 존재)⟩이라 그래. 그 말은 또 감각의 대상은 ⟨pheromenon on(움직이는 존재)⟩이라는 것을 뜻해. 움직일 수도 있는 것이라는 말이야. 감각의 대상인 한에서 존재이고, 존재만이 인식 기능의 대상이고, 인식 기능 자체는 그런 외부 영향에 의해서 변하지 않는 자기 동일적identical인 기능을 가지고 있고, 그런 자기 동일적인 것, 변하지 않는 것이 바로 존재자entity야. 수동적인 것이 빠진 거니까.

그러면 형상이 존재적인 존재자라는 것은 무슨 얘기냐? 그것은 단순히 거기서 사물의 본질이 명료clear하게 드러났다는 얘기가 아니라, 형상은 그 자체로서 모든 생성과 소멸로부터 벗어났다는 얘기야. 다시 말해서 그런 것이 감각의 대상인 운동 세계에서도 부분적으로 나타나 있더라는 거야. ⟨symmetechein(함께 가지다)⟩이란 말을 써. 참여해 있더라. 그러니까 형상eidos 이론은 단순히 사물의 본성이 무엇이냐를 이야기하는 것이 아니라, 플라톤이 어떤 존재자가 있다는 것을 진실로, 사실대로 그렸지만 그때 나에게 가장 직접적으로 그것이 실제 외부에 객관적으로 있다는 것을 보장하는 것이 무엇이냐, 다시 말하면 생성과 소멸에 빠지지 않는 것이 무엇이냐는 문제를 동시에 내포하고 있어. 그러니까 형상은 절대로 생성 소멸에 빠지지 않는 것으로서 실제로 있는 것이지, 단순히 어떤 사물의 보편적 본성의 파악이 아니라는 거야. 그 말은 무슨 얘기냐? 아까도 말한 바와 같이 고르기아스의 허무주의는 사실을 그림으로써 벌써 깨졌다고 했는데, 그것을 자세히 분석해 보니까 그곳에는 운동하는 측면도 있더라, 그리고 그 운동하는 측면은 생성 소멸을 가지고 오더라는 거야. 파르메니데스나 고르기아스는 생성을 부정했거든. 그런데 실제로 운동이 생성, 소멸을 가지고 오더라는 거야. 그러나 그렇지 않은 세계도 있더라는 거야. 그러니까 거기서 고르기아스의 허무주의에 대한 완전한perfect 극복이 이루어진다 그 말이야. 형상은 파르메니데스의 존재와 같은 성격을 가지고 있는데, 다만 형상 하나하나에 내용이 들어 있다는 것만 달라. 파르메니데스로 가긴 가는데, 다른 방식으로 가. 파르메니데스에서 존재는 하나지. 그런데 여기서는 하나에 접하고 파르메니데스의 존재와 같은 성격을 갖지만 내용이 각각 다른 형상이 존재해. 고르기아스도 허무에서 나오거나 생성 소멸하거나 없어지거나 하는 것은 인정할 수 없다고 하는데, 바로 그 인정할 수 없는 세계가 드러난다는 거야. 요컨대 형상 학설은 허무주의가 극복되지 않는 한, 우리의 인식 능력이 사실을 사실대로 그리는 것 자체가 의미가 없다는 거야. 그러니까 허무주의의 완전한 극복이 선행되어야만 우리의 인식이 사실을 사실대로 기술한다describe는 것이 의미가 있는데, 그것이 어디서 이루어지느냐 하면 바로 형상에서 이루어지더라는 얘기야, 간단히 얘기하면. 알아들었나? 형상에 대한 기술, 인식은 언제든지 재인이 가능해. 플라톤의 입장에서는 건강한 한, 항상 재인이 가능해. 요컨대 재인이 되느냐, 안 되느냐의 문제야. 생성 세계에서는 있는 듯하다가도 없어져버리고, 지금 이것을 인식한 것 같은데 나중에 없어져 버려. 그런 상태에서는 재인이 불가능해. 인식론은 실제로 사실대로 받아들인다고 했는데 그 사실이 실재적real으로 있는 부분이 바로 형상의 영역이더라는 얘기야. 거기에 대해서만 진정으로 우리가 사실을 사실대로 그릴 수 있다는 말이야. 알아들었지? 그리고 이 세계는 현상phainomenon이야, 현상.

그러면 이제 형상은 진정으로 실제로 존재하는 것이냐는 문제가 생겨. 반성을 해봐. 소크라테스는 말도 하고 여러 가지 행동도 하는데? 『파르메니데스 Parmenides』편 앞부분에서 그 비판이 나와. 그러나 진정으로는 『소피스트』편에서 나와. 왜냐? 아까는 진리가 무엇이냐는 문제를 따졌는데, 『소피스트』편에서는 실제로 소피스트가 있다는 거야. 그런데 소피스트는 거짓말을 하거든. 말로 거짓말을 해. 모든 것에 대해 거짓말을 해. 거짓말이 실제로 있대. 여기선 진리가 아니라 거짓말이 문제가 되고, 정적인 것이 아니라, 말한다는 것이 문제가 돼. 실제로 거짓말이 있어. 이것은 형상 학설로는 설명이 되지 않아. 설명이 안 될 것은 분명해. 가만히 생각해 보니까 소피스트가 거짓말을 한다는 것은 실제로 있는데, 도대체 이론적으로는 어떻게 설명할 것이냥 말이야. 『소피스트』편에서 말하기를, 없는 것이 우리에게 인식이 될 수는 없다는 거야. 아까 말한 형상 이론하고 똑같아. 『테아이테토스』편을 생각하면 쉽게 이해가 돼. 우리 인식의 주체자는 내용이 아무것도 없어. 전부 외부 대상에서 들어와. 외부 대상이 아무것도 없다면 인식 내용 또한 아무것도 없어. 그러니까 없는 것이 우리에게 인식의 대상이 될 수 없다는 말이야. 뭔가 있어야지. 그런데 실제 소피스트들은 거짓말을 하거든. 어떤 말을 해. 그것은 운동이야. 그러니까 운동한다는 것도 실제 있는 것이다, 거짓이라는 것도 실제로 있는 것이다 그 말이야. 거짓이라는 것은 있는 대로 기술하는 것이 아니라, 그것과 다르게 기술한 것인데, 그 다르다는 것도 있어야 한다는 거야. 형상은, 진리는 자기 동일성을 가져야 되는데, 거짓은 이렇게 해도 거짓, 저렇게 해도 거짓, 하나의 진리에 대해 무수히 많은 거짓이 있어. 그런데 그것도 실제로 있어야 된다, 그 말이야. 그래야 소피스트들의 다양한 거짓말을 모두 실제로 있다고 인정할 수가 있어. 그러니까 존재와 더불어 비존재가 있다, 운동이니 거짓이니 실제로 다 있다고 얘기해. 우주 전체 모든 것이 다 있다. 햇빛이 있으면 반드시 그늘이 있듯이 허상도 다 있다는 거야. 그것이 우리 인식 속에 들어온 것뿐이라는 거야. 존재자 치고 없는 것이 어디 있느냐, 그런 말이지.

그런데 한 사물이 존재한다고 할 때 동시에 움직이는 측면도 있고 움직이지 않는 측면도 있어. 동시 존재synonta야. 그런데 문제가 생겨. 존재ousia라고 하는 것은 움직이는 것과 움직이지 않는 것이 무가 아니라는 의미에서 동시에 존재하는데, 사물은 움직이는 측면과 움직이지 않는 측면이 있는데……(녹음 잠시 중단)……그 사실성 자체를 인정해야 된다는 얘기야. 형상 이론에 의하면 어느 부분만 진실로 진정한 사실이 될 수 있어. 그런데 『소피스트』 편에 의하면 그렇지 않다는 거야. 여기에 있는 이 많은 거짓말하는 소피스트들이 실제로 있다는 거야.

그러면 이제 문제가 생겨. 형상이나 운동 같은 것은 혼자 떨어져서 그 자체로서는 의미가 없고 그것이 결합되어서 이루어진 결과가 중요하다는 것이야. 그래서 원인론이 나오는 거야, 원인론. 원인은 하나만 갖고는 의미가 없어. 원인은 반드시 두 개 이상이 있어. 그 원인이 합해서 나온 결과가 사실의 세계야. 이것이 대단히 중요해. 원인론의 의미는 원인이 중요한 것이 아니라, 그 원인이 결합해서 나온 결과가 실제로 존재하는 바로 그것이라는 점이야. 사실 fact로서 존재하는 것은 결과야. 원인론이라는 것은 원인을 분석해서 따져 나가는 것인데, 형상 이론에서는 그런 것이 없어. 형상과 형상 사이의 기준은 다 똑같아. 『티마이오스』 편에서는 형상으로서의 완전한 존재가 있고 그리로 가는 위계 질서 hierarchy가 있어. 그것은 형상 이론이야. 그런데 또 원인론이 나와. 원인론과 형상 이론은 정반대라는 것을 알아야 해. 원인론은 결과가 문제라는 거야. 『티마이오스』 편에서 그쪽 길로 가는 것을 보면 결국 결과가 문제야. 현재 살고 있는 아테네가 어떻게 우주 생성 과정에서 그와 같이 태어났고 그렇게 생겨났는가를 기술하고 있어. 항상 내가 말하는 것처럼 데이터에 대한 분석이야. 데이터가 왜 성립하느냐 하는 원인 분석이야.

그러면 이제 이런 문제가 생겨. 『소피스트』 편에 의하면 무는 없으니까 우리의 인식 대상이 되지 않아. 그것은 빠져나가. 그렇다면 동일성, 타자성, 운동, 정지라는 존재자나 파르메니데스의 존재 같은 것은 존재자 자체에 대해서 어떤 관계가 있느냐, 다시 말해서 왜 하필이면 존재가 정지나 운동이나 타자성이나 동일성으로 나눠져야만 되느냐 하는 문제가 나와. 그것을『소피스트』편에서는 비존재라고 해. 우리말로 하면 타자성이라고 하고 희랍어로 하면 〈heteron(다른 것)〉이라고 해. 모든 관계는 타자성이야. 일자와 타자성이야. 타자성의 관계를 다른 말로 하면 무한정자apeiron라 그래. 그것을 비존재라고 해. 학문에서 우리가 이론적으로 취급하는 것은 존재 그 자체가 아니라, 타자성에 의해서 분할된 것만을 취급한다는 얘기야. 그러한 분할이『소피스트』편에서는 범주적categorical인 것으로서 정지와 운동, 타자와 동일자로 나와. 아리스토텔레스에서는 범주론이 나오고. 아리스토텔레스 같은 경우 형상form과 질료matter로서 구분된 존재만이 우리에게 존재해. 그런데 형상과 질료는 상호 어떤 관계냐 하면 타자성의 관계야. 그러면 어째서 하필 존재가 타자와 대응되느냐 하는 문제가 생겨. 그러나 플라톤에서는 실제 우리에게 주어진 세계에는 운동도 있고 정지도 있고 타자라는 것도 있기 때문이라는 거야. 나하고 너하고 얘기할 땐 벌써 너는 타자야. 실제 사물들의 세계를 놓고 나가니까 그렇게 대답할 수 있어.

그러나 그것을 이론적으로 보면, 타자로서 분열된 것만이 우리 인식의 대상이 되는 것이지, 타자로 분열되기 이전 상태의 존재는 무엇이냐는 것이 또 플라톤 철학에서 문제가 돼. 형상과 제작자dēmiourgos가 서로 나누어지는데, 그것이 왜 나누어지느냐, 나누어지기 이전의 존재는 무엇이냐 하는 문제가 생겨. 그런 존재는, 존재 자체는 타자성이 빠져야 돼. 타자성이 빠지면 그것은 존재와 무와의 관계 속에 들어가는 존재야. 이거 중요해. 그런데 거기서는 파르메니데스를 죽였다고 해. 그런데 파르메니데스의 존재는 우리가 객관적으로 따지고 보면 정적인 상태에서 파악한 존재야. 그러니까 파르메니데스의 존재도 아니고 멜리소스의 존재도 아닌 존재 자체는 그 자체로는 파악이 안 돼. 정적인 측면에서 파악하거나 그렇지 않으면 동적인 측면에서 파악하거나 어느 하나지. 그러니까 그 존재 그 자체는 타자화될 때만 우리에게 파악돼. 왜냐하면 타자화되어야 인식 대상이 되니까. 나는 그것의 타자이고. 선험적으로 이야기하면 타자화되는 한에 있어서만이 파악이 돼.

　그러면 이제 정적인 입장에서 보면 플라톤 철학은 고르기아스의 허무주의를 극복했는데, 어떤 방법으로 했느냐? 먼저 형상 이론이 나오고, 그 다음에 원인론이 나오고, 그 결과 타자로서 분열된 존재만이 존재하더라. 다시 말해 타자성으로 분열되기 이전의 상태에서는 존재가 파악이 되지 않더라. 그런 얘기야. 플라톤은 그 분열 이전의 상태를 회피해, 플라톤에서 그것은 성립하지 않아. 그런데 타자성은 무한정자야. 무한정자에 존재가 드러나면 정지와 운동이 나오고 타자가 나온다는 말이야. 그러면 플라톤이 어떻게 고르기아스의 니힐리즘을 극복했는지 그 극복 방식 하나가 설명이 됐어.

　그 다음 또 하나, 아까도 말한 바와 같이 동적인 경우에는 이제 어떻게 극복이 이루어지느냐를 설명해야 돼. 그것은 모순에서 설명이 돼. 존재와 무의 모순에서 존재가 왜 무로 돌아가느냐는 그 모순에 대한 극복이 나와야 돼. 그러면 모순은 언제 성립하느냐? 이것은 『티마이오스』편 할 때 얘기했지? 모순은 언제 성립하느냐 하면 존재와 무가 부딪치는 그 한계선에서 성립해. 무엇인가를 구별하려면, 가령 이것은 존재고, 이것은 무라는 그 한계가 꼭 드러나야 해. 애매하면 무엇인지 몰라. 그런데 한계를 넘어서려고 한다면 어떻게 하느냐? 한계를 잘라야 하는데, 그 자르는 곳에는 연속성이 있더라, 연속성이 한계를 자르더라, 다시 말해 모순을 극복하는 것은 연속성이더라는 말이야. 가령 『유티데모스』편을 보면 명확해. 배우는 사람이 어떻게 아느냐, 아는 사람만 알지, 모르는 사람이 어떻게 배우냐, 그런 말을 할 때는 모두 모순에 대립시켰거든? 그러나 플라톤의 입장에서는 그렇지 않거든. 모르는 사람이 배운 사람으로 된다는 것에는 연속성이 들어가. 그러니까 플라톤의 입장에서는 모순이 극복되어 있어. 그렇다면 무한정자는 모순으로 빠지는 것을 방해하는 방파제야. 무한정자, 연속성이라는 것은 동시에 주어지는 것이 아니야. 항상 과정 process으로서만 주어져. 한번에 주어지지 않아. 그러니까 연속성에는 항상 과정이 들어가. 과정이나 연속성이나 철학적으로 보면 똑같은 것의 양면이야. 그런데 과정은 그 자체 연속성의 원인으로서 한정되어 definite 있지 않기 때문에 한정적인 것의 보충을 받아야 되는데, 그렇게 보충해 주는 것이 형상 eidos과 제작자 dēmiourgos야. 다시 말하면 무한정자 속에서 드러나는 한에 있어서만 존재가 드러나고 그럼으로써 모순은 극복된다는 말이야. 이것이 플라톤의 입장이야. 그러니까 정적인 측면에서 보면 무한정자는 존재를 분열시키는 원인이 되지만, 동적인 측면에서 보면 모순을 극복하는 방파제야. 제삼자야. 밖에 있어.

그러면 연속성은 뭐냐? A에서 B로 연속으로 간다 할 때는 A에서 B로 변하지 않는 측면이 있어야지? 그래야 연속되었다고 하지? 변하지 않았다고 가정하자. 그럴 때에 그 연속성을 우리가 공간이라고 해. 얼마든지 똑같은 부분으로 쪼갤 수 있어. 그런데 또 과정이 있다고 하면 과정이 없어졌다가 있고, 있다가 없어지고 하는 면이 나와야 할 것 아냐? 그런 면이 나오면 그것을 시간이라고 해. 변화했다고 해. 양면이 다 있어. 우리가 시간이면 시간, 공간이면 공간 딱 떼어서 보는 거야. 그러니까 존재는 시간과 공간 속에서 나타나는 한에 있어서만 파악이 된다는 말이야. 아무리 이론적으로 따져도 그것을 벗어날 수가 없어. 그러면 우리 학문이라는 것은 뭐냐. 간단히 말해 그것은 연속성의 법칙에 따라가는 것이야. 수학, 물리학, 생물학이 나타나는 연속성이 다 달라. 각각 어떻게 나타나는가가 문제야. 모두 자기 동일성을 가지고 나타나는데 그때의 연속성을 가지고 따져. 논리적 귀결도 다 연속되었다고 하니까 논리적 귀결이라 하는 것이고, 그렇지 않으면 비약이라고 해. 비약은 우리 학문에 있어서는 금물이야. 여기서도 똑같아. 우리 학문 세계에서는 연속성이 빠지는 한에서의 존재는 취급하지 않아. 그러니까 연속성이 빠지면, 아까도 말한 바와 같이, 동적인 무에 대해서 모순을 극복하는 어떤 것, 정적인 것이 아니라 동적인 어떤 적극적인 positive 존재가 나와야 돼. 우리가 이론적으로 따질 때, 정적인 측면에서 파악이 되지 않으면 동적인 측면에서 그것을 파악하는데, 그것도 넘어서면 그런 존재는 도저히 파악이 안 돼. 연속성에서 벗어난 존재를 직접적으로 파악할 때는 모순에 거꾸로 역기능하는 어떤 존재가 나와야 하고, 모든 것이 무임에도 불구하고 어떻게 존재하느냐는 문제를 해결해야 해. 가령 여기 책상도 있고, 테이프도 있고, 이것도 있고, 저것도 있고, 여러 가지 다 있는데, 파르메니데스 입장에서 보면, 모두 다 존재더라는 말이야. 공통적으로 존재 아니냐는 말이야. 그런데 여기 특정화specify된 이런 것들은 사실 없어지고 사라지니까 그런 것들은 빼버리자. 진정한 존재는 그런 것들이 다 빠진 거라는 거야. 이게 파르메니데스의 입장이야. 그러나 플라톤 입장에서는 파르메니데스 같은 존재는 없는 것이고, 실제로 있는 것은 테이프니 뭐니 이런 것이라는 거지. 고르기아스 입장에서 보면 어떠냐? 여기에 테이프가 있지만, 테이프 아닌 것은 없어. 아닌 것은 없지, 분명히? 여기에는 (탁탁 두들기면서) 카세트가 있지만, 카세트 아닌 것은 없어. 이 책상은 있지만 책상 아닌 것은 없어. 그러면 거꾸로 이제는 아무것도 없는데, 어떻게 이것은 카세트이고, 이것은 테이프냐 그 문제가 나와. 똑같이 동일한 권리로 이야기할 수 있어. 그런데 우리 인식은 뭔가 주어져야 되니까 존재부터 출발한다는 거야. 그것도 플라톤과 같이 이런 구체적인 존재에서 출발해. 지난 시간에 얘기한 것처럼, 아무것도 없는데 왜 하필 카세트가 있고 테이프가 있느냐를 있다는 관점에서 설명해 주려면, 무(無)임에도 불구하고 무 일반이 있어야만 한다는 거야. 그러니까 그것이 왜 있느냐를 따지려 한다면, 결국 무에서 나왔기 때문에 있다는 말밖에는 못한다는 거야.

박희영 우연인가요, 우연?

박홍규 우연? 그렇지, 우연이지. 우연이긴 한데 우연으로 설명하면 마음에 차지 않아. 어떻게든 그 원인을 찾아야지. 그게 자기 동일성을 찾는 거야. 그런데 무에서 나왔다는 것은 모두 원인이 없다는 얘기야. 원인과 결과는 연결이 되어야 돼. 아까도 말했듯이 학문은 연결이 되어야 해. 그래야 학문의 대상이 돼. 연결이 되지 않고 비약해 버리면 학문 바깥으로 나가는 거야. 아무것도 없다는 것은 연결이 안 된다는 얘기야. 그런데 그것을 놓고 싶거든? 연결이 안 돼도, 무에서 나왔어도. 연결을 놓지 않으면 학문이 되지 않지만, 그 실재 reality를 우선 인정하자는 것이 믿음 credo이야. 다만 믿는 것뿐이야. 학문하고 그런 초월적인 원인하고, 아니, 〈초월적 원인〉이라는 그 말 자체가 의미가 없어. 왜냐하면 초월이라고 하는 것은 원인과 결과의 관계를 벗어난다, 끊어졌다는 얘기니까. 알아들었지? 원인과 결과는 관계가 맺어져야 해. 원인론은 학문에서 하는 얘기야. 그러니까 믿음은 학문이 아니니까 단순히 그렇게 믿자는 거야. 그러니까 믿는 사람은 믿고 안 믿는 사람은 안 믿지. 그러나 학문은 그것과 달라. 학문은 〈옳다!〉 그러면, 다시 말해 충족률에 따라 필요하고 충분한 조건이 딱 나오면 다 따라가야 돼. 따라가지 않으면 그 사람이 머리가 나쁜 사람이지.

그런데 믿음은 다르단 말이야. 원인이란 말도 못 쓰고 가령 기독교에서 말하듯 허무에서 만들었다고 하면 그렇게 믿을 따름이야. 그러니까 기독교 사상이 합리적인 사상이라는 것을 알아야 해. 왜? 신앙의 독자성 autonomy이 여기서 나오기 때문이야. 여기까지는 신앙이고 여기까지는 학문이다, 분명히 다르다, 구별된다는 얘기야. 플라톤이나 아리스토텔레스 같은 사람들은, 다시 말해 학문의 세계에서는, 타자성에서나 연속성 속에서 드러나는 한에 있어서만 존재를 취급해. 그러니까 고리가 맺어지지. 맺어지지 않으면 학문이 되질 않아. 그러나 신앙은 고리가 없어. 고리가 다 끊어져 버렸어. 학문 속에 들어가지 않아. 그러면 신학은 어떠냐? 신학이 성립하느냐 아니냐? 대답하기 곤란하지. 신학도 학문이라고 부르는 한에 있어서는 최소한도 학문에서 쓰는 범주를 쓰거든? 그러나 아까도 말한 바와 같이 존재 그 자체를 우리는 동적인 측면과 정적인 측면 양면 중 하나의 측면에서 파고 들어가는데, 존재 자체는 그 둘 어느 것도 아니야. 결국 신학 갖고도 안 돼. 실제의 신앙과 신학은 달라. 신학은 개념이고 실제로 믿는 신앙은 그것과 달라. 실제 예술가하고 예술 이론가가 다른 것처럼. 그런데 원시 시대나 지금이나 어디에서나 대개 다 종교가 있다고 하는데, 원시 시대에서는 종교가 기술(技術)도 되고 신앙도 되고 다 돼. 병도 고치고——그런 한에서는 기술이야——, 사후의 문제도 논하고——그런 한에서는 종교야——, 다 엉켜 있어. 이것이 말하자면 후진성의 특징이야.

박희영 후진성이라기보다는 아직 분화되기 이전이죠.

박홍규 분화되기 이전이야. 우리의 지능이라는 것은 발달하면 할수록 분화되거든. 그래서 이건 이거고, 저건 저거고, 무엇이든 이렇게 딱딱 구분해서 정의를 내려. 그렇게 구분하고 정의 내리기 시작한 사람이 누구냐 하면 플라톤이야. 희랍에서는 기독교와 같은 종교가 없어. 종교가 힘이 없어. 종교가 딱 억누르고 있으면 말이야, 학문이 발달하지 않아. 가령 호메이니를 봐. 허허, 학문이 발달하지 않아.

그러면 자 이제 잘 들어봐. 희랍에서부터 비로소 이건 이거다, 저건 저거다 하는 정의가 이루어지면서 학문의 독자성이 성립하니까, 학문 속에 신앙이 들어가지 않는다는 것이 확립되었어. 그러다가 나중에 니케아 회의에서 뭐다, 뭐다 정의를 내려서 성서에는 없는 교리를 만들었어. 자꾸 이단이 나오니까. 성서를 읽어보면 이렇게도 해석할 수 있고 저렇게도 해석할 수 있는 것 아냐? 이거 안 되겠거든. 그러니까 기독교 자체를 마치 유클리드 기하학처럼 어떤 정의 체계에 집어넣으려고 해. 그럼으로써 그 위에서 기독교의 독자성을 찾으려고 한 것이지. 그렇게 해서 나온 게 교리야. 교리 위에다 세워놓아야만 안정이 될 것 아냐? 그런데 문제는 그 교리에 희랍 철학이 들어가지 않게끔 해야 되겠거든? 그런 문제가 생겨. 그것이 곧 신학의 문제야. 그러면 신학으로 그것이 다 해결이 되냐? 선험적으로 말하면, 해결이 안 돼. 어느 정도만 해결되지. 그런데 그런 교리가 나오기 시작한 것은 무엇 때문이냐? 그것은 지적intellectual인 희랍적 사고가 그 당시의 식자élite층에 들어가서 그들이 그렇게 사고했기 때문에 나온 거야. 어떻게 희랍 철학으로 자신들의 신앙을 옹호할 것이냐는 문제야.

종교는 종교고, 학문은 학문이고 서로 달라. 존재가 무와 직접적인 관계에 있을 때는 신앙의 문제이고, 그것을 연속성의 관계로 나타내려고 할 때는 학문의 문제야. 연속성은 무엇이냐 하면 무한정자, 다시 말해 존재와 무에 대해 제삼자, 존재와 무 어느 것도 아닌 것이야. 그런데 존재와 무를 학문으로 따지면 거기에도 생성, 소멸이 들어가. 운동이 들어가서 생성, 소멸이 나와. 생성, 소멸은 종교와 관계 있지 않느냐? 학문에서는 어떻게 생성, 소멸의 문제를 따지느냐 하면, 연속성과의 관계에서 설명되는 한에서만 따져. 가령 어떤 사람이 병이 들었는데 3기다, 그리고 그 다음에 무슨 증세가 나오고, 그 증세가 나오면 또 무슨 증세가 나오고, 또 그 다음에 죽더라, 그런 식으로만 따져. 연속성을 빼고, 죽느냐 사느냐, 생사 그 자체를 생각하지는 않아. 학문에서는 그런 건 논의하지 않아. 그런 것은 신앙에서나 논하지. 왜냐? 죽었는데 어떻게 데이터가 나와? 어떻게 우리에게 주어져? 어떻게 인식의 대상이 돼? 그렇지? 실제로 인문과학이나 지금의 생명과학에서 주어지는 것은 다 물리학에서 시작돼. 감각의 동일성 identity에서 출발해. 그 점에서는 구별이 없어. 관계relation가 다르다는 것뿐이야. 죽은 뒤의 일을 학문의 세계에서는 취급 못해. 왜냐하면 주어지지 않으니까. 안 주어지는 것을 어떻게 취급해? 누가 알아? 어떻게 검증을 해? 어떻게 재인을 해? 재인이 안 되지. 그런데 신앙의 문제는 그런 것을 직접적으로 따져. 가령 부활이니 뭐니 그런 말 하거든. 부활도 생각해 봐. 〈부활(復活)〉은 다시 난다는 얘기야. 그런데 어떻게 다시 난다는 것을 알아? 거기에는 벌써 우리의 개념적인, 이론적인 사고가 들어가 있어. 그러니까 두 번이라 하지. 존재와 무의 관계 속에는 두 번이라든지, 세 번이라든지, 그런 것은 없어. 되풀이되는 것은 연속성에서만 있어. 부활을 교리로 따져보면 그것은 학문은 아니야. 그러니까 신학이나 교리라고 하는 것은 학문과 기독교의 한계선에서 성립해. 여기까지는 학문이고 여기서부터는 신앙이라고 정의해 주는 것이니까 그 한계선에서만 성립하는 거야. 한계선에서 성립하니까 학문에서 쓰는 용어를 사용해. 그러나 내용은, 방향은 딴 데로 가, 학문하곤 전혀 딴 데로 가.

신앙은 그 자체 우리가 아무리 신학이나 뭐로 규명을 하려고 해도 규명이 되지 않아. 규명하려는 것 자체가 안 돼. 그러면 지식과 신앙이 전혀 다르냐? 물론 달라. 그러나 다르면서도 신앙이 독자성을 주장하게 된 것은 희랍에서 출발한 정의가 들어가서 학문의 독자성이 성립하니까 가능했다는 것을 알아야 해. 원시인이나 미개인에게는 그런 것이 없어. 다 혼동되어 있어. 그러니까 학문의 세계에는 학문의 독자성이 있고, 신앙하고는 달라. 같은 사람 속에서 어떻게 이와 같은 서로 상반된 것이 있느냐? 서유럽의 특징을 하나 이야기한다면 논리적인 지능이 다른 어떤 민족보다 발달했다는 점이야. 그 관문이 희랍이야, 플라톤이야. 딱딱 정해져 있어. 이것은 정치학이고, 이것은 윤리학이고, 이것은 신앙이고 딱딱 정해져 있어. 후진국과 달라. 그것이 서유럽의 특징이라는 것을 알아둬야 돼. 가령 르네상스 시대에 갈릴레이가 교황청과 싸운 게 뭐야? 당시는 신앙의 체계지? 갈릴레이는 학문의 체계야. 학문 체계와 신앙 체계는 서로 다르니까 간섭 말라는 거야. 그래서 학문이 발달한 것이지. 만일 갈릴레이가 교황청에 굴복해서 교황청이 하라는 대로 했으면 학문이 발달하지 않았을 거야. 스콜라 철학만 지금까지 있든지 그랬을 테지. 그것은 자기 종교를 유지하기 위해서 하는 철학이지. 그러나 그것으로써 학문의 세계를 지배하려고 하면 학문은 발달하지 않아. 앞에서 얘기한 호메이니처럼. 그러나 철학은 딱딱 나누는 것이 특징이야. 그래서 어떤 때는 서로 갈등을 일으켜. 중세기에도 로마 교황청하고 황제권하고 자꾸 싸워. 황제권은 철학의 세계야, 정치니까. 저쪽은 종교고. 서유럽이라는 것의 특징은 딱딱 이렇게 구분해서 분류하는 것이야. 지능이 발달하면 다 그렇게 돼. 그 관문을 지나가야 해. 거기에 특징이 있어. 그러니까 고대 철학은 아까도 말한 바와 같이 그 의미가 두 가지 있어. 하나는 신화에서 철학이 어떻게 나왔냐는 것이고, 또 하나는 거기서 어떻게 아우구스티누스나 스콜라 철학으로 가느냐는 문제야. 그것은 다 플라톤으로부터 시작해서 나오는 거야.

그러면 그 다음에 고르기아스와 같은 허무주의는 왜 나오는가를 좀 생각해 봐. 파르메니데스와 같은 존재론에서 나와. 이것이냐 저것이냐 entweder-oder에서. 이 세상에 나타난 허무주의 중에서 고르기아스의 허무주의처럼 극한적인 허무주의는 없어. 〈이 세상은 아무것도 없다, 인식도 안 된다, 인식한다고 하더라도, 말할 수 없다〉. 그 이상의 허무주의가 어디에 있어. 오죽하면 그런 것이 나왔겠어? 그 사람이 그 사람 내부에 무엇인가 모순을 느꼈거나, 인생에 허무를 느꼈거나 했으니까 나온 것 아냐? 기독교에서 말하자면 십자가에 못 박힌 그리스도처럼 인생의 어떤 고통을 느꼈거나, 남에게 배신을 당했거나, 요즘 같으면 그야말로 실연을 했거나, 불구자거나, 좌우간 인생에 절망한 사람이 그런 소리를 해. 그런 사람들이 허무주의를 주장해. 그 사람들은 비록 개념적으로 학문적으로 파악하지는 못하지만 무엇인가를 느껴. 실제로 우리 인간이라는 것은 모조리 존재와 무 사이에 들어 있어. 봐, 어린애가 뱃속에서 나오면서 울어. 왜 울어? 어머니 뱃속에서는 적응이 잘 되어서 편안했는데, 나오면서 적응이 안 돼. 자기 혼자 살아야 해. 잘못하면 죽어. 운다는 것은 잘못하면 죽는다는 신호야. 그러면서 커나가는데, 자꾸 자기 내부에 어떤 모순된 것이 들어 있어서 그것을 극복하려고 해. 극복하면서 사람은 성장을 해. 그러니까 모순을 극복하려고 하는 과정이 곧 성장이야. 모순이 여러 가지로 나오거든. 이 모순, 저 모순을 극복하면서 사람은 성장해. 그러다가 죽어. 죽는다는 것은 더 이상 모순을 극복하지 못한다는 얘기야, 개체로서는. 그러니까 다시 재생산을 하는 거야. 또다시 넘어가려고 그래. 본래가 그런 것 아냐? 본래가 그런 것인데, 문제는 고르기아스 같은 허무주의가 왜 다른 사람, 다른 시대, 가령 인도나 한국에는 나오지 않고, 하필이면 희랍에서 나왔느냐, 왜 그런 생사의 문제가 하나의 시대적인, 커다란 철학의 동인 motivation이 되었느냐 하는 거야. 왜 그럴까?⋯⋯(테이프 교체)⋯⋯반드시 전쟁 중에는 허무주의가 나오게 마련이야. 이런 극한적인 허무주의가 나온 것은 그 당시의 전쟁이 얼마나 무서웠는가를 말해 주고 있어. 전쟁이 얼마나 인간에게 심각한 영향을 주었는지, 얼마나 존재 Existenz의 모든 것을 지배했는지를 알 수 있어. 그러니까 파르메니데스의 존재론도 사실은 이 전쟁을 배경으로 해서 나온 사상이라는 것을 알아야 해. 이것이냐 저것이냐의 사고는 전쟁 때 나와. 평화 시에는 안 나와. 너 죽고 나 죽자 (웃으면서) 그런 것이 안 나와. 평화 시대에는 어떻게든 타협해서 같이 살자고 하지. 한 시대, 한 민족, 한 문화가 죽느냐 사느냐 하는 것은 전쟁 때 나와. 그러니까 전쟁을 빼놓고 나서는 플라톤 철학도, 희랍의 비극도 이해가 안 돼. 에피쿠로스나 플라톤이나 아우구스티누스나 다 배경에는 전쟁이 있어. 어떻게 하면 마음 편하게 사느냐라는 에피쿠로스의 사상 같은 것도 그 배경에 전쟁이 있어. 그런데 에피쿠로스 같은 사람들은 도피를 했거든? 그러나 정면으로 부딪쳐서 싸우려고 하는 사람들이 누구냐 하면 플라톤이나 이런 적극적인 사상가들이야. 가장 정면으로 부딪친 것이 기독교야. 이론상 그렇게 되지? 왜냐하면, 학문은 모순을 인정해. 모순율에 의해 모순이 성립해. 그러니까 모순을 해결하는 방식에 있어 학문은 제삼자의 입장에서 해결하는 거야. 그러나 기독교는 그거 아니잖아. 정면으로 부딪치고 있어. 왜 허무에서 나왔느냐, 왜 허무로 돌아가느냐에 대해 기독교는 허무에서 나왔기 때문에 허무로 돌아간다는 거야. 정면으로 부딪쳐. 기독교는 목숨 걸어놓고 들어가야 돼. 실제 기독교가 주장하는 것이 뭐야? 자기 목숨 바치는 것, 그걸 뭐라고 하지? 응, 순교라는 것이 있어. 순교가 기독교를 성숙시켰다는 것 아냐. 플라톤 철학이나, 아리스토텔레스 철학에는 순교라는 것은 없어. 허허. 순교할 필요도 없고. 그러나 기독교는 순교해야 돼. 정면으로 부딪쳐. 그러니까 아까 내가 말한 바와 같이 고대 철학은 그 철학을 이끌고 가는 문화적 배경이 뭐냐, 인간 삶의 중심이 어디에 있냐 하면 전쟁에 있어. 현대는 기술이지만, 전쟁과 기술은 달라. 전쟁을 빼놓고 나서는 고대 철학은 이해가 안 된다는 거야. 이것이냐 저것이냐, 파르메니데스와 같은 소리, 모순의 논리, 이런 것은 전쟁을 빼놓고는 성립이 안 돼. 평화 시대에 누가 그런 소리를 해. 평화 시대에는 다 멀쩡한데. 그러니까 전쟁이 무엇이냐를 따져야 돼. 전쟁은 플라톤 철학과 어떤 관계가 있느냐 그것을 따져야 해. 그래야 고대 철학을 이해할 수 있어.

그러니까, 아까 내가 말한 것처럼 고대 철학을 그 살아 있는 역사로부터 이해해야 한다는 것은 그 살아 있는 역사를 움직인 동인이 무엇이냐를 파악해야 한다는 것을 의미해. 그 동인이 곧 전쟁이야. 현대 철학은 달라. 현대에도 물론 전쟁이 존재하지만 현대는 기술이 동인이야. 생물이 있는 한, 항상 전쟁은 끊임없이 문제가 돼. 서양사학과 양병우 교수의 말에 의하면 어떤 고대 사학자가 조사해 봤더니, 어떤 시대에 사흘 중 이틀은 전쟁이 일어났대. 〈어떻게 그렇게 전쟁을 했소?〉 물으니까 양 교수 말이 그 당시에는 그렇게 전쟁하는 것이라고 생각했대. 그 말도 옳지. 사실 싸우거나 부딪칠 아무런 문제도 없는 사회에선 철학이 나올 필요가 없잖아? 충격을 받았으니까 철학이 나왔지. 허무주의가 나왔지. 그러나 생물이 있는 한 전쟁이 있어, 어느 사회든지. 전쟁이 없어진다는 것은 허튼소리야. 그건 허튼소리야. 생물계 어디건 다 봐. 특히 동물의 세계. 식물의 세계에는 없어.

박희영 오늘은 그만 하시죠.

박홍규 응. 오늘은 그만 해. 허무주의에는 여러 가지가 들어 있어. 그런데 플라톤은 허무주의가 무한정자의 영향이라고 해. 그러나 그것은 정적인 차원에서 보니까 그렇지, 동적인 차원에서 보면 그래도 무한정자가 허무로 돌아가는 것을 막아주는 방파제라는 거야. 플라톤이나 아리스토텔레스는 허무로 돌아가지 않아. 실재는 객관적이고. 플라톤은 허무주의의 발생 하나하나를 갖고 이야기했어.

박희영 허무주의가 전쟁하고 연관이 있다고 하더라도 그것이 꼭 희랍에서만 나왔다는 것을 설명하려면 전쟁 이외의 다른 것을 가정해야 될 것 같은데요. 전쟁이 더 많았던 다른 나라들도 많지 않습니까?

박홍규 그렇지. 허무주의의 문제나 플라톤 철학의 문제가 고대 철학에만 관계되는 것이 아니라, 중세에도 쭉 나와. 물론 근세에 오면 전쟁이 많아도 다르지. 철학이 학원 철학이 되어서 직업화되지. 그래서 달라져 버려. 그때는 직업 철학이 아니지. 실제 생활 속에서 산 경험 토대 위에 서 있는 철학이니까 다르지. 근세의 철학이라는 것은 스콜라 철학의 연장이야.

손동현 그런데 선생님, 아까 허무주의가 극복이 돼야 형상을 파악하는 것이 유의미하다고 말씀하셨는데…….

박홍규 그렇지. 아무것도 없는데 형상이 있다고 하면 곤란하잖아.

손동현 그러니까 허무주의가 극복되어야 한다는 것은 학적, 인식적 차원에서의…….

박홍규 플라톤에서는 동시에 그것이 극복돼.

손동현 실천적인 것도 같이요?

박홍규 응, 같이. 왜냐하면 인식 자체가 하나의 활동 activity이거든. 니콜라이 하르트만이 하는 말이 개울이 있는데 관념론자보고 개울에 들어가라고 하면 한 사람도 들어가는 사람이 없대, 허허. 플라톤에서는 그런 얘기를 할 수 없어. 요는 중요한 것은 인식 기능은 하나의 활동인데, 수동성 passivity이 빠져. 수동성이 빠지지 않으면 영향을 받고, 그때그때 변질해 버려. 그러면 인식의 주체자가 될 수 없어. 변하지 않아야지. 그래야 순수한 활동이라고 해. 불사적 athanaton이야. 그것을 자발성이라고 하지. 그것은 내용이 하나도 없어. 내용이 하나도 없어야돼. 내용이 있으면 자기 자신이 뭔가 영향을 받고 있는 거야.

손동현 그런 것이 확보되어야 허무주의가 극복이 된다는 말씀이십니까?

박홍규 아니, 그것에 의해서 파악이 되는 것이 형상 eidos인데, 거기서는 생성과 소멸이 빠져나가. 빠져나가니까 허무주의에 빠지지 않잖아. 형상은 없어지지 않잖아. 항상 그대로 있어. 항상 존재 existence 해. 그러니까 형상은 허무주의의 극복을 동시에 포함하고 있지 않는 한, 의미가 없다는 얘기야. 플라톤은 본성 속에 physei 형상이 있다는 거야. 자체적인 것 kath' hauto으로, 참된 존재 ontōs on로.

손동현 예, 알아들었습니다.

박홍규 알아들었어? 그리고 우리가 오성이나 이성으로 감각을 떠나서 있다는 것이 동물과 다른 점이야. 그 점이 신체를 지배하는 능동성이 신체와 따로 떨어져서 존재할 수 있다는 확실한 증거야. 항상 감각하고만 있다면, 떨어져서 그것이 있는지 없는지를 모른단 말이야, 알아들었지? 그런 것이 확실히 있다는 거야. 그러니까 플라톤에서는 사유물 noēton이 꼭 필요해. 아주 중요해.

이경직 자발성 spontaneity 말이죠.

박홍규 자발성이 꼭 필요하지.

이경직 다른 질문이 있는데요. 대상 세계에는 움직이는 측면하고 움직이지 않는 측면이 있고, 그것들을 동시에는 받아들이지 못한다고 했는데, 움직이는 것을 보고 또 안 움직이는 것을 본다는 게……

박홍규 움직이는 측면과 움직이지 않는 측면을 따로따로 구별해서 파악할 수밖에 없어.

이경직 무규정적이라는 것을 왜 동시에 파악하지 못하는지. 동시에 파악하지 못하게 하는 무슨 규정이 있는지……

박홍규 규정이 있는 것이 아니라, 외부 대상을 동시에 파악하지 못한다는 것은 그 운동과 정지가 서로 상반되니까 그래. 상반된 성격 그 자체를 우리는 규정을 할 수 없어. 반대 opposite된 것이니까. 떼어봐야 규정을 할 수 있지.

이경직 규정하지 못한다는 것이 무슨 말인지……

박홍규 대상 자체가 그렇게 되어 있어. 말로만 하지, 규정은 못해. 소피스트는 말은 하더라, 거짓말을 하더라. 소피스트가 있는 것도 사실이고, 거짓말한 것도 사실이고, 운동한 것도 사실이더라는 말이야. 그것도 있다고 해야 할 것 아냐? 소피스트가 운동만 하느냐 하면 그렇지 않거든? 순수한 운동이라는 것은 의미가 없어. 움직이지 않는 것도 있어야지. 그래야 운동으로 또 드러나지.

박희영 『소피스트』 편에서 다섯 개의 최고류 megista genē가 있잖아요? 그때의 존재는 무에 대립되는 의미의 존재가 아니고, 무한정자와의 관계에서 타자성으로 나타나는 의미의 존재이어야 되겠지요?

박홍규 그런 존재가 아니지. 그러나 우리가 보면 파르메니데스의 존재도 정적 static인 것이더라는 얘기야.

박희영 예, 그건 알겠는데요, 운동, 정지, 동일성, 타자성과 존재가 같은 급으로 유개념입니까?

박홍규 똑같은 것이지. 똑같은 차원에 서 있지. 형상 이론에 가면 그것이 달라지지? 『티마이오스』 편에서는 달라져.

박희영 뭐하고 뭐가 달라지나요. 그러니까 존재하고…….

박홍규 형상과 생성 세계가 달라져. 또 원인론이라고도 했다가. 그러니까 원인론이라고 할 때 원인은 다 같은 차원에 서야 할 것 아냐?

박희영 그런데 플라톤에서 유개념이라 하면 아리스토텔레스의 유개념, 종개념과 달라야 하지 않습니까?

박홍규 다르지. 먼저 앞서지. 『소피스트』 편에서 하는 얘기는 존재가 타자성으로 나타날 때 최초의 규성은 운동과 정지, 동일성과 타자성이더라는 거야.

박희영 그러면 존재가 오히려 더 위의 것처럼 보이는데요?

박홍규 따지고 보면 운동도 존재 ousia거든. 그런데 정지도 또 존재야. 양자를 동시 존재 synonta라고 하는데, 동시에 운동과 정지인 존재는 우리에게 파악이 안 된다는 것이지. 그 자체가 성질이 다르니까. 상반된 것이니까. 나아가서 구별되니까. 우리 인식이란 본래 구별하는 거야.

이경직 아까 감각하고 이성하고 두 가지가 있을 때 감각도 불변한다는 것은……?

박홍규 어떤 의미에서는. 그래야만 인식이라고 할 수 있다는 말이야. 우리 감각 기능이 그때그때마다 신체 기능에 따라 변하면 그것은 인식 기능이라고 하지 않아, 물리 현상이라고 하지. 외부 대상에서 감각이 받아들여 그 자체 속에 기억을 하고 있는데, 그 과정에서 내용이 하나도 변하지 않아야 돼.

이경직 그런 면에서 감각과 논리라는 능력과는 차이가 없겠네요.

박홍규 그렇지. 차이가 없는 점이 있다니까.

이경직 차이가 있게 하는 것은 뭡니까?

박홍규 차이가 있다면 감각은 신체와 더불어 있고, 저기선 완전히 신체와 떨어져 넘어서 있어. 점점 빠져나가지. 아까도 말한 바와 같이 연속성을 집어넣어. 그 연속성이 점점 빠져나가. 그래서 순수사유 noēsis로 가는 것이지. 연속성의 가장 완전한 형태는 신체 sōma야. 이런 신체 body.

이경직 감각에서 받아들이는데, 뭔가 훼손시키는 것이······.

박홍규 훼손시키는 것이 있으면 그것은 병자야. 건강한 사람이 아니야.

이경직 논리라는 능력과 관련시켜서 감각이 뭔가 모자라는 측면이 있는 건가요?

박홍규 그렇지. 플라톤의 형상 이론은 자기 동일성을 보니까, 운동과 생성에서 어느 정도 벗어났느냐를 보니까, 완전히 벗어났다는 얘기를 하는 거지. 참여 metechein라는 것은 그런 일부분이 있다는 말이고. 양화해서 보는 거야. 왜냐하면 연속성이 들어 있으니까. 그때 참여라는 말을 써. 참여 participation 자체가 양화해서 보는 거야. 만약 질적인 차원에서 보면 감각적인 세계와 순수 사유 noein의 세계와는 달라. 감각적인 세계에서 따갑다든지 실제로 눈으로 본다든지 하는 것은, 그냥 신체에서 나타날 수 있는 성질 quality이 직접 들어온다는 말이야. 그런데 학문, 순수 사유의 세계에 들어오면 빨간색이니 흰색이니 어디 색깔이란 게 있어? 색깔이 없잖아. 다 빠져버려. 그러나 공통치는 무엇이냐? 인식이라고 하는 공통치에 있어서는 그것이 신체적인 기능을 넘어서는 측면이 있기 때문에 인식이라고 하더라. 다시 말하면 변하지 않는다는 거야. 변하지 않아야 인식의 주체자가 돼. 변해 버리면 감각도 인식의 주체자가 될 수 없고, 감각이라는 말을 못 써. 그건 물리 현상에 불과하니까. 양화해서 보면 우리의 사유 대상 noëton에서는 신체적인 것과 떨어져서 완전 perfect하게 인식이 이루어진다는 말이야. 신체적인 연속성에서 완전히 벗어났다는 말이야. 자네, 유클리드 기하학에서 선을 긋는다면 어떤 조건이 필요해?

이경직 두 점의 연결⋯⋯.

박홍규 연속성 갖고 얘길 해야지, 두 점이 뭐야! 지금 하는 것은 철학인데. 상을 받아들이려면 평면이든 원이든 연속성이 나와야 할 것 아냐? 평면의 종류에 따라서 상이 결정되는 것 아냐? 그러면 감각적인 대상과 같은 그런 실제의 연속성에는 무엇이 들어 있어? 색깔이 있지? 색깔이 있어야 선인지 무엇인지 구별하지. 백묵으로 그리든지 연필로 그리든지 색깔이 있어야 선 아닌 것하고 선하고 구별할 것 아냐? 그런데 우리 순수 사유, 기술적인 사유에서는 어떻게 돼? 색깔 있어? 없지. 색깔이 빠졌잖아. 연속성 갖고 있는 속성이 빠져버렸어. 그 두 개를 합해야 선이 나와. 합해야 나오지 하나만 갖고는 나오지 않아. 우리 감각도 마찬가지야. 빨간 것을 빨간 것으로 본다 할 때 그 어느 순간엔가 자기 동일성이 들어가. 감각에도 들어가. 어느 순간엔가. 그렇지 않으면 그것은 물질 현상이지. 물질적인 현상이라면 나와 저 외부 대상이 서로 물질적인 영향만을 주고받을 뿐이야. 인식의 주체자는 달라. 영향을 받지 않아. 내가 대상에 대해서 영향도 주지 않고 대상도 나한테 영향을 받지 않아. 그런 기능은 물질 기능과 반대야. 인식 주관은 그러니까 영향을 안 받아. 영향을 받으면 영향을 받은 어떤 내용이 들어오지. 그런데 인식의 주체자는 내용이 없어. 그것을 자발성spontaneity이라고 하지. 그 앞에 아무런 전제 조건이 없어. 전제 조건이 있으면 전제 조건에서 내용을 받아들여야 될 것 아니야? 그런 것 없다는 거야. 거기가 시발점이야. 알아들었나? 인식의 주체자는 최후에 가서는 아무것도 없어. 순수 능동성pure activity이야. 그것이 나와야만, 그것이 우리의 신체를 그 나름대로 전부 다 치료를 해야만 건강한 사람이 된다는 얘기야. 건강한 감각이 나온다는 얘기야. 그렇지 않으면 그것은 색맹이 되거나, 무슨 신체가 고장나거나 해서 주체자가 되지 못하는 거야. 현대 생물학의 경우를 보면 적절해. 현대 생물학은 세포든 뭐든 정보 이론으로 분석해. 정보란 게 뭐야. 지식이잖아? 그때그때 변하는 것이면 그것을 정보라고 하나? 정보가 아니지. 단지 물리 현상이지. 정보에 의해서 움직인다는 말은 자기 동일적인 운동에 의해 움직인다는 거야. 자기 동일적인 것은 변하지 않아. 외부 대상의 영향에 대해 변하지 않아. 세포에도 그 측면이 있어야 될 것 아냐? 그렇지 않으면 세포하고 물리 현상하고 다르지 않게 돼. 생명 현상에는 변하지 않는 측면이 다 들어가 있어야 된다는 것이야. 그것이 완전히 지배해야 돼.

그러니까 내가 지금 한 허무주의, 인식론 이야기는 플라톤의 철학을 읽고 내가 구절들을 연결시켜서 하는 이야기야. 플라톤에서는 순수 사유물noēton이 나와야 해. 나오지 않으면 동물하고 인간하고 어디가 다르냔 말이야. 감각만 갖고 있으면 색맹이냐 색맹이 아니냐를 구별하지 못한다, 그 말이야. 그럴 것 아냐? 환자인지 아닌지 구별하지 못할 것 아냐? 그런데 순수 사유물이 나온다면, 그것은 건강한 사람한테서만 나와. 지금 생리학에서 이야기하는 바에 의하면 일정한 연령에서 나오는 것이지.

박희영 아까 말씀하신 바에 따르면 신화는 허구이고, 철학은 주어지는 것에서 나오는 것인데, 지금 오늘날 우리가 생각하니까 그렇지, 만약에 고대인이 가령 제우스 신화 같은 것을 실제 있는 대상으로 생각했다면 그들에게는 그게 단순한 허구가 아니고…….

박홍규 허구가 아니지. 그들에게는 역사history야. 그러나 실제 본 사람이 어디 있어? 없어.

손동현 그 질문을 조금 바꾸자면, 선생님 말씀 맨 끝에 순수 사유 noēsis가 나오는데, 그것은 어린아이한테서는 나오지 않고 어른 중에도 아무에게나 나오는 것이 아니거든요. 어떤 문화적인 축적이 있어야 되는 것 아닙니까?

박홍규 그렇지.

손동현 그런 것까지 염두에 둔다면, 순수 사유의 내용이 정말 문화와 연령을 초월해서…….

박홍규 순수 사유는 순수한 기능이지.

손동현 예. 그러면 그것을 통해서 얻어진 세계에 대한 어떤 상이 인식 내용이 되겠는데요, 그것이 정말 보편성을 띠겠는가, 보편적인 자기 동일성을 갖겠는가에 대해서는 어떤 말을 할 수 있을까요?

박홍규 그렇게 파악할 수 있는 것이지. 〈nomos(인위적인 것)〉는 소용없고 〈physis(자연적인 것)〉가 필요하다는 거야. 플라톤은 〈physis〉에다 〈nomos〉을 정착시키려는 것이야. 형상idea은 자연적인 것 속에 physei 들어 있어. 그러니까 우리 인간의 문화를 자연적인 것 속에 정착시키자는 거야.

손동현 예, 그런데 그때 그 〈physis〉가 과연 한국인에게도 희랍인에게도, 미국인에게도 똑같은 것일 수 있다는 보장을 우리가 어디서 받느냐는 문제입니다.

박홍규 실증적인 보장? 상기설이나 유크리트 기하학 같은 것을 봐. 플라톤의 상기설에 의하면 영혼이 신체 속에 들어오기 전에 본성상 이미 그런 것이 있었다는 거야. 유클리드 기하학은 가르치지 않아도 다 상기되어 나오잖아? 그건 사실 또 다른 의미가 있어. 내 지금은 잊어버렸지만.

손동현 그런데 선생님. 수학도 가령 0이라는 숫자를 어떤 민족은 먼저 생각했고 어떤 민족은 뒤늦게 그것을 받아들였는데 이러한 차이를 인정한다면요…….

박홍규 인정해야지. 지능 발달의 문제지. 그러니까 아까도 말했잖아. 우리 학문에서 취급될 수 있는 세계라는 것은 연속성과 더불어서 나타난 세계야. 순수 사유니 하는 것도 다 연속성의 성격이고 내용이야. 우리가 막 태어났을 때는 없고, 커가면서 점점 생겨서 성인이 될 때에 나온다는 얘기야. 학문 세계에서는 그런 것만 취급해. 허무에서부터 그 자체로서 당연히 나온다느니 하는 것은 학문 세계에서는 취급하지 않아. 허무에서 나오거나 허무로 돌아가는 것, 죽느냐 사느냐의 문제 같은 것을 취급한다 하더라도 어떤 전제 조건의 결과로서 이런 것이 나오더라 하고 설명할 수 있는 것만 취급한다는 말이야. 한계선, 한계 개념이 놓여 있어. 죽음이란 것은 우리에게 어떤 한계limit를 개재시켜. 우리가 안 죽었는데 죽은 뒤에 어떻게 알아?

손동현 그럼 선생님, 이것은 조금 딴 시각일지 모르겠는데, 문화의 차이성도 선생님께서 지금 강조하신 연속성에다 놓고, 더 발달되었거나 더 발전된 것으로…….

박홍규 연속성에서 어떻게 존재가 드러나느냐 하는 것은 아주 다양해. 무한정자이기 때문이야.

손동현 거기서는 다양성이 인정되어야 한다는 것입니까?

박홍규 무한정자니까 플라톤 입장에서 보면 그것은 뭐든지 들어와도 방해하는 것이 없어. 〈apeiron〉의 〈a-〉는 선험적으로 〈a-〉야. 결여태 privation야. 그리고 인식 기능이라는 것은 하나의 능력인데, 능력이라는 것은 외부의 조건이 그 능력을 발휘하도록 도와주어야만 발휘되는 것이지 방해받거나 하면 그런 능력이 나오지 않아. 유클리드 기하학이니 하는 것이 황하나 희랍에서 나왔다고 한다면 다 그만한 환경이 지속이 되니까 발달한 것이지 그렇지 않으면 발달하지 않아. 따지고 보면 지금 얘기하는 것이 다 연속성의 문제야. 우리가 나누지 자꾸. 철학에서는 본질essentia이니 실재existentia니 여러 가지의 것으로 나눠, 구별해. 실제로 존재하려면 어떻게 되느냐? 돌연히 동떨어져서 허무에서 나온다고 해. 본질이니 실재니 하는 구별이 없어.

손동현 우리가 정확하게 실증적인 표현을 하기 어려워서 독일 말로 하면 정신과학Geisteswissenshaft이라고 해서 〈Geist(정신)〉이라는 개념이 끼어들어 오기는 합니다만, 그렇다고 그것을 우리가 실재하지 않는 것으로 도외시해 버릴 수도 없구요.

박홍규 〈Geist〉라는 말은 독일 철학에서 많이 쓰니까 독일 철학에서 어떻게 사용되었느냐는 그 문헌학적인 검토philological examination를 먼저 선행시켜야지. 그런 연후에 현대 심리학에서 어디에 해당하느냐를 보아야겠지. 개인 심리학, 문화 심리학 등 여러 가지가 있으니까, 그중 어디에 해당하는 것이냐를 놓고 나가야지.

그러니까 이제 우리 논의의 요점은 이거야. 기독교나 희랍 철학이나 난관aporia에서 출발했다. 그 난관은 어디서 나왔냐 하면 전쟁에서 나왔다. 전쟁에서는 어떤 난관이 나오느냐? 허무주의의 극단이라고 하는 고르기아스의 니힐리즘이 나오더라. 플라톤은 그것을 극복하려고 하더라. 플라톤이 어떻게 극복했냐 하면 이 다(多)와 운동의 세계가 있는 타자화된 한에 있어서의 존재의 세계로써 허무주의를 극복하더라. 그리고 타자화되지 않는 존재 그것은 허무와 직접 관계를 맺는데 그것은 보통 모순이라 불리는 것으로서 신앙 세계로 가서 극복이 되더라. 따라서 허무주의를 극복하는 방법은 두 가지가 있더라. 그것이 곧 학문하고 신앙이더라. 이것은 서로 다르긴 하지만, 그러나 학문의 세계에 독자성 autonomy이 나오니까 신앙 세계의 독자성도 생각하게 되더라, 그런 얘기야. 예전에는 학문 세계에 독자성이 없어서 혼동됐기 때문에 종교가 모든 것을 다 해.

(1989. 12.)

플라톤과 전쟁

박홍규 지난번에는 플라톤에서 허무주의가 어떻게 극복되는가의 기초적 구조를 이야기했고, 오늘은 허무주의라는 것이 전쟁과 관계 있다는 것, 그래서 플라톤 철학은 전쟁을 이해하지 않으면 얘기하기 힘들기 때문에, 플라톤 철학을 전쟁과 관련해서 설명할 수 있는 측면을 이야기하려고 해. 연속 강의니까, 지난번의 내 강의를 머리에다 두고 들어야 돼. 처음 듣는 사람들은 무슨 소린지 모를 거야.

그런데 먼저 철학이 다른 학문보다 우월하다는 점을 먼저 생각해 봐야 돼. 철학, ⟨philosophia⟩라는 것은 사물을 다루는 데에서 가장 탁월한 지식이라는 거야. 그 탁월하다는 것이 무엇이냐가 문제야. 어떤 점에서 탁월하냐? 내가 광주에서 강의했을 때와 여기서 강의했을 때,[8] 얘기했어. 그때 강의했던 것을 기초로 하자면, 플라톤에서는 항상 난문 aporia이 있고 그것을 해결하는 과정이 있으며, 거기서 철학이 성립하는데, 다른 학문이 도저히 취급할 수 없는 난문, 문제가 있다는 거야.

---

8) 박홍규, 『형이상학 강의 1』, 「광주 강연」과 「앎의 개념」 참조.

그런 난문을 취급해서 해결할 수 있는 학문이 있다면 그것이 가장 탁월한 학문이야. 그러면 어떤 문제를 다른 학문이 취급할 수 없느냐? 고르기아스의 허무주의 같은 것은 다른 학문이 취급하지 못해. 왜냐하면 다른 학문은 데이터가 있고 취급하는 사람이 있어야 하는데, 고르기아스는 처음부터 그런 것을 다 부정해. 아무것도 없다는 거야. 그러니까 완전한 허무주의는 보통 학문이 취급을 못해. 그러나 철학은 그런 문제도 다룬다, 그 말이야.

그럼 어떻게 하면 되느냐? 사물이 존재하기 위해서는 어떤 요건이 필요한가, 그 원인을 찾아서 있을 수 있는 사물의 총체를 모조리 그 원인에 환원시켜서, 그 원인과의 관계에서 각각을 논의해. 그 과정은 두 가지가 있다고 그랬지? 『티마이오스』편에서 둘 다 원인 분석으로 간다고 그랬지. 전체를 동시에 성립시켜 주는 원인 분석이라는 것은 동시에 사물의 본질essentia만 취급하는 것이 아니라, 현존existentia도 취급해. 이 점이 다른 학문과 달라. 다른 학문은 이미 데이터가 있다고 가정하는 거야. 다른 학문은 어떤 사물의 실재를 취급하더라도, 이미 다른 사물이 있고, 즉 〈exister(현존하다)〉하고, 그리고 그것을 기초로 해서 그 사물이 있으니까 다른 어떤 사물이 있겠구나 하고 취급하는데, 철학은 처음부터 전제하는 어떤 사물이 없어. 〈exister〉를 전제하지 않아. 그럼에도 불구하고 있을 수 있는 사물은 어떻게 존재할 수 있느냐 하는 총체적인 원인을 찾을 수 있어. 그런 점이 다르지. 물리학 같으면 인과론을 찾지만 인과론에도 어떤 사물이 이미 있다는 것이 전제되어 있어. 그것을 기초로 해서 그 사물이 있고, 이러저러한 활동을 하니까 이런 결과가 나온다는 방식으로 나가. 그러면 그 이전에, 또 그 이전에, 그런 식으로 한없이 끝으로 올라갈 것 아냐? 그러나 이 허무주의의 문제는 어떤 사물이 있더라도 도대체 처음부터 어떻게 존재하느냐의 문제까지도 취급해. 그 원인을 분석해서 모든 사물을 그 원인에 관계시켜서 판단해 줘. 총체적 연관에서 본다는 것은 무슨 말이냐? 전체를 규정하는 규정에 환원시켜 볼 때 그것이 총체와 관계를 맺어. 그러니까 총체와 관계를 맺는 방식이 몇 개 있느냐, 그 원인에 의해서 어떻게 분류되느냐, 분류되는 방식이 몇 개나 있느냐, 그렇게 해서 있을 수 있는 존재자, 대상의 기본적인 최초의 first 근원적인 분류 class가 나오고, 또 그 다음에 하위 분류가 나오고, 하는 식이 돼. 분류를 어떻게 하느냐에 따라서 플라톤이다, 아리스토텔레스다, 베르그송이다로 나가. 원초적인 철학적 입장이 달라져.

그렇게 해서 나온 학문이 가령 경험적인 세계의 경우에 플라톤의 자연학, 아리스토텔레스의 자연학, 근세 갈릴레이에서 나오는 자연학, 즉 실증 과학이야. 그렇게 해서 나오는 학문 중에 경험적 대상에 관해서 우리에게 주어진 학문으로는 실증 과학처럼 우수한 학문은 없어. 경험적 대상에 대해서 실증 과학을 넘어설 수 있는 학문은 없어. 그래서 실증 과학이 모든 학문을 지배해. 그것이 기준 criterium이 돼. 물질이 무엇이냐, 정신이 무엇이냐를 얘기하려면 실증 과학에 한번 비춰 봐야 돼. 알아들었지? 그러니까 거기서 가장 탁월한 학문의 결과가 나온 것이지. 다른 학문이 취급할 수 없는 그런 가장 어려운 문제에서 출발해서 거기서 올바른 과정 process을 거치고 사물을 분류해서 탐구해 나가야만 가장 탁월한 학문이 돼. 첫째 문제의 성질부터 철학이 취급하는 학문은 다르더라. 플라톤에서는 그렇게 돼.

그러면 문제는 그 탁월성이라는 것은 뭐냐? 철학에만 있는 것이냐, 학문에만. 안 그렇다는 거야. 기타 치는 사람은 기타 치는 데 탁월하고, 운동하는 사람은 운동하는 데 탁월하고, 기악 하는 사람은 기악 하는 데 탁월하고, 도대체 인간 가지고 있는 능력의 종류만큼 탁월성이 있어. 그런데 그중에서 가장 탁월한 것은…… (이태수 들어옴) 자네 이리 오게, 이리 와. 이제 막 시작했어. 무슨 얘길 했냐면, 철학이 탁월한

170

지식이라고 하는데, 그 탁월하다는 의미가 무엇이냐? 플라톤에서 다시 한번 생각해 봐야 할 문제가 있다. 플라톤에서는 난문이 있고, 풀 문제가 있고, 그 문제를 풀어나감으로써 지식이 성립하는데, 다른 학문은 취급할 수 없는 난문이 있다. 다른 모든 개별 과학은 데이터가 있고, 취급하는 대상이 있는데, 고르기아스의 허무주의는 데이터가 아무것도 없다. 그러니까 이런 분과 과학 같은 것은 성립할 자리가 없다. 허무(虛無)에서부터 모든 존재자를 취급한다면 그것은 동시에 현존existentia도 취급한다. 전체의 현존이 무엇이냐? 다른 분과 과학은 현존을 취급해도 그것에 선행하는 현존으로부터 다른 사물의 현존을 끄집어내려고 한다. 그런데 철학은 본질essentia만 논하는 것이 아니라 현존까지도 같이 논하지만, 그것은 처음부터 있을 수 있는 모든 사물이 도대체 현존하려면 어떤 원인이 성립해야 할 것인가 하는 원인 분석으로 간다. 원인 분석을 하고 분류를 해서, 원인과 결과의 관계에 따라서, 사물의 근원적 분류는 어떻게 나오느냐, 또 관계 맺는 방식은 몇 개냐, 하위 분류는 어떻게 되느냐, 그렇게 해서 점점 구체적인 사물을 취급하는데, 총체적인 입장에서 사물을 본다는 것은 그 총체를 규정하는 규정성에 환원해서 사물을 본다는 것이고, 그 원인은 배합 관계의 어떤 원인을 중요시하느냐에 따라서 플라톤이냐, 아리스토텔레스냐, 베르그송이냐가 나누어진다. 거기까지 했어. 거기서 나온 것이 플라톤의 물리학, 아리스토텔레스의 물리학, 근대의 물리학인데, 경험적인 대상에서 환원하는 실증 과학보다 우월한 학문이 어디 있느냐, 일단 실증 과학을 거쳐야 된다는 얘기를 했어. 그런데 그 탁월성이 학문에만 있는 것이냐? 그것이 아니라, 플라톤의 말을 빌리면, 기타 치는 데도 있고, 기악 하는 데도 탁월하다고 하고, 말 타는 사람은 말 타는 데 탁월하다고 한다는 거야. 그러니까 인간의 능력이 있는 만큼 탁월함의 종류가 있어. 플라톤에서는 최고의 정치가 같은 것이 탁월한 것이라고 말하고 있어.

그러나 이런 모든 탁월성 중에서도 총체적으로 인간을 고대사라고 하는 그 역사적 환경에서 현존——지금 여기서는 현존의 입장에서 보는데——할 수 있는 가장 기본적인 탁월성은 무엇이냐 하는 문제가 나와. 철학은 현존의 원인까지도 취급한다고 했으니까. 그런데 고대사라고 하는 것은 전쟁에 의해서 역사가 규정되는 시대란 말이야. 경제도 있고, 종교도 있고, 다른 것도 다 있어. 다 있는데, 가장 우선적인 것을 다뤄보라면, 그것이 바로 전쟁이라는 말이야, 알아들었지? 고대사, 중세사, 근세사를 끊어서 그 시대의 역사를 이끌어가는 일차적primary인 사실이 무엇이냐를 잡아야 돼. 그 일차적인 사실에서 철학을 환원시켜서 봐야 돼. 그러면 그것이 전쟁이라는 거야. 그런데 전쟁에서 일차적인 것은 우선 이겨야 되고, 또 모든 상대방을 정복해야 돼. 로마의 마르시알Martial이라는 풍자 시인이 있지? 희랍 사람들은 예술이나 조각을 예쁘게 만들기를 잘한다. 그러나 로마 사람들은 세계를 지배한다는 거야. 그것이 고대 사회에서 역사적인 존재로서의 자신들의 생존existence를 확보해 주는 가장 탁월한 방식이야. 모든 민족들을 지배하고 자기가 그 위에 서는 것. 왜냐하면 탁월한 것은 항상 이기고 〈archein〉, 즉 지배하기 마련이야. 또 『자성록 Eis beauton』을 쓴 마르쿠스 아우렐리우스Marcus Aurelius는 인간이 이성을 가지고 있다는 것은 세계 국가cosmopolis를 만드는 데에서 성립한다고 했어. 그 말은 로마 사람의 입장에서는 세계를 정복한다는 얘기야. 세계 국가라는 사상은 알렉산더에서 오거든. 알렉산더는 도리아 계통 사람이지. 도리아 계통 사람이 어떤 사람이냔 말이야. 북쪽에서 희랍을 점령해서 도시 국가를 세우고, 내가 사냐, 네가 사냐 서로 싸우던 민족이 희랍도 점령하고, 이집트도 점령하고, 페르시아도 점령해서 세계 국가를 만들려고 했지.

그러면 이제 그런 강대국이 어째서 망했냐 하는 문제가 생겨. 그런

172

문제가 생길 수밖에 없어. 고대사를 보면 한 나라가 계속 죽 있는 것이 아니거든. 고대사가 끝났거든. 어떻게 해서 끝이 났느냐, 망했느냐 하는 문제가 나와. 그 이유는 각각의 도시 국가마다 다를 거야. 이유가 여럿 있을 것 아냐? 물론 고대사를 보면 정치적인 어떤 설명이 나올는지도 몰라. 각각의 도시 국가의 사정은 모두 다를 거야. 그러나 그 원인 중의 하나는 전쟁 그 자체가 가지고 있는 역기능이야. 인간의 모든 행동에는 순기능만 있는 것이 아니고 역기능이 반드시 있어. 그 역기능이 거꾸로 그 나라를 망치게 하더라, 그 원인의 하나가 되더라는 걸 발견할 수 있단 말이야. 그러면 그 전쟁의 역기능이라는 것은 무엇이냐를 찾아야 돼. 그걸 생각해 봐야 돼. 왜냐하면 그렇게 큰 전쟁이 많은데, 역기능이 없을 리가 없거든. 반드시 있어. 전쟁의 역기능이 무엇이냐? 사람들이 역사적인 존재로서 실존하는 데 대한 역기능이 무엇이냐를 찾아야 돼. 이 전쟁이라는 것은 실제로 체험해 보고 그 속에서 살아보지 않으면 아무리 얘기해 봤자 소용이 없어. 그 속에서 살아봐야 돼. 전쟁은 현대나 고대나 비슷한 점이 있고 다른 점이 있고, 그 역기능도 똑같아.

내 체험을 좀 얘기 해야겠는데, 왜냐하면 나는 전쟁을 두 번이나 겪었으니까. 플라톤 철학을 우리가 하나하나 느끼feeling면서 읽어야 돼. 논리적 공간에서 추상적으로 읽으면 안 돼. 내가 그 속에 들어가서 공감sympathos하면서 느끼면서 읽어야 이해가 된다는 말이야. 그 느낌을 알게 하기 위해서 서론introduction격으로 내 체험을 얘기하는 거야. 나는 맨 전쟁 시대에 살았지만, 전쟁에서 내가 가장 화를 많이 입은 것은 태평양 전쟁이야. 하와이 진주만 공격 때, 나는 동경에 있는 대학에 있었단 말이야. 진주만 공격을 하니까 어떤 사태가 났느냐 하면 ──그 전에야 동경 생활은 자유롭고 풍요로운 생활이지──, 당장에

달걀도 없어져, 설탕도 없어져, 과자도 없어져, 소고기도 없어져, 다 없어져 버려, 거리에서. 왜 그럴까? 우리나라하고 똑같이 일본도 사료를 미국에서 가져와. 태평양 건너 바다에서. 그런데 전쟁이 났으니 어떻게 사료가 오느냐 말이야. 당연한 얘기지. 전쟁통에 닭도 죽고, 소도 죽고, 돼지도 죽고, 다 죽었다는 얘기야, 요는. 그럴 것 아냐? 우유도 안 오고, 계란도 없어. 설탕이 어디서 와? 남쪽에서 오잖아. 그런데 남쪽에서 어떻게 와. 버스도 지금처럼 발달하지 않았고, 택시도 없었어. 기차 타고 여행했어. 그 기름이 남쪽에서 오는데, 조금밖에 없는 기름은 군수 공장에다 넣어야지, 쓸 수가 없잖아. 돈은 돌아. 그러나 모든 게 통제가 되어버려. 먹을 것도 동회에서 다 통제한다고. 쌀이고 뭣이고 배급 제도로 나가. 돈을 아무리 가지고 있어도 살 것이 없어. 설탕 하나 파는 데가 없어. 지금 북한이 그와 비슷하지. 여행도 못해. 못 가게 해. 꼭 북한하고 같아. 어디 가려면 기차를 타야 되는데, 사적인 여행은 차표를 못 끊어. 공적인 증명서가 있어야 돼. 출장을 간다든지, 취직을 했다든지, 그런 증명서가 나와야 기차표를 팔아. 배급이란 것은 평균치야. 어떤 사람은 많이 먹고, 어떤 사람은 적게 먹는데, 많이 먹는 사람이 배급 타서 먹으면 살이 쪽 빠져버려. 그래 갖고 영양부족에 걸려버려. 배급은 평균치거든. 나 같은 사람은 밥을 많이 먹거든. 하하하. 지금 생각하면, 그때는 또 회충이 있었다고. 한국 사람은 밥을 많이 먹는데, 그 이유가 나는 회충 때문인 줄 알아. 그리고 영양가가 없는 걸 배급해 주거든. 항상 배가 고프지. 나도 살이 몇 킬로나 빠져버렸어. 키도 줄어들고. 여행도 못 가지. 그러는 사이에 나는 그때 룸펜이란 말이야. 실업자야. 전쟁통에 동경서 무슨 놈의 취직이야. 노동밖에 할 일이 없어. 어떤 사람이 저녁에 어디를 가라고 소개를 해주더라고. 어디론가 가보니까 군수 공장인데, 산소통이 하늘같이 싸여 있어. 그걸 일일이 목로——목로라는 게 있지? 네 사람이 메고 가는 것——로

메고 옮겨야 돼. 그 작업을 했어. 하루 저녁 내내. 그러고는 아침에 나와요. 아침에는 공장에서 사람들이 일하고 산더미같이 나온다고. 코피가 막 줄줄 흘러. 그래서 나는 못하겠다고 그랬어. 조금 있다가 공장이 폭격을 맞았어. 내가 이런 소리를 하는 데는 다 이유가 있다고. 며칠만 더 있었더라면 나는 아마 행방불명이 됐을 거야. 우리 집에서는 내가 공장에 가서 일하는 줄도 몰랐거든. 아무도 몰랐거든. 〈아, 이 사람 어디 갔다가 안 돌아온다〉, 그럴 거야. 뼈도 못 찾았을 거란 말이야. 저녁에는 비행기가 폭격을 해. 소이탄(燒夷彈)을 던져. 이천 개고 삼천 개고 막 뿌리고 다녀. 그래서 소등을 하고 가만히 있으면 라디오로 말을 해줘. 레이더로 포착하는 거야. 적 일대——그때는 한 목표라고 해——, 〈한 목표가 괌도에서 지금 출발했습니다.〉 〈몇 분 후에 옵니다.〉 후지산이라는 데가 있어. 거기서 동경으로 꺾여져. 〈후지산까지 15분, 동경은 20분, 자, 후지산까지 왔습니다. 이제 동경 왔습니다〉 그래. 나가 보면 하늘에서 비행기가 막 곡예를 하면서 놀아. 그래 가지고 막 뿌려. 일본 집은 목조로 된 2층 건물이야. 불이 10분이면 한 층을 다 태워버려. 일본 사람들은 〈집이 불에 탄다〉고 하지 않고 〈불이 집을 핥는다〉고 해. 핥고 가. 거기서 못 빠져나오면 죽는 것이지. 내가 있는 집은 네거리의 모퉁이에 있었는데, 용케도 그 블록만 빼고 그 주위는 다 타버렸어. 그리고 또 동경이 다 타버렸어. 아무것도 없어. 동경 인구가 천만 명인데, 동경은 평지야. 대판도 그렇고. 서울은 산이 있잖아. 폭격을 맞으면 이재민들은 다 어디로 갈 거야? 시골로도 가고 하는데 못 간 사람들은 방공호를 팠어. 깊이가 한 1미터 반 정도, 길이가 2미터 폭이 한 1미터 그 속에서 살아. 그 속에 옷이 있나 변소가 있나, 갈아입을 셔츠가 있나, 몸만 빠져나왔거든. 일본은 비가 자주 오는데, 비가 오면 질질 흐르지. 거지 생활이지. 거지도 그런 상거지가 없지. 저녁에는 어떻게 자? 거기 발 뻗을 데도 없거든. 비 오고 화장실도 없고, 밖에다 놓고 배급 준 거 가지고 끓여 먹고 사는 거라. 내가 어떻게 거기서 살아남았는지 불가사의야. 물론 사람은 불가사의라고 하지, 물리학적으로 보면 하나도 불가사의가 아닌데. 한국으로 나오려고 하는데, 전쟁 중이라 못 나와. 기차표를 못 사니까. 여행이 안 돼. 그래도 동경 역을 한번 가보자 싶어서 폭격 맞은 이튿날 동경 역을 갔다고. 한 십 킬로는 되는데, 도중에 보니까 전부 잿더미라. 전에는 거기에 집도 있고, 학교도 있고, 절도 있고, 교회도 있고, 아름다운 저택도 있었는데, 아무것도 없어. 나 이런 얘기 하는 데 이유가 있어. 길가에는 사람이 타고, 타고, 타서 말이야, 골진 시체가 굴러다녀. 숯이 타면 골이 지지. 남잔지 여잔지도 몰라. 동경 역을 가보니까 거기도 폭격을 맞았는데 소제를 하고 있어. 쓸고 있어요. 햐──, 이거 동경에서 노동 일을 하고 품팔이를 하고 살고 있는데, 나가야 되겠는데, 나올 길이 없어. 전쟁 분위기라는 게, 일본 정부에서는 조그만 범죄라도 하면 중벌에 처한다는 명령이 내려 왔어. 그런데 우리 아는 사람 매부가 신의주 펄프 공장 공장장이야. 그 사람한테 편지를 해서 취직 증명서를 냈다고. 그래서 역에 가서 기차를 타고 서울로 빠져나왔어.

그 뒤에 한국에 들어와서 전후(戰後)의 동경 얘기를 들어봤어. 완전히 잿더미지. 그 전에 우리가 살 때는 동경이 지금보다도 훨씬 질서가 잡히고 성적인 문란이 없어. 유흥가나 극장 같은 데서 옷을 벗는 일이 없어. 그런데, 거기서 돌아온 사람들 얘기를 들어보면 그저 조금 가면 스트립 쇼, 조금 가면 스트립 쇼, 블록마다 포르노 사진이 붙어 있대. 일본 학생들은 바로 교복을 벗겨버렸어. 일본 놈들이 약삭빠르거든. 같은 학교 다니는 것들이 거기 가서 앉아 있대. 여학생이나 남학생들이, 거기 가서 앉아 있어, 허허허. 사복을 입었으니까 누군지 모르지. 학교에서 맨 그런 얘기만 한대. 그럼 식량 사정은 어떠냐? 사방에서 모여드니까, 식량 사정은 더 나빠지지. 배급 쌀만 먹다가 어떤 판사가 죽었어. 아사했어. 식량 배급을 받지 않은 사람한테는 식권을 줘. 그것을 가져가면 식당에서 한 공기를 줘요. 그 한 공기를 받아먹으려고 동경 처녀가 몸을 팔았어. 그렇게 배가 고파. 좌우간 배가 고파. 그러면 도덕이니 윤리는 엉망진창이야. 잡지나 어디에서 읽어보면 말이야. 어디 동회에서 돈을 훔쳐서 어쩌느니, 뭐니, 뭐니, 일본 사람들 좌우간 할 일 못할 일 다 해. 또 섹스에 관해서 가장 중요한 것이 무엇이냐 하면, 미국 사람이 들어오잖아. 거기서 일본 사람들이 아편, 마약 하고서 그룹 섹스를 해. 그것에 대한 실제 경험을 작품으로 써가지고 어떤 소설가가 일본서 유명한 문학상을 탔어. 일본 사람들은 근친상간이 특징이야. 그 전에는 여자가 춤을 춘다는 것은 일본에서는 생각할 수가 없어. 순 남자 위주의 술집 같은 것이나 있지, 여자가 간통하면 이혼당하지. 간통하는 것은 공식적으로 인정이 다 되고, 잡지에 얼굴이 딱 나와요. 사진도 나오고. 간통에 관해서 50대 주부들이 좌담하는 것이 다 나와. 이름도 나오고 사진도 나와. 읽어보면 모두 간통 예찬론이야. 이렇게 좋은 것이 어디 있느냐, 허허허, 체험을 풍부하게 해준다, 여기 같으면 《여성 동아》 같은 잡지에 그런 것이 나와. 그리고 또 근친상간, 아버지가 여자를 데리고 살아서 자기가 도망갔다는 기사가 나와. 아주 심해.

또 포로로 갔다 온 사람의 수기를 많이 읽어봤어. 시베리아에서 살다가 온 사람 얘기나 여럿을 읽어봤는데, 가장 비참한 얘기를 하나 하자면, 이런 수기가 있어. 어떤 사람이 징병이 되어서 군함을 타고 갔어. 그런데 미군 비행기가 폭격을 해서 사람이 죽어. 그래서 수장을 해. 네 손발을 묶고. 가장 비장한 군가를 연주하며 수장을 해. 그리고 뉴기니 섬에 도착했어. 무인도야. 먹을 물도, 양식도 없어. 몇 십 명이 내렸는데, 거기에 위안부가 하나 따라다녀. 위안부가 몸을 팔면서 건빵 몇 개씩을 받아놓았어. 그 위안부만 건빵이 삼사십 개 있어. 그런데 군인들이 그걸 알고 있어. 군인들이 처음에는 하도 배가 고프니까, 건빵을 뺏으러 갔겠지. 그런데 어떤 병사가 돌연히 〈에이, 이거 먹어버리자〉 하고서 그 위안부를 쳐. 살아 있는 위안부를 쳐서 뜯어먹어. 그러니까 군인들이 와 달려들어 그걸 다 뜯어 먹어버려. 생사람을 말이야. 그리고 그걸 나눠. 뼈를 토막 쳐서 나눠. 자기도 나눠 가지고 행낭에다 넣었어. 저녁에 자는데 이 사람이 근심이 생겨. 다음에는 이 사람들이 누구를 잡아먹을 것인가, 아무래도 자기를 잡아먹으려고 죽일 것 같거든. 그래서 저녁에 도망쳐. 몰래 빠져나와서 며칠을 도망가. 행낭 속에 덜거덕 뼈 소리가 나는 채로. 그리고 미국인한테 발견되어서 포로가 돼가지고 동경에 와보니까 어떠냐? 어디가 어딘지를 몰라. 나도 보니까 동경이 어디가 어딘지를 몰랐어. 불타버려서. 참 비참하지. 나도 이전에 천만의 동경이 불타서 잿더미가 된 것을, 앞뒤로 다 불탄 것을 보니까 참 기가 막혔어. 그러고는 그 뒤에 혼란이라는 것이 이루 말할 수가 없어. 한 십 년 동안. 거기서 그때는 좌익 사상이 성했어. 좌우간 좌익 서적을 안 본 사람은 인텔리도 아니라고 했어. 그런 수기가 있어요. 오빠는 순경이 돼가지고 데모 막으러 가고, 여동생은 화염병 가지고——그때부터 화염병이 나왔어——파출소 습격하러 가고, 허허. 그래서 고민하지. 그러나 집에서는 오빠지만 밖에 나가면 적이야. 내가 이런 말 하는 데는 이유가 있어.

그 뒤에는 어떻게 됐느냐? 세대 차이라는 게, 일제 시대에는 애들이 학교 선생한테 대드는 거는 생각할 수도 없지. 그런데 중학생들이 졸업할 때 선생을 두들겨 패. 경찰서 트럭을 갖다 놓아야만 졸업식을 해. 그런데 어떤 선생이 중학생한테 두들겨 맞고 자살했어. 또 여학생이 여선생 머리채를 잡고 두들겨 패. 야, 정말 일본 미쳤단 말이지, 돈 것 같아. 옛날 생각하면 백팔십도 돌았어. 광기야, 일종의 광기. 전쟁의 광기. 그 다음에 또 어떤 사태가 있냐 하면, 아버지를 패. 그런 사태가 점점 경제 부흥으로 인해서 경기가 좋아지면서, 6·25 전쟁 때 그네들 돈 많이 벌었거든. 그래서 점점 나아졌어.

그런데 나는 여기 와서 6·25 때 또 전쟁을 당했어. 6·25 전쟁은 저쪽 전쟁하고 또 다르지. 내가 직접 대상자니까. 일요일 아침에 군인들이 메가폰으로 뭐라고 막 소리치면서 돌고 다니더라고. 나는 돈암동에 살았는데, 그게 미아리에서 의정부로 넘어가는 길목이야. 딱 길목인데, 인민군이 막 들어오니까 어떻게 됐냐면, 인심이 완전히 바뀌어 버려. 세상이 완전히 달라져. 어린애들이 김일성 노래 부르고 다녀. 그전에는 이승만 노래 부르더니. 청년들은 빨간 천으로 완장을 차고 총 들고 길가에 섰어. 세상이 완전히 바뀌어 버려. 광기에 의해서 여자, 남자 할 것 없이 날뛰어. 물론 그렇지 않은 사람들도 많지. 내가 신당동에서 인민군을 맨 처음 봤는데, 옷은 운동복 같은 데다 카키색 모자 쓰고 거지 같아. 그래도 시민들이 박수를 쳐댔지. 참 허무감을 느꼈어. 왜냐? 이렇게 많은 사람들이 있는데, 얼마 안 되는 군대 때문에 이리저리 움직여. 예전에 나치가 쳐들어 올 때도 폴란드 같은 데 사람들이 많이 있었거든. 사람들이 없었던 것이 아니야. 그런데 얼마 안 되는 정복자들에 의해서 그 사람들이 전부 다 지배당한 거야. 똑같아, 그것은. 사람이라는 게 어떤 사람인지는 전쟁을 통해야만 알겠다는 것을 절실히 느꼈어. 전쟁에서 어떻게 행동하는지를 봐야만 알지, 그렇지 않으면 평화시에는 모르겠다. 일본에서도 전쟁을 겪으면서 일본 사람이 어떻다는 것을 내가 알고 있거든. 전쟁에서 어떻게 반응하는지를. 그때 나는 서울대학에 있었는데, 전부 파면이야. 관직이나 그런 지위에 있는 사람들은 모두 파면이야. 그래서 서울 시내가 실업자로 가득 차. 서울 시내 어디를 가도 실업자야. 서울대는 오직 세 명만 김일성의 인정을 받고, 나머지는 다 실업자야. 어디로 가? 어디 생활 근거가 있나. 식량은 급하니까 보리쌀이라도 사려고 임진강을 갔다고. 임진강 넘어 개풍군이라는 데가 있어. 뢱작에다 보리쌀을 지고 갔는데, 임진강에 가보니까 갯벌이야. 젊은 시체 열댓 구가, 남한 사람 시체인데, 물이 들어서 몸이 불었어. 그래서 떠내려가지 않고 갯벌에 걸려 있어. 그것을 보고 인생의 허무감을 그렇게 느낀 적이 없어. 다른 때는 느끼지 않았는데. 왜냐하면 인민군이 막 들어와서 모다 총살하는 걸 내가 봤거든. 그런데도 허망함을 안 느꼈는데, 그때는 그렇게 허망함을 느낄 수가 없었어. 그래 가지고 보리쌀을 사서 뢱작에 메고 마포에서 내려서 돈암동까지 지고 가는 거라. 뚜벅뚜벅 가는 거라. 거리가 고요해. 참, 개미 하나 움직이질 않아. 왜 그러냐 하면, 그 사람들은 혁명하러 왔으니까, 반동분자들을 모두 숙청하러 왔는데, 미군이 바로 참전했거든. 다 폭격했어. 군대가 모자라니까, 얼른 징발해서 전선에 군인으로 내려보내는 것이 먼저야. 그래서 처음 2, 3일만 숙청하다가 그만둬 버렸어. 사람들이 무서워서 전쟁에 나가려 하나. 문 잠그고 집에 가서 다 숨어 있지. 밖에서 찾으면 다 없다고 하지. 아무도 없어. 아무리 친한 친구가 와도 저놈이 어떤 친군지 모르거든. 또 길 한가운데, 네거리 쪽에서 저쪽 사람들이 지키고 있단 말이야. 지나가면 오라고 해서 신분증 내놓으래. 신분증 없으면 가자고 해서 군대로 보낸단 말이야. 한번 붙들려서 경찰서로 가면 그만이야. 끝이야 끝. 용서도 없고, 아무것도 없어. 변명해 봤자 아무 소용 없어, 그 시대는. 그래서 문 딱 잠그고 아무도 없어. 다 숨어 있거든. 시골에서는 어떻게 했냐 하면, 사람들의 손을 봤대. 노동자 손이면 보내 주고, 반들반들 인텔리 손이면 끌고 갔다는 거야. 허허. 나도 숨어 있었거든.

박희영 쌀은 어떻게 사러 가셨어요?

박홍규 걸어서. 거기 아는 사람이 있었거든. 우리 집에 있던 사람이 거기 이사 가서 살았거든. 집에 가서 숨어 있는데, 인민군들은 지독히 훈련이 잘 되어 있어. 보기만 해도 벌써 국군하고 전혀 달라. 하루는 구청 쪽에서 인민군 몇 십 명이 총칼을 들고서 공격 태세를 하고 우리 집을 향해서 와, 내가 보고 있는데. 우리 집을 향해서 오다가 비켜 가더라고, 하하. 거기에 적인지 뭔지 있었던가 봐. 그런데 9월이 된 뒤에 국군이 들어왔잖아. 안 된다는데도 나는 저기 미아리도 가보고 다 따라가봤어, 호기심은 많아가지고. 내가 전선을 시찰했다고, 인민군은 어떤지 미군은 어떤지 시찰을 했어. 그런데 그때 내 처가 아기를 낳았어. 돈암동 그 조그만 방에서 산후열이 걸렸네. 열이 사십 도가 넘어. 그렇게 되면 죽어. 산후열은 죽은 거야, 그건. 내가 이사하면서 왕진을 청했는데, 그때 오일페니실린이 처음 나왔어. 오일페니실린 한번 놔주고 가. 그러고서 오지도 않아. 그런데 그게 나았어. 그래서 큰 딸하고 대구로 보냈어. 나는 그때 피난을 가려고 해도 갈 수가 없어. 내 처만 트럭에 태워서 보내고 나는 걸어서 갔지.

걸어서 남쪽으로 내려갔는데, 내가 처음 잔 곳이 판교야. 중공군이 처음 들어온 것이 그날 저녁이었는데 내가 그날 낮에 한강을 넘었다고. 넘어서 판교에서 자고 남쪽으로 자꾸 내려갔어. 피난민들을 봤는데, 늙어서 못 걷는 사람, 병자는 다 놔두고 가더라고. 겨울인데, 그러면 어떻게 돼? 그 사람들 다 죽었겠지. 누가 밥해 줘? 겨울인데 어떻게 살아? 12월인가, 겨울인데 눈 오는 날이야. 가고 있는데 우리 처남 집 앞에다가 애를 내버렸어. 햐, 피난 가는데 애를 버리다니, 피난 전에도 우리 집 앞에다 애를 버린 것을 경찰서에 갖다 주었는데, 애를 버렸어. 성환인지 평택까진지 걸어갔어. 가보니까 평택이라는 거야. 화물 열차가 있는데 포탄이 실려 있는 찬데, 거기에 개미 떼처럼 사람이 매달려 있어. 그리고 또 대전으로 갔어. 잘 데도 뭣도 없지. 비는 줄줄 오고 눈은 오는데, 처마 밑에 이렇게 앉아 있는 것이지. 옆에 사람이 하는 말이, 〈에구, 이번에는 어디로 가나, 남쪽으로 가야지, 바다 속으로 들어가야지!〉 그래, 하하. 저녁에 잠을 못 자고, 마침 기차가 있어서 시골로 갔어. 내 처는 대구로 갔는데, 학교는 부산으로 갔어. 그때 짐은 다 놔두고 몸만 간 거야.

부산 가서 어떻게 됐냐? 그때 반동분자로 끌려간 사람들이 많았거든. 그런 사람들의 가족들이 어떻게 살았겠어? 방은 어떻게 아는 사람들이 있어서 얻지만, 생활비는 달라고 할 수 없잖아. 전국에서 유명한 사람들의 자제들이 거지가 되다시피 했어. 지금까지 유명한 사람들의 아들딸들, 조그마한 국민학교 어린애들이 길가에서 풀빵 장사를 하거나 오징어를 팔거나 해서 먹고 살아. 또 어떤 사람들의 마누라는 얼굴이 반반하면 다방 레지로 나가거나. 부산에 갔는데, 햐 사람들이 어떻게나 많던지, 한 평당 한 사람이야. 대신동이 제일 깨끗하다는 덴데, 이층에서 하숙을 하고 있었어. 그런데 뒷집에서 자꾸 양키 소리가 나. 웃는 소리가 나고 해서 주인한테 물어봤어. 저게 무엇 하는 집이냐고 내가 그랬더니, 양색시 집이라는 거야. 그런데 그 양색시들을 보니까 전부 시골 여자야. 어떤 사람은 사십 대이고. 그리고 서면이라는 데가 있대. 나는 안 가봤는데, 거기 가면 굉장하대. 아편쟁이도 있고, 미국놈들이 아편 하고, 흑인도 있고 굉장하대. 부산서는 도저히 살 수가 없어. 왜 살 수가 없냐 하면 먹을 것은 있어, 미국 사람들이 먹을 것을 많이 갖다 주니까. 물은 거기에 없어. 물은 없어도 괜찮아, 비싸도 돈 주고 사서 먹으면 돼. 내가 제일 견디기 어려운 것은 화장실이 없다는 거야. 인구가 몇 백만이 되니까 화장실 처리를 못해. 길가에 막 넘쳐, 사람들이 집이 없으니까. 조그마한 판자집을 산 밑에다 짓고 살았거든, 바다를 보려고 산을 한번 올라갔더니 거기에 전부 오물이야. 비 오면 그 물이 어디로 들어가, 허허. 웃을 일이 아니야. 전쟁이라는 것이 얼마나 비참한가를 알아야 돼.

송도라는 깨끗한 곳이 있는데, 거기에 좋은 집이 하나 있어. 저 집이 누구 집인가 했더니, 유명한 여류 시인이 하나 있어. 말하면 곧 알지만 미안하니까 말하지 않겠는데, 그 사람 집이라고 해. 저녁에는 맨날 미국 사람하고 춤을 춘다고 그래. 그 말을 듣고 얼마 안 돼서 내가 시골에 있는데, 아, 전국적으로 춤바람이 났네, 여자들이. 미쳐 돌아다녀. 누가 추라고 한 것이 아니야. 시골이고, 산속이고, 어디고 간에 부녀자들이 서로 안고 춰. 돈 없는 사람들은 보리쌀이고 뭐고 갖다 주고 배워. 내가 있던 광주만 해도 서울에서 댄스 교사가 와서 춤을 가르치는데, 유부녀 삼십 명을 농락했네, 사십 명을 농락했네, 그런 소문이 들리고, 좌우간 전쟁 과부는 다 거기 가는 모양이야. 좌우간 열병이야, 열병. 대낮에 여자 댄스 교사가 두들겨 맞았네, 폭행을 당했네, 그랬거든. 그것이 5 · 16 후에까지 지속됐어. 5 · 16 이후에도 그걸 단속 못해. 5 · 16 일어난 뒤에 음란한 것들 전부 축출하려고 했는데도 안 돼. 맨 춤방이야. 그때는 〈춤방〉이라고 했어. 총장 했던 최문환 씨가 여자들이 때때옷을 입고 춤을 춘다는 거야. 우리로서는 상상할 수가 없지. 때때옷이라는 거. 여자들이 거기 놀러 가고, 또 놀도록 되어 있는 데도 있고, 그래서 정부에서 양성화해서 카바레로 만들었어. 카바레가 바로 그 거야. 그때부터 생겼어. 교사 하는 사람은 가르치기만 하고. 그때부터 춤방이 생겼어. 동경도 우리가 학교 다녔을 때는 춤방이라는 것이 없었어. 나중에 말을 들어보니 국제 도시니까 있었겠지만, 부녀자들이 춤방에 간다는 것은 생각도 못해. 여기도 그래, 6 · 25 후에 춤방이 생긴 거야.

서울에 왔는데, 무엇이 가장 눈에 띄냐 하면, 몸 파는 여자들이 많다는 것. 그리고 광신자가 많아. 왜 그렇게 광신자들이 많은지, 좌우간 말을 할 수가 없어. 한편에는 몸 파는 여자들, 한편에는 광신자. 그래서 미안하지만, 여기 통일교 신자가 있는지 모르겠는데, 통일교가 뭔지를 내가 물어봤거든. 그러니까 피갈음을 한다고 해. 문선명 그 사람이 평양에서 온 사람인데, 피갈음이라는 것은 아담에서부터 내려온 유전의 죄를 깨끗이 하려면 피를 깨끗이 해야 된다, 피갈음을 해야 된다는 거야. 그래야만 죄가 깨끗해진다는 거야. 나중에 내가 강연하는 데 가서 들어봤다고. 그러고 나서 6·25 뒤에 온통 세상이 무질서하지. 소위 팔법이 있다고 했어. 육법이 있고 무법, 불법 합해서 팔법이 있었어. 그때 팔법이 판을 쳤어, 허허허. 그래서 4·19도 나고, 4·19 자체도 그런 현상에 대한 하나의 귀결입니다.

그러면 희랍 사람들이 페르시아 사람들하고 도대체 어떻게 싸웠냐? 대포를 쏜 것이 아니거든. 페르시아 사람들은 말 타고 활 들고, 갑옷을 입었어. 말 앞에도 말이 안전하라고 갑옷 같은 것을 해놨어. 그리고 활 들고, 칼 들고 어떤 사람은 창 들었어. 그리고 희랍 사람들은 헬멧 쓰고, 창 들고, 방패 들고, 에워싸서 육박전으로 싸우는 거야. 또 이런 말이 있어. 일본 군인들이 잔인해서 일본도라는 것이 있어. 그래서 사람의 목을 베야 군인이 된다는 거야. 장교들은 사람 목을 한번씩 베어야 돼. 그런데 일본서 연습할 수가 없잖아. 그러니까 중국 가서 중국 사람을 데려다놓고 연습을 했어. 그 사진 하나가 《아사히 신문》에 났어. 중국 사람이 머리를 떨구고 앉아 있고 위에서 칼로 내려치려고 해. 또 일본 놈들이 옆에서 웃고 있어. 맥아더가 그 사진을 보고 이놈들은 모두 잡아서 집어넣으라고 했거든. 대학에 군사훈련을 맡은 장교가, 우리 계급으로는 대령이고 일본 계급은 대좌지. 그 사람이 말하기를, 일본 칼이라는 게 아주 무서워, 보기만 해도 섬뜩해. 기술적으로 잘 쳐야 한번에 베지, 그게 잘 안 된다는 거야. 목에서 피가 막 나고 난잡하대. 그 잔인한 일본 사람도 그걸 한번 죽이고 나면 저녁에 잠을 못 잔대. 일본 사람도 다정다감하거든. 희랍 사람도 다정다감해. 로마 사람하고는 달라. 희랍 사람들이 어떻게 죽였냐 하면, 육박전에서 상대방을 창으로 찌르고, 상대방은 안 죽으려고 활로 쏘고, 칼로 치고 그러거든. 그것이 한번에 되냐 말이야. 갑옷도 입고 있는데. 어디 목을 찌르거나, 정강이를 찌르거나, 몇 번 찔러도 잘 안 돼. 그러니까 그건 그냥 죽이는 것이 아니라 살육이야. 그런 식으로 사람을 죽이는 거야. 그렇게 죽이고 난 뒤에 그 사람들의 정신 상태mentality가 어떻게 되겠는지를 한번 생각을 해봐. 그 당시에 희랍 사람들은 벌써 야만인이 아니거든. 야만인은 그렇게 하고도 무감각해. 로마 사람들은 경기장에 노예를 집어넣고 좋아라 하고 무감각하거든. 희랍 사람들은 다정다감한 사람들 아냐? 비극 같은 것도 나오고, 산문도 쓰고. 그러고 난 후의 정신 상태가 어떠했겠는가를 생각해야 돼.

다리우스가 죽고, 그 아들 크세르크세스가 희랍에 군대를 보낼 때 병력이 얼마나 됐느냐 하면, 책에 20만, 30만이라고 했어. 그 당시 희랍의 인구가 양병우 선생이 쓴 책을 보면, 2만에다가 노예들 숫자를 합친 거야. 2만이라는 수는 전쟁에 나가는 시민의 숫자야. 아테네 인구의 열배, 백 배나 되는 사람들이 쳐들어오는 거야. 그때 희랍 사람들이 느꼈을 공포심이라는 것은 우리가 말할 수가 없어. 보통 사람은 못 느껴. 우리처럼 6·25를 당한 사람들은 어렴풋이 느껴. 6·25는 공포 시대니까. 전쟁에 붙잡히면 포로가 되거나, 여자들은 당장에 겁탈당하고, 정조를 바쳐야 되고, 팔리면 어디로 갈지 몰라. 병 나서 죽어도 고만이고, 행방불명 되어버려. 마라톤에서 아테네까지 이겼다는 소식 전하려고 숨이 끊어져라 달렸다잖아. 얼마나 전쟁이 그 사람들의 생명에 위협적이었는지를 알 수 있는 거지. 살라미스 해전이 있기 전에 페르시아 사람들이 아테네에 들어와서 전부 불질러 버렸거든. 다 점령해 버렸어. 그때 아테네에는 조그만 병정들, 영 걸을 수 없는 노인들, 또 거기 남아서 화해하자고 했던 사람들이 남았어. 그런 사람들은 어떻게 됐겠느냐 말이야. 물론 다 잡혀서 노예가 되거나, 죽었거나, 다 그렇게 됐겠지. 다른 사람들은 살라미스나 어디 섬 같은 데로 다 피난 보내버리고. 그 사람들이 피난 갈 때 뭘 가지고 갔겠어? 기차가 있어, 자동차가 있어, 뭐가 있어. 짐이나 들고 애기나 업고 갔겠지. 가서 무얼 먹고 살아?

식량이 부족한 데거든. 전시에는 식량이 다 군대로 가. 모든 것은 일단 군대로 가. 그 사람들은 가서 뭘 했겠느냐, 그 말이야. 갔다 오면 어땠겠냐? 아테네는 싹 불타버렸어. 살라미스 해전에서 이겼지만, 5만 명의 군대는 테살리아 북쪽으로 가 있었어. 그 다음에 또 와서 아티카를 완전히 파괴해 버렸거든. 그러고서 플라타이아Plataia에서 끝났거든. 돌아와 보니 불타버렸어. 또 돌아온 사람 중에 자기 남편은 없어. 전쟁이라는 것은 겪어보니까 한편에서는 이겼네, 이겼네, 그래. 그런데 뒤꽁무니에서는 누가 죽었네, 누가 죽었네, 하는 통보가 날아오는 시대야. 이런 일이 있어. 나치스가 전 유럽을 잡고 베오그라드를 점령해서, 거기서 라디오로 노래를 하나 무심코 내보냈대. 그런데 그 곡을 다시 해달라, 다시 해달라는 편지가 막 왔대. 아프리카에 있는 독일 군인들이 보낸 거래. 그 노래는 우울한melancholy 노래야. 그것을 KBS에서 설명하면서 들려줬어. 「보초의 노래」라고 하는 노래야. 누가 들으라고 하지 않았어. 나치 때 위에서 내린 명령은 군가야. 용기를 북돋아 주고, 격동시키는 군가인데, 군인들이 무의식적으로 부른 노래는 우울한 노래야. 그 노래를 디트리히M. Dietrich라는 독일 배우—나치 때문에 미국으로 망명을 한 유명한 가수이자 배우인데—가 그 노래를 가지고 연합군을 또 위문했어. 연합군이나 독일군이나 군대의 심리는 다 같다는 거지. 연합군에게 들려준 것을 여기 방송에서 들려줬어. 왜 다 같으냐? 이긴 군대든 진 군대든 내일이 없어. 옆에 있던 사람이 내일이면 죽고, 나도 언제 죽을지 몰라. 또 부상병도 있어. 희랍 시대에 병원이 어디 있냔 말이야. 한번 상처 나면 막 소리를 지르고 난리지. 일본군도 중국 가서 부상당하면 자기 우군이지만 총으로 쏴버린대. 불쌍해서 볼 수가 없다는 거야. 소리 지르고 아프고, 그럴 것 아냐? 희랍 시대는 그런 의료 시설이 아무것도 없거든. 그런 전쟁이 얼마 동안이냐? 마라톤 전투에서 살라미스 해전 끝날 때까지 무려 십 년이야. 그러면 그런 십 년을 겪은 후에 그 나라의 법이라는 것이 지탱이 되겠어, 상식적으로 봐서? 지탱이 되지 않을 것은 분명한 얘기거든. 법 nomos이라는 것은 땅에 떨어져, 없어져. 없어질 것 아냐?

그러면 전쟁이라는 것을 역사적으로 무엇이라고 규정할 것이냐, 그 말이야. 한 역사를 딱 끊어주는 것, 매듭을 지어주는 것이 전쟁이야. 역사의 매듭을 지어주는 어떠한 현상이 일어나느냐 하면, 그 역사가 아주 거기서 끊어지든지, 카르타고처럼 완전히 없어지든지, 문화의 말세적인, 종말적인, 말기적인 현상이 드러나. 문화의 말기적 현상이 뭐냐? 개인으로서, 국가로서 나누어서 생각을 해봐. 개인에 대해서 말기적인 현상은 자기 생명의 죽음이야. 죽음을 의미해. 〈homo bellicus(전쟁적 인간)〉은 〈homo mortalis(죽음의 인간)〉이야. 전쟁에서의 인생관이라는 것은 항상 죽음과 대결하면서, 죽음을 앞에다 놓고 있는 거야. 전쟁 때 그 죽음을 넘어서기 위해서는 종교 문제가 꼭 나와. 신흥 종교가 꼭 나오기 마련이야. 일본에서도 이백여 개의 신흥 종교가 나왔다는 거야. 한국서도 광적인 비현실적인 신흥 종교가 나와. 왜냐하면 평화시의 종교는 평화적인 질서에 맞도록 정리된 종교야. 매너리즘의 제도화된, 똑같은 것을 되풀이하는 종교야. 역사의 끊어진 매듭, 종말적인 현상에서는, 그것이 모조리 다 무너져버려. 그것 가지고는 양이 안 차. 그러니까 종교 의식이 평화시의 〈nomimos(관습적)〉한, 제도된 종교의 틀에서 벗어나게 돼. 그래서 신흥 종교가 나와. 소크라테스의 죽음의 문제도 지금으로 말하자면 신흥 종교의 문제야, 간단히 얘기하면. 아니토스 Anytos의 보수적인 종교하고 대립한 거지. 그 희생자야.

그러면 종교 문제를 플라톤은 어떻게 풀었느냐? 그게 『파이돈』편이거든. 죽음의 문제가 나올 수밖에 없어. 도대체 죽음의 문제를 플라톤처럼 그렇게 세세히 다룬 사람이 철학자들 중에서 몇이나 있어? 죽음의 문제는 반드시 나와. 그러면 플라톤의 죽음의 문제는 무엇이냐? 어떤 해결책이냐? 윤회설이야. 윤회설은 뭐냐? 원시 시대부터 있었거든. 그러나 원시 시대부터 있었다, 오르페우스 종교에서도 있었다는 것 가지고는 설명이 안 돼. 플라톤 철학의 철학적 배경에서 설명을 해줘야지. 그래야 플라톤 철학의 일부분으로서 가치가 있어. 그러려면 플라톤 철학의 기본 구조에서 이해해야지? 기본 구조가 무엇이냐? 지난 학기에 말했지. 플라톤은 허무주의를 극복하는 데, 즉 모순을 극복하는 데 두 가지가 있다. 플라톤은 뭐라고 했냐 하면, 모순이라는 것은 딱딱 끊어준다, 그것을 극복하기 위해서는 그 끊은 것을 넘어선다, 연속성으로써 넘어선다는 거야. 그것이 무한정자apeiron이야. 「방황하는 원인 planōmenē aitia」[9]에서 내가 설명을 했지? 방황하는 원인이 제일 중요한 것은 바로 그거야. 그게 핵심이야. 모순은 〈이것은 존재고 이것은 무〉라고 하면 거기서 딱 끊어져. 타협이 없어. 비약이야. 그 끊어진 것을 넘어서려면 연속성이 나와야 돼. 제삼자란 말이야. 연속성은 동시에 다 주어지지 않기 때문에, 운동 과정으로서만 주어져. 연속성으로서의 운동 과정이란 타자성이야. 타자성이란 A가 있으면 B, B에 대한 C, C에 대한 D, 그런 식으로 무제한하게 가. 타자성의 특징은 항상 연속적으로 나올 수 있다는 가능성이야. 내가 지난 학기에 얘기했듯이, 『소피스트』편에서 존재라고 하는 것은 무에 대한 존재 그 자체가 아니라, 타자화된 존재만 나와.

그러면 이 세상과 저 세상의 관계는 어떤 것이냐? 일자의 타자와의 관계야. 영혼이 없어지는 것이 아니야. 있는 데서 없어졌다는 것은 플라톤 철학에서는 성립되지 않아. 기독교에서는 있는 데서 없어진다는 모순을 보장하기 위해서, 없는 것이 생긴다는 역기능에 의해서 그것을

---

9) 박홍규, 『형이상학 강의 1』, 「방황하는 원인」 참조.

보충하지만, 플라톤에서는 그러지 않는단 말이야. 죽는다, 없어진다는 것은 플라톤에서 성립이 되지 않아. 영혼이 없어진다는 것은 성립이 안 돼. 이 세상은 항상 타자의 세계야. 다만 분리되어서 영혼이 타자의 세계로 간다, 그것뿐이야. 일자에서 타자로 넘어간다, 타자에서 일자로 넘어온다, 생겨나는 것은 그것뿐이야. 영혼은 그전부터 있었고. 저쪽에 있는 생은 이쪽에서 어떻게 행동하느냐에 따라 달라진다는 거야. 여기서 철학자처럼 세상일에 관여하지 않고, 이 세상에서 오는 모든 신체적인 요소에서 쾌락이나 감각 같은 것에 매달리지 않고 깨끗한 영혼을 가지고 있는 사람은, 거기서 영혼 자체가 완전히 분리될 수 있고, 자체적인 것kath' hauto이 되어서 저쪽에 있는 존재자의 세계의 진상을 자체적인 것으로 볼 수 있다. 그렇지 않은 사람, 육체적인 것이 뭔가 붙어 있는 사람은 다른 동물로 들어가. 그러니까 결국은 왔다 갔다 한다는 얘기야. 이 세상, 저 세상 구별이 없다는 얘기야. 있는 것이 없어지는 것이 아니니까. 죽음이라는 것은 없는 것이니까 감각적으로는 파악이 되지 않아. 하데스가 있니 뭐니 그러는데, 감각적으로 파악이 안 돼. 모순 개념이 나와야지. 존재냐 무냐 하는 모순 개념이 나와야지. 『티마이오스』편에서는 죽었다가, 여기서 한 바에 따라서 나중에 신이 심판을 해서 거기에 따라서 어디로 보낸다고 했어. 『파이돈』편에서는 여기서 대식가는 당나귀가 되고, 허허, 폭군은 독수리 같은 짐승이 되고, 정치가 같은 사람은 벌이 된다고 했어. 여기서 어떻게 행동했느냐에 따라 저쪽에서 상응해.

존재와 무의 입장에서 보면 죽음이란 것이 무엇이냐? 아무리 잘한 사람이나 못한 사람이나 죽으면 모두 허무로 돌아간다는 것은 똑같은 것이며, 부정은 모든 것에 대해서 똑같아. 다 없어지고 죽어버리면 그만이야. 죽음은 모든 사람에 대해서 똑같아. 플라톤은 다 같지 않아. 여기서 어떻게 하느냐에 따라 달라져. 그런 허무주의 사상을 그대로 받아들인 사람이 누구냐 하면 통속에 사는 디오게네스야. 디오게네스는 죽음이 나쁜 것이냐는 물음에, 어떻게 나쁘다고 할 수 있느냐, 죽어버리면 죽음 그 자체는 내가 지각aisthanai할 수가 없다는 거야. 그 사람은 플라톤과 달라서 이성론자는 아니니까, 내가 죽음이 무엇인지를 인식할 수가 없어. 느낄 수도, 지각할 수 없어. 죽은 뒤에는 내가 없는데? 내가 살아 있으니까 죽음이 뭐니 그런 소릴 하지, 내가 죽은 뒤에는 내가 없는데 죽은 뒤에 나를 찾아서 뭐 하냐는 얘기야. 간단히 얘기하면 그래.

그러니까 플라톤에서의 죽음의 문제는 플라톤 철학의 입장에서 본 하나의 해결 방식이야. 문제는 죽음에서 오는 절실한 허무감, 종말에서 오는 허무주의를 그것이 극복할 수 있느냐 아니냐에 있어. 어떤 사람은 그것으로 양이 차는 사람도 있고, 어떤 사람은 양이 안 차. 양이 안 차는 사람은 그것으로 만족 못해. 그래서 일단 죽음은 허무로 간다는 것을 인정하고 그것의 원상복귀를 도모해. 죽음에 의한 허무주의를 일단 인정해야 돼. 무한정자라는 것은 어떤 의미에서는 모순을 회피한다는 말도 돼. 허무주의를 극복하려면 일단 허무주의를 인정해야 돼. 인정을 하고 그것의 원상복귀를 꾀해. 희랍 철학에서는 원상복귀가 되지 않아. 지난 학기에도 말한 것처럼, 기독교에서는 있는 것이 없는 것으로 간다는 허무주의는 없는 것이 있는 것으로 간다는 그 역기능에 의해서만 완전perfect하게 사라진다고 생각하더라. 그것이 원상복귀야. 기독교에서는 그것을 〈부활〉이라고 해. 〈부(復)〉자는 원상복귀의 〈복(復)〉자하고 똑같은 글자야. 원상복귀한다는데 허무주의고 뭐고 없어. 그런데 그것이 학문의 세계에서 성립하나? 성립하지 않아. 그래서 그것은 신앙의 세계라는 거야. 그러나 생명 현상을 보면 주기circle를 갖고 돌아. 주기가 뭐냔 말이야. 앞으로 나아가. 앞으로 나가다 나중에 보면 원상복귀되어 있어. 원상복귀되면서 앞으로 나아가고, 원상복귀되면서 앞으로 나아가고. 그래. 타자의 연속성이라는 것은 앞으로 나가. 그러나 나가다 보면 또 원상복귀가 돼. 그러니까 두 가지 요소가 있어. 개인이 가지고 있는 허무주의가 플라톤의 그런 죽음의 문제에 만족하지 않는 사람은 기독교 신앙으로 가. 그런 사람이 신앙으로 가. 그런 사람은 어떤 사람이냐? 타자에 대비해서 보면 사물은 전부 분석되고 기능이 나누어져. 그런데 존재와 무의 관계에서 본 존재라는 것은 일자야. 분석이 안 돼. 나누어지지 않아. 사람도 나누어지지 않은 상태에서 전인적으로 어떤 위기에 빠졌을 때, 다시 말해 죽는다는 것은 그 사람의 일부분이 죽고 일부분이 사는 것은 아니잖아? 죽으면 다 죽지. 인간의 기능 일부분만 죽고 일부분은 산다, 그런 것은 없어. 완전히, 〈ganz und gar(완전히)〉, 전인적으로 그런 위기에 빠졌을 때, 종교로 가는 거야. 사실 나는 기독교 신자는 아니야. 그래도 그런 걸 이치로 따질 수 있어. 그건 학문이야. 학문으로 따지는 사람은 분석해서 어느 일부분만 봐. 학문으로 따지는 우리 같은 사람은 일부분만 개념적으로 따져. 개념적으로 들어온다는 것 자체가 벌써 일부분만 들어온다는 거야. 그러니까 호메로스에서 몸하고 자신하고 구별 않는다고 했지. 어린애도 막태어난 어린애는 인간의 기능이 발휘가 되지 않는 대신에 항상 전체로서 움직여. 감정이나 이성이나 행동이나 지식이 구별이 안 돼. 더 직접적으로 반응을 해. 어린애 상태로 들어가야 돼. 그러나 기독교 같은 것은 사실 어린애 상태는 아니야. 왜냐하면 어린애는 지능이 발달하지 않았지만, 기독교는 고도로 지능화된 것이거든. 고도로 지능이 발달했다가 다시 전체로 돌아가야 신앙의 세계가 나와. 그게 쉬운가? 어렵지. 요컨대 학자가 아니더라도, 공부하는 사람이 아니라도 그런 것에 들어간 사람은 전인적으로 그런 위기에 들어간 사람이야. 그런 사람이 신앙에 들어가. 학문적으로 따지는 사람은 신앙에 들어가지 않아. 가기 힘들어. 거꾸로야. 그러나 전쟁에서 죽은 사람은 자기가 죽어. 죽으면 그만이야. 아무것도 없어. 항상 전쟁이 있을 때에는 종교가 있기 마련이야.

그러면 이제 사회에서의 허무주의는 어떠냐? 역사가 끊어지는 말기적인 현상 중에서 가장 극단적인 것은 끊어진다는 데서 오는 허무주의이며 그것이 기본이고, 평화 시대의 모든 문화가 거기서는 끝나. 평화 시대라는 것은 무엇이냐? 시간적으로 보면 오늘도 있고, 내일도 있고, 모레도 있고, 언제든지 되풀이되는 시대야. 지속이야. 그래서 규칙성 regularity이 있어. 그 규칙성 속에서 그 민족에 대해서 도저히 움직일 수 없는 것이 있다면, 그것을 〈nomos(관습, 법)〉라고 해. 관습과 법이 돼. 관습과 법은 전시에는 무너져. 평화시에는 관습과 법이 객관성을 갖고 있어. 우리 개인이 마음대로 못해. 개인이 그것을 따라가야 돼. 공간적으로 보면 평화 시대는 이 사람과 저 사람이, 모든 것이 충돌하지 않고 공존하는 시기야. 그야말로 조화harmony의 시대지. 그런데 전시에는 조화고 뭐고 없어. 조화가 어째서 없느냐, 그것은 좀 이따 얘기하고.

그러면 객관적인 것이 무너질 때는 어떻게 되느냐, 윤리적 허무주의가 나와. 〈nomos〉는 우리 인간의 능력, 힘을 조절해 주는 기능을 해. 그것이 없어지면 조절받지 않은 힘이 나와. 최후에 가서는 힘 자체가 나와. 그래서 〈정의는 강자의 이익〉이라는 주장these이 나와. 힘이 나와.

또 인식론적인 허무주의가 나와. 플라톤에서 인식론적 허무주의가 어떠냐? 사실 내가 그것을 다 조사해 보진 못했어. 우선 『메논Meno』편의 상기론 같은 것만 가지고 얘기해. 평화 시대에는 객관적인 규칙이 있는 시대니까, 『메논』에서 〈aretē(덕, 탁월함)〉가 뭐냐, 탁월성이 뭐냐를 물었거든. 객관성이 딱 있으면, 내가 저 사람한테 이런 거라고 말하고 저 사람이 그것을 받아들이면 그만이야. 의사소통communication만 하면 된단 말이야. 그런데 있던 객관성이 없어질 때는 내 생각, 저 사람 생각밖에 없어. 주관적인 것, 견해doxa만 남아. ⟨alēthē doxa(참된 견해)⟩만 있다고 했지? 그것만 있어. 내가 저 사람한테 어떤 말을 해도 객관적으로 인정할 수가 없어. 나한테는 견해만 있어. 견해라는 것은 주관적인 것이라서 진리가 될 수 있기도 하고, 없기도 하거든. 어떤 때 진리가 되냔 말이야.『메논』에서는 상기를 해서 되면 진리고, 아니면 진리가 아니라는 거야. 배움은 무엇이냐, 거기서는 상기라고 했거든. 그래서 사동을 데려다 놓고 정사각형의 가로, 세로로 배가 되는 도형의 면적을 구하라고 했거든. 소크라테스는 누구든지 거의 다 알아들을 수 있는 유도 질문을 하지. 허허. 그냥 질문이 아니야 유도 질문이지? 그래서는 ⟨아, 이렇게 대답하는 능력이 상기가 아니냐, 언제 대답을 말해줬냐?⟩고 말하거든? 그러나 지금 국민학교 어디서나 가르칠 때, 학생들이 상기했다는 사람 없어. 실제 없어. 왜냐하면 국민학교에서 선생님들이 학생들한테 가르치는 것이 진리라는 것, 객관성의 기준이 딱 서 있거든. 받아들이기만 하면 돼. 그러나 이 시대는 그런 것이 없다, 그 말이야. 없고, 주관적인 것만 있으니까, 자꾸 토론discuss을 하게 되는 거야. 플라톤에서 대화하고 토론하는 근거가 거기에 있어. 아리스토텔레스는 객관적인 것이 있으면, 즉 ⟨endoxa(누구나 인정하는 것)⟩ 같은 것은 대화가 필요 없다고 했거든. 말 잘했어. 내 의견 다르고 저 사람 의견 다르고, 다 주관적인 의견만 있으니까 토론하는 거야. 어떤 문제가 생기냐 하면, 전후에는 세대 차이가 심해져. 변화가 극심한 때거든. 우리나라도 세대 차이가 심하지. 평화 시대에는 세대 차이가 드물어. 이조 500년을 봐. 매너리즘으로 초기나 중기나 사고방식이 다 비슷한 것이지. 지금은 한 세대 차이가 예전의 몇 대의 세대 차이라는 거야. 참 불행한 사건이지. 세대 차이가 많다는 것은 조화가 없다는 얘기야. 통일된 어떤 의견이 나올 수 없다는 것이고, 객관적인 어떤 기준이 없다는 얘기야. 전후에는 세대 차이가 심해. 왜? 전쟁 때 평화적인 것이 무너져 버렸으니까, 기준이 무너져 버렸으니까. 각자가 속으로 자기가 상기했다고 하면, 그 사람이 진짜 상기했는지 어떤지, 어떻게 알아? 어려운 문제가 생겨.

상기설뿐만 아니라, 『테아이테토스』 편에서는 자기는 대화에서 상대방에게 산파술만 행한다는 거야. 그게 무슨 얘기냐? 평화 시대에는 객관적인 규칙이 있어서 정보를 전달하면 돼. 그러나 여기서는 내 주관적인 견해거든. 그러니까 진리의 인식은 사회를 구성하고 있는 우리의 바탕에서는 성립할 수 없고, 신체——사회에 들어가려면 신체, 일종의 연장성이 필요해——에서 벗어난 영혼 속으로 들어가야 된다는 거야. 영혼 속으로 들어가면 영혼 각각의 고립된 자아가 나와. 자아의 통일체니까. 그런데 고립된 자아로 들어가면 들어갈수록 다른 사람의 자아와 합치하는 점이 나와야 할 것인데, 플라톤에서는 그것이 나오지 않아. 문제는 거기에 있어. 사실 말을 엄밀하게 따지면, 서로 의미가 다를 수도 있잖아. 그러나 속으로 들어가면 같은 것이 나와야 돼. 그런데 나오지 않으니까 산파술이라는 거야. 나는 나대로 상기하고, 내가 스스로 속에서 진리를 보거나 파악하는 것이지, 그 사람 말을 듣고는 안 된다는 거야. 사실은 나올 것 같거든. 플라톤에서는 나와야 돼. 그런데 안 나오더라는 거야. 나오려면 어디로 가냐? 신체적인 세계를 벗어나야 돼. 지금 개인 개인이 절반쯤 분열되어 있어. 완전히 분열된 것이 아니라, 절반쯤. 그 차원에서만이 대화가 성립해. 완전히 믿어버리면 대화할 필요가 없지. 그렇다고 해서 완전히 저 사람을 못 믿으면 또 대화가 성립하지 않아. 저 사람 견해를 내가 받아들이는데, 상기할 가능성이 있다, 그 말이야. 그럴 때만 대화가 성립해. 그런데 그렇게 내면적인 세계가 신체와 영혼으로 분리되어 있다는 것이 중요해. 전쟁의 시대에는 사회에서 개인이 분리될 뿐만 아니라, 인간 자신이 내면적으로 화해가 되어 있지 않아. 인간 내부에서 신체와 영혼의 기능이 화해되어 있는 것이 아니라, 속에서 분리되어서 싸워. 이것이 플라톤이 절실히 느낀 것이야. 싸워. 그래서 신체적인 것의 영향을 받는 감각이나 쾌락 같은 것에 몸을 맡기지 말라는 거야. 맡기지 말아야 진리에 도달하는데, 싸워. 분열되어 있어, 지금. 분열된 자아 속에서 자기 자신의 영혼에 역기능하는 기능을 넘고 가려면, 동적dynamic인 입장에서 보면, 영혼은 고도의 노력이 필요해. 평화 시대에는 〈nomos〉의 객관적인 진리에 따라서 가니까 조용히 돼. 상호 명상적inter-contemplative인 세계야. 그런데 이것은 아니야. 역기능해.『파이드로스』편에서 그것은 상승과 하강 같은 것으로 표현되어 있어. 그 분열을 극복하기 위해서는 고도의 에너지가 필요한데, 그것을 그 사람은 〈격동한다〉느니, 〈흔들린다〉느니 하는 말을 써. 동적인 입장에서 보니까.『파이드로스』편에서는 운동의 입장에서 보거든. 그러니까 신체적인 기능을 모조리 넘어서려는 투쟁이지. 그런 신체적인 것은 〈mania〉, 즉 광기야. 광기를 두 개로 나눴어. 인간이 가지고 있는 병에 의해서 이루어지는 광기가 있고, 또 하나는 〈eis tō tōn nominōn〉, 즉 〈관습적인 것, 법적으로 확립된 것에서〉 벗어나기 위한, 또는 완전히 변화시키기 위한 관습이 있다는 거야. 거기 번역이 두 가지가 있어. 요컨대, 관습적인 것, 사회의 객관적인 것을 넘어서기 위한 것, 혹은 완전히 변화시키기 위한 것이라는 거야. 그러면 형상 idea의 세계, 진정한 세계에 도달한다는 얘기야.

전쟁 때에는 항상 광란이 있어. 기독교에서도 광란이 있어. 기독교 신자들이 얼마나 광적인지, 아까 내가 하는 얘기가 모두 그런 얘기야. 일본에 대해서 내가 한 얘기도 그거야. 왜 오빠인 순경은 데모를 막으러 가는데, 누이동생은 화염병을 가지고 가서 습격을 하느냐는 얘기야. 〈nomos〉가 없다는 거야. 나와 형제 사이에도 의견이 달라. 객관적인 것이 세대 차이가 많아. 희랍에도 대학생들이 있었다면 맨 데모만 했을 거야. 허허. 지금보다 더 많이 했을 거야, 한국 학생보다. 틀림없어. 허허허. 그때는 학생이 없었지. 언제든지 전쟁 때에는 역사의 종말이 거기서 이루어지기 때문에, 과거의 평화적인 관습nomimos이 무너지기 때문에 거기서 벗어나서 새로운 관습이나 법을 만들거나, 아니면 관습이나 법을 넘어서기 위해서 급변하는 시대이기 때문에, 항상 광란이 있기 마련이야. 플라톤 철학에서만 이 광란이 정당화되는 거야. 기독교에서는 광란이라고 하지 않고, 자기 목숨을 바치는 것, 즉 순교한다고 해. 존재와 무의 관계는 거기서는 순교라고 해. 거기서는 순교에 해당하는 것인데, 여기서는 순교라는 것은 없어. 대신 이 세상에서 저 세상으로 가는 극도의 역동성dynamic이 있어. 그것을 광란이라고 그래. 그러니까 아까 말한 바와 같이, 둘이 있다는 거야. 인간의 병에 의해서 이루어진 광란. 전쟁 때에는 환자도 많고, 정신적으로 질환이 생겨. 평화 시대에는 우리 내부 세계의 심리 상태, 감정이나 의식이 다 질서 잡혀 있어. 그런데 이런 질서가 무너지면 우리의 심리 상태는 내부적으로 자아가 분열된다고 아까 말했지만, 또한 공황panic에 빠져. 자기 자신의 실존existence이 불안해지니까, 공황에 빠져. 그 공황을 딛고서서 이겨야 돼. 그래서 광란이 나오기 마련이야. 언제나 격동기, 전환기에는 광란이 있는 거야.

그 다음에 또 사회적으로 모든 문화 가치가 다 상실된단 말이야. 그럼 어떤 현상이 일어나느냐? 아까도 내가 일부러 다 얘기했어. 그전에는 교회당도 있고, 가게도 있고, 좋은 집도 있고, 학교도 있고, 그 여러 가지가 다 부서졌어. 내가 하려고 하는 얘기는 거기 집이나 학교나 교회나 성당이나 가게 같은 것에 의해서 상징되는 인간의 모든 문화적 가치가 일제히 무너졌다는 소리야. 전쟁은 외부에서 하느냐 그 자리에서 하느냐에 따라서 그 효과는 너무나 큰 차이가 나. 한국서 전쟁하느냐, 만주서 하느냐. 미국 사람은 저 유럽에 가서 싸웠지, 자기 나라에서 싸우지 않았어. 자기 나라에서 싸우면 전쟁의 피해가 아주 심해. 우리나라에서 미군 부대만 있어도 부대 문화라는 것이 있잖아. 미군 부대가 다른 데 가 있어봐. 그런 거 안 생기지. 그런데 아테네는 페르시아 전쟁의 중심지였거든. 그래서 피해가 많았어. 다 타버리고, 피난 가고, 죽고, 말이야. 그런 데서 허무주의가 안 나온다는 것은 감수성sensibility이 없다는 얘기지? 감수성이 있으면 나와야 될 것 아냐? 당연해.

그러면 문화 가치는 없어지고 최후에 남는 것이 뭐냐? 인간이 지상에서 생존하기 위해서 필요한 것, 개체 보존을 위해서 먹는 것과 종족 보존을 위해서 섹스를 한다는 것, 그것만 남아. 그래서 군대 가면 먹는 것하고 섹스뿐이라는 것이지. 다른 것은 머리에서 다 비워라. 평화 시대에는 그런 것들이 다 질서에 따라가. 그러나 여기서는 질서가 없거든. 무질서하고 병적이고 정신 질환적인 것이 첨예해져 가. 섹스의 질서가 없어졌다는 말은 섹스가 개방됐다는 얘기야. 왜 그러냐? 섹스라는 것은 본능적인 것이어서 본능적인 것은 대상화가 되지 않아. 내 신체에 딱 한정된 것이야. 『국가』 편에서 뭐라고 말하느냐 하면, 나라에서 여자 남자의 결혼을 다 주관해야 된대. 좋은 사람은 좋은 사람끼리, 나쁜 사람은 나쁜 사람끼리 만나게 해야 된대. 결혼 연령이 딱 정해져 있어. 남자는 20살에서 50살인가? 여자는 25살에서 50살 그렇게 돼 있어. 그 연령기를 지난 사람은 마음대로 관계를 맺어도 좋다. 다만 조건이 붙어 있어. 남자는 자기 딸과 딸의 딸은 안 되고, 자기 어머니와 어머니의 어머니는 안 된다. 여자는 자기 아들과 아들의 아들과는 안 되고, 아버지와 아버지의 아버지와는 안 된다. 그 외의 나머지는 다 돼. 우리말로 하면, 직계는 안 돼. 그 외에 형제간이나 삼촌, 숙부는 다 돼. 그러니 얼마나 문란한가를 알 수 있지? 통 속에 사는 디오게네스도 가정은 필요 없대. 국가에서 다 관리해야 된다고 했지. 희랍뿐만이 아니야. 로마도 마찬가지야. 로마도 포에니 전쟁 때 한니발이 이탈리아에 쳐들어 왔지? 쳐들어와서 전쟁했잖아. 그래서 전쟁 피해가 컸거든. 그 뒤에 로마에서도 섹스가 문란해져서 꼭 일본하고 같아. 간통은 당연히 하는 것으로 알고 있고. 그 이전에는 로마 사람들도 아주 정숙했어. 간통은 금지되어 있었대. 그러나 길거리의 여자, 여러 계급을 상대하는 여자들이 궁전까지도 넘쳐 흘렀다는 거야. 그럼 어떻게 되느냐 하면 남자들이 결혼을 하지 않아. 남자들이 밖에서 돌아다니면서, 군대 다니면서 외박을 할 것 아냐? 그러면 빈집에서 여자가 어떻게 참느냐 말이야. 로마의 여자들은 사치를 좋아하고, 연애하고 음모 꾸미는 데 유명하다거든. 못 참지. 그런 데다 자기 나라에서 전쟁을 했으니 더 심하지. 그러니까 남자들이 장가를 안 가. 여자한테 장가가기 싫어하지. 섹스가 공개되어 버리니까. 그리고 또 애를 안 낳아. 아이 셋을 낳으면 특권을 줬어.

박희영 하하. 요새하고 똑같네요.

박홍규 똑같아. 하하. 미국은 인구 십분의 일이 독신이라고 하잖아. 그런데 아우구스투스의 딸 율리아라는 여자가 있는데 말이야, 시집을 세 번째까지 갔는데, 가서 아기를 다섯 낳는데, 남자 수십 명을 받아들인단 말이야. 그러니까 어떤 사람이, 〈당신은 남자 수십 명을 받아들이는데, 애는 어째 꼭 아버지 닮았소?〉 하니까, 그 여자가 하는 말이 자기는 자기 남편의 씨를 받아들인 뒤에 다른 남자를 받아들인다는 뜻을 함축하는 말로 대답했다는 거야. 그러니 얼마나 음란했나를 알 수 있어. 그 딸도 그래. 로마도 그 전성기에 이미 속은 다 썩었어. 그것이 전쟁의 역기능이야. 요컨대 먹고, 섹스 즐기는 것이 필수적인 것이지.

박희영 지금까지 그런 것은 2차 대전의 역기능인가? 하하하. 이탈리아 애들 지금 굉장하지 않습니까?

박홍규 유럽도 그렇지. 그 차이가 1차 대전 다르고, 2차 대전 달라. 미국도 다르고. 일본은 아까 내가 일부러 섹스 얘기한 것도 그래서 한 거야. 한국도 예전엔 카바레가 어디 있었어? 정숙한 가정주부가 어디

다른 남자와 밖에서 춤을 추다니 생각할 수가 없는 일이지? 지금은 돈만 있으면 카바레 가서 다 춤추잖아. 그것이 다 전쟁의 결과야. 로마에서도 근친상간이 나오고 하잖아. 네로 황제. 로마의 핵심이 무너진 것이지. 귀족들, 싸우는 사람들이 다 나약해지고 무너져서, 군대가 전부 게르만 민족이 되잖아. 그래서 게르만 민족이 나오는 것 아냐? 지금 미국하고 얼마나 같으냐 하면, 내가 어떤 책을 보니까, 남자가 정상적인 생활을 하면 정상세, 호모면 호모세, 레즈비언이면 레즈비언세가 나왔다는 말이 있어. 희랍의 경우에도 아테네는 돈도 많고, 인구도 많고, 물자도 많은데, 전쟁에서 스파르타에게 진 것이 싸우는 사람이 나약해서 졌다는 거야. 씨가 죽었다는 거야. 그런 문헌을 내가 본 적이 있어. 그게 전쟁의 역기능이야. 섹스의 개방이라는 것은 대단히 어려운 문제야. 요즘은 TV에서 성교에 대해서 얘기하는데, 공개적으로 성교육을 하는 나라는 다 문란하다는 거야. 그 책 쓴 사람이 그렇게 말해. 스웨덴이니 미국이니 다. 그러면 왜 그러냐? 성이라는 것은 본능적인 것인데, 본능적인 한 그것을 대상화하지 말라는 의미가 들어 있어. 그런데 왜 그것을 대상화하느냐는 거야. 왜 성교육을 하느냐는 문제와 직결되는데, 본능이라는 것은 잘못하면 오류에 빠질 수 있어. 지성의 입장에서는 맹목적인 것은 오류에 빠질 수 있으니까, 그것을 잘 인도하기 위해서는 성이 무엇인지 가르쳐야 된다는 이론이야. 그런 이론 위에 서 있어. 그러나 본능적인 것은 대상화되면 본능적인 본래의 그 성격에서 벗어나서 대상화되어 갖고, 그것만 따로 분리해서, 그것 자체만 목적이 돼. 성 자체가 목적이 돼. 그래서 결혼을 하지 않게 돼. 남자가 이 여자, 저 여자 데리고 놀기만 하는 것이지, 결혼은 하지 않아. 애를 안 낳아. 나는 사실 지금 정부에서 애 낳지 말자는 것 별로 좋아하지 않아. 허허. 애를 낳지 않으면 사람들이 성을 그냥 가만 놔두나? 안 그렇거든. 미국 사람들이 독신이라 해서 수녀나 수도사처럼 사나? 안 그렇거든. 오히려 어떤 사람들은 섹스를 즐기기 위해서 독신 생활 하거든. 대상화한다는 것은 그것 자체가 목적이 된다는 얘기야. 그것을 유희화해. 예전의 로마 사람들은 여자가 간통해서 애를 낳으면 몸에 돌을 달아서 연못 속에 던져버렸거든. 그러니까 섹스라는 것은 폐쇄적인 것이야. 우리나라는 폐쇄적이고, 봉건적이야. 우리나라는 지금도 간통죄가 있잖아. 일본이나 서양은 간통죄가 없어. 간통죄가 있다는 것은 섹스를 부부 사이로 폐쇄해 버리라는 얘기야. 공개하지 말자는 거지. 그리고 우리나라는 더 나아가서 지금 동성동본만 돼도 결혼 못하잖아. 그게 혈통 아냐? 섹스의 질서거든. 동성동본 결혼 못한다는 것은 지금으로선 너무한 거야. 요새는 섹스를 몇 촌까지만 금지하라는 것이지. 섹스를 어느 정도까지 폐쇄시키느냐의 문제야. 그래서 섹스를 죄악시하거나 폐쇄하는 사상이 나와. 가톨릭에서 그렇지? 성모 마리아가 성령을 받고 예수를 뱄다는 얘기가 무슨 얘기야? 섹스 얘기는 하지 말자, 가족은 신성한 것이다, 간단히 말하면 그 얘기야. 섹스 얘기는 하지 말자, 신성한 것이다.

그러면 이제 존재론적 허무주의는 어떠냐? 이런 허무주의가 어디서 나왔어? 어디서 시작해? 파르메니데스의 단편을 읽어보면, 감성적인 대상의 세계를 〈broton doxa(가사적 억견)〉라고 했어. 가사적인 인간들의 허구fiction라는 거야. 사실은 없다는 거야. 그게 반쯤은 허무주의야. 엘레아 학파 사상이 모두 그렇지. 내가 어디선가 말했는데, 존재냐 무냐 그런 양자택일entweder-oder의 문제가 평상시에는 일어나지 않아. 전쟁시에 일어나지. 이 감성적인 세계를 허무로 보는 것, 그것 자체가 전시에 일어나는 허무주의의 일면인 것 같아. 사실은 없는 것은 아니지? 허무하다고 느끼는데, 그걸 강조하다 보면 없다는 거야. 그것을 심리학적으로 표현해 보면 그렇다는 거야. 실제로 없는 것은 아니지. 허무주의가 더 심해지면 고르기아스가 나와. 그러니까 고르기아스의 명제가 문제가 아니라, 그렇게 말할 때의 그 사람의 심리가 문제야. 거기서 읽어야 할 것은 심리적 동기야. 왜 이렇게 허무주의적인 말을 했느냐, 그 이유가 어디에 있느냐, 그 사람이 도대체 어떤 심리 상태에서 이런 말을 했느냐, 그것이 문제야. 그래야 우리가 느낌feeling으로써 읽는다는 얘기야. 상기설을 읽을 때 그 이론만 읽어서는 안 돼. 그때의 심리적인 것이 무엇이냐를 봐야 돼. 지금 상기한다고 하는 사람이 누가 있어? 지금은 상기설이 나오지 않거든. 그때는 사람들이 다 고립되어 있어. 고립된 상태에서 얘기해.

왜 이런 타격이 아테네에서는 심하냐? 아테네는 전쟁의 피해를 직접 많이 받은 국가야. 뿐만 아니라 아테네는 민주적democratic인 사회지. 민주적 사회의 특징은 전쟁의 충격을 개인이 받아서 각각 자기가 해소하는 것을 요구하는 사회라는 거야. 그런데 전쟁은 개인이 하는 것이 아니잖아? 역사적인 어떤 단체, 집단이 하는 것이지. 집단이 하는 데서 나타나는 문제를 어떻게 개인이 다 해소할 수 있냔 말이야. 할 수 없는 것 아냐? 〈nomos〉라는 것은 아까도 말한 바와 같이 개인적인 문제가 아니야. 누누이 말한 바와 같이 객관적인 것이야. 사회의 객관적인 질서야. 개인이 그것을 어떻게 마음대로 해. 개인은 그것을 따라가는 것이지. 그러니까 그 개인을 보호해 주는 하나의 보호막이 필요하다는 말이야. 통 속의 사상가 디오게네스는 통만 있으면 돼. 플라톤은 통 갖고는 안 된다는 거야. 모든 문화적 가치를 다 포섭해 줄 수 있는 방식으로 우리 인간을 보호해 줘야 돼. 그것이 국가야. 『국가』 편에서는 뭐라고 말하느냐 하면, 〈국민demos은 지배자를 뭐라고 말해야 합니까?〉하고 물으니까, 〈우리를 구제sozein해 주고, 보존해 주고, 보호해 주고, 도와주는 사람이다〉라고 말해. 〈phylax(수호자)〉, 보호자라고 말해. 국가는 국민을 보호해 주는 기구야. 그것이 필요하다는 거야. 어떤 국가냐? 거기서 인간의 정상적인 활동이 가능한 국가. 그러니까 아주 휴머니스트지. 인간의 〈physis(본성)〉가 거기서 충분히 나타날 수 있는 국가. 그런 보호막이 필요하다는 거야. 전쟁 후의 혼란기에는 언제든지 그런 종류의 국가가 나와. 알아들었지? 내용은 다르지만 그런 국가가 나온다고. 모택동이 왜 나왔냐? 장개석이 일본하고 싸우고 그 전후 처리를 못해서 나온 거야. 나치도 그렇고, 이탈리아도 그렇고, 또 볼셰비즘도 그렇고. 그런 국가는 대개 격렬해. 그리고 그런 국가의 지도자는 잘못하면 광기에 휩싸일 수가 있어. 이북의 김일성의 광기가 언제부터 시작됐느냐 하면, 전쟁 후부터야. 지금까지 광기가 있어. 그것을 정권 유지의 수단으로 삼는다, 그 말이야. 왜 김일성을 숭배하느냐 하면, 거기는 종교가 없거든. 대한민국도 광기가 있는데, 그 광기를 어디다 풀었냐 하면, 신흥 종교나, 여의도에 있는 무슨 교회지? 순복음 교회라든지 그런 데 가서 풀었어. 물론 또 나쁘게 푼 사람도 있어. 광기, 〈mania〉라는 것이 라틴어로는 〈insanus(정신 이상의)〉야. 광란은 플라톤의 『파이드로스』 편에서 〈aphrosunē(정신 이상)〉이라는 거야. 그런데 〈theia mania(신적 영감)〉라는 것은 〈sōphrosunē(절제, 정신의 건강함)〉를 넘어서는 것이라는 거야. 전쟁 후에 광기를 푸는 방식이 여러 개 있어. 이북의 경우는 무신론이거든. 어디에 대고 광기를 풀어? 김일성 숭배밖에 없지. 통제 사회니까. 스탈린 개인 숭배, 모택동 개인 숭배가 나온 이유가 거기에 있어. 전쟁 후에 나와. 평상시에는 누가 그런 국민적 광기에 떨어지겠는가 한번 생각해 봐. 이북 사람들 김일성 보면 막 울고 눈물 흘리고, 그런다는데. 여기 기독교 신자들보다 더 강하다는데. 평상시에는 무슨 동기motive가 있어야지. 평화로운 시대에 어디서 그런 것이 나와?

국가라는 것은 그 국가를 성립시켜 주는 소질이 있는 사람들을 가지고 국가를 만드는 것이지, 소질이 없으면 국가가 성립하지 않아. 다시 말하면, 개인이 완전히 유리되어서 의사소통communication이 없을 때는 인간의 본성 physis 자체도 도대체 얘기할 수 없는 단계에 도달해. 그만큼 자기 생명이 위태로울 때에는 국가가 성립하지 않아. 국가가 성립하려면 우선 의사소통이 성립해야 될 것 아냐. 사회라는 것이 성립해야 될 것 아냐. 사회라는 것은 어떻게 성립해? 사회는 생물에만 있어. 생명 현상이야. 무생물에는 없어. 플라톤은 생명 현상에는 지식과 행동이 있다고 했어. 지식이 사회 현상의 성립에 어떤 역할을 하느냐? 파블로프를 얘기할게. 파블로프는 개를 데려다 놓고 종을 치고 음식을 주는 일을 되풀이하면 개가 타액을 낸다는 거야. 그것은 되풀이하니까 그런 것이지, 한번은 빵을 줬다가, 한번은 때렸다가, 한번은 고통을 줬다 하면 개가 타액을 낼 리가 없잖아. 심리학자는 그걸 예기(豫期)한다고 해. 〈아하, 저기서 종을 치니까 먹을 것을 줄 것〉이라는 예기를 하니까, 타액을 낸다는 거야. 예기가 있으니까 사회가 성립하고, 의사소통이 성립해. 그게 없어봐. 무슨 놈의 의사소통이야? 의사소통은 물질 현상이 아니거든. 심리 현상, 생명 현상이거든.

그러면 전쟁 때는 어떻게 되느냐? 그날그날을 새로새로 살고, 그날그날이 딱딱 끊어져. 내가 아까 그 얘기는 안 했네. 그 체험은 얘기하지 않았어. 폭격을 하는데 〈하, 오늘은 살았다〉. 하루 종일 이리 쫓아다니고 저리 피하고 그걸로 살아. 저녁에는 〈아, 오늘 살았다〉. 잠깨고 나면 새벽에 공습이 오네. 그러면 또 방공호에 들어가야 돼. 그래 가지고 훈련하고 뭣 하고 하면서 무사히 지내면 〈아, 오늘도 살았다〉. 그러면서 내일은 또 〈오늘은 살았다〉. 다시 말하면, 전쟁시에는 그런 식으로 딱딱 끊어진다는 겁니다. 아까도 말한 바와 같이, 평화시에는 끊어지는 것이 아니라 연속되고 되풀이돼. 전시에는 딱딱 끊어져. 끊어지면 예기라는 것이 있을 수 있나? 남을 믿을 수 있느냐는 말이야. 믿을 수 없는 것 아냐? 아까 말한 바와 같이, 개가 한번은 떡을 주고 한번은 때리면, 딱딱 끊어진다는 얘기야. 그러면 어떻게 믿어. 전쟁 때에는 오로지 자기뿐이야. 전쟁 때 누가 돈을 꿔줘? 하하하. 어떻게 될지 모르는데. 돈 꿔주는 사람 없어. 일본 사람, 서양 사람, 유대인, 중국인을 알려면 이것은 필수적이야. 절대로 돈 꿔주고 그런 거 없어. 개인의 확립이 거기서 시작해. 우리 한국 사람한테는 그런 것이 없거든. 개인의 독립이 없고, 우리 한국 사람은 항상 엉켜. 엉켜서 나타나. 거기서는 안 엉켜. 딱 분리돼. 자기 임무는 자기가 해야 돼. 남은 소용없어. 아까도 말한 바처럼, 여기서도 전쟁이 나니까 병자나 그런 사람들을 다 놔두고 갔단 말이야. 그래서 병자는 죽었어. 그 병자에 대해서 아버지가 무슨 필요가 있고, 어머니가 무슨 필요가 있고, 국가가 무슨 필요가 있고, 친구가 무슨 소용이 있느냐, 그 말이야. 자기 혼자 죽는 것이지. 그 비참한 꼴을 체험해야 돼. 체험을 해야 돼, 그게. 전쟁 때는 병자가 있어도 어떻게 고쳐? 아까도 말했지만, 나도 말이야, 내 처가 하필 국군이 와서 수복할 때 딸을 낳고, 또 병에 걸렸는데 오일페니실린이 하필 그때 최초로 나왔어. 그렇지 않았으면 죽었어. 아, 그럼 나도 어떻게 해? 마누라는 죽고, 나는 딸을 안고 피난을 가야 했을 텐데, 나는 그때 배탈이 나서 배가 아파서 내 자신도 몸을 못 움직이고 아무것도 없이 혼자 가는데, 막 난 내 딸을 어떻게 데리고 가겠냐, 그 말이야. 못 가거든, 사실은. 어디서 젖을 먹여? 그 추운 겨울에. 그것뿐만 아니라, 전쟁에서 진 나라는 비참하기가 말할 수 없어. 병에 걸려도 누가 고쳐주나? 누가 동정을 해주나? 아무것도 없어. 가난해도 누가 줄 수도 없고, 아무것도 없어. 정상적인 때에도 행동에서 나만 존재한다는 이기심만 있으면 사회가 성립하지 않아. 저 사람이나 나나 공동으로 다 같이 존재하기 위한 행동을 해야 돼. 그러려면 물질적으로 〈give and take(주고받기)〉를 해야 돼. 그런데 전쟁시에 누가 〈give〉를 해? 〈give and take〉가 정상적으로 안 된다는 말이야. 딱딱 끊어져. 내가 준 뒤에 저 사람이 내일 갚아준다는 보장이 어디에 있어? 내일이 없는데? 내일을 보장

못하는데. 전쟁 때에는 그때그때가 종말이야. 순간순간이 종말이야. 거기서는 남을 믿는다, 〈give and take〉 다 성립하지 않아. 그럼에도 불구하고 만약에 준다면 어떻게 돼? 오로지 〈give and give(주고주기)〉야. 〈take〉는 없고. 또 믿는다는 것은? 오로지 내가 믿는 것은 나 혼자 믿는 거야. 저 사람이 나를 배반할 수도 있고, 치고 넘어갈 수도 있어. 〈배반해도 믿어라〉, 〈돈 다 떼어먹어도 돈 줘라〉. 플라톤 입장에서 그런 것은 불공평해. 정의에 어긋나. 그렇지? 정의라는 것은 인간의 행동을 수량적으로 계산할 수 있을 때 나와. 우리 인간이 신체적인 조건을 가지고 있을 때만. 우리 인간이 공통적인 수량화된 시간, 공간 속에 살 때만 계산할 수 있어. 법정에서 뭐라고 하느냐 하면, 〈어디서 이러이러한 행동을 했으니까 법이 정한 것에 의해서 감옥에 3년 살아라〉라고 해, 꼭 물질 취급하듯이. 〈너는 5년 살아라〉. 우리 마음속에 5년이 어디 있고, 10년이 어디 있어? 도덕심에는 10년이 어디 있고, 5년이 어디 있냔 말이야. 신체적인 입장에서 보니까 10년이고 5년이고 있지. 〈네가 어느 때 어디에 가 있었지 않았느냐〉 하는 것은 다 신체적인 알리바이 아니냔 말이야. 그렇게 되면 이제 조직 속에 들어가. 거기서만 모든 사람들이 균형을 이뤄. 조화 harmonize로워져. 그것이 정의란 말이야. 그런데 〈너 손해 보더라도 줘라〉라고 하는 것은 정의에 어긋나. 그것은 플라톤의 정의관에서 보면 왜 한 사람만 남한테 희생을 당하느냐, 그렇게 되면 사회가 성립할 수 있냐는 문제가 생겨. 당연히 그렇지? 그 극한은 뭐야? 한 사람을 위해서 다른 사람들은 다 죽어야 돼. 그러나 저쪽 논리에 의하면 그 죽음이라는 것은 동시에 그것으로 끝나는 것이 아니라, 아까도 말한 바처럼 죽음의 문제의 해결, 그렇게 죽음으로써 거기서 인간의 생존이 회복될 수 있는 어떤 계기가 마련되는 죽음이라야만 의미가 있어. 왜 죽었냐 하면, 그냥 죽은 것은 아니거든. 나와 사회를 살리기 위해서 죽었거든. 인간의 원상태가 회복되기 위해서 죽어야 할 이유가 있을 것 아냐? 그런데 한번 죽어버리면 어떻게 회복해? 학문에서는 이유가 없지, 안 되지. 그러니까 기독교에서는 부활한다는 거야. 부활하면 어디로 가느냐, 하늘로 간대. 그 말은 지상에 없다, 학문적으로 취급 못한다는 얘기야. 신앙의 세계라는 거지. 신앙의 세계가 각각의 사람에게 들어가면, 서로 믿고 서로 상대방에게 주고 또 주고 해서 존재하지 않을 수도 있는 사회 그 자체가 존재하게 되는 최초의 기회가 마련된다는 얘기야. 거기에는 〈is〉냐 〈is not〉이냐의 문제가 관련되어 있어. 플라톤의 국가론은 그건 아냐. 국가를 만들 수 있는 가능성을 가지고 있는 사람들을 모아서 하는 거야. 가능성이 없는 사람들을 모아놓아 봤자 국가가 되나?

이 두 가지가 합쳐져. 합쳐져서 어디로 가느냐? 가톨릭으로 되어서 중세로 가. 그러니까 우리가 뭐라고 말할 수 있느냐? 고대 철학의 종말은 아우구스티누스로 해서 ─ 아우구스티누스는 말하자면 두 개의 실재가 있지? ─ 스콜라 철학으로 가는데, 전쟁에서 나오는 역기능을 해소해야만 살 수 있는 역사이기 때문에, 그것의 역기능을 해소하는 데로 문화가 가. 그 전쟁이 세계를 지배하는 국가에서 일어났고, 따라서 그 역기능도 가장 큰 역기능을 했고, 또 그 사람들이 그 문제를 해결하려는 최선의 방법을 구하려고 했어. 아까 말한 탁월성의 문제야. 중세는 맨 싸움이지. 싸움인데, 그 사람들은 고통이나 스트레스를 교회당에 가서 해소했어. 사람 죽으면 교회에 가서 장례식을 하고 거기서 위로를 받았어. 헬레니즘 시대처럼 말하자면 데카당스도 없고. 중세기는 그런 기구 속에서 싸운 거야. 그것이 없어지면서 근대에 와서 점점 예전의 헬레니즘 시대와 같은 현상이 나타나. 1,2차 대전을 겪으면서 아주 급속도로 나타나. 1차 대전 후에 일본 유학생들이 독일로 많이 갔어. 인플레이션이 많이 되어서 돈을 조금 가지고도 많이들 갔거든. 갔다 온 독문학 교수가 나한테 이런 말을 해. 독일에 어떤 거리가 있는데 ─ 그게 동독이래──, 대낮에 남자 여자들이 나체판으로 광기에 젖어 있더랍니다. 나는 독일 사람을 그렇게 생각하지 않았어. 그것을 내가 이해하는 데 몹시 시간이 걸렸어. 그것이 전쟁 후의 증후라는 것을 그때 이해했다고. 우리는 독일을 이상화해서 일률적으로 좋은 나라로만, 프랑스는 혼탁하다는 것만 책에서 봤거든. 허허. 그런데 그때에다 비하면, 2차 대전 후에는 더 엉망이지.

그러니까 지금 플라톤 철학을 어떻게 볼 것이냐? 고대의 문화라는 것은 전쟁의 문화이다, 아까도 말한 바와 같이, 역사의 충격이라는 것은 전쟁이다, 전쟁과 관련해서 플라톤을 보면 이렇게 된다는 얘기야. 다른 각도에서 보면 또 달리 보이겠지. 경제나 다른 각도에서는 또 달리 해석을 해야 되니까, 다른 설명이 또 나오겠지.

여기서 내가 한 가지 말할 수 있는 것은 플라톤이 탁월성 arēte을 가지고 얘기했잖아? 서양 문화의 한 가지 특징을 들라 하면 탁월성을 추구하는 것이라 할 수 있어. 탁월성이라는 것은 인간의 능력을 충분히 발휘하는 것을 말해. 동양 문화를 보라고. 대표적인 것인 불교인데, 불교는 선방에 가만히 앉아서 머리로 생각도 하지 않아. 머리는 무엇 때문에 있어? 생각을 하라고 있고. 손은 무엇 때문에 있어? 무엇을 만들라고 있고. 발은 무엇 때문에 있어? 달리라고 있는 것 아냐? 아무것도 안 해. 그러면 인간의 기능이 어디서 발달해? 발달 안 하잖아? 서양 사람은 머리 쓰고, 만들고, 달리라는 얘기야. 그래서 가장 탁월한 사람을 만들어. 유교도 그렇지? 기술 같은 것을 다 무시하거든. 내향적 introvert 인 세계로 돌아가서 효도하라는 얘기는 기능을 발휘하지 말라는 얘기 아냐? 그래서 희랍 사람처럼 탁월함이 나오지 않아. 학문도 탁월한 지식을 추구한다는 것 자체가 서구적인 사고야. 서구적인 것이 무엇이냐 말이야. 정복자의 사상이거든. 우리가 지금 희랍 땅을 정복한 사람들의 사상을 취급하고 있어. 플라톤 은 귀족이야. 플라톤은 가장 최고의 탁월성은 정치가가 되는 것이라는 얘기야. 이 지상에 있는 모든 것을 취급하는 정치가 좋대. 지금까지도 이것은 끝나지 않은 것 같아. 왜냐하면 아까도 말한 바와 같이, 고대가 전쟁의 역기능에서 오는 폐해를 막기 위해서 그런 기구를 만들었는데, 그것만 가지고는 절대로 탁월한 존재가 되지 않아. 그것을 불러일으켜 주는 힘이 있어야지. 생동성 vitality이 있어야 해. 생동성에 관해서라면 게르만 민족이지. 고딕 성당을 봐. 하늘로, 하늘로 높이 올라가려는 것인데, 그것에는 지상의 모든 것을 능가한다는 뜻이 들어가 있어. 중세에는 네가 이기느냐, 내가 이기느냐, 맨 싸움만 해. 자기네들끼리 싸우고, 그래도 만족이 되지 않아서 십자군을 일으키잖아. 또 중세가 끝나고 기술이 조금 발달하니까 세계를 탐험해서 자기 것으로 하려고 해. 남미에 들어가서 정복 사업을 해서 스페인, 포르투갈 사람들이 원주민들 위에 군림하잖아. 미국도 그렇고, 영국도 해양 국가로서 식민지를 개척해서 세계를 다 제패하려고 해. 또 공산주의도 마찬가지지. 세계를 제패하려고 해. 플라톤에서 온 실증 과학, 학문도 세계를 제패하려고 해. 바로 이 점이 중요해. 진정으로 제패한 것은 실증 과학뿐이야. 플라톤에서 나온 실증 과학뿐이야. 로마는 세 번 세계를 제패했대. 무력으로, 법으로, 종교로. 그런데 가톨릭이 지금 세계를 제패하나? 아니지. 무력으로도 어떻게 안 되고, 법으로도 안 돼. 그런데 거기서 나오는 실증 과학만큼은 세계를 제패하려고 해. 우리가 지금 고대의 플라톤을 읽을 때 그것을 염두에 두어야 해. 탁월함이 무엇이냐? 이것은 간단한 문제가 아니야. 왜 플라톤이 탁월함을 문제 삼았느냐는 말이야. 탁월한 것을 좋아하니까 택했을 거 아냐? 탁월성이 무엇이냐를 묻는다는 것은 자기가 탁월한 것을 좋아하니까 택했다는 것을 의미하잖아? 그것이 철학의 기본적인 모티브가 돼 있어. 탁월한 철학, 그래서 전 우주를 지식으로 정복해 보겠다는 거야. 그래서 우주론이 나와. 우리가 그런 시대에 살고 있어. 그 여파야. 그 실증 과학이 만든 기술에 의해서 우리가 다 지금 연결되어 있다고. 우리 세대가 만나서 대화를 하고 공부도 하고. 그것이 없었다면 다 불가능해. 옛날처럼 나는 여기 있고, 저 사람은 저기 있고, 서울로 올 수도 없고 말이야.

박희영 아까 게르만 민족의 생동성은 무슨 뜻으로 말씀하신 겁니까?

박홍규 가톨릭 성당을 봐도 거기에 게르만 민족의 생동성이 나타난다는 말이지. 지상을 지배하려는 원시적인 생동성이 나타난다는 말이야.

박희영 중세에서도 딴 민족에 비해서요?

박홍규 그 나름대로.

이상훈 동양 쪽에서도 중화 사상 같은 것은 탁월성에 대한 관심 아닌가요?

박홍규 그렇지. 일종의 그런 거지. 인간이 자신의 능력을 발휘해서 탁월해지라는 사상이 동양에서는 어때?

이상훈 정도 차는 있다고 해도, 왜 희랍 쪽에서 그런 것이……

박홍규 아, 그것은 말이야, 아까도 말한 바와 같이, 이것은 희랍을 정복한 사람들의 사상이거든. 그러니까 그것은 희랍 철학을 넘어서 인류학으로 들어가야 돼. 희랍에 온 사람들이 어떤 사람들이냐, 원시민족 중에서도 맨 싸움만 좋아하고, 정복하려고 하는 민족이 있고, 편안히 안주하는 원주민족이 있고 그렇지. 희랍에 온 사람들은 편안히 안주하는 사람들이 아니란 말이야. 안주하는 사람들은 그 자리에 있어. 거기 와서 정복을 했다는 것 자체가 생동성이 강해서 사방을 지배하던 사람들이야. 그런 사람들의 피에서 이런 학문이 나온 것이지.

손동현 그게 인류학적으로 탐구할 수 있는 사실적인 자료를 우리가 추적해서 어떤 명제를 끌어낼 수 있는 것인지, 아니면 정말 인간의 보편적 본성과 관계가 있는 것인지……

박홍규 힘, 능력dynamis의 본성이라는 것은 언제든지 탁월하려고 하는 것이 특징이야.

손동현 그럼 왜 인도 사람들은 그러고 앉아 있죠?

박홍규 그러니까 그게 문제야. 인도 사람이 희랍에 간 것은 아니잖아. 그런 상황이 죽 계속해서 나오려면, 희랍에 간 사람들의 여건이 모두 조성되어야지. 그런데 인류학자의 말을 들어보면, 파푸아 뉴기니인가 어디에는 편안한 것을 좋아하는 부족과 맨 싸움만 하는 부족이 있대. 플라톤 시대, 고대에는 맨 싸움이야. 양병우 교수 말에 따르면, 고대사 어떤 통계 자료를 보니까 사흘에 이틀은 싸움이라는 거야. 허허허.

박희영 그게 본성이라기보다도, 그 사람들의 자연조건도 있잖아요? 먹을 게 없어서 싸움을 해야지 먹고 산다거나…….

박홍규 그렇지, 그렇지. 싸움을 부채질하는 요건이 있겠지.

박희영 인도도 평화적이라고만은 할 수 없을 것 같습니다. 뒤메질 Dumégile은 인도 유럽 자체의 이데올로기상 지배 이데올로기는 다 똑같다. 무사 계급이 다 있고…….

박홍규 카스트가 그런 거지. 정복자가 카스트의 제일 위에 있고, 피정복민들이 제일 밑에 있고.

박희영 언어학 하면서 인류학을 가르치는 교수하고 얘기해 보니까요, 도대체 맨날 북에서만 내려왔다고 하는데, 그럼 그 이전에 그네들은 어디에 있었냐고 했더니, 남쪽에 있다가 지각 변동 때문에 먹이를 찾아서 북쪽으로 간 거래요, 하하. 그런 설도 있다고 하대요.

박홍규 희랍에 온 사람들이 기마 민족 아니냐고 내가 양 교수한테 물어봤더니만, 말 타고 온 사람들이 용맹하고 정복적이지만, 문헌상으로 증거가 없다고 그러더라고. 거기 온 사람들이 정복적인 기질을 가지고 있으니까 정복하러 내려왔지, 로마나 마케도니아가 그렇게 세계 제국을 세운다는 것이 보통 일이 아니잖아.

박희영 멀리 가려면 말을 타고 가야죠.

박홍규 말을 타면 기동력이 있지. 또 한 가지 얘기할 수 있는 것은, 종말론적인 입장에서 본다면, 전쟁에서 인간의 규정이 〈thanatos(죽음)〉, 가사적(可死的)인 것으로 나타난다는 것인데, 희랍 어디를 봐도 가사적인 것은 신, 〈athanatos(불사적인)〉와 대비되어 있어. 그러면 그것은 신화 시대의 규정이라는 얘기야. 그러니까 그 규정은 사실 전쟁 때부터 시작된 것이 아니라, 그 이전 신화 시대까지 올라가야 돼. 다만 그 생각을 전쟁이 지속시켜 줬다는 얘기는 할 수 있지. 딱 들어맞으니까. 우리 동양에 인간을 가사적인 것으로 규정한 데가 있어? 죽는 존재자로. 금강경인가 불교의 최초 입문 서적 있지? 거기에도 보면 인간을 한탄하면서 〈아, 인간은 일장춘몽〉이라고 했어. 그렇지만 가사적이라고는 하지 않았단 말이야. 유교에서도 나는 가사적이라는 말을 들은 적이 없어. 유교는 긍정적 positive이지.

이태수 유교는 긍정적이고 죽음에 대한 얘기가 없죠. 죄도 지어본 적 없고, 죽는 것도 먼 데 얘기고, 그러니까 사춘기 이전의 유아적 infantile인……

박홍규 죄 얘기가 나왔지만 말이야, 우리 한국 사람도 마찬가지인데, 어디나 일반 사람들이 먹을 것이 없으면 할 짓 못할 짓 다 한다고. 당연해. 그 당시 유대 민족이 죄의식이 강해진다는 것은 당연한 얘기야. 그 사회에서는 정상적으로 살 수가 없어. 우리나라도 먹고 입을 물자가 없으니까 미국 놈 쫓아다니면서 맨 도둑질에 별짓 다 하거든. 전후의 사고에서 죄의식이 가장 높아.

박희영 죄의식이 없어야 맞지요.

박홍규 아니, 없기도 하고, 양심적인 사람은 죄의식이 강해지지.

박희영 어떤 사람은 아예 없고, 어떤 사람은 많고.

박홍규 유대 민족도 종교 같은 데서는 죄가 죽음하고 관계를 맺어.

그러니까 현대까지 연관성을 두고 지금 희랍 철학을 얘기했는데, 그러면 고대 희랍의 중심 개념이 인간의 죽음인데, 그것이 신화의 〈athanatos〉로 간다면, 원시 사회로 가거든. 원시 사회로 연결이 되는 길이 〈thanatos〉 개념이란 말이야. 그래서 언제쯤 신화 시대하고 철학하고 어떻게 다른가에 대해서 한번 강의를 해보려고 하는데, 거기다가 관점 perpective을 둬. 그러면 전 인류사에서 플라톤 철학의 가치는 무엇이냐가 나와.

이태수 그런데 말이죠, 여러 신들 앞에 〈athanatos〉라는 형용사가 언제나 붙어 있었는지, 그것과 대비되는 인간을 얘기할 때 항상 〈thnētos(가사적)〉가 붙어 있었는지는 모르거든요. 우리한테 지금 남겨진 문헌 중에 호메로스가 최고(最古)의 문헌인데, 거기에 그렇게 되어 있는 것이거든요. 신이 가지고 있는 속성이 여러 가지이고, 인간이 가지고 있는 속성도 굉장히 많을 수 있는데, 그중에서 왜 그놈을 끄집어 냈느냐 하는 것은 문제가 되죠. 문헌상으로는 호메로스에 맨 처음 나오는데, 그 이전에도 그것을 가장 대표적인 것으로 봤겠느냐 하는 것은 모르죠. 호메로스에 나오는 신에게만 〈aei onta(영원한 존재)〉라거나 〈athanatoi〉가 잘 들어맞고요. 그것 말고 무수히 많은 지방신(地方神)들은 꼭 죽음과 배척되는 신들이 아니거든요.

손동현 신이 죽었다는 거예요?

이태수 죽고 깨고, 죽고 깨고 하는 방식의, 또는 죽음을 받아들이는 신도 있지. 얼마 전에 스토니브룩 대학의 인류학 교수 한 사람이 왔어요. 길가메시 신화를 연구한 사람으로서 기독교하고 대비해서 하는 말이, 기독교에서 특별히 가사적인 지혜라는 것이 죄악시된다는 얘길 하면서, 동방의 많은 종교가 죽음을 받아들이는 것으로 되어 있답니다. 가사적인 것이 불사의 것에 일방적으로 눌리는 것이 아니고, 죽음이라는 것이 그렇게 심각한 문제가 아니랍니다. 자식 많이 낳는 것이 중요하지, 죽는다는 것은 그것에 파묻히는 일이니까. 그 사람 이야기가 호메로스의 신이나 나중에 신학이 들어가서 정리된 기독교 문화, 즉 불사(不死)를 놓는다는 것이 〈imperium(절대 통치권)〉하고 연결이 된다는 거죠.

박홍규 로마 황제 아우구스투스처럼? 신탁이 자기를 신이라고 했다고 신화(神化)시키려 했잖아. 개인 숭배 하려고 했어.

이태수 그러니까 〈imperium〉이라는 것은 결국 어떤 쓰러지지 않는 힘이 계속되는 것에 대한 이미지가 되죠. 그 이미지를 극단화해서 추구한 결과, 〈imperium〉이면 꼭 가부장적이고, 남성신이 지배를 하면서, 가사적 요소를 자꾸 제거하려 든다는 거죠. 영원을 추구하죠. 호메로스에서부터는 불사적인 세계하고 죽음의 세계하고 딱 갈라져 버리잖아요. 그러나 죽음과 죽음을 벗어난 것을 어떤 식으로든 조화시키는 것을 좋아하는 종류의 종교 사상이 더 일반적이라는 얘기죠. 주변 종교의 죽음에 대한 이미지를 보면 다 그렇다고 그래요.

박희영 특히 동방 종교가.

이태수 동방 종교지. 그러니까 호메로스에 나와 있는 신관이나 기독교의 신관은 특별히 편향적인 종교다. 미국 학자가 와서 그런 얘길 하고 갔어요.

박홍규 내가 잘 모르지만 이슬람은 먹고 사는 것이 전쟁하고 장사 둘뿐이라고 하거든. 농업도 없고, 기술도 없어.

이태수 그러니까 알라신도 아마 가부장적인…….

박홍규 아니, 그런데 거기서도 신앙은 영원하다고 할 거야.

이태수 글쎄 영원하다는 거지요. 영원한 세계와 영원하지 않은 것을 이원적으로 날카롭게 구별하고 한쪽이 완벽한 우위를 점하는 일이라는 것이 종교에 그렇게 단순화되지 않는다는 거지요. 그게 어디에 나타나느냐 하면 기독교에서 그렇다는 거죠. 길가메시 같은 데를 보면 선악과를 얻는 것이 종결이랍니다. 그 지혜wisdom를 얻는 것이요. 그렇게 해서 그게 말하자면 해피 엔딩인데, 기독교에서는 그걸 먹음으로써 비극의 시작이라는 거죠. 동방 종교에서 과일의 이미지는 가사적 지혜mortal wisdom을 뜻한다고 하죠. 그래서 그것을 얻는 것이 지혜를 얻는 것이라고 그러지요. 길가메시에서도 진시황이 불로초 구하러 다니듯이 용사로서 죽지 않는 방도를 찾아다니다가 결국 죽음을 받아들이는 걸로 종결이 된다고 하죠.

박홍규 희랍에서 〈athanatos〉의 기원이 어디에 있을까?

이태수 아니, 그것은 어느 종교에든 다 있겠죠. 희랍의 특징은 〈athanatoi〉한 세계하고 〈thnētos〉의 세계를 완전히 단절시켜 버렸거든요. 그러니까 올림포스 주신에는 죽음과 관련된 신들은 전부 빠져버리죠. 그 수많은 신들 중에 올림포스에 가서 사는 신은 엄선한 신들인데, 전부 죽음과 관련이 없는 신들이죠. 아레스 같은 신도 있기는 하지만, 스스로 죽는 신은 하나도 없죠. 그러나 디오니소스도 스스로 죽고, 그다음에 데메테르도 그렇고, 그 사람들의 신에 관한 지방 설화에는 꼭 죽는 얘기가 나오죠. 페르세포네도 데메테르의 딸이지만 지하에 가 있죠. 다 빠져버리죠. 밝은 남성적인 신만 뽑아서 영원히 사는 신으로 만들어서 둘을 딱 짜개버린 거지요.

박홍규 그런 신을 만들어낸 사람들은 죽기가 아주 싫은 사람들이라고 할 수 있지.

이태수 그렇지요. 그러니까 그게 〈imperium〉적 생각이라는 거지요. 저는 그 얘기는 조금 강변이라고 생각하지만.

박홍규 이런 것은 있어. 호메로스의 신은 가족신이고, 가족family을 중요시했거든. 지금 발달심리학에서는 어린애들의 세계관이 그렇다고 보는 거야. 막 태어난 어린애들이 외부 세계에 대해서 아는 지식이 전부 아버지, 어머니 같은 거래. 그렇잖아? 당연하지. 그래서 외부 세계를 볼 때도 항상 자기 주위에 있는 인간관계를 통해서 본다는 거야. 그래서 의인적anthropomorphisch인 세계관이 나온대.

이태수 호메로스의 의인성(擬人性)은 그런 유아적infantile인 관계의 의인성이라는 생각은 안 들고요, 그 다음에 가족을 만들었다고 하시는데, 올림포스 신들의 구성은 엄격한 의미에서의 가족은 아니거든요.

박홍규 그래도 가족은 나오거든.

이태수 가족은 나오는데, 가족의 구성을 보면, 자연적으로 만날 수 있는 가족하고는 상당히 거리가 멀죠. 올림포스 주신인 제우스한테 그 이미지가 들어가죠. 그러나 그 구성원은 가령 왜 헤르메스나, 아르테미스나, 아테네, 아폴로가 들어가 있는지는 의문이거든요. 가족이면 꼭 그런 기능을 가진 사람이 들어가 있어야 하는 건 아니거든요.

박홍규 그 당시의 가족은 그렇다고 봐야지.

이태수 아니요, 그러니까 호메로스의 그림은 그때 당시 있었던 신관 중에 상당히 부분적인 신관이라는 거죠. 단순화되고, 일면적이고, 작품을 만든 사람의 의도가 상당히 많이 들어간 신관이죠. 그 시대의 자연스러운 신관을 반영한 것이 아니고. 자연스러운 신관을 반영했다면 누가 들어가야 되냐면 제우스하고 헤라가 들어가야 될 것이 아니라, 제우스와 데메테르가 들어가야죠. 당시 여신의 대표는 데메테르입니다. 헤라는 사실은 여성적인 이미지하고는 관련이 크지 않았던 게, 헤라는 공기거든요, 하늘이요. 대지, 농업과 전혀 관련이 없는 신이죠.

박홍규 데메테르가 되어야 되겠네.

이태수 데메테르가 되어야 되는데, 데메테르는 호메로스에서 한두 구절 나오든가 말든가 해요. 큰 힘을 가진 신을 그렇게 무시했다는 것은 특별한 의도를 가지고 만든 작품이라는 거지요. 그러니까 〈athanatoi〉, 〈thnētos〉도 무사, 영웅 같은 일정 계층을 상대로 한 것이고, 상당히 추상화된 걸 겁니다.

박홍규 그런데 우리가 외부 세계를 접할 때 인간관계가 먼저냐, 자연 세계가 먼저냐에 따라서 세계관이 달라져 버린다는 거야.

이태수 호메로스는 양쪽으로 왔다 갔다 하죠. 의인적인 것도 있고, 그것을 떠난 것도 있고. 어떤 것이 더 원초적인 것이라고 얘기할 수 없는데, 『일리아드』도 작품 분석을 해보면 인간적인 모습을 띠지 않은 근원적 힘 Urkraft으로 신을 그렸을 때가 작품 연대는 더 오래된 것이거든요.

박홍규 무엇이?

이태수 무형적인 힘, 비인격적인 힘으로 그린 것이…….

박홍규 마나나 원시 사회의 힘이 생각나네. 초자연적인 힘이 있다는 것이지.

이태수 초자연적이라는 말도 후대에 만들어낸 말이고요, 호메로스를 읽으면서 초자연이다 자연이다 하는 범주를 적용하는 것도…….

박홍규 아니, 초자연이라는 것은 인간이 어떻게 할 수 없다는 뜻이야.

이태수 그건 그렇죠. 그 이미지는 들어가죠. 그것은 원시 종교가 아니라 어느 종교든 종교라면 다 가져야 되는 거죠.

박홍규 아니, 미개인들의 종교에…….

이태수 아니요, 그것은 현대인의 종교에도 마찬가집니다. 인간이 신을 마음대로 할 수 있다고는 생각할 수가 없죠.

박홍규 그런데 이 말은 또 옳은 것 같아. 기독교에서 신을 아버지라고 부르고, 마리아 숭배도 하잖아. 발달심리학에서 그것은 분명히 유아적인 사고야. 나도 그렇게 생각해. 왜냐하면 사람이 언제 종교를 믿느냐 하면, 약해질 때야.

이태수 물론 그런데요, 그렇다고 지능 단계가 유아적인 단계라는 얘기는 나오지 않는다고 생각해요.

박홍규 아니, 내 말 들어봐. 약해질 때 사람이 퇴행 regress해. 가령 우리나라 사람도 그러거든. 엎어지거나 할 때 〈아이구, 어머니!〉 하거든. 유아적인 단계로 퇴행한다는 얘기지. 성인은 자기 마음대로 할 수 있는 능력을 가지는데, 그것이 무너지거든. 무너지니까 그 이전의 단계로 돌아가는 거지. 지능이라는 것이 어떻게 작용하느냐 하면, 독립해서 있는 것이 아니라, 우리의 동기motivation에 의해서 어떤 지능, 어떤 지능이 그때그때 나타난다고. 동기에 지배를 받아. 지능이 순수하게 그 자체로서 자기 통각에 의해서 활동하는 것이 아니라 동기에 의해서 그 질서가 영향을 받아. 하이데거의 관심이라는 것이 모두 그런 얘기거든. 관심에 의해서 달라진다는 말이야. 그 비슷한 얘기야. 그러니까 유아적으로 되면, 자기가 가장 무능해서 옆에 보호해 줄 사람이 없었을 때의 상태로 후퇴한다는 거야. 그래서 기독교에서는 아버지라고 한다는 거야. 그런데 왜 아버지라고 했느냐? 그리고 예수도 남자거든. 가부장 제도라 그랬다는 거야. 심리학적으로 분석한 것이지.

이태수 〈아버지〉라 하는 것은 넘어질 때 본능적으로 어머니를 찾는 심정과는 굉장히 다른 이데올로기가 들어간 걸로 봐야죠. 애가 넘어질 때 어머니 찾는 심정으로 남성 제우스 신을 만들어내지는 않았을 겁니다. 인격신을 만들었다는 것은 그것과는 다른 이유가 있다는 거죠. 종교라는 것은 불가사의한 힘, 나로서는 알 수 없는 힘에 대한 굴복감의 표현이죠. 의지하고자 하는 마음까지 있었는지는 모르지만, 하여간 그런 것과 소통communication을 해야 되거든요. 소통하려면 내 언어를 이해하고 그쪽에서 오는 언어를 내가 이해해야 되거든요. 그러면 벌써 의인적으로 투영하는 수밖에 없습니다. 코가 얼마큼 높냐는 것까지는 아니어도, 하여간 말은 한다, 내 말을 알아듣는다 하면 벌써 의인적인 것으로 가는 첫걸음은 만들어놓은 것이거든요. 거기다 얘기만 좀 더 꾸미면 얼마든지 의인성으로 가는 거죠. 그러니까 그것은 유아적이냐 아니냐의 문제가 아니라, 소통하려는 요구가 그렇게 투영될 수밖에 없다는 거죠. 그리고 오히려 나하고 교통할 수 없는 어떤 불가사의한 존재라고 생각하는 동안은 꼭 의인적으로 그릴 필요가 없죠. 그것은 그냥 신령한 기운이거나, 불가사의한 힘이어서 그 앞에 굴복하죠. 그 다음에 기대는 것도 또 별개의 문젭니다. 사실은 원시 종교가 기대기 위해서만 만들어진 것은 아니거든요. 기댄다고 하는 것은 벌써 상당히 자연을 이해할 수 있는 것으로 해석을 했으니까 그런 행위가 나오는 거죠.

박홍규 〈해석〉이라는 말은 문제야.

이태수 애들이 넘어질 때 어머니 부르는 심정으로 신을 만든 것도 있겠지만, 희랍 종교에서 그 모티브가 굉장히 적은 게, 올림포스 주신들은 기댈 만한 신들이 전혀 아니거든요. 자기들 멋대로 잘 놀기만 하는 거지, 이쪽도 거기서 해줄 것이 없다는 것을 잘 알고 있고.

박홍규 그러면 그것은 아까 말한 바와 같이 외부 세계를 대할 때 인간관계가 먼저라는 것이야.

이태수 지금은 안 그렇습니까? 지금도 그렇지요. 우리 인간은 그런 한에서 세계를 이해하는 거지요.

박홍규 우리가 세계를 볼 때 인간관계가 먼저냐 하는 문제에 들어가면 사회적 존재social being가 더 먼저 아니냐는 문제도 나온단 말이야. 또 인간관계가 먼저가 아니면 실증 과학, 자연이 먼저고.

이태수 실증 과학은 또 다른 문젭니다. 인간이 세상에 나와서 자신이 남과 교통하는 방식을 실증 과학적으로 생각하는 방식이라는 것은 아주 제한된 방식일 테고, 그것은 꼭 지능이 높아야 나오는 것도 아니고. 가령 유대인이 의인적인 신을 그대로 모시지만 세계에서 제일 머리 좋은 사람들이라고 하지 않습니까. 실증 과학이 구약이나 신약에 나와 있지 않지만, 거기 나와 있는 생각은 그것대로 굉장히 고급스런 생각이거든요. 거기에 실증 과학이 없더라도 유아기적이라고 얘기할 이유가 없다고 생각합니다.

박홍규 이것 봐. 자네 생각처럼 교통 때문에 의인적이 되었다면 결국은 자연보다 우리 인간관계가 먼저라는 얘기야.

이태수 아니, 그렇게 꼭 자연이냐 인간이냐를 나누실 필요가 있을까요? 호메로스에도 그 얘기가 나옵니다. 고향에 가만히 앉아서 늙어서 죽는 것은 말하자면 죽음이 생과 연결이 되어서 구별이 안 되는 거죠. 그러니까 그게 자연스럽죠. 전쟁이라는 것이 왜 나느냐 하면, 농사만 지으면 아침서부터 밤까지 늙어 죽을 때까지 죽기 살기로 일을 해도 먹을까 말까 하고, 어쩌다가 가뭄이 들면 굶어 죽는데, 남이 한 것을 이렇게 걷어 오면 쉽죠. 그게 영웅들이죠. 그 대신 그 사람들은 전쟁터에서 항시 죽을 수 있다는 생각을 해야죠. 그게 사람들의 정서죠.

박홍규 희랍에 온 사람들은 침략자들이야.

이태수 희랍이 사실은 농경 사회라 할 수 있죠. 우리가 고대 사회를 얘기하자면 농경 사회, 목축 사회 등으로 말하지만 일단은 다 농경 사회 아닙니까?

박홍규 자네가 말한 것처럼 농경을 할 때는 먹을 게 없어. 어느 작가가 한 말인데, 도시와 도시 사이에 농경 지대가 있잖아, 거기는 눈물의 골짜기라는 거야. 나도 그렇게 생각해. 어느 나라든지 농경 사회는 항상 약탈만 당하고 있어. 힘이 없어, 힘이. 농경 사회는 약탈할 수 있는 능력이 없어. 그러니까 내 말이 그 말이야. 미국 사람이 쓴 책을 보니까, 파푸아 뉴기니의 어느 부족은 맨 전쟁만 해. 또 하나는 그런 것 싫어하고 편안히 사는 부족이 있더라는 거야. 그게 문화 인류학인데, 누군지 잊어버렸어. 그런데 애를 키우는데, 평화를 좋아하는 부족은 애를 안아주고, 전쟁을 좋아하는 부족은 애를 안아주지 않아. 항상 광주리에다 넣고 다녀. 인정이고 뭐고 없어. 아주 잔인하게 길러요. 그런 사람들이 희랍으로 들어온 정복자라는 말이야. 농경 사회같이 편안히 가만있는 사람은 정복을 할 수가 없어. 가만 그 자리에 있지. 그리고 이것도 우리가 생각해야 돼. 원시 사회라는 게 지금처럼 편안한 사회가 아니야. 항상 위험해. 애를 낳아서 사는 놈이 얼마 되나? 인도 같은 데는 지금도 그렇잖아. 잘 크지를 못해. 원시 사회에서는 산다는 것이 간단한 일이 아닙니다. 희랍에 들어온 정복자들이라는 게 맨 전쟁을 하는 사람들이지, 편안히 앉아 있는 사람들이 아니야. 로마 사람들의 생활 방식이 이지적이라는 얘기는 간단히 얘기하면 더 강하다는 얘기야. 감상적이 아냐. 나는 ⟨athanatos⟩라는 게 희랍에 들어온 정복자의 사회로부터 문제가 되어 있었다고 생각해. 희랍에서는 ⟨imperium⟩이 없잖아. ⟨imperium⟩은 로마에서 왔어.

이태수 호메로스에서 ⟨imperium⟩이 있다는 말씀이 아니고, 신화가 가지고 있는 여러 성격들 중에 한쪽으로만 확립된 것이 호메로스적인 사회인데, 그 방향이 나중에 ⟨imperium⟩으로 연결되는 방향이라는 거죠. 역사적으로 이미 그 시절에 그런 경향을 대변해 주는 작가나 그런 사람들의 작품이라는 거죠. 그렇게 보면 설명될 수 있는 게 많고, 만일 그것을 발달심리학의 어느 단계로 보면 설명되지 않을 게 많으리라고 생각합니다. 발달심리학의 그 단계에 해당하는 것이 왜 꼭 그 모습을 떠어야 하는가는 나오기가 어렵죠.

박홍규 아니, 내 말 들어봐. 발달심리학에서 말하는 것은 전형적인 경우 model case이고, 신화가 나오는 것은 성인 사회거든. 어릴 적부터 얻어진 행태가 주어져서 우리 속에 들어 있는데, 어떤 동기, 어떤 계기에 의해서 발휘되면 이렇게도 나오고 저렇게도 나오는 거야. 그러니까 모든 것이 꼭 이상적으로 균일하게 나온다는 게 아니야. 우리도 과학 science을 할 때는 과학적이지만, 그때만 그렇지 일상생활은 안 그렇거든. 그와 마찬가지로 신화에서도 여러 가지 요소가 있거든. 그러나 전체적으로 봐서 현대인과는 같은 것은 아니야. 틀림없어. 유아의 세계라는 것은 틀림없어. 발달심리학은 또 유아의 세계를 보는 것이고, 그 속에 어느 대목에서는 어느 정도 나오고, 이렇게 결합combination되어서 나오는 것이지, 딱 잘라서 나오는 것은 없어. 전체적으로 보면 호메로스가 언제 나오느냐 하면, 어린애든 어른이든……

이태수 제 생각엔 의인적이라는 것을 갖고 호메로스를 어린애다 아니다 하는 것은 호메로스에 대한 좀 부정확한 이해가 될 것 같아요. 그 이유는 오히려 거꾸로 호메로스의 세계에서는 의인적인 요소가 더 많이 들어갈수록 그 세계 내에서는 극적으로 상당히 세련된 장면입니다. 신의 모습을 의인적으로 그리지 않고, 가령 자연의 힘 같은 것으로 그린 부분은 그 층layer으로 봐서 더 오래된 것이고, 나중에 나온 것, 작가가 의도를 가지고 한 것은 더……

박홍규 자네 내 말을 못 알아듣네. 발달심리학에서 얘기하는 것만 해도 그것이 희랍 세계를 전형으로 해서 나온 것이 아니야. 그런 요소는 현대인에게도 있어.

이태수 호메로스가 신에게 말도 하게 하고 인간과 악수도 하게 한 것은 정말 신이 그런 모습이라서 믿고 쓴 것은 아닌 것 같아요. 자연적 힘이 있었다는 것은 믿었으나, 신이 인간적 모습을 하고, 인간하고 악수를 한다거나 하는 것은 그렇게 종교적이라고 할 수는 없죠. 그 부분은 매우 자유롭죠. 이 사람은 이렇게 얘기해도 좋고, 저 사람은 저렇게 얘기해도 좋고. 만일 그게 종교적인 사건이었다면 작가마다 바꾸지 못하는 것 아니에요. 구약에도 그런 대목이 나오면 그 구절 못 고친다고요. 가령 야곱하고 여호와하고 씨름했다. 그걸 어떻게 씨름했다고 할 수 있느냐고 해서 가령 〈손을 쥐었다〉라고 바꾸고 싶어도 못 바꾼다고요. 그런데 호메로스에서 의인적인 장면이 나올 때는 이 사람은 씨름했다고 해도 좋고, 저 사람은 손을 쥐었다고 해도 좋고, 또는 만나지 않았다고 해도 좋아요. 전체 스토리에만 어긋나지 않으면요. 그건 거기다 종교적 의미religious meaning를 준 것이 아니죠. 만약 종교적으로 신중한 의미가 주어지면 못 바꾸거든요. 못 바꾸는 대목은 종교적으로 신중한 의미를 준 대목인데, 가령 헤파이스토스는 불의 신인데, 그걸 물의 신으로 바꾸는 것은 아마 누구도 찬동 안 하고 못 바꾸죠. 그러니까 어떤 자연적 힘으로서 신을 생각한 대목은 종교적 차원에서 얘기할 수 있는데, 의인적인 차원에서 신을 얘기한 부분은 인간적인 요소를 많이 띠게 하면 할수록 변주variation의 여지가 많았다는 것으로 봐서 그렇게 심각하게 받아들인 것 같지 않아요. 호메로스는 자꾸 원시적인 것으로 생각하지 말고, 전형적으로 호메로스적인 것, 호메로스와 다른 사람을 구별해 주는 것을 갖다 평가를 해야지 제대로 할 것 같아요.

손동현 그러면 이렇게 얘기하면 어때요? 호메로스가 얘기했다는 유형의 신화가 동서양을 막론하고 지성사를 놓고 볼 때 과연 언제까지 나타났는가, 정말 기원전 몇 세기에 그런 것이 나타나고, 그 이후에는 그런 것이 없는지, 아니면 근세에까지도 나라나 문화가 하나 서려면 비슷한 유형의 신화가 나오는지……

박홍규 동양은 농경 사회기 때문에 천문학이 중요해. 천문학에서 십이지가 나오는데, 거기다 다 동물을 넣었어. 양이다, 토끼다. 그래서 말띠에 난 여자는 말처럼 돌아다니니까, 집에 잘 안 붙어 있다, 허허허, 그렇게 나와. 그런데 가정이 얼마나 중요하냐 하면 우주라는 것이 집 우(宇), 집 주(宙) 자야. 집이라는 뜻이야. 또 나라도 국(國) 자는 무기와 형벌을 의미해. 그리고 가(家)는 집이야. 집을 넣어. 〈family(가족)〉가 집 아냐? 호메로스 시처럼 신의 〈family〉가 나와야 될 것 아냐. 그런데 여기는 농경 사회기 때문에 농경 사회에서는 가족이 더 중요해. 도시국가에서는 집회에서의 인간관계가 더 중요했고. 간단히 얘기하면 우주의 원리가 그런 인간관계 위에 서 있다는 얘기야. 농경 사회에서 더 중요한 것은 사람하고 농사짓는 데 필요한 기후 관계가 기본이라는 얘기야. 그래서 집만큼은 놓칠 수가 없단 말이야. 그래서 왕을 국부라 하고 왕비를 국모라고 해.

이태수 거기에 가족주의는 들어가 있지 않죠.

박홍규 그 기원이 어디서 나왔느냐, 그 말이야. 우리 무의식 속에 가족적인 것이 들어가 있어. 호메로스의 의인관이 뭐냐? 세계를 이해하는 데, 인간관계가 다른 것보다 중요하더라는 걸 알 수 있지. 왜 중요하냐? 자네는 교통 때문이라고 했어. 그것도 하나의 학설이야. 확증은 되지 않아. 그러면 신화에서 의인관이 나오는 케이스를 조사해야 될 거야. 그러면 이런 문제가 생겨. 전형화된 신화가 먼저냐, 그렇지 않고 신화의 원형 Urform이 딴 데 있어서 그 일부분으로써 나왔냐? 행사, 관습, 장식 같은 것에 원형이 있다는 사람도 있어. 그리고 그런 것이 왜 의인적이냐는 또 다른 문제야.

이태수 저는 의인적이지 않게 이해할 방법이 없다고 생각합니다. 다른 길이 있다면 모르겠는데, 다른 길이 인간에게 뭐가 있습니까? 물론 실증 과학적인 이해가 따로 있겠지만, 그것은……

박홍규 결국 그 문제야. 외부 세계를 의인적으로 이해하는 것이 가장 쉽다는 것이지.

이태수 신화 내에서도 의인적인 것이 극명하지 않거든요. 양극이 있어서 왔다 갔다 하는데, 한쪽은 인간과 똑같이 신이 나오는 곳이 있고, 한쪽에는 무형적으로 나오는 곳도 있고, 왔다 갔다 하거든요. 그런데 그중에 의인적인 쪽이 더 유아적이라거나 저급하다는 것은 얘기가 안되죠. 헤시오도스를 보면 재미있어요. 그 이전에 순전한 힘으로서의 천상과 땅이 있고, 그때 땅의 신은 인간 모습을 띠지 않은 모든 생산을 주관하는 추상적인 원리처럼 되어 있거든요. 그 다음에 크로노스가 나오고 할 때는 초기이고 야만스럽다는 거예요. 인간이 이해 못할 자연력이 지배할 때 세상은 더 카오스에 가깝고, 괴물이 나올 소지가 많았고. 그런데 제우스로 가면 점점 인간적인 모습을 띠죠. 제우스 아버지만 해도 제우스 잡아먹는 괴물이죠. 제우스의 아버지 모습은 인간 모습이 아니죠. 사람을 잡아먹고, 사람을 제물로 쓰는 단계에서는 인간을 인격체로 생각 않는단 말이에요. 종교 발전 단계에서 사람 모습을 띤 인격성이 형성되면 인간을 절대 제물로 쓰지 않는단 말이에요. 인격신이 나오면서 사람을 제물로 바치는 것을 금지하죠. 제우스 단계에 가면 사람을 제물로 쓰는 것은 헤시오도스에도 없습니다. 그러니까 그것 내에서는 제우스를 통해서 의인관을 선명한 모습으로 드러내주는 신화죠.

박홍규 자네 말이야, 바로 그 『신통기』라는 게 뭐야? 〈Gaia(대지)〉에서 뭐가 태어났다는 게 가족 관계 아냐? 그리고 그 〈Gaia〉 자체가 이미 의인화된 거야.

(1990. 6. 17.)

소크라테스 이전의 철학

박홍규 오늘 강의 제목을 〈소크라테스 이전의 철학〉이라고 했거든? 그런데 지난번 강의에서는 고대 철학에서 아우구스티누스를 거쳐서 중세로 가게 되는 역사적인 상황, 이유 같은 걸 얘기했었지. 그것을 전쟁과 관련해서 이해하지 않으면 곤란하다는 취지에서 얘기했었지? 전쟁의 역기능을 해결하기 위해서, 플라톤적인 국가론하고 신약성서에 나오는 그리스도의 이론, 그 둘이 합해져서 가톨릭이 된다고 그랬지. 그래 가지고 그것이 중세로 간다고 했지. 중세 초기에는 신플라톤 학파가, 나중에는 아리스토텔레스 철학이 들어와서 토마스의 스콜라 철학이 나오지. 그 다음에 중세 학문이 무너지고 근세 학문이 갈릴레이로부터 시작돼. 고대 철학을 우리가 일단 아리스토텔레스에서 끊으면, 그것이 중세로 가는 관계하고, 또 하나는 중세의 스콜라 철학이 끊어지고서 전혀 새로운 학문이 나오는데, 희랍 철학과 근세 이후의 학문과의 관계를 알아야 되고, 또 하나는 고대 철학과 고대 철학 이전 세계의 관계를 알아야 돼. 고대 철학 이전의 세계라는 것을 우리는 보통 신화적인 세계라고 하지. 신화라는 것은 원시 사고하고 직접적으로 연결이 되어 있기 때문에 원시 사고로 올라가는 과정이야. 그러니까 이 세 가지 것들 간의 관계를 대충 알아두면 이 지상에서 인간이 태어나서 지적 능력을 발휘한 이래 현대에 이르기까지 희랍 철학의 위치가 무엇이냐 하는 그 위상을 우리가 알 수 있어. 왜 이런 말을 하냐 하면, 가령 플라톤은 『티마이오스』 편에서 우주의 발생론을 논해. 그래서 아테네로 와. 그런 입장에서 본다면 희랍 철학은, 플라톤 철학이나 아리스토텔레스 철학이나 그것 하나만 떼어서 보지 말고 그 배후에서, 즉 우주 발생론적인 차원에서 봐야 된다는 말이야. 그러나 실제 우주 발생론은 현대 실증 과학적인 차원에서 해결이 돼 있지 않아. 그러니까 적어도 해결은 못할지언정 지상에서 태어나서 인간이 지적 능력을 가장 발휘했다고 가정할 수 있는 데까지 가서, 그 상태가 무엇이냐에서 출발을 해가지고 희랍 철학으로 오는 길이 무엇이냐는 것을 따져야 돼. 이걸 알아야 돼.

고대 철학 이전에서부터 쭉 오면 소크라테스에서 하나의 결정적인 계기가 나와. 거기서 끊어져야 돼. 왜냐하면 소크라테스에서 비로소 〈이 사물은 무엇이냐?〉 하는 〈ti esti〉를 물었으니까. 그래서 정의(定義)에 의해서 사물을 취급하는 방법이 나오지. 그렇게 함으로써 하나의 보편적 universal인, 추상적인 학문이 비로소 성립해. 스콜라 철학이나 근대 학문도 다 보편적인 학문이 되려는 것은 틀림없거든. 다만 그 방법론이 달랐다 뿐이지. 물론 보편적이지 않은 학문이나 철학도 근세나 중세, 그리고 고대에 많이 있었지. 그러나 다른 세계와 비교해서, 전 인류의 역사에서 서양 철학, 서양 학문이 가지고 있는 특징을 들어 말하라고 하면, 보편적인 학문을 만들어냈다는 데 있어, 이건 틀림없어. 보통, 희랍 외의 다른 나라에 없는 학문으로서 유클리드 기하학을 들거든. 기하학은 대단히 추상적인 학문이거든. 그런데 기하학은 하나의 분과 과학이고, 일반적으로 모든 사물을 받아들일 수 있는 그런 보편적인 학문은 정의 definition를 하는 데서 시작해. 그래서 소크라테스를 하나의 기준으로 삼아서 거기서 끊어. 그래서 그 이전의 철학은 무엇인지, 그리고 그것이 원시 사고에까지 이르는 길이 무엇인지를 따져야 돼. 다시 말해 원시 사유에서 출발해서 보편적인 학문에 이르기까지의 과정이 무엇이었겠느냐를 따져야 돼. 그런데 실제로 원시 사고 자체의 문제가 예전에는 학문적으로 취급되지 못했어. 인류학이 발달한 최근에 와서야 취급하지.

그러면 우리가 서양 철학은 탈레스에서부터 시작된다고 말하는데, 탈레스에서부터 소크라테스에 이르기까지의 과정이 지금 내가 보는 것과 같은 그런 발전 과정은 아니라는 견해도 있어. 그러나 그건 내가 보기에는 곤란해. 왜냐하면 정의에 의한 학문이란 것은 추상적인 학문이기 때문이야. 그렇다면 추상이라고 할 때, 무엇을 추상하느냐, 그것이 무슨 뜻이냐, 그것부터 따져야 돼. 〈추상〉은 라틴어의 〈abstraho〉, 즉 〈빼낸다〉는 말에서 나온 거야. 그러면 추상이라고 하는 것은…… (누군가 들어옴) 아, 이리 오게 이리 와.

지금까지 무슨 얘기를 했냐 하면, 희랍 철학을 어떤 부분만을 딱 잘라서 그것만 보는 것이 아니라, 지상에서 인류의 지적인 능력이 나타난 뒤부터 현재에 이르기까지의 과정에서 희랍 철학의 위치가 무엇이냐를 본다는 거야. 그래서 직접적으로는 희랍 철학의 종말이 스콜라 철학을 통해서 중세기로 간다는 것이 그 하나이고, 또 하나는, 중세기의 스콜라 철학이 몰락한 뒤에 갈릴레이에서부터 새로운 현대 실증 과학이 나오는데, 근세부터 현대에 이르는 학문과 희랍 철학의 관계가 무엇이냐 하는 것이고, 또 하나는 희랍 철학과 그 이전 세계와의 관계가 무엇이냐는 것을 알아야 된다는 거야. 그러니까 우리가 거시적인 차원에서 희랍 철학의 위치를 정당하게 파악하려면 그 세 개를 알아둬야 돼. 그렇게 하려면 일단 소크라테스에서 끊어야 된다는 거야. 왜냐하면 정의를 내림으로써 학문을 전개시키는 것이 소크라테스에서 비로소 나왔기 때문이야. 보통 희랍 이외의 다른 곳에는 없는 학문으로서 유클리드 기하학을 말해. 수학은 다른 데도 있거든. 사실 보편적인 학문을 성립시키는 데 유클리드 기하학의 영향이 굉장히 커. 그러나 사물 일반에 관해서 보편적인 학문이 성립하게 된 것은 소크라테스가 정의를 내리면서 사물을 탐구하기 시작하면서부터라는 말이야. 그래서 소크라테스를 일단 기준으로 삼아야 돼. 요컨대 지상에서 추상적인 학문이 나타난 것은 오로지 소크라테스로부터야. 그 이전에는 모조리 토속적인 학문이야. 예술도 그렇고 학문도 그렇고 지식도 그렇고, 토속적인 것과 보편적인 것으로 나눌 수 있어. 가령 우리나라에 성리학이 있지만 성리학도 토속적인 것이야. 왜 그래? 정의를 가지고 하지 않기 때문이지. 그래서 한국에서만 그리고 그 시대에서만 통해. 지금은 안 통해. 예술도 마찬가지야. 토속적인 예술이 있고, 보편적인 예술이 있어. 종교도 그렇고. 그걸 따지려면 음악 이론을 깊이 연구해서 어떠한 음악이 보편적인 것이며, 어떠한 것이 토속적인 음악이냐를 따져봐야 될 거야. 그런데 그것이 사실은 어렵거든. 미학이나 종교에서도 어렵고. 보편적인 미학이라든가 보편적인 음악이 무엇인지를 따지려면 먼저 학문에서 보편적인 것이 무엇이냐부터 따져야 돼. 그런데 학문에서 보편적인 것이 무엇이냐 하는 문제는 비교적 간단해. 학문은 정의를 갖고서 시작해야 되니까. 그리고 정의가 뭐냐 하면 추상적인 것이거든. 요컨대 추상적인 학문을 세운 것이 서유럽의 특징이야. 희랍 사상의 특징이야.

따라서 소크라테스 이전의 철학은 추상적인 사고 이전의 학문이라는 것을 분명히 알 수 있지? 그리고 희랍에서만 있었던 하나의 발전 과정을 통해서 보편적인 것이 나온 거야. 만약 철학이 희랍 이외의 다른 곳에서 출발했다면 그 사람들은 다른 어떤 방식을 통해서 보편적인 경지에 도달했을는지도 몰라. 그런데 탈레스에서 소크라테스에 이르는 방식은 희랍이라는 문화권에서 이루어진 것이거든. 그러니까 그것도 토속적인 측면을 갖고 있어. 그런데 내가 지금 얘기하는 것에 반대하는 사람이 있거든. 탈레스나 그 이전이나 소크라테스나 모두 동일한 차원에 있다는 거야. 내가 보기에 그건 틀렸다는 것이지. 왜냐하면 추상적인 것의 정도 degree가 다르기 때문이야. 그러면 추상적인 것이 뭐냐가 문제인데 그 말의 정의부터 알아야 돼. 〈추상적〉이라는 것은 본래 뭘 끄집어낸다는 말이야.

아리스토텔레스에서는 〈analyō(해체하다. 분석하다)〉, 〈analysis〉, 즉 〈분석〉이라는 말이 나와. 플라톤에서는 〈lyō〉, 즉 〈해체한다〉라는 말이 나와. 〈abstract(추상하다)〉라는 말은 라틴어에서 온 거야. 우리가 지금 철학에서는 〈analysis〉도 쓰고 〈abstraction(추상)〉도 쓰는데, 그 는 뭘 끄집어낸다는 뜻이야. 그러면 그 끄집어낸다는 것이 어떤 작업이냐, 그 말이야. 끄집어내서 분리시켜야 돼. 엉켜 있는 것에서 그 일부분을 끄집어내는 것을 라고 해. 엉켜 있지 않으면 추상할 필요가 없는 것 아냐? 그렇지? 그러니까 〈analyō〉와 의 기본 의미를 잡아놔야 돼. 그러면 엉켜 있는 것이 만약에 정지해 버리면 그것 자체는 벌써 추상적인 것인가 아닌가? 추상적인 것이지. 어떤 것이 엉켜 있다가 정지하게 되면 다른 것과 구별되어서 그것만 나와 버려. 그러니까 엉킨다는 것은 하나의 진행 과정으로서만 성립해. 따라서 엉킨 것에서 끄집어내는, 다시 말해서 운동 과정에 있는 것에서 어떤 요인을 끄집어내는 것을 추상이라고 그래. 그러면 추상된 것은 운동하는가, 하지 않는가?

박희영 안 하지요.

박홍규 응, 운동하지 않아. 그러니까 운동하지 않는 것이 공존하는 연속성을 우리는 공간이라고 해. 그러니까 추상적 공간은 추상의 정도에 따라서 공간의 정도가 달라. 요컨대 정의라는 것은 추상적 공간 속에 집어넣는다는 얘기야. 그러니까 추상적 공간이 나와야 된다는 얘기야. 알아들었지? 이걸 머리에 집어넣어. 또 운동도 여러 가지가 있어서 서로 엉켜 있는데, 거기서 운동하지 않는 것을 끄집어내면 그것도 추상이야. 또 운동이 서로 엉켜 있을 때 한 운동을 다른 운동과 구별하는 것도 추상이고. 그러니까 추상이라는 것은 고정화시켜야 가능해. 운동 자신도 고정화되어야 돼. 실제 있는 운동은 추상화되지 않아. 개념적으로 정의되어야만 그것이 추상화되는 것이지. 그러면 내가 하나 질문을 할게. 모순 관계에 있는 존재와 무의 관계에서 존재에서 무를 추상한다고 하나?

박희영 하지 않겠죠.

박홍규 할 수 없어. 처음부터 밖에 있으니까. 항상 처음부터 밖에 있어. 그러니까 추상하고 나면 무와 부딪히더라도 거기서 나타나는 모순된 것은 추상하지 말아야지. 모순율, 동일률은 모두 다 추상적인 개념과 더불어 나와요.

그러면, 이건 버넷J. Burnet이 하는 소린데, 소크라테스 이전의 초기 자연철학은 원자론으로 나간다는 거야. 원자론적인 공간은 추상적 공간과 비슷해. 왜냐하면 동질적인 공간이니까. 그럼에도 불구하고 추상적 공간은 아니야. 왜 추상적 공간은 아니냐? 그 속에 들어 있는 원자는 크고 작고 순서가 있다는 거야. 크고 작다는 것은 어떻게 알아? 재야 돼. 재야 크고 작은 걸 알지. 그런데 우리가 정의의 대상이 크거나 작다고 얘기해? 하지 않지. 그 말은, 정의의 대상에는 잰다는 것이 없다는 말이야. 정의의 대상은 측량의 대상이 아니야. 재는 대상은 인식론적으로는 그냥 감각적인 대상이야. 추상적인 것은 감각적인 것이 빠져야 돼. 다시 말하면 잰다고 할 때, 어떤 것을 재?

강상진 물리적인 연장성 physical extension을 가지는 것.

박홍규 응, 물리적인 연장성을 가지고 있어야 돼. 그러면 똑같은 얘기가 되는데, 물리적 연장성이라는 것은 뭐야? 논리적 연장성은 뭐고 물리적 연장성은 뭐야? 잰다는 것 그 자체가 운동이야. 그러니까 물리적 연장성이란 운동을 받아들일 수 있는 공간이지. 잰다는 것은 운동아냐? 추상적 공간은 운동을 받아들이지 않아. 그러니 잴 수 없어. 그러나 레우키포스의 공간은 그 속에 있던 원자가 크기를 갖고 순서가 있는데, 어떤 사람은 그것을 기하학적이라 하지. 그건 잴 수 있는 공간이야. 그런데 고전 물리학에서 말하는 바와 같이, 완전하게perfectly 재려면 공간이 이상적이어야지? 그러니까 〔원자론적인 공간과 고전 물리학 공간은〕 비슷하지. 그런데 사실 그것만 가지고는 안 돼. 재기 위해서는 딱딱 끊어야 돼. 그러니까 〔잰다는 것은〕 운동을 받아들이는 공간과 추상적인 공간의 접경에서 이루어지는데, 그것을 운동의 측면에서 볼 때, 즉 운동을 받아들일 수 있는 공간에서 볼 때 그런 원자론적인 공간이 나와. 알아들었지?

그러면 레우키포스 이전의 철학, 그러니까 엠페도클레스는 레우키포스하고 어떻게 다르냐? 원자론적 공간에서는 공간하고 원자atom가 달라, 구별돼. 이거 주의해. 추상적 공간에서 공간하고 사물이 다르듯이. 만약 순수한 운동만 있을 때는 공간이고 뭐고 다 없어. 운동과 합쳐져 버려. 어디가 공간이고 어디가 운동인지 구별이 없어. 그러니까 원자하고, 운동을 받아들일 수 있는 공간하고는 다르다는 것에서 벌써 운동에서 원자가 추상화됐다는 것을 알 수 있지? 그런데 그 원자가 동질적인 것이기 때문에 그런 공간이 나오는 거야. 그러면 엠페도클레스하고 원자론하고는 어떻게 달라? 엠페도클레스에서도 운동하고 운동체하고 구별돼. 그렇지만 레우키포스하고는 달라. 다만 내재적으로 허공이 운동 원인이라고 그랬지. 실제로 엠페도클레스 이론이 맞는 거야. 왜냐하면 허무 자체는 절대로 운동의 원인은 안 되니까. 원인은 외부에서 주어져야지. 물체는 움직이지 않으니까 말이야. 엠페도클레스하고 레우키포스는 어디가 다르냐 하면 엠페도클레스에서는 질qulality이 들어가 있어. 그런데 레우키포스에서는 질이 빠져 있어. 즉 질이 추상되어 있어. 이것은 간단한 것 같지만 대단히 어려운 문제야.

발달심리학에서는 이런 문제가 있어요. 솜 한 근하고 쇠 한 근하고 어떤 게 더 무겁냐고 그렇게 물으면, 대부분의 애들이 뭐라고 그러냐 하면 쇠 한 근이 무겁다고 그래. 그 말 알아듣겠나? 국민학교 학생한테 가서 물어봐. 쇠 한 근이 무겁다고 하지. 사실은 다 같은 것 아냐? 한 근이니까. 그런데 왜 쇠 한 근이 무겁다고 하냐면 질을 추상할 능력이 없어서 그래. 학교에서 수를 가르치니까 배우기는 하지만, 수의 본질에 대한 이해는 없어. 수는 정지된 사물에서 성질을 빼야만 나온다는, 즉 추상해야만 나온다는 걸 몰라. 그러니까 우리는 레우키포스의 사상이 엠페도클레스의 사상보다 더 추상적이라는 걸 곧 알 수 있어, 그렇지?

그 다음에 헤라클레이토스로 가면 어떠냐? 모든 것이 움직여. 움직이는 것이 불이고 법이고 그래. 그러면 거기에서는 공간이 추상화되어 있나? 추상화되면 반드시 공간이 나와야 돼. 추상화된 사물이 들어갈 수 있는 공간이 나와야 될 것 아냐. 그런데 헤라클레이토스에서 추상적 공간이 나오나? 사물이 추상화되어 있나? 법칙law이면 법칙으로서 나와 있어? 나와 있지 않거든. 거기서는 운동과 사물 자체, 즉 운동체가 구별이 돼 있지 않아. 역동적dynamic이야. 그러니까 이것은 추상적 사고의 능력이 없을 때 나온 사상이라는 걸 알 수 있지? 추상적인 사고가 발달하지 않았을 때에는 역동론dynamism이 나와. 원자론atomic theory이나 수학이나, 논리적 사고logical thinking라는 것은, 즉 사물을 정적static으로 보는 입장은 추상적인 사고가 나와야 가능하다는 말이야. 그러니까 정의(定義)의 공간이 기본적이야. 사물은 그 대상에서 보면, 언제든지 공간이 먼저야. 그래서 거기서 일정한 구조structure를 가져. 정의에 의한 것, 즉 학문은 정의의 함축implication에 의해서 상호간의 관계에 따라 전부 통합coordination되어서 일관성을 지닌

coherent 일정한 구조를 가져야 돼.

그런데 헤라클레이토스뿐만 아니라 더 밑으로 내려가서 탈레스는 뭐라고 말하느냐? 모든 것이 물로 돼 있는데 물은 또 살았다고 하거든. 영혼이 들어 있다고 해. 영혼도 움직이는 것이고 물도 움직이는 것이거든. 거기서는 추상적 공간이 나오지 않아. 그래서 두 가지 운동, 즉 살아 있는 운동과 물질 운동이 구별이 안 돼. 알아듣겠지? 엠페도클레스에서 사랑이니 증오니 하는 것은 생명체가 가진 것이고 다른 것은 생명체 아니야. 딱 구별이 돼 있어. 그러니까 소크라테스에 이르기까지의 세계, 즉 철학 세계의 사고방식은 추상적인 사고의 정도 degree를 표시한다고 말할 수 있지. 이것을 따지는 일을 현대는 발달심리학에서 해. 그러면 인간의 일생에서 추상적인 사고가 아직 발달하지 않은 때가 언제야?

박희영 유아기요.

박홍규 유아기, 어머니 뱃속에서 막 나올 때. 어머니 뱃속에서 막 나온 애는 행동이나 감정이나 지식이 일치돼 있어. 구별이 안 돼. 그런 것을 우리는 본능이라 그래. 우리의 생리 현상에는 추상 abstraction이 하나도 없어. 추상이 있으면 이랬다 저랬다 선택의 여지가 생겨. 그런 생리 현상을 자동성 automatisme이라고 해. 그러니까 어린아이는 본능에 의해서 자동적 automatic으로 젖을 빨아. 거기서부터 지능이 점차 발달해. 발달하면 운동체와 운동을 구별하게 돼. 쾰러 Köhler 같은 사람들은 바나나를 걸어놓고 침팬지의 지능을 검사하거든. 막대기를 놓아두고 그것을 가지고 바나나를 어떻게 따는가를 관찰하는데, 이러한 실험이 무엇을 의미하냔 말이야? 막대기는 운동체로서 손이고 발이야. 그것은 언제나 동일한 것이지. 그러나 운동은 여러 가지가 있을 수 있어. 하나의 동일한 운동체를 가지고 여러 가지 운동을 꾸며낼 수 있느냐 없느냐를 보는 것이지. 다시 말하면 추상적인 사고방식이 어느 정도 발달했느냐는 문제야. 우리의 본능에서는 신체하고 운동은 구별이 안 돼. 개미 사회에서 개미는 막 나서부터 일정한 운동밖에 못해. 그러나 우리 인간은 지능이 발달하면 그렇지 않다는 말이야. 손은 동일한 손이야. 그런데 이것을 가지고 여러 가지 운동을 할 수가 있어. 우리 인간에서는 그것과 추상적인 사고의 발달이 병행해. 그러니까 막 나서부터 추상적인 사고가, 혹은 과학적인 사고가 어떻게 발달하느냐에 관해서는 현대에서는 발달심리학에서 연구해. 그래서 희랍 철학에 대해서 평가comment를 해. 그런데 원시 사회로 간다고 할 때, 개인적인 것이 아니고 역사적으로 원시 사회 즉 구석기, 신석기 사회로 가는 것인데, 어디까지 가야 되냐 하면, 동물과 인간이 구별되는 한계까지 가야 돼. 동물은 본능적으로 움직이는 것이고 선택이 없잖아? 동물은 지능이 있어도 아주 얄잖아? 어느 정도 조금은 있어. 문자가 없는 시대에 우리 인간의 지능 발달에 관한 이와 같은 문제는 인류학이 발달하면서 거론되었어. 사실은 지금 내가 얘기한 것에 대해서는 내 자신도 정확하게 강의할 능력이 없어. 왜냐하면 소크라테스 이전 철학의 문제는 학설집 doxography를 다 읽어야 돼. 그리고 희랍의 기초 문헌들을 다 읽어야 돼. 거기다 또 인류학을 공부해야 돼. 방대한 문제야. 그러나 좌우간 그런 기준을 세워놓고 지금 내가 얘기하는 거야. 현재 인류학이 가장 낡아빠진 문화를 취급하는데, 거기서 나오는 결론, 즉 최초의 원시적인 것이 어떤 것이냐에 대한 결론이 사람마다 다를 수 있기 때문이지. 또 일률적으로 똑같은 현상이 있는 것은 아니야. 어느 시대에는 없고 어느 시대에는 있고, 또 남아 있더라도 언제부터 생긴 것인지 고증할 수 없는 것이 있어. 구석기, 신석기부터 쭉 몇 만 년 내려오면서 어느 시대의 문화가 응집된 것이 지금 미개인에게 남아 있느냐 하는 문제가 생겨. 그러니까 원시 사회 그 자체를 취급한다고 할 때 이론적으로는 어디까지 가느냐 하면 동물과 접경할 때까지 가야 되겠지. 그렇지만 현실적으로 주어진 데이터가 그것을 꼭 증명해 주느냐는 말이야. 그렇지 않은 것도 있어. 민족에 따라서 다르지. 현재 인류학의 대상이 되고 있는 호주나 아메리카 인디언 같은 사람들의 문화가 우리에게 똑같은 결론을 주는 것은 아닙니다. 그러니까 요컨대 우리가 학문적으로 구성하는 수밖에 없어.

다음은, 지금 학문 이론과 일치할 수 있는 현상이 있느냐 없느냐 하는 것이 문제야. 사실 나는 인류학 공부하는 사람이 아니거든, 지금 인류학자들이 어떻게 말하고 있느냐? 미개인의 종교, 주술, 문화에 관해서는 학자에 따라서 의견이 달라. 가장 유력한 학설이 하나 나왔는데, 그것은 애니미즘animism이란 말이야. 인류학이 영국, 프랑스, 미국에서 발달해. 그 사람들은 식민지를 지배했기 때문인데, 영국 사람들은 200년 동안 오스트레일리아, 폴리네시아, 인도 등의 식민지 지배를 하면서 여러 곳에서 원시인들을 대상으로 연구했거든. 그래서 그런 사람들을 취급하는 학문이 나온 것이지. 또 미국에서 모건Morgan 같은 인류학자가 나온 것도 아메리칸 인디언들 같은 원주민들을 접촉해야 했기 때문이고. 또 프랑스는 지중해 하나만 건너면……

박희영 미국보다도 네덜란드를 더 먼저 칠걸요?

박홍규 아니, 여러 가지야. 지금 가장 큰 세력으로 말하자면 미국, 영국, 프랑스야. 프랑스는 지중해 하나만 건너면 아프리카거든. 거기에 식민지가 많아서 흑인들을 상대해야 되거든. 식민지 지배라는 역사적인 환경 때문에 거기서 발달하지, 독일에서는 발달하지 않아. 그런데 영국 사람의 견해를 보면 어딘가 개인주의적이야. 그러나 프랑스 사람은 달라. 지금 내가 말한 것처럼 원시적인 사고에서 희랍 철학의 발달사를 신화를 통해서 보려고 한 사람이 누구냐 하면, 『종교에서 철학으로 From Religion to Philosophy』를 쓴 사람, 콘포드Cornford야. 그 책을 내가 박희영한테 빌려줬다고, 허허. 그래서 도서관에서 또 찾았어.

그런데 이 사람이 이 책을 쓸 때 영향을 많이 받은 사람이 프레이저 Frazer야. 프레이저는 『황금 가지 *Golden Bough*』란 12권짜리 책을 썼어. 희랍 신화라든지, 종교 민속학적인 문헌들을 전부 모아놓은 사람이야. 그런데 안락의자에 앉아서 과거의 고전 문헌들, 민속학적인 종교 문헌들을 모아놨다고 해서 그 사람을 안락의자 인류학자 armchair anthropolosist라고 해, 허허. 실제로 현장에 나가서 작업 field work하지는 않고 말이야. 그런데 책의 분량이 굉장히 많아. 다 못 읽어. 요약판이 있어. 좌우간 희랍 종교나 희랍 신화를 알려면 이 책을 읽어야 돼. 그리고 민속학 하는 사람도 한 번은 들어가는 책이지. 또 이 사람이 영향받은 사람이 누구더라? 무슨 책이냐 하면, 가만있어, 도서관에서 내가 빌려온 책 말이야. 응?

박희영 테일러 Taylor요? 『원시 문화 *Primitive Culture*』요?

박홍규 아니, 아니야. 희랍 종교에 관한 유명한 책인데, 지금 나한테도 있어. 아! 해리슨 J. E. Harrison,[10] 여자야. 희랍 종교에 대해서 알려면 해리슨의 책을 꼭 읽어야 돼. 이 해리슨이 어떤 사람이냐 하면 안락의자 인류학자하고는 반대야. 그에 의하면 안락의자 인류학자에게는 〈신의 사전 dictionary of God〉만 있고 〈신의 역사 history of God〉는 없다는 거야. 왜냐하면 이 사람은 출발점이 달라. 슐리만 Schliemann과 에반스 Evans가 트로이를 발굴하면서 고고학이 발달했는데, 그렇게 되니까 비교 종교학이 발달하게 돼. 그래서 고고학적인 출토품을 전부 다 모아 가지고, 꽃병이라든지 항아리 같은 데 그려져 있는 신들을 일일이 연구해. 디오니소스 종교는 어디서 났으며 어떻게 숭배되고, 또 제우스 신의 기원이 어디고, 신의 계보는 어떻고, 또 희랍 본토에 나오는 신은 무엇이고, 또 희랍 신화에 나오는 신들의 기원 Ursprung, 최초의 형태

---

10) J. E. Harrison, *Themis*, 1912.

는 무엇인가를 찾아. 종교뿐만 아니라 희랍의 자식 문제 같은 것도 다루는 여러 저서가 있어. 그러니까 이 사람은 인류학적으로 발생론적인 기원origin에서부터 출발해서 희랍의 의인화된anthropomorphisch 신이 왜 나왔느냐를 찾아. 그래서 신의 계통 찾고, 신의 〈crasis〉, 즉 신의 융합 같은 것을 찾아. 그런데 이 사람의 책을 읽어보면, 최초의 희랍 신들은 예전 고대 사람들이 돌기둥pillar을 밭의 경계에다 세웠는데, 그 주위에 축제가 벌어지고 그것을 숭배하게 되면서 차차 그것이 사람의 형태가 되어서 나왔다는 거야. 그러니까 원시적인 신의 형태에서 출발해서 의인화된 신, 즉 호메로스 같은 데 나오는 신이 어떻게 나왔느냐를 찾는 것이지. 요컨대 〈신의 역사〉를 찾아.

그 다음에 이 사람이 영향을 받은 것은 프랑스 사회학파 사람들이야. 그런데 이 프랑스 사회학파 사람들은 영국의 학파 사람들하고는 달라. 영국의 테일러라는 사람이 쓴 『원시 문화』라는 책이 있어. 두 권에서 애니미즘을 자세히 논해. 그 사람 견해에 따르면 원시인은 산에는 산의 신령이 있고, 물에는 물의 신, 우리말로 하면 물귀신이 있고, 집에는 집의 신이 있고, 나무에는 나무의 신이 있고, 각각의 신이, 즉 아니마anima가 전부 들어 있다고 믿었다는 거야. 영(靈)이 들어 있다는 거지. 그러니까 영에는 여러 가지 종류가 있어. 사람이 죽을 때의 망령이 있고, 또 물귀신 같은 것도 있고, 또 땅에는 땅의 신이 있는데, 곡식을 살찌운다고 할까 여물게 하는 신이 있고, 요컨대 그런 것으로 가득 차 있다는 거야. 그리고 또 그 영(靈)이란 개념에는, 기독교의 성령holy sprit처럼, 우리 신체하고 관계없는 그런 것도 들어가.

그런데 그 뒤에 전(前) 애니미즘pre-animism이란 것이 나와. 영(靈)이라는 것을 가만히 보니까 기능이 들어 있거든. 그 사람의 제자는 마렛 R. R. Marett[11]이라는 사람이 있는데, 무슨 얘기냐 하면 실제로는 애니미즘보다 더 이전에 아니마가 있는 것이 아니라, 어떤 힘이 있다는 거야. 산이나 우주나 사람이나 똑같이 그것이 어떤 힘에 의해서 움직여 지더라는 거야. 그것이 물리적인 것도 되고 신적인 것도 되고 인간적인 것도 되고 생명적인 것도 되는데, 뭔지를 몰라. 뭔지를 모르지만 그것이 더 기본적이더라는 거야. 영국의 코드링턴 R. H. Codrington[12]이라는 사람이 있어. 그 사람이 멜라네시아에 가서 주술을 조사했는데, 그 사람은 원시 사회의 주술을 설명할 때, 아니마를 가지고 설명하는 것이 아니라 〈마나mana〉——그 힘을 마나라고 해——라는 것을 가지고 설명해. 멜라네시아의 원시 사회를 가보니까 마나의 힘에 의해서 주술을 이루더라는 거야. 그런 인류학적인 탐구는 도처에 있어. 그러니까 가령 어떤 특별한 돌이 있다고 할 때, 거기에는 특별한 어떤 마나가 있다는 거야. 그래서 이를테면 사과가 많이 열리기를 원할 때, 그 돌을 사과나무 밑에 놓으면 사과가 많이 열린다는 거지. 그런 식의 주술이 더 원시적이라는 인류학적인 보고를 가지고 있어. 그것이 입증이 된 거야. 그걸 마나이즘manaism이라고 그래. 혹은 전 애니미즘pre-animism 또는 역동주의dynamism 또는 생기론vitalism이란 말을 써. 그런데 프랑스 사회학자들의 원시 사회에 대한 사유 방식은……(여기서 녹음이 끊어져서 상당 부분의 강의가 녹음되지 않음)

……들어가려고 하는 동기motivation가 있기 때문에 그런 물음을 던지는 거거든. 그런데 모든 분석을 거부하라는 사람이 나오거든. 가령 회의학파는 모든 것의 판단을 중지하래. 물자체는 모른대. 우리가 아무리 판단을 해봤댔자 그것은 현상phenomenon뿐이라는 거야. 물자체는 몰라. 이것이 실재reality인데, 이걸 아무리 분석을 해서 그것을 모

11) R. R. Marett, *The threshold of Religion*, London, 1909.

12) R. H. Codrington, *The Melanesians, Studies in their Anthropology and Folklore*, Oxford, 1891.

아도 이것이 나오느냐 하면 안 나와. 그러면 이것을 이렇게 모이게 하는 것이 뭣이냐가 문제야. 그렇지 않으면 이것의 실존existence이 나오지 않아. 추상적인 형상 같은 것은 나오지만. 아리스토텔레스의 범주가 아무리 있다고 해도 그걸 합쳐서 실재가 나오느냐 하면 안 나와. 이 사람 얘기에 따르면 그게 마나야. 모든 분석은 분석적인 것이 불거져 나오지 않을 때에 실재적인 것이 성립해. 그러나 학문은 실지로 분석을 하는데. 그러니까 거기에 철학의 난관aporia에 딱 부딪쳐. 플라톤의 입장에서 분석을 해버리면 나중에 그것이 합쳐지지가 않아. 합쳐지지 않으니까 합치기 위해서 아리스토텔레스나 베르그송이 나오는 거야. 하나를 희생해. 어느 하나를 희생해서 형상 질료 이론form-matter theory, 형상과 질료만 가지고 하자는 이론이 나와 버려요.

그러니까 학문에서처럼 긍정적positive으로 나간 사람은 그렇게 된 거고, 회의주의학파처럼 부정적negative으로 나간 사람은 판단을 중지하자, 판단을 그만두자는 거야. 그 극한치는 디오니소스 종교야. 그것이 대표적인 것이야. 신비mystery의 〈myō〉라는 것은 눈을 감는다는 얘기거든. 외부의 감각적인 것을 모조리 다 쳐버리자는 얘기야, 그냥. 추상적인 사고고 뭐고 말도 없이. 그 이전의 세계로 들어가자는 거야. 다이몬daimon은 영혼psychē 이전의 세계야. 물질 속에 들어가 있는 것이야. 영혼은 외부의 주체자의 인식의 대상이야. 다이몬은 아니야. 그건 개체화된 마나야. 불교에서는 불립문자(不立文字)라고 하지. 문자를 사용하면 안 된대. 선방에 들어가서 가만히 앉아서 아무것도 않고 모든 판단을 중지하고 속으로 들어가자는 얘기야. 그런데 그건 정적static이지. 디오니소스 종교에서는 동적dynamic이야. 생과 사의 관계에서 새로운 부활의 경험을 얻는다는 거야. 그러니까 우리가 분석을 모조리 빼라는 것은 철학에 대한, 말하자면, 한계야. 그러니까 디오니소스적인 그런 입장이 죽 고대 철학의 철학적인 사고의 밑바탕에 있는 것은 틀림없어. 그렇기 때문에 모든 것을 찾아. 많은 걸 찾아. 그렇지 않으면 많은 것을 찾을 필요가 없어. 인간의 실존 existence은 어느 것 하나의 조건만 빠져도 성립하지 않아.

우리가 지금 디오니소스 종교하고 기독교를 생각해 보면 유사성이 얼마나 많냐는 것을 얼른 알 수 있어. 그리스도는 뭐라고 말했냐 하면 내가 진리요, 길이요, 생명이라고 했어. 우리 분석적인 사고에서는 그건 난센스야. 말이면 말이고, 생명이면 생명이지, 말하고 생명하고 다르지 어째서 같아? 그러나 생각해 봐. 목사가 설교를 잘하는데, 그것을 직업으로서 한다면——지금은 직업이라고 하니까——, 직업인으로서 말을 잘하는 거야. 그때는 목적이 다른 데 있어. 그러나 진정으로 그 사람이 말하려면 전신으로 듣고 전신으로 보고 해야 돼. 그 자체가 자기 삶이야. 설교 사업 자체가 자기 삶이야. 전체 자기의 실존하고, 즉 삶하고 하나가 되어야 돼. 어디서 어디가 목사고 어디가 말이고 어디가 진리고 구별이 가지 않아야 돼. 그 경지에서 얘기를 해야 사람한테 영향을 준단 말이야. 그래야 감동을 주는 거거든. 바로 그것이 원시적인 사고야. 또 디오니소스 종교에서는 소가 나타나. 디오니소스 종교에서는 소로 제사를 지내고 나중에 그 소를 잡아먹어. 피를 먹어. 그게 무엇을 의미하느냐 하면 생명의 일체감을 얻는 것이야. 생명의 일체감을 얻기 위해서 피를 마시고 소를 잡아먹는 거야. 그리스도가 포도주를 보고 이것은 내 피요, 또 빵은 내 살이요 그러지. 무슨 놈의 살이야, 빵은 빵이지. 허허. 우리 분석적인 사고에서 보면 아무런 의미가 없어. 그러니까 모두 상징적 symbolic으로 해석하지. 빵이 성체 sacrament라는 것을 가톨릭에서는 화체설(化體說)이라고 하지. 요는 빵이 살이 된다, 포도주가 피가 된다, 이것이 원시적인 사고야. 레비브릴은 원시적 사고의 특징으로 모순율이 없다는 것을 들었어. 모순에 대한 제약이 없어. 또 그 다음에 참여율 loi de participation이라는 것이 있어. 모순된 것이 합쳐져서 사물을 이룬다는 말이야. 우리가 보면 모순된 것이어서 도저히 서로 결합이 안 되는데, 모순적인 것이 결합해 있다는 거야. 그러면서도 그것이 정신병자냐 하면 정신병자는 아니야. 정신병자하고 다른 점은 정신병자는 적응이 되지 않아서 죽어버리는데, 원시인들은 적응해서 살아. 나는 동시에 뱀이고 사람이다. 지금 현대인들이 보면 이상하지. 돌았다고 해야지. 어째서 내가 뱀이고 사람이야? 그러나 원시인들의 토테미즘에서는 그것이 하나도 이상하지 않아. 포도주가 피가 되고 빵이 살이 된다는 그 사고가 원시적이야. 거기에 들어가야 돼. 그것이 마나의 입장이야. 빵을 먹으면 어째서 그 물질이 우리의 생명이 돼? 아무 의미 없거든. 사실 따지면 물질은 물질이고, 생명은 생명의 에너지지. 『티마이오스』 편에서 능동자poioun, 제작자dēmiourgos의 능력에 여러 단계가 있다는 것을 알아야 돼. 생명 현상에 해당하는 단계, 물질 현상에 해당하는 단계, 여러 단계가 있다는 걸 알아야 돼. 그러나 플라톤은 그런 자각이 없어. 그렇지만 지금 현대는 그렇지 않아. 자각이 돼 있어. 생명 현상이 탐구되면서부터. 물질 현상과 생명 현상이 같으면 어떻게 해서 생명 현상이 이 세상에 살아? 물질과 더불어 살아? 물질에 기초해서 어떻게 살아? 살 수 없어. 성체의 뿌리가 어디에 있냐하면 마나야. 기본적인 거야. 가톨릭의 장점이 그거야. 원시적 사고에 가장 가까운 사고를 현재에서 들라고 하면 가톨릭의 성체야. 인간이 원시적 사고에서 벗어나서 둥둥 떠 있으면 오래 못 가. 우리 인간은 항상 원시적 사고를 실천하고 있어. 우리의 생명 현상은 생리 현상을 실천하고 있어. 그 위에 추상적 사고가 발달해. 그걸 우리가 알아둬야 해. 어름이 바다 속에 떠 있는데 위에 나타난 것만 추상적 사고야. 밑에 있는 건 원시적 사고야. 그걸 우리가 알아둬야 돼.

그리고 또 우리 추상적 사고에서는 그리스도니 뭐니 개별적인 것, 인격person은 얘기하지 않아. 뉴턴 물리학에 뉴턴이 무슨 상관 있어?

추상적인 지식 자체가 문제지. 그런데 기독교는 그렇지 않아. 어디서 누구의 아들로 태어나서 어디서 못 박혀 죽고 부활하고, 유대 민족의 어느 누구라 하는 것은 고유명사야. 그러니까 원시인은 추상적 사람 자체가 없어. 구체적인 이 사람만이 있어. 추상적인 사고가 발달하지 않았으니까. 여기 있는 이 나무는 있어도 추상적인 나무는 사고하지 못하는 단계가 있어. 그러나 실재적 real인 것은 구체적으로 고유명사로서 여기 있는 이거야. 어느 집 사람이야. 그런데 그렇게 나타나지 않으면 종교가 우리에게 아무런 전체적인 영향을 주지 않아. 다만 추상적 사고나 우리의 지능에 대해서만 영향을 줘. 지능에 대해서는 우리가 동의 consent하느냐, 않느냐 그것뿐이야. 우리 전체의 실존 existence에 대해서는 영향을 주지 않아. 전체에 대해서 영향을 주려면 원시적 사고로 돌아가야 돼. 마나로 돌아가야 돼.

그러니까 우리가 지적으로 보더라도 가령 스토아 학파에서 〈자연 physis과 일치해서 살아라〉고 하는데, 거기서도 불이 됐다, 영혼이 됐다, 신이 됐다 그러거든. 그게 다 원시적인 사고야. 분류 classify가 제대로 돼 있지 않아. 레비브릴 말로 하자면 모순율이 발달되어 있지 않아. 그런 이유는 확실해. 그때 그 대자연 physis이 뭐냐? 시간적으로 뚫고 들어가고, 뚫고 들어가면, 불도 자연이고, 영혼도 자연이고, 사람도 자연인데, 가장 기본적인 자연은 마나라는 것이 그 이론이야.

그것이 없이 어떻게 실지로 추상적 사고를 해가지고 그것을 우리에게 유용하게 사용하려고 하냐는 말이야. 우리가 살려니까 하지. 〈sophia(지혜)〉는 기술이야. 살기 위한 기술이지. 오늘 얘기는 그만 해.

박희영 제가 느끼기로는 스피노자의 자연도 있지만 헤겔도 세계정신이라 할 때, 기본적 입장은 그러한 마나와 비슷하다는 느낌을 많이 받거든요.

박홍규 헤겔을 마나 입장에서 보면, 거기는 마나뿐이야. 말하자면, 개별화된 개성이 나오지 않아. 그게 특징이야. 여기서는 기본적인 마나에서 분열이 되어서 종족이 나오고, 개인이 나오고, 여러 가지가 나와.

박희영 그러니까 제 생각으로는 헤겔이 19세기 사람이니까 이미 추상적 사고를 했다 할 수 있는데, 추상적 사고를 하되……

박홍규 헤겔에는 마나라는 말은 사실 없지. 그러나 사상적으로 얘기하면 그런 것이 비슷하다고 봐야지. 이것을 생기론vitalism이라고도 하고, 역동주의라고도 하고, 마나이즘, 전 애니미즘, 등등 여러 가지 얘기를 하지. 요컨대 그 기준은 추상적 사고가 발달하지 않는 극한치에서 나타난 것이라는 점이야. 그것이 마나야. 재미있어. 마나는 형용사도 아니고, 동사도 아니고, 명사도 아니다. 프랑스 사회학자가 그런 말을 하는데, 그 말은 무슨 말이냐?

박희영 당연하지요.

박홍규 당연하지. 왜냐하면 형용사니 명사니 동사니 하는 것은 분석을 해봐야 나와. 그러니까 그 이전 것이라는 얘기야. 동물에는 그런 형용사, 명사의 구별이 없어. 우리 생리 현상에도 구별이 없어. 우리 인간만이 구별해. 지능이 발달하고 추상적 사고가 발달해야 구별해. 중요한 데는 거기야. 희랍 철학이 분석을 해서 추상적 사고가 발달하는데, 그러면 그럴수록 그것은 전부 개념적인 구성, 추상적인 개념 내용에 해당하는 것으로서 전부 분해되지. 그것을 모아봤댔자 실재가 나오지 않는다는 얘기야. 그래서 플라톤은 싸워. 존재에 대한 거인족의 투쟁이다. 다와 운동의 세계를 어떻게 설명할 것이냐를 놓고 싸워. 싸워도 해결이 안 나. 철학은 그 자체가 분열된 것만 취급하지 분열되기 이전의 세계는 취급하지 않아. 거기서는 철학 자체가 성립하지 않아. 그러니까 기독교라는 것은 그 이전의 세계야. 기독교의 입장에서는 헬레니즘 시대에서 그 시대의 마나로 돌아가려면 어떻게 할 것이냐 하는 것이 문제지.

박희영 가톨릭으로 일단 공식화되면 다분히 추상적 사고가 많이 들어가지 않습니까?

박홍규 나중에 많이 들어가지. 내가 그러잖아. 교리문답, 신학하고 종교는 다르단 말이야. 신학은 학문이거든. 신학하고 신앙은 달라. 학문하고 경계boundary야. 한계에서 성립해. 신학 자체가 절대 종교는 아니야. 우리가 신앙을 가지지 않아도 기독교가 뭐다, 신학에 대해서 얼마든지 얘기할 수 있어. 그러나 기독교 신자가 된다는 건 달라. 어디서 달라? 그것과 더불어 살아야 돼. 문제는 〈physis〉라는 말이야. 이게 동명사야. 이 사람 얘기는 동명사로서의 〈physis〉가 먼저라는 거야. 이것이 실재야. 살아야 돼. 모든 것이 삶 속에 포섭이 돼야 돼. 그래야 신자가 돼.

박희영 이건 수업하곤 직접적 상관은 없는데요, 프랑스의 샤르트르 성당에 가면 마리아가 세 모습이 그대로 있어요.

박홍규 세 모습이 뭐야?

박희영 세 마리아가 있어요. 그러니까 샤르트르 성당 생기기 전에 우물 종교라고 해서 원시 종교처럼 지하의 어떤 힘, 마나를 믿을 때의 마리아의 모습이 지하실에 지금 있어요. 그 다음에 인간과 연결되는 예수를 품에 안은 상이 기도하는 자리에 있고, 우리하고 독립된 마리아는 스테인드글라스 위에 그려져 있어요. 그래서 세 개가 공존하는 걸 재미있게 볼 수 있어요. 그 다음에 디오니소스 종교가 나오면 꼭 테베 지역이 나오는데······.

박홍규 프레이저는 트라키아라고 그러지. 트라키아의 여러 군데에서 나온다고 해.

박희영 이집트하고 연결이 안 됩니까?

박홍규 그렇지. 이집트에서도 나오고 다 나오는데, 본산지는 트라키아야. 그러니까 지금은 고고학이 발달해서 더 나은 다른 어떤 학설들이 나올지 모르지. 그런데 원산지는 트라키아라고 하는 것 같지, 아마?

박희영　그런데 테베가 이집트에도 있고 희랍에도 있는 겁니까? 이집트에도 또 있던데요?

기종석　테베는 희랍에 있지.

박홍규　희랍이겠지. 그게 농촌 문화야. 농촌 사람들 스트레스 해소하는 종교인데, 도시국가라는 것은 아폴론적인 거거든. 그런데 나중에 아폴론적인 측면은 철학이 대변하고, 종교로서는 디오니소스 종교가 아테네를 휩쓸어. 그 이유는 거기에 있다는 거야. 그것은 개인적인 어떤 다이몬이 우리 인간과는 상관없이 멀리 떨어져서 자기들끼리만 사는 신의 가족으로 되어버렸다는 거야. 종교적으로는 별 의미가 없다는 거야. 흥미를 끌 것이 없다는 거지. 그러니까 인간이 자꾸 분열돼 나가는 데에서는 종교가 성립하지 않아. 하나가 되려고 하는 데서 성립해. 하나가 돼야 해. 종교뿐만 아니라 예술가도 그래. 그림을 그리는 사람이 내가 지금 이걸 그려서 얼마에 팔겠다고 하면 좋은 그림이 나올 수가 없겠지? 그려진 그림과 자기가 혼융일체해서 어디가 어딘지 모르겠다는 비몽 상태에서 그려져야만 훌륭한 그림이 나오겠지? 그것이 바로 원시적인 사고야.

박희영　그리고 아까 선생님 소라고 그러셨는데 염소 아니에요?

박홍규　응, 염소도 나와. 여러 가지로 나타나.

박희영　그런데 왜 염소가 나오는지 잘 모르겠어요.

기종석　그 동네에 염소가 많으니까.

박희영　그건 좋은데 소는 별로 없잖아?

박홍규　아니 소로도 나와 소.

박희영　소로도 나옵니까?

박홍규　응. 숫소. 티탄에 의해서 죽어. 그리고 재생해. 그래서 죽고 재생하는 신으로서 받들어져.

박희영 저도 관심이 있어서 공부하다 보니까 아랍 문화를 많이 알아야 되겠더라고요. 그 영향이 많아요. 그러니까 기독교에서도 마찬가지고 속죄양에다 자기들 전체 죄를 써서 밖으로 내보내요. 그런 작전도 하나 있고, 소를 끌고 황야를 돌아다니다 되돌아오는 작전도 있고 여러 가지 있는데, 아랍의 어떤 문화와 상관이 있는 모양이에요.

박홍규 아까 내가 얘기한 것에 역사적인 것 하나 첨가해서 얘기하면, 발달심리학에서는 죄인이라는 게 지금 있는 사람의 죄뿐만 아니라 예전 사람이 지은 죄도 다 취급해야 할 것이냐 하는 문제가 나오거든. 그러나 그건 데이터가 없으니까 취급 못하거든. 다만 개체 발생이 계통 발생을 되풀이한다는 차원에서는 어떤 공통점이 나올 수 있지. 그걸 다뤄. 피아제가 레비브륄이고 뭐고 이런 책들을 다 읽었어. 스물 몇 살 때 세 권인가로 쓴 책이 있어. 세계관, 자기중심적인 것 등등을 다루는데, 거기서 자기중심적인 개념들을 끄집어내는데 까다로워. 우리가 얼른 알기 쉽게 설명하자면 어린애는 막 태어나서부터 모방한다는 거야. 그런데 모방이라는 것이 어디서 성립하느냐? 이 사람 설명이 참 재미있어. 나는 나고 너는 너다, 이렇게 딱 독립해서 자아가 성립하면 모방이 안 된대. 그렇겠지? 허허. 내가 독립하면 모방하지 않아. 저 사람이 옳은가 그른가 따지지. 〈그래? 어째 좀 이상하다? 옳은 것도 같고……〉 뭐 그런 식으로 생각하지 모방은 안 해. 또 어린애들은 사고뿐만 아니라 신체적으로도 모방하도록 되어 있어. 어른이 되어버리면 신체적으로 다 굳어져서 외국 말을 배우려면 안 배워져. 그러나 어린애들은 신체가 유연해서 얼른 배워. 그런데 모방의 전제조건이 뭐냐? 나와 너, 외부와의 사이가 미분된 상태에서 모방이 된대. 여기 이것과 저것이 딱 구분되면 모방이 안 돼. 미분된 상태에서 모방이 돼. 그러면 내 주관적인 것이 객관으로 오고 객관적인 것이 내 주관으로 와. 그걸 가지고 설명하는 게 제일 좋은 것 같아.

그러면 가장 미분된 상태는 언제냐 하면 어린애가 태아로 있을 때야. 태아에서 벗어나서 어른이 되는데, 막 태어난 다음에는 구별이 거의 안 된다는 거야. 감각적으로 지각이 발달하지 않았으니까. 주술이란 것도 내 주관적인 것이 객관적인 것과 혼동되어서 미분된 상태에서 나온다는 거야. 내가 저 사람이 밉다면 저 사람 그림을 그려놓고 막 점을 찍고 주문을 외워. 그러면 실제로 그 사람이 그렇게 된다고 생각해. 그러나 그것은 사실 자기의 주관적인 견해이지, 실제로 그렇게 되는 것은 아니거든. 자기 주관적인 세계와 객관적인 세계가 혼동이 돼서 구별이 안 될 때 그런 것이 일어나.

박희영 그런데 몇 개는 실제로 일어난다고 합니다. 허허. 사진 놓고 눈 찍기, 인형 만들어서 눈 찌르기 같은 건 많은 데서 실제로도 나타난다고 그러지요.

박홍규 실제로도 나타난다고 해?

기종석 들켜야지 효과가 있지.

박홍규 허허허.

박희영 일러줘야지, 누군가가 하고 있다고. 허허.

박홍규 어린애는 어머니 뱃속에서 나와서 아직 어머니와 가족의 환경 속에 매몰되어 있기 때문에 그걸 벗어나서는 세계를 볼 수가 없어. 그걸 의인화된 세계라고 해. 심리학에서 나오는 얘기야. 미개인과 똑같이 어린애도 모순에 대한 개념이 없고, 모순된 걸 자꾸 얘기해. 어린애들은 말 자체를 사물chose로 생각해. 미개인도 그렇지만 말 자체가 사물이라고 생각해. 꿈과 현실을 구별 못해. 미개인도 그렇고 어린애도 그렇고. 그리고 또 그 핵심적인 것은 종교의 성스럽다는 것을 심리학적으로 분석을 해보면 우리에게 공포를 주는 동시에 사랑한다는 개념이 들어 있다는 거야. 다시 말하면 성스럽다는 개념이 얼마나 모순적인 개념인가를 우리는 알 수 있어. 나에게 공포를 주는 동시에 나를 사랑해.

사랑하는 것은 우리가 공포를 가지지 않아야 되거든. 공포를 주는 것을 우리가 어떻게 사랑해. 그런데 성스러운 것은 그렇다는 거야. 그런데 그런 개념을 또 무엇에 대해서 가지느냐 하면 어린애들이 아버지에 대해서 갖는다는 거야. 아버지는 분명히 무서워. 공포의 대상이야. 동시에 또 자기를 사랑해. 가부장적인 얘긴데. 이건 심리적psychological인 것이야. 심리적이라는 것은 사회에서 개인을 유리시켜서 어떤 예 sample를 놓고 얘기하는 거야. 그러니까 미개인의 어떤 사고는 언제든지 현재의 우리 인간 속에서 어린아이 적에 다 되풀이된다는 거지.

박희영 커서도 되풀이되죠.

박홍규 커서도 되풀이되지. 레비브륄이 우리 현대 문명에서 현대 사람도 얼마나 많은 모순된 얘기를 하냐고 하지. 가치의 문제에 가면 이치에 맞지 않는 소리를 얼마나 많이 하느냐, 누구나 다 소크라테스처럼 그렇게 분명 clear하게 개념적으로 정의define해서 정합적coherent인 말을 하느냐는 말이야. 그러니까 아까도 말한 것처럼 추상적인 사고라는 것은 공간 개념이 나와야 돼, 추상적인 공간이. 그 이전에는 동적 dynamical인 세계관이 나와요. 어린애들은 동적인 세계관이래. 그러니까 피아제를 공부하면, 어린애의 세계관, 어린애의 물리학, 어린애의 논리, 어린애의 수, 등등 다 실증적으로 조사를 해. 그런데 그런 연구들은 미개인에 대한 논의를 다 읽고 쓴 책이야.

박희영 레비브륄하고 다른 쪽은 구조주의 인류학자들인데요, 레비 스트로스나 요사이 또 데리다같이 딴 쪽에서 그걸 이용하는 사람들을 보면, 마나에 의한 역동주의보다 구조 그 자체를 보려고 하죠. 그래서 강탈적으로 결혼을 하면 예전에는 강자가 약자를 강탈한 줄 알았는데 인류학적으로 나중에 전체를 보니까 교환 관계라는 구조가 지배한다고 하더라고요.

박홍규 대립되는 거야.

박희영 그 사람하고 구조주의가요?

박홍규 응. 대립돼. 그러니까 레비스트로스 같은 입장에서 보면 현대인이나 고대인이나 별 차이가 없어.

박희영 그 구조가 그렇지요.

박홍규 그렇지. 구조의 측면에서 보니까 현대인에서도 항상 되풀이돼. 차이가 없고. 레비브륄의 입장에서 보면 고대인과 현대인은 차이가 많아.

기종석 거스리Guthrie는 레비브륄의 입장을 반대하지요?

박홍규 지능 발달의 입장에서 보면 반대해야지. 지능 발달은 크면서 그 구조가 자꾸 변화돼요. 그래야 지능의 발달이 있지.

박희영 예? 거스리가 지능 발달을 반대한다구요?

기종석 아니, 어느 사회든지 그 사회에서 통용되는 가정presumption 이 있고, 그것을 나름대로 해결하는 방식들을 다 가지고 있다는 거야.

박홍규 거스리가 그래?

기종석 거스리가 그런 입장에서 희랍 철학사를 보려고 하는 거 아니에요?

박홍규 사회를 중요시하면 그건 개인주의적인 입장이 아닌데? 사회학적인 입장이 어디가 난점이 있냐? 가령 우리가 자동차를 만든다면 자동차의 기술은 항상 보편적universal이야. 한국 사람이 만들거나 영국 사람이 만들거나 미국 사람이 만들거나 다 똑같아. 이런 건 설명이 안 돼. 왜냐하면 분명히 우리 인간은 사회를 벗어나는 측면이 있어. 그러니까 디오니소스 종교도 그 극한치에 가면 사회를 벗어나. 개인 다이몬이 있고, 사회의 다이몬이 있고, 마나 일반이 있어. 마나 일반이라는 것은 사회를 벗어나.

박희영 저번에 대우재단에 왔던 영국 사람도 그렇고, 만약에 거스리가 레비브륄을 비판했다면 그 입장보다도 제 생각에는 이럴 것 같아요.

기종석 그건 명시적으로 얘기한 것이 아니고……

박희영 영국 사람들이 프랑스 인류학자들을 비난하는 것은 지나치게 추상화해서 보편적인 것을 끄집어낸다는 거죠.

박홍규 프랑스 사람들 인류학 책을 보면 다 철학입니다, 철학.

박희영 예, 철학적 훈련이 고등학교 때부터 많이 돼 있어서 접근 태도가 다르더라고요.

박홍규 접근 태도가 달라. 영국 사람은 아주 경험적이지.

박희영 예. 그래서 영국 사람은 경험에서 나온 것들을 모아놓고 그냥 이거 보라는 식이죠.

박홍규 나도 인류학 책을 다 안 읽어봐서 모르지만 가령 테일러 같은 사람들을 가만히 보면 개인 중심적이에요. 프랑스 사회학파 같은 사고하지 않아. 단 프랑스 사회학파 같은 사고는 원시인의 사고를 이해하는 데는 필수적이라고 생각해. 왜냐하면 지금 현실적으로 다 증명이 되거든. 가령 원시인에서 종교란 것은 어느 누가 만들었다는 교조가 없어. 문선명이는 문선명이라는 교조가 딱 나와, 한 개인이. 그리스도는 그리스도 딱 나와. 그러나 원시 종교에는 없어. 그 말이 무슨 얘기냐 하면, 그 사회에서 어떤 교조가 나와서 그 사회의 특별한 종교를 만든 것이 아니라는 얘기야. 먼저 그런 종교적인 행동이 있고, 그 다음에 그것이 점점 반성돼서 개념화됐다는 것이 들어 있어. 종교학에서 자생적인 종교에 개념이 먼저냐 행동이 먼저냐는 문제가 있는데, 원시적 종교에서는 누가 만들었다는 것이 없어. 그저 행동으로 관습적으로 다 전통에서 이어져 나와. 그걸 보면 프랑스 사회학자들 이론은 옳은 거야. 분명히 옳아. 그걸 개인주의 입장에서 보면 안 되는 것이지. 그러니까 희랍 철학을 하려면 인류학도 해야 돼. 최소한도는 해야 돼. 사실은 희랍 철학뿐만 아니지. 인간의 본성을 알려면 인류학을 공부해야지. 그래야 현대 과학 문명과 분석적인 철학의 위치와 성격이 무엇이냐를 알 수 있지.

강상진 선생님 아까 현대 물리학은 생명 현상과 물리 현상이 일치하지 않는 현상만을 다룬다고 말씀하셨습니까?

박홍규 물리학자가 자기들이 물리 현상만 취급한다고 그러지 생명 현상도 취급한다고 그래? 그런 가정 위에 서 있어? 그러면 물리학자가 동시에 생물학자게?

강상진 아니, 어떤 생각 때문에 그런 질문을 드렸냐 하면요, 생명 현상도 물리 현상을 기초로 해서 설명을 하다가 물리 현상만 가지고 안되는 부분이 있으면 생명 현상이란 개념을 집어넣든지 해서 단순한 물리 현상과 구별되는 생명 현상이 아니냐, 그렇게 이해하고 있는데, 그렇게 되면 생명 현상하고 물리 현상의 관계가 어떻게 되는지, 어떤 현상을 보고 그것이 물리 현상인 한에서 볼 수도 있고 생명 현상인 한에서 볼 수 있는 가능성은 배제가 되는 건지 여쭤보는 겁니다. 어떤 현상이 있는데, 그걸 생명 현상으로도 보고 물리 현상으로도 보는 일이…….

박홍규 구별이 안 되는 측면이 나오지. 생리학 같은 것이 그렇지.

강상진 그러면 생리 현상이라고 말하는 것은 생명 현상으로도 볼 수 있고 물리 현상으로도 볼 수 있다고 말해야 되는 겁니까?

박홍규 구별이 안 되지. 나중에 긴 과정을 보면 모를까 단시간에 보면 어디서 어디가 물리 현상이고 어디가 생명 현상인지 구별이 가지 않지. 그러니까 물리학은 생명 현상을 빼놓고 물리현상만 빼서 봐야지. 우리 감각적인 대상은 물리 현상이니까. 실증 과학자가 그런 소리 하는지 몰라. 지금 물리 현상하고 생명 현상하고 구별되지 않는 측면이 있다. 그러나 그렇다고 해서 이 철학은 물활론이 아니야. 마나이즘은 물활론이 아니야. 물질이 다 살아 있다느니 그런 소리는 안 해. 왜 그래? 물활론이라고 하지만 반드시 물활론에 그치는 게 아니야. 어느 측면에서 보면 물리 현상이고 어느 측면에서 보면 생명 현상이다. 그 두 가지 것을 가지고 있다는 것이지. 여기서는 순수한 학문적scientifical인 측면이 나오잖아. 물활론에서는 안 나오지. 나올 수가 없지.

기종석 어디에서 학문적인 것이 나온다고요?

박홍규 여기 희랍의 마나이즘에서.

기종석 희랍 철학 중에서도 나눠서 말씀하셔야 되지 않습니까?

박희영 예. 나눠서 말씀하셔야 될 것 같은데요? 마나이즘 측면도 있고…….

박홍규 그러니까 살아 있다는 게 물활론이라고 하는데, 만약에 순전히 살아 있다면 유물론은 나오지 않을 거 아냐.

기종석 안 나오지요.

박홍규 응. 안 나와야지. 그건 물활론에서 끊겨야지. 물활론은 그 자체의 법칙을 따라 헤겔의 변증법처럼 가야지, 여기서는…….

박희영 어느 측면에서는 끊어진다.

박홍규 그렇지.

박희영 그러니까 끊어지고 안 끊어지는 게 합해서 마나이즘이 아니고요…….

박홍규 토인들 말을 들어보면 마나라는 게 물질 현상도 아니고, 그렇다고 생명 현상도 아니고, 뭔지 모르겠다는 거야. 플라톤의 『티마이오스』편에 완전한 세계는 〈to pan(전체, 우주)〉이라고 말했는데, 그것이 살아 있다고 얘기하지? 그것도 마나이즘의 관계에서 봐야 돼. 그런데 그렇지 않은 세계도 또 있거든, 살아 있는 세계도 있고. 그렇다고 해서 거기에 있는 물건이 다 살아 있다고 하지는 않아. 그 〈to pan〉 속에서 생물, 무생물 다 구별하지.

(1990. 12. 2.)

피시스Physis (I)

박홍규 내 강의의 내용은 고대 철학을 전공으로 하지 않는 사람에게는 뭐랄까 거리가 멀어. 지난번에 초기 자연 철학, 소크라테스 이전의 자연 철학에 대해 스케치했지? 오늘은 무슨 얘기를 하느냐? 서양 학문의 근원이 희랍에서 나와서 로마를 거쳐 중세로 해서 현대에 이른다고 할 때에 여러 가지와 줄기가 있어. 그 가지나 줄기를 일일이 따지는 것이 아니고, 그 주류main stream를 볼 때, 학문이라는 것은 반드시 데이터가 있어야 될 테니까, 그 주류의 데이터가 무엇인지를 한번 생각해봐야 돼. 우리 고대 철학을 하는 사람은 생각을 해봐야 해. 그러면 거기에 꼭 나오는 것이 뭣이냐 하면 〈physis〉라는 것, 자연이라는 것이야. 현재 〈natural science(자연과학)〉, 〈science of humanity(인문과학)〉, 〈physics(물리학)〉, 실증 과학 등등으로 말하는데, 실증 과학은 일종의 자연과학이지? 〈natural science〉라 하지 않고 〈physics〉라는 말을 그대로 쓰는 사람도 있어요. 오귀스트 콩트A. Comte 같은 사람은 〈physique organique(유기체 물리학)〉, 〈physique inorganique(무기체 물리학)〉를 이야기해. 사회학도 〈physique sociale(사회 물리학)〉으로 봐. 아리스토텔레스 냄새 나지? 그런데 그 자연 nature라는 것이 뭐냐를 한번 생각해 봐야 돼. 탈레스에서 시작해서 쭉 내려오면서 〈physis〉를 찾았다고 해. 그때 〈physis〉라는 말은 라틴어로 번역하면 〈natura〉이고, 영어로는 〈nature〉, 독일어로는 〈Natur〉라고 해. 스토아 학파에서는 〈자연과 일치해서 살아라〉라는 유명한 말이 있고, 에피쿠로스 학파에서도 『사물들의 본성에 관하여 De Rerum Natura』라는 책이 있어. 기독교와는 좀 달라. 그래서 서양에서는 기독교 사상, 희랍 사상 두 개가 있다고 하잖아? 그때 희랍 철학의 중심에 서 있는 것이 〈자연〉이야. 그리고 중세에 토마스 같은 사람들, 스콜라 철학자들이 취급한 신도 자연이야. 그래서 자연 신학이라고 해. 요컨대 철학자가 취급하는 신은 자연 Natur이야. 아리스토텔레스의 신이나 플라톤의 신은 자연 신학에 들어가고, 계시 신학에 들어가지 않아. 그 연장선 속에서 중세의 모든 자연 신학이 성립해. 자연 신학 Naturtheologie에 관해 예거 Jaeger라는 사람이 쓴 책이 있어. 자세히 썼는데, 그 사람은 초기 자연 철학에서부터 맨 처음 신학을 시작했다고 말해. 우리는 자연이란 말을 많이 쓰는데, 그 자연이라는 것이 뭐냐, 자연학 physics이라는 것이 무엇이냐, 무엇을 찾는 것이냐고 물어. 그러나 내가 이렇게 물을 때 과학적인 차원에서 논하는 것이 아니라, 요컨대 철학적인 차원에서 논하면서 자연과학 natural science, 자연학 physics이 무엇이냐 하는 것을 지금 얘기하려는 거야. 사실 나 실증 과학 잘 몰라. 실증 과학의 차원에서 자연과학이 무엇이냐? 실증 과학 차원에서 여러 방법론이 있고, 여러 견해가 있을 거야. 그것을 논하는 것이 아니라, 실증 과학을 넘어서는 차원에서 자연이란 게 무엇이냐를 따져야 돼. 그 자연이란 게 무엇이냐 하는 것을 모르면 서양 사상의 절반은 모른다는 얘기가 돼. 서양 사상 절반은 기독교고, 절반은 희랍이라고 나눠놓는다면, 절반은 모른다는 얘기가 돼. 그런데 그게 간단한 문제가 아니야. 아리스토텔레스의 자연학도 있고, 좌우간 특별한 철학 빼놓고는 자연이라는 말은 언제든지 나와. 고대 철학에서 대개는 나와. 그런데 이건 간단한 문제가 아니야. 이건 희랍 철학뿐만 아니라 서양 철학, 서양의 학문 전체에 관한 문제야. 전체의. 하나의 기초Grund에 관한 문제야. 오늘 다 얘기는 못해. 그 전반부만 얘기해.

그런데 그 자연physis이 뭐냐는 것은 사실 희랍 철학만 갖고도 안 되지. 자연이라는 것은 옛날부터 현대에 이르기까지의 발달, 개념의 변화 과정을 찾아보면 당시 학문의 데이터가 어디에 초점을 가지고 있었는가를 알 수 있지. 그런데 나도 문헌이 다 없어. 디트리히 만스페르거 Dietrich Mannsperger의 『플라톤에서의 자연 *Physis bei Platon*』이라는 책이 있어. 그런데 이 사람이 어디 가 있는지 모르겠어. 자네 어디 있는지 모르나?

김남두 모르겠습니다. 독일에 있을 때 책은 보았는데, 그 사람 이름은 못 들어보았습니다.

박홍규 이것은 순 문헌학 책이야. 그러니까 희랍 철학 전공한 사람들에게만 의미 있는 책이야. 학부에서도 안 되고. 여기에 보면 문헌이 약 100개 이상 나와. 사실은 내가 그것들을 다 읽은 것도 아니고, 일부만 조금 가지고 있어. 다 읽은 것도 아냐. 그러니까 내 강의는 아직 불완전하지. 그 책을 읽고 나서 내 생각을 얘기하는 거야. 그런데 이 책이 왜 중요하냐 하면, 플라톤에서 〈physis〉의 용법이 가장 많이 이렇게 저렇게 쓰였다는 거야. 아리스토텔레스에 가면 달라. 단순하게 정리되어 있어. 플라톤은 정리가 돼 있지 않아. 요컨대 자연의 의미meaning 가 무엇인지 몰라. 그래서 이 책은 한번 읽어볼 만한 책이야. 또 그 외에도 중요한 점이 있어. 이 사람은 문헌학적으로 통계를 잡아서 구절들을 죽 연구해 놓았는데, 중요한 어떤 결론이 문헌학적으로 나와 있어. 자연이라는 개념이 어떻게 취급되고 있느냐는 것을 다 읽어야지. 철학자들뿐만 아니라, 시인들, 히포크라테스 같은 경우도 다 긁어내야 돼. 긁어내서 우리는 주로 철학에 관심이 많으니까, 전후관계를 보고 자연은 이런 것이라고 우선 찾아내야지. 그렇게 찾아낼 수 있는 대목이 있고, 없는 대목이 있어. 아리스토텔레스 같으면 자연은 이런 것이다 하고 정의가 나와. 또 그 당시에 자연은 이렇게 썼다고 『형이상학』 Δ편에 설명이 나와. 간단하지. 그런데 플라톤 같은 경우는 그런 게 없단 말이야. 다시 말하면 일상용어야. 그러면 우리가 그 당시의 일상용어를 알아야 하는데, 뉘앙스를 모른단 말이야. 무슨 말인지, 무슨 뜻으로 썼는지를 모른단 말이야. 그러니까 자연의 의미가 분명할 때, 철학적 입장에서 이런 의미다 하고 드러나는 경우는 그대로 놔두고, 그렇지 못한 경우는 어떻게 할 것인가 하는 문제가 생겨. 그때는 하는 수 없이 문법적으로, 문헌학적으로, 더 나가서 어원학적으로 들어가서, 〈physis〉의 근원은 어디서 언제 어떻게 썼다, 희랍의 경우에는 호메로스가 가장 먼저니까 호메로스에는 어떻게 쓰였고, 후대에는 어떻게 쓰였느냐 하는 것이 점점 나와. 그 과정을 밟아 나가. 그게 보통 일이 아니야, 요는.

이 책에는 그것의 결과가 모두 요약되어 있어. 플라톤에서 어떻게 사용되고 있는지를 입문 격으로 아는 데 좋은 책이야. 그렇게 해놓고 〈physis〉를 보면, 그것에 대한 두 가지 측면이, 학설이 나와. 이 사람 입장은 그것들하고도 또 다르고. 하나는 정적 이론static theory이고 다른 하나는 동적 이론dynamic theory이야. 자연에 대해 정반대의 학설이 나오는데, 정적인 이론의 대표자가 누구냐 하면 철학자로는 영국의 존 버넷이야. 그를 여기서는 이렇게 소개해 놓았어. 『초기 희랍 철학 *Early Greek Philosophy*』이라는 책 있잖아? 그 책은 유명한 책이거든. 거기에는 물론 버넷의 철학 사상도 들어 있지만, 그것을 넘어서는 것도 있어. 만스페르거에 의하면, 버넷이 자기 책의 10쪽에서 〈Die alten Kosmologen, die dauernde und ursprüngliche Sustanz unter den

Namen Physis suchten(고대 우주론자들은 자연이라는 말로써 지속적이며 근원적인 실체를 찾았다)〉[Mannsperger, 상기 저서, 10쪽]이라고 했다는 거야. 〈변하지 않고 지속적이며 근본적인 Substanz〉, 〈Substanz〉란 게 무슨 말이냐, 이게 문제가 돼. 이건 라틴어거든. 〈ousia〉를 〈Substanz(실체)〉라고 번역했거든. 그런데 〈ousia〉와 실체는 그 의미가 문법적으로 달라. 전혀 달라. 다음에 또 〈Was primär, grundlegend, dauert, Was da ist(제1차적으로 근거를 주면서 지속하는 것, 즉 있는 것)〉[Mannsperger, 상기 저서, 10쪽], 이것이 자연이라고 어원학적으로 끄집어냈어.『초기 희랍 철학』의 제일 뒤에 가면 어원 etymology이 나와. 그래서 이것은 어원에서 보면 영어의 〈to be(존재하다)〉와 같다는 거야. 〈Was da ist〉가 어원상 〈physis〉라고 한다는 거야. 지금까지 우리가 들은 것하고는 전혀 딴판이지? 보통 자연이라고 할 때는 본성이나 이와 유사한 것으로 번역하는데, 여기서는 그렇게 안 나와. 아주 기본적인 뜻은 〈Was da ist〉라는 거야. 이것이 무엇을 함축하고 있느냐 하면, 호메로스나 헤시오도스나 시인들, 예술가들이 머릿속에서 생각한 것은 자연이라고 하지 않는다는 거야. 가령 도스토예프스키가 소설을 썼는데 소설 내용을 자연이라고 하지 않아. 그런 뜻이 함축되어 있어. 이것을 맨 처음 주목한 사람이 누구냐 하면, 기곤Gigon의『고대 철학의 문제 Probleme der antike philosophie』인가 하는 책에 보면 〈자연〉이라는 항목이 나오는데, 거기서 맨 처음 그것을 주목하고 있어. 그러니까 〈physis〉에는 〈to be〉라고 하는 정적 상태와 동적 상태가 있는데, 똑같이 무엇을 뜻하느냐 하면 공통적으로는 우리의 주관적인 것, 예술가가 꾸며낸 것은 자연이 아니라는 거야. 그것과 대립된다는 거야. 그러니까 객관적으로 실재하는 것이지. 중세기 철학자들이 신을 논할 때에도 객관적인 신을 논하는 것이지, 주관적인 견해는 논하지 않아. 가령 탈레스 같은 사람들이 〈physis〉을 찾았다고 할 때, 그 사람이 찾던 것은 신화의 경우와는 달리 〈Was da ist〉, 실재하는 것을 찾았다는 거야. 이것이 기초로, 공통으로 들어가. 만약에 음악에 〈physis〉를 붙이면 뭐가 될까? 어떤 개인이 가지고 있는 음악에 대한 주관적 견해는 자연이라고 하지 않아. 음악 자체를 자연이라고 하지 않아. 이것은 대단히 중요해. 지금도 우리가 〈natural science〉, 〈physics〉라고 할 때, 물리학자들의 머릿속에 들어 있는 것, 상상력 Einbildungskraft에서 사고 denken한 것, 그런 건 자연이 아니야. 칸트가 말하는 사유 Denken 같은 것은 자연이 아니야. 그런 것은 〈cogitatum(사유된 것)〉이지, 어디까지나. 〈cogitatum〉이나 상상력에 의해 만들어진 것은 자연이라고 하지 않아.

그러면 이제 『초기 희랍 철학』에서는 문헌학적인 근거를 대야 하니까 뭐라고 썼느냐 하면 이렇게 해놨어. 10페이지에 나와. 이오니아의 학문 science이 아낙사고라스에 의해 아테네로 들어왔는데, 에우리피데스가 태어날 때 들어왔다는 거야. (누군가 들어옴) 자네 이리 오게. 그러니까 지금 〈physis〉에 대해서는 정적 이론과 동적 이론이 있는데, 정적인 이론의 대표자는 버넷이야. 버넷은 자기 주장을 증명하기 위해서 문헌학적으로 설명을 하는데, 그의 책에서 뭐라고 말하느냐 하면 아테네에 후기 자연 철학이 아낙사고라스에 의해서 들어왔는데, 그때가 에우리피데스가 태어난 때라는 거야. 그런데 에우리피데스를 보면—그는 합리주의자인데—이오니아에서 들어온 합리적인 사상의 흔적 trace이 있다는 거야. 그래서 중요한 것은 그가 학적 탐구 scientific research를 의미하는 〈historia physeōs(자연의 탐구)〉라는 말을 썼다는 거야. 〈historia〉란 말은 역사라고 하지만, 여기서는 그런 게 아니라 실제 객관적으로 있는 것을 눈으로 보았다는 데서 출발했어. 그래서 연구한다는 의미가 나와. 프랑스 말로 〈historiquement〉이라고 하면, 〈객관적으로〉라는 뜻이야. 그러니까 버넷에 따르면 학적 탐구에 종사하는 사람들의 행복을 그려놓은 에우리피데스의 단편이 있다는 거야. 그런데 거기서 에우리피데스가 [아낙시만드로스가 썼던] 〈the very epithet 'ageless and deathless' which is applied to the one primary substance(하나의 제1의 실체에 적용되던 '나이 먹지 않고 죽지 않는'이라는 바로 그 형용구)〉를 [자연에 대해] 썼다는 거야. 아낙시만드로스는 제1의 실체 primary substance에 대해서 〈ageless and deathless(나이 먹지 않고 죽지 않는)〉라는 형용사를 썼어. 그래서 거기다가 〈physis〉라는 말을 연관시켰다는 거야. 〈나이 먹지 않고, 죽지 않은 것〉이라는 말이 대단히 중요해. 아낙시만드로스의 일자, 모든 것이 태어나서 사라져 들어가는 일자를 〈나이 먹지 않고, 죽지 않은 것〉이라고 했대. 그런데, 문제는 왜 〈나이 먹지 않고, 죽지 않는다〉는 말을 썼느냐는 거야. 왜냐하면 이건 생물학적인 개념이거든. 또 하나는 〈physis〉가 〈나이 먹지 않고, 죽지 않는다〉는 것이 도대체 철학적으로 무슨 의미를 가지고 있느냐는 거야. 그 다음에, 그런 연구, 학문을 하는 사람은 행복하다는 거야. 〈mēte plitōn epi pēmosunas mēt' eis adikous praxeis hormōn(시민들이 가지고 있는 불행으로도, 그릇된 충동적 행동으로도 향하지 않고)〉, 〈all' athanatou kathorōn physeōs kosmon agērō, tis te synestē kai hopē kai hopōs(죽지 않고 나이 들지 않는 자연의 질서를, 무엇이 고정적이며 어떤 길로 어떤 방식으로 그러한지를 본다)〉[에우리피데스 단편 910, 버넷, 상기 저서, 10쪽] 그러니까 에우리피데스의 사상에서는 사람과 자연이 대립되어 있어. 그러니까 〈politōn〉, 시민들, 사람들이 세계에서 가지고 있는 여러 규정이나 행동과 자연 세계가 딱 구별돼 있어. 이 구분이 현대에서는 말하자면 인문과학 science of humanities과 자연과학 science of nature의 구분으로 나아가. 그 구별의 근원이 거기로 가. 그럼 왜 이런 문제가 생기냔 말이야. 이제 우리 도덕적인 문제에서뿐만 아니라 나중에 가면 〈physis〉라고 하는 것은 〈doxa(견해)〉니 〈nomos(관습)〉니 하는 것과 대립이 돼. 그래서 우리의 주관적인 것과 대립이 돼. 가령 데모크리토스에 가면 자연적 physei으로 있는 것은 원자하고 허공뿐이고, 쓰거나 단 것, 즉 제2성질 secondary quality은 우리 인간의 〈nomos〉, 즉 우리 인간의 주관적인 것에만 있다고 해. 그런 대립이 나온다고. 가령 또 가상과 〈physis〉, 〈onoma(말)〉와 〈pragma(사물)〉가 대립되고, 〈ergon(현실)〉과 〈logos(말)〉의 대립도 이것에 기초해서 나와. 왜냐하면 말이니 명사 같은 것은 사람이 다 만들어낸 것이야. 말은 말 이전의 대상, 명칭의 대상과 다르다는 얘기야.

이게 말하자면 하나의 어떤 흐름이 돼. 그래서 기원전 5세기 전에는 〈physis〉라는 이름은 〈given to everlasting something of which the world is constituted(세상을 구성하고 있는 영구적인 어떤 무엇에 대해서 썼다)〉는 거야. 이것은 자연이라는 말의 역사와 어원적으로 아주 일치하며, 〈Its original meaning apears to be the stuff of which everything is made(그것의 근원적인 의미는 사물을 만들어내는 재료라는 뜻으로 보인다)〉. 거기서 의미가 변해서 사물의 구조 자체 make-up, 일반적인 성격 general character, 구성 constitution 등으로 간다는 거야. 그래서 사전을 찾아보면 그런 것들이 나와. 〈Those early cosmologists who were seeking for an undying and ageless something, would naturally express the idea by saying there was one physis of all things. When that was given up, under the influence of Eleatic criticism, the old word was still used. And Empedokles held there were four such primitive stuffs(죽지 않고 나이 들지 않는 무엇을 찾았던 그 초기 자연 철학자들은 모든 사물에 하나의 physis가 있다고 말함으로써 그런 생각을 표현했을 것이다. 엘레아 학파의 비판의 영향으로 그런 생각이 포기되었을 때에도 옛 단어는 계속 사용되었다. 엠페도클레스는 네 개의 그런 원초적인 질료가 있다고 주장했으며……)〉[버넷, 상기 저서, 11쪽] 하나의 자연을 포기한 다음 후기 자연 철학에 와서도 가령 엠페도클레스의 4원소 같은 것도 자연이라고 한다. 그러니까 여기서 자연이라고 하는 것은 〈이 세상에 있는 물건을 만들고 있는 변화하지 않는 어떤 것〉을 의미해. 〈이 세상을 만들고 있는 변화하지 않는 무엇이 있다〉는 것은 무슨 얘기냐 하면, 이 세상은 변화하지만, 동시에 변화하지 않고 언제든지 그 자체로 있다는 것을 가정으로 삼고 있어. 변화하는 측면과 변화하지 않는 측면으로 나눠 가지고, 변화하지 않는 측면을 자연이라고 하는 거야. 그것이 하나냐 둘이냐에 따라서 일원론이 되고 다원론이 되는 거야.

그러면 이 말의 역사하고 일치한다는 얘기가 무엇을 의미하는지 보자고. 여기에 자연의 어원적 용법이 쓰어 있는데, 〈physis〉의 〈phy-〉에서 영어의 〈to be〉의 〈be〉가 나왔대. 독일어의 〈Du bist〉의 〈bi-〉도 거기서 나왔대. 여기서 변하지 않는 것, 〈be〉, 〈bi-〉는 무엇이냐 하면, 나중에 〈physis〉가 〈ousia〉니 〈on〉하고 같아지는데, 요는 이 사람은 그걸 강조하는 사람이야. 어원적으로 고대 인도-게르만 민족의 언어에 이 〈phy-〉를 표시하는 것이 있는데, 이 〈phy-〉가 영어의 〈be〉가 된다는 거야. 그래서 〈be〉를 강조하는 거야. 요는 그 〈be〉라고 하는 것이 여기서 〈나이 먹지 않는〉 것이니 변화하지 않는 것이야. 사실 단순히 그뿐만은 아니야. 그뿐만은 아닌데, 여기서는 그렇게만 알아두면 돼. 요컨대, 존재한다는 말은 제일차적으로 변하지 않는 것, 불변치를 의미한다는 거야. 그런데 변화하지 않는 것에 대해 변화는 상대적이야. 그러니까 〈du bist〉라고 할 때 지금은 〈du bist〉이지만 내일은 〈bist〉가 아닐는지도 몰라. 그러니까 이건 상대적이란 것을 알아둬야 해.

여기에 대해서 반대론자가 있어. 그들은 이런 설명은 틀렸다는 거야. 호메로스에서 〈phyomai(자라다, 성장하다)〉라는 동사가 있는데, 그것을 조사해 보면——프랑스에 뷔르제A. Burger라는 사람이 있는데 그 사람에 따르면——, 이 말은 고대 인도-게르만 어족에서 나왔는데, 자꾸 변한다는 거야. 〈physis〉라고 하는 실체적 substantive인 명사를 만든다는 것은 아주 특별한 어떤 사건Ereignis로 본다는 거야. 그런데 이 것은 나중에서야 나온 말이야. 그런데 이걸 조사해 보니까 〈phyomai〉 라고 하는 말은 싹이 터서 성장하는 것을 의미해. 이 〈phyomai〉의 어 간은 희랍어가 아니야. 〈bheu-〉야. 이것은 고대 인도-게르만 어야.

박희영 인도-게르만이 아니라 인도-유럽이라고 하죠?

박홍규 인도-유럽어, 그래. 그런데 여긴 인도-게르만이라고 나왔 어. 이 말의 뜻은 독일어의 〈wachsen(성장하다)〉, 〈schwellen(부풀 다)〉, 〈entstehen(발현하다)〉, 〈werden(생성하다)〉, 그 다음에 〈sein(존 재하다)〉, 〈sich aufhalten(체류하다, 살다)〉는 것을 의미해. 이것이 어간 인데, 아까도 말한 바와 같이 버넷은 〈phy-〉가 영어의 〈be〉로 되니까, 그것을 강조하는 것이고, 뷔르제라는 프랑스 사람은 〈phyomai〉를 중 심으로 해서 거기서 출발해. 그런데 그는 〈phyomai〉는 고대 인도-게 르만어라고 해놨어. 그것의 아오리스트는 〈ephyn〉이고, 완료형은 나 전어의 〈fui-〉——〈sum〉의 완료형이야——의 어원이라는 거야. 그리고 완료 분사형 〈phyton(식물)〉이라는 말이 나오는데, 그것은 식물이라는 뜻이야. 어원을 따져보면 말 자체에 기본적으로 여러 뜻이 있어. 문제 는 여기에서 어떤 것이 중심이냐, 어떤 것이 일차적 의미를 갖고, 어떤 것이 이차적 의미를 갖는지 알 수가 없어. 현재는 알 수가 없는데, 호 메로스 사전을 찾아봐도 〈phyton〉은 식물이고 현대 희랍어 사전을 찾 아봐도 〈phyton〉은 식물이란 말이야. 그래서 죽 보면 이 사람처럼 〈phyomai〉가 일차적 의미 같아. 왜냐하면 〈phyomai〉에서 설명하면, 〈be〉도 나오고 여러 가지가 다 설명이 돼. 그런데 〈be〉에서 출발하면 다른 게 설명이 안 돼. 거기에 결점이 있어. 내 생각에 버넷이 왜 그걸 중요시하느냐 하면 실증주의자이기 때문이야. 버넷이니, 프랑스의 탄 너리Tannery니, 독일의 곰페르츠Gomperz니, 다 실증주의자야. 특히 버넷은 희랍은 신하고는 상관없다고 생각하는 사람이야. 다시 말하면 근세 물리학의 영향을 많이 받은 사람이야. 요컨대 실증주의자라는 것은 현대 과학의 기초를 희랍 철학에서 보려고 하는 사람이야. 그러나 그것 갖고는 다 설명이 되지 않아. 현대 물리학에서는 아까 말한 〈나이 먹지 않는다〉느니 〈죽지 않는다〉느니 하는 말을 사용하지 않거든. 그러나 원자론atomism에 바탕을 둔 입장이지. 그래서 버닛은 초기 자연 철학을 원자론으로 간다고 해. 원자론에서 나오는 사상을 초기 자연철학에까지도 넣어서 보려고 하지 않느냐는 문제가 생겨. 자기는 그런 생각하지 않는다고 하지만 그런 냄새가 나.

　그러니까 이 말이 변화를 했어. 고대 인도-유럽어 〈bheu-〉가 변화를 했어. 그래서 희랍에서는 〈phyomai〉가 돼. 그런데 〈phyomai〉의 〈y〉에는 변화할 때 긴 모음이 많아. 그런데 〈physis〉는 짧아. 어떻게 해서 긴 모음에서 짧은 모음이 나오느냔 말이야. 그러니까 지금 이 사람의 이론은 뭐냐 하면 〈phyomai〉에서 나왔으면 길게 〈phūsis〉라고 불러야 할 것이 아니냐는 거야. 어째서 짧은 〈physis〉가 나왔냐는 말이지. 지금 이 두 사람이 그렇게 생각하고 있어. 아리스토텔레스의 『형이상학』 Δ편의 〈physis〉에 대해서도 그렇게 해놓았어. 〈y〉를 길게 해서 생성이라는 의미로 쓴다고 말이야. 그러니까 아리스토텔레스가 그 말을 들으면 도대체 당시의 희랍 사람들이 〈physis〉를 쓸 적에 도대체 짧게 〈physis〉로 썼냐 길게 〈phūsis〉로 썼냐? 글자는 다 같단 말이야. 플라톤을 읽어보면 생성genesis과 똑같이 쓸 때가 있어. 플라톤의 『법률』편에 보면 〈legein genesin tēn peri ta prota(최초의 것이 생겨나는 것을 〔자연이라고〕 말한다)〉는 구절이 있어. 〈최초의 것에 관한 생성 genesis〉, 〈최초의 것이 생겨나는 것을 자연이라고 말한다〉는 말이 나와. 자연은 생성하고 같아. 최초의 것이 뭐냐 하면 영혼이야. 플라톤에게 우주에 있는 존재자 중에서 가장 최초의 것이 뭐냐 하면 영혼이야.

　그러니까 자연 속에는 물이니 공기니 그런 것만 들어 있다고 생각하면 안 돼. 영혼도 들어 있고, 플라톤의 『법률』에서 영혼이 최초의 것이라고 그래. 자연 속에서 최초의 것이다. 그러면 또 영혼에서 영원한 everlasting 것이 무엇이냐 하는 문제가 나와. 변하지 않는 게 나와야 될 거 아냐? 근데 여기서 그게 생성이라는 말이야. 그런데 호메로스에 가면, 신이 약초를 땅에서 끄집어 내갖고 그것의 〈physin〉을 〈edeixe(보여주었다)〉는 말이 나오는데, 뒤에 읽어보면 뿌리는 검은 색깔이요, 잎사귀는 무슨 색깔이라고 나와. 그러니까 여기의 〈physis〉는 다른 주석서에 보면 〈eidos(형상)〉라 그랬어. 바깥에 나온 성격 character이야. 그건 틀림없어. 그러니까 〈physis〉가 생성되었다는 것과 생성이 아니라는 것으로 희랍어 용법상 둘로 완전히 갈라져. 그렇다면 어떤 것이 먼저냐가 문제야. 버넷은 변하지 않는 것을 먼저라고 해.

그런데 아리스토텔레스도 버넷에 가까운 점이 많아. 아리스토텔레스가 〈physis〉에 관해 쓴 대목을 보면 이렇게 해놨어. 자연에 관한 그의 개념을 머릿속에 집어넣어 둬야 돼. 근세 철학의 자연하고는 다르니까. 〈존재자 중에서 tōn ontōn 어느 것은 본성상 physei 성립하고, 다른 것은 다른 원인에 의해서 dia allas aitias 존재한다〉고 해놨어. 그러면 여기서는 존재자라는 것은 무엇이며, 원인이란 것은 무엇이냐는 것이 문제가 돼. 왜 〈physis〉를 원인이라고 하느냐는 말이야. 지금 우리가 자연과학에서 본성이니 뭐니 감각적 대상을 자연이라 하지만, 그것을 원인이라고는 하지 않아. 원인 aitia이란 것은 이 속에 들어 있는, 이것을 구성하고 있는 원인을 얘기하는 거야. 그러니까 초기 자연 철학에 있어서나 또 후기 자연 철학에 있어서는 가령 엠페도클레스의 4원소나 데모크리토스의 원자가 〈physis〉인데, 아리스토텔레스에게는 그런 것이 아니라, 그것을 구성하고 있는 원인이 〈physis〉라고 해. 그건 플라톤을 거쳐서 나왔기 때문에 그래. 아리스토텔레스의 자연학은 원인학 aiteology으로서의 자연 철학이야. 다시 말하면 분석적이야. 원자 atom

면 원자, 뭐는 뭐로 분석을 했어. 그때 그 원인이 〈physis〉야. 여기 이 건 대단히 중요해. 그러면 왜 원인을 〈physis〉라고 하냐는 문제가 생겨. 그것은 곧 〈physis〉가 아닌 원인은 무엇이냐 하는 문제야. 자연에 의해서 존재하는 것은 식물이니, 물체의 가장 단순한 요소들 hapla tōn somatōn, 땅, 불, 공기를 〈physis〉라고 해. 이것은 무엇을 의미하냐면 말이야, 원인은 아리스토텔레스의 입장에서 보면 형상form과 질료 matter야. 그게 〈physis〉야. 그리고 또 하나, 뒤에 가면 형상으로 가는 운동을 〈physis〉라 그래. 그러면 자연적인 것 physikon on, 자연에서 존재하는 것은 그 자체 속에 운동과 정지의 원인을 가지고 있는 것이야. 그것이 자연물이야. 그러니까 아리스토텔레스 입장에서 보면, 이것은 가만 놔둬도 운동할 수 있고, 가만 놔둬도 정지할 수 있어. 근세 철학, 근세 물리학하고는 전혀 달라. 가만 놔둬도 이것은 운동할 수 있고, 정지를 해.

그러면 〈para physin〉, 자연이 아닌 원인은 무엇이냐? 원인 aitia이라고 하는 것은 사물에 내재적인 거야. 분석해 내는 것이거든. 이게 대단히 중요해. 지금 아리스토텔레스가 하는 얘기는 이 내재적인 것 속에 변하지 않는 것이 있다는 거야. 여기 컵은 밖에서 만들어졌는데, 유리는 자연물이야. 그러나 컵은 자연물이 아니라는 거야. 컵이 어떻게 해서 스스로 이렇게 컵이 되느냐는 말이야. 사람이 밖에서 운동을 가했기 때문에 되었지. 밖에서 가한다는 것은 가할 수도 있고 가하지 않을 수도 있는 것이지. 그러니까 이것은 컵인 한에서는 자연적 존재라고 하지 않아. 이것은 기술 technē에 의해서 사물이 되는 거야. 플라톤 같으면 다르지. 플라톤에서는 컵의 형상 idea이 있고 거기에 따라 가면 〈physis〉야. 그런데 아리스토텔레스에 있어서는 달라. 자기 자신 속에 운동과 정지를 가지고 있는 것을 자연물이라 하고, 그렇지 않은 것은 아니야.

그러면 아리스토텔레스가 말하는 정지와 운동을 가장 뚜렷이 자기 자신 속에 가지고 있는 것은 무엇일까? 생물이야. 아리스토텔레스의 물질을 어떤 사람은 반생물이라고 해. 생물과 무생물의 구별이 없어. 범주를 보면 알아. 그러니까 지금 정적 이론이 버넷으로 해서 아리스토텔레스도 가지고 있어. 지금도 이 이론의 추종자가 많아. 그런데 이런 정적 이론에 대해서 뷔르제란 사람은 〈phyomai〉를 보면 그렇지 않더라는 거지. 생성해 나가는 힘이 속에 있고, 그것이 불변치야. 그 힘이 〈physis〉라는 얘기야. 자연이 뭐냐 하면 〈principle de création(창조의 원리)〉이고, 〈force de croissance(성장의 힘)〉라는 거야. 이것은 정반대야. 이 사람 견해가 한 30년 결정적인 역할을 했어. 모두 다 뒤따라가. 딜러 H. Diller라는 독일 사람이 있어. 그 사람은 뭐라 하냐면 그 〈bheu-〉의 완료분사가 〈phyton〉, 식물인데, 생성이니 뭐니 하는 것은 다 어떤 주체자가 있고 그것에서 나타나는 생성이지, 그냥 생성이 있느냐는 거야. 그렇다면 식물이 중심이 되어 있어. 그러니까 원칙으로 말하면, 〈phyomai〉라고 할 때 식물이 자라는 거야. 씨를 뿌리면 씨에서 싹이 나고, 싹에서 잎사귀가 나고, 잎사귀가 나오면 또 꽃이 피고, 과일을 열고, 이렇게 순환하는데, 그렇게 하는 힘, 생명력이 〈physis〉라고 해. 그러면 이제 〈생성 genesis하고는 어떻게 다르냐 하면 본래 동물이 생기는 것 gignomai을 생성이라고 해. 〈genos(혈족)〉이라는 말 있지? 식물에 대해서는 혈족이란 말을 쓰지 않아. 〈genesis〉는 나중에 생성으로 일원화돼. 그러나 〈physis〉는 들으면 운동이라 하더라도 〈genesis〉하고는 느낌이 달라. 〈physis〉는 또 결과도 의미해. 〈physis〉의 〈-sis〉는 희랍어에서는 동명사거든. 동작으로서 나타나는 결과도 의미하고, 소산도 의미하고, 구체적인 사례 case도 의미해. 그러면 〈physis〉라고 하는 것은, 식물이 하나의 씨를 떨어뜨려 가지고 잎사귀가 피고 꽃이 피는 전 과정과 결과를 다 나타낸다는 말이야. 그런데 특히 히포크라테스가 이야기하는 것을 볼 때 어떤 결과가 나타나는가 하면, 가령 콩은 항상 일정한 꽃이 피고 열매를 맺고, 항상 동일한 것이 나타나. 병든 것은 꽃이 안 피고. 사람 같으면 제대로 밥을 먹으면 건강하면 크는데, 건강하지 않는 놈이 있더라. 약체는 일찍 죽더라. 콩 같으면 꽃도 안 피고 죽더라는 거야. 거기서 나온 것이 〈normon(규범)〉 개념이야. 희랍 말로 〈physei esti〉라고 하면 정상적이라는 뜻이야. 영어로서도 〈natural〉하다는 말은 정상적이라는 말이거든. 비정상적이 아닌 것이야. 여기서 주의해야 될 것은, 이런 입장에서 보면, 언제든지 되풀이되는 어떤 과정이 있고, 그리고 거기서 어떤 동일성 identity이 추출되고, 그것이 법칙law으로 나온다는 것을 알 수가 있어. 규범 norm이 나중에 법칙law이 되지 않느냐는 말이야. 딜러도 그렇고, 파처 H. Patzer 등 여러 사람이 많아. 하이니만 F. Heinimann, 예거 W. Jaeger도 다 〈genesis〉하고 동일시해.

그러면 이제 이 사람[만스페르거]의 입장은 뭐냐 하면, 첫째, 〈physis〉는 단모음이지만, 〈phyomai〉는 장모음이다. 그러니까 거기서 나오지 않았다는 이유를 하나 들어. 또 하나는, 〈physis〉는 동명사가 아니라는 것을 증명해. 그래서 〈-sis〉가 붙으면 전부 동명사냐고 문법적으로 언어학적으로 따져. 동명사가 아니라는 거야. 〈-sis〉의 원형은 〈ti〉나 〈si〉래. 예전에 인도-게르만어에도 〈ti〉가 나온다는 거야. 〈-sis〉가 동명사형이 된 것은 기원후 5세기경이라고 썼어. 이 사람 연구 결과는 그래. 모두 문법적이고 문헌학적인 얘기만 하는데, 〈-sis〉가 동명사가 아니라는 거야. 가령 이제 〈lysis〉는 해방이지. 집을 짓는 것을 희랍어로는 〈oikeē〉란 말을 쓰는데, 동명사는 〈oikēsis〉야. 그런데 그것은 집을 짓는 것뿐만 아니라, 집도 의미해. 또 예언하다는 동사는 〈manteuō〉인데, 동명사는 〈mantis〉가 될 것 아니야? 그런데 예언자들, 점쟁이들이 〈mantis〉야. 〈phasis〉, 말도 그렇고, 〈lexis(말)〉, 〈ktēsis(재산)〉 등 예를 많이 들었어. 이런 건 많아. 가령, 〈pistis〉는 믿는다는 것 뿐만 아니라 보증되는 물건, 담보물도 의미해. 그러니까 이 사람에 의하면 집이 있기 때문에 거기에 산다는 것이 들어가고 산다는 개념이 성립하는 것이지, 집이 처음부터 없다면 어떻게 산다는 것이 들어가느냐, 집을 짓는다는 것이 들어가느냐는 거야. 또 〈ktēsis〉의 경우 소유하는 것, 재산이라는 개념이 먼저라는 거야. 먼저라는 말은 하지 않아도 소유한다는 것이 우선권priority이 없대. 그러니까 〈physis〉이라고 하는 것이 동명사라는 이유가 설명되지 않는다는 거야. 고대 인도-게르만 어로 들어가서 〈physis〉가 동명사가 된다는 얘기를 어떻게 할 수 있느냐는 거지. 이 사람은 할 수 없다는 입장이야. 이 사람은 〈bheu-〉에는 아까도 말한 것처럼 〈wachsen〉, 〈swellen〉, 〈to be〉 동사의 의미가 동시에 다 들어 있고, 어느 하나만은 아니라는 거야. 정적 이론과 동적 이론과 관련해서 이 사람은 〈physis〉는 정적인 것이고, 동적인 것은 〈phyein(성장하게 하다)〉 동사가 표현한다는 거야. 그런데 이 사람도 자신이 없는 것 같아. 옛날 얘기거든. 그러니까 최초의 일들은 모호 obscure하다. 허허허. 단, 호메로스는 너무나 후대 사람이다, 호메로스를 기준으로 삼을 수는 없다는 거지. 호메로스는 어떤 일정한 문화가 성립한 다음에 거기에 나타나는 사상을 표현한다는 거야. 희랍 철학이 어떻게 해서 호메로스의 말에 근거를 세울 수 있느냐? 더 멀리 호메로스 이전에 인도 유럽어에서 나왔기 때문에 거기에 기초를 세워야 한다는 거야. 이제 〈physis〉에 대한 해석에서 호메로스를 치면 호메로스의 동적 이론은 떨어져 나간다는 말이야. 이렇게 하면 이런 것 같고, 저렇게 생각하면 저런 것 같고.

그러면 딜스H. Diels는 〈physis〉를 어떻게 설명하고 있는지 보자고. 〈physis〉는 맨 처음에는 〈entstehen(발현하다)〉이라는 거야. 그 반대는 뭐냐? 죽음이야, 죽음. 이것이 기본적이야. 라틴어 사전도 이 사람 이론을 따라가고 있어. 희랍어 대사전도 이 사람 이론을 따라가지, 버넷 이론을 따라가지 않아. 그 다음에 〈Naturkraft(자연력)〉, 〈Anlage(소질)〉. 〈Naturkraft〉란 것은 무엇이냐? 아까 뷔르제가 말한 것처럼 식물이 커나가는데 씨에서 잎사귀나 줄기를 생성케 하는 힘이야. 그 다음에 〈Wesen(본질)〉, 〈rerum natura(사물의 본성)〉, 〈ousia(존재)〉, 〈on(존재자)〉이라는 말을 썼어. 어떤 사람은 〈Wesen〉도 〈physis〉와 어간이 같다는 사람이 있어. 또 〈rerum natura〉에서 〈natura〉라는 말은 라틴어로 직역을 하면 〈탄생될 것〉이야. 생물학적 개념이야. 탄생될 것이니까, 아직 탄생하지 않았어. 중성 복수가 여성 명사로 변했어. 그 다음에 〈ousia(존재)〉, 〈on(존재자)〉이 나와. 〈ousia〉를 설명하려면 어떤 관계가 있느냐를 찾아야 돼. 〈ousia〉는 무엇이냐? 〈on〉하고 비슷한 건데, 요컨대 〈ousia〉라는 것은 존재한다는 것의 추상적 표현이야. 〈on〉은 현재 분사인지, 명사인지 몰라. 〈on〉은 〈das Seiende(존재자)〉야. 존재를 생각할 적에는 아까도 말한 바와 같이 먼저 불변치로 생각해라. 변화에 대해 변화하지 않는 것을 존재라고 한다. 이것은 어원학만 가지고는 설명이 되지 않아. 다른 각도에서 설명을 해야 더 좋지. 아까 말했듯이 식물이 중심에 들어 있어. 이것은 대단히 중요해. 식물이 중심에 들어 있어서 씨에서 싹이 나오고, 잎새가 나오고, 그리고 꽃이 피고 열매가 피고, 그것을 되풀이해. 거기서 동일한 것이 자꾸 되풀이돼. 동일한 것이 나와. 콩잎은 언제든지 콩잎이야. 콩에서 콩잎이 나왔다가, 살구나 배추잎사귀가 나올 수는 없어. 『사물들의 본성에 관하여 De rerum natura』에서 루크레티우스가 허무에서 나온다면, 배나무에서 사과도 나올 것이고, 사과나무에서도 배가 나올 것이 아니냐고 말해. 그런 생각은 여기에 없어. 콩에서는 콩만 나와. 그렇게 하는 힘이 〈physis〉이고, 그 결과로 거기서는 언제든지 동일한 것이 나타나. 그 동일한 것이 무엇이냐 하면 〈on〉이야. 또 〈ousia〉라는 것은 콩의 씨가 꽃이 피고 다시 콩의 열매가 열리는 극한치에 도달한 것이야. 그 상태가 〈ousia〉야. 정적 이론, 버넷의 이론의 특징은 무엇이냐 하면 추상적인 개념을 직접적으로 거기에 집어넣었다는 데 있어. 이 사람〔Diels〕 이론은 추상적인 이론을 직접적으로 여기에 집어넣은 것이 아니라, 구체적으로 우리에게 주어진 대상에 대해서 경험적으로 주어진 것을 늘 경험함으로써 본 결과 그것에 반성이 들어 가지고 점점 오랜 시간 동안에 거기서 어떤 동일성 identity이 나오더라. 그걸 〈ousia〉라 그래. 또 〈Anlage〉, 소질, 왜 소질이란 말을 쓰느냐 그거야. 콩을 심었는데 가뭄이 생겨서 비가 안 오면 잎사귀가 다 말라서 죽어버리지. 그러나 소질은 가지고 있어. 그러니까 여기서 어떤 개념이든 다 줄줄이 나와. 능력 dynamis도 나오고, 형상 eidos도 나오고. 형상이라는 것은 힘이 콩을 만들어내고 잎사귀를 만들어서 우리 눈에 나타나게 하는 측면이야. 힘 자체는 우리에게 나타나지 않아. 힘이 무엇으로 나타나느냐 그 말이야. 콩의 잎사귀로서 나타나. 콩의 열매로서 나타나. 우리 눈에 직접 볼 수 있게 나타나는 측면이 그 사물의 형상이야. 동적 이론의 입장에서 보면 많은 것이 설명돼. 형상도 설명되고, 능력도 설명되고, 원인도 설명되고, 여러 가지가 설명돼. 아까도 말한 것같이 라틴어 사전도 이 입장이고, 추상적인 사고를 직접적으로 투여하는 것이 아니라, 구체적인 경험의 세계에서 점점 추상화되는 과정에 따라서 그 자연이 달라지더라는 입장에서 취급을 했어. 아리스토텔레스의 자연 이론은 추상화된 이론의 하나의 극한치야.

이제 정적 이론이 있고, 동적 이론이 있고, 양자를 공존시키는 입장이 있고. 그 입장은 만스페르거의 입장이야. 그리고 이제 플라톤으로 들어가려고 해. 플라톤의 〈physis〉를 그런 입장에서 설명하려고 해. 왜냐하면 플라톤은 어느 하나만 가지고는 설명이 되지 않아. 여기서 문제는 아리스토텔레스가 왜 〈physis〉를 원인 aitia이라고 했느냐? 그 의미가 무엇이냐? 스콜라 철학에서는 신을 〈ens ex se(자신으로부터의 존재)〉, 자기가 자기 자신의 원인이라고 해. 희랍 사상의 극한치야. 식물 phyton을 다른 사전에서 보면 땅에서 나온 것이라고 해. 그러니까 기독교에서처럼 땅에서 사람을 만들었다는 것은 자연이라고 하지 않아. 또 내가 잘 모르지만 책을 읽어보면 아라비아 사막 같은 데서는 식물이 없고, 땅에서 나온 것이 없잖아. 그러니까 거기에서는 희랍의 자연 사상은 나오지 않아. 이거 주의해야 돼. 사막에서는 나오지 않는 사상이야. 땅에서 나온 것이 사람도 있고, 라틴어의 〈humus〉도 땅이란 얘기야. 〈homo(사람)〉가 〈humus〉, 땅에서 나왔어. 땅에서 나온 것이 많아. 그런데 식물이 여기서는 대표적인 것이야. 식물이 중심에 서 있어. 문제가 바로 여기에 있어. 식물이 어떠한 영향을 희랍 사람들한테 미쳤느냐, 이것을 따져야 돼. 그래야 될 것 아니야?

그것은 어디로 가느냐 하면 말이야, 인류학으로 가. 고대는 식물 숭배, 나무 숭배란 것이 인도-아리안 민족의 고대 종교의 기본이야. 중국 말로도, 우리 나라 말로도 뭐라고 하지? 우주라는 것은 집이라는 뜻입니다. 집 〈우(宇)〉, 집 〈주(宙)〉. 또 〈삼라만상(森羅萬象)〉이라고도 해. 무슨 뜻이야? 숲 〈삼(森)〉 자에다, 〈라(羅)〉 자는 펼친다는 뜻이야. 만상을 펼친다. 요컨대 나무를 숭배하는 게 인도 유럽계의 기초이고, 뿌리야.

박희영 우리만이 아니라 딴 데도 그렇죠. 사막 빼고는 거의 다.

박홍규 그렇지. 사막 빼고는 거의. 그런데 가령 시베리아 같은 데도 사진으로 보면 나무가 많이 있잖아? 사진으로 보니까 그렇지, 갔다 온 사람 말 들어보면 그 높이가 엄청나다는 거야. 몇 백 년, 몇 만 년 된 숲이거든 그게. 그 숲이 인류의, 희랍 문화의, 유럽 문화의 둥지야. 그것으로부터 출발. 지금은 불행히도 숲을 자꾸 베어버려. 그러니까 어원학을 가지고 그리로 갔는데, 어디로 갔느냐 하면 나무로 가더라는 얘기야. (일동 웃음) 그건 프레이저Frazer의 책을 읽어야 돼.

박희영 『황금 가지』요?

박홍규 응, 그것 읽고서 나무가 유럽 문화에 어떤 영향을 주었는가를 공부해야 돼. 그렇지 않으면 희랍 사상, 철학의 뿌리를 이해 못해.

김남두 『황금 가지』에 나오는 얘기가 어떤 얘긴가요?

박희영 마술에 관한 것부터 시작해 가지고, 숲 속에서······.

김남두 나무에 대해서 어떤 얘길 해?

박희영 간단히 얘기할 수 없는데요.

박홍규 간단히 얘기 못해. 대부분이 그건데?

김남두 황금 가지란 이름이 그래서 붙었단 말이죠?

박홍규 아, 그 황금 가지라는 게, 터너Turner가 네미Nemi를 그린 그림이 있는데, 숲이야 숲, 거기서부터 시작해. 이탈리아의 북쪽 호수에 네미라는 동네가 있어. 네미 숲 속에 나무의 신령이 나오고, 그때는 그것이 왕이거든? 왕이 노쇠하면 쓸데없다고 죽여버린대. 그래 가지고 밑으로 내려갈 적에 황금 나뭇가지를 꺾어서 나가. 거기에 말하자면 인류학적 기초가 들어 있어. 그래서 최후로 네미로 돌아와. 그것으로 출발해서 그것으로 돌아와.

박희영 나무 밑에 황금 사제가 왕이며 동시에 사제인데, 아들이 그걸 이어받는 게 아니고, 사제가 되려면 누군가가 와서 황금 가지를 꺾어서 그 사람에게 뿌리면서 죽이면, 황금 가지 자체가 무슨 겨우살이 같은 거래요. 그러니까 겨울에도 죽지 않고 살아 있다는 생명의 상징이에요. 참나무 계열에 뭐 그런 게 있나 봐요.

박홍규 제우스도 전부 참나무 신이야, 크리스마스트리 있지? 산타크로스의 고향은 터키라고도 하고, 그린란드, 핀란드, 여러 가지 학설이 있어. 그런데 그것을 크리스마스트리, 나무에 연관시킨 것은 독일 사람들이라는 거야.

김남두 독일어의 〈Baum〉이란 말도 뭐 〈wachsen〉하고 같은 어원이 아닌가요?

박희영 그건 찾아봐야겠죠. 그런데 『두덴 *Duden*』에도 잘 안 나와요. 불어사전 같으면 어원을 찾아놓았는데, 『두덴』에는 찾아놓지 않은 게 많아요. 찾아보면 연결될지 모르죠. 〈bheu-〉하고……

박홍규 이 다음에는 자연을 논의하면서 아리스토텔레스가 존재자의 원인이 〈physis〉라 한 것이 무슨 뜻이냐——이거 쉬운 것 같지만 어려워——는 것도 좀 얘기하고, 그 『황금 가지』에 나오는 참나무, 식물이 중요하다는 것도 좀 얘기해야겠어.

김남두 프레이저 다음에 비판한 사람들도 나올 텐데?

박희영 그 자체에 대해서는 비판할 게 없어요. 왜냐하면 원시인이니, 희랍 사람을 포함한 모든 인간 사고의 근본을 알기 위해서는 마술적 사고에서 시작하는데, 인간이 그 가상적 세계를 현실적 세계에 구현하고자 하는 기술로써 마술이 등장한다는 것은 누구나 받아들일 수 있는 거겠죠. 황금 가지에 대해서, 그러니까 왕을 왜 꼭 죽여야 되느냐. 마술적 사고에서는 왕이 무능하고 힘이 없으면, 자연 전체가 무능해지고 힘이 없어져서 식물도 마른다는 거예요. 그러니까 왕이 강한 자로 계속 유지되어야 하니까, 새로운 강자가 나타나서 그걸 죽여야 돼요. 그래서 황금 가지가 지구의 생명력의 동일성이 유지되는 측면을 상징적으로 비유하고 있다고……

박홍규 그 왕은 내부의 정(精)이야, 간단히 얘기하면. 토템 세계에서 동물이 생명력의 대변자이듯이, 왕이 그 대변자야.

김남두 〈정(精)〉이란 말이 동양에서는 본래 쌀에서 나왔죠? 쌀 〈미(米)〉 자가 옆에 붙어 있지 않습니까? 쌀하고 관계된 거라는 얘기를 하던데……

기종석 황금 가지는 자라는 거야?

박희영 아니죠. 자란다기보다는 계속 살아 있다는 의미로…….

기종석 그러면 그 황금이란 말이 무슨 말이야?

박희영 그건 중요한 게 아니에요, 색깔은.

기종석 그럼 그게 색깔이 아니란 말이야?

박희영 아니 황금색을 띤 것인데, 참나무 가지에 왜 황금이란 색을 붙였느냐 하면 겨울에 뜯다 이렇게 놓으면 황금색이 되거나 그렇게 보인다는 설도 있고, 여러 설이 있는데, 어쨌든 겨울에도 안 죽고 파랗대요. 다른 것들을 다 죽는데, 그것만 안 죽고 있어.

기종석 누가 안 죽어?

박희영 그 황금 가지에 있는 기생 식물이. 참나무가 아니고, 참나무에 있는 기생 식물이에요. 그게 안 죽고 있다는 거예요. 딴 것들은 다 죽는데. 겨울에도 안 죽고 생명력을 쭉 유지한대요. 상징이죠. 프레이저가 그렇게 해석을 내린 거지요. 터너가 영국 박물관에 그려놓은 게 있는데, 자기는 그것을 해석한다고 하지요.

박홍규 거기서 출발해. 그래서 다시 거기로 돌아가. 프레이저의 저서가 거기로 다시 돌아가.

박희영 재미있어요, 불의 의미 같은 것도 있고…….

박홍규 그게 철학 책은 아니지.

박희영 철학적 사유 거리를 많이 주지요. 초기의 인류학, 신화 같은 것도 그렇고…….

박홍규 아니. 우리같이 따지고 그런 것은 아니야. 이를테면 재료를 있는 대로 수집해 놓았어. 유럽 문화를 이해하려면, 희랍 철학을 이해하려면 꼭 한번 읽어야 할 책이야. 밑바탕을 알려면. 우리는 무턱대고 칸트니 헤겔이니 하는데, 헤겔도 예전의 원시 사상 모르면 이해 못 해. 절대로 모르지. 기독교도 알아야 되고. 특히 가톨릭은 고대 사상 모르면 모르거든. 〈physis〉라는 것은 나무인데, 왜 그렇게 여기도 쓰고 저기도 쓰고 했느냐? 플라톤을 읽어보면, 〈physis〉 아닌 것이 없어. 그러면 왜 그렇게 썼느냐 하는 기본적인 문제가 나와. 플라톤은 〈physis〉에 관한 정의definition가 없어. 모든 것이 〈physis〉야. 아리스토텔레스도 〈자연에 있어서 physei〉라고 하는데, 왜 〈physis〉란 말을 썼느냐? 다른 말 왜 안 써?

박희영 제 생각에는 플라톤 때는 아리스토텔레스 때보다 일상적으로 그 단어를 많이 썼을 것 같은데요?

박홍규 물론 실제로 많이 썼지.

박희영 그런데 아리스토텔레스는 학문적으로 정리하다 보니까 정의를 내린 것이고……

박홍규 아리스토텔레스는 정의를 내려서 학원 철학으로 가는 길이니까 그렇게 했고, 플라톤은 그렇지가 않으니까 일상 언어를 많이 썼지.

박희영 그러니까 왜 썼느냐는 질문은 이상하잖아요?

박홍규 아니, 왜 여러 가지로 썼냐? 그리고 그때까지 그것이 남아 있었느냐는 거야. 전문용어technical term를 안 쓰고.

박희영 플라톤은 전문용어를 피하잖아요?

박홍규 피한 것은 아니지. 있는 대로 썼어. 그렇다면 그 당시에 〈physis〉라는 말이 그렇게 남아 있었느냐는 문제야.

박희영 모르긴 하지만 그랬을 것 같은데요.

기종석 〈physis〉란 개념은 〈nomos〉와 더불어서 굉장히 논란이 많이 되고 있던 것 아닌가요? 특히 소피스트 시대에는요.

박홍규 그렇지. 〈nomos〉와 더불어서. 그러면 〈nomos〉와 〈physis〉가 왜 대립되어 나오느냐 하는 문제도 나와. 플라톤은 달라. 플라톤은 〈physis〉와 〈nomos〉가 전부 다 들어가. 만스페르거의 책이 재미있는 점이 그거야. 아주 잘 봤어. 문헌학적으로 통계를 냈으니까. 통계에서 『소피스트』편을 중요시하지. 모든 것을 〈physis〉의 측면aspect에서 보는 거야. 도대체 왜 〈physis〉라는 고대에 호메로스 이전에 있던 말이 지금까지 남아서 쓰이고 있는가? 아리스토텔레스 입장에서 조금은 희랍 사람들 사상의 일면이 나타나. 원인aitia이라는 것은 사물 속에 있는 원인이지, 밖에 있는 것은 원인이라고 하지 않아. 원칙적으로 보면 그것은 우연적인 것이야. 기독교 신은 원인이라고 하지 않아. 왜? 아무리 빌어도 신은 신 자기 마음대로 움직이지, 우리 인간이 빌었다고 해서 그대로 하나? 그렇지 않지? 원인하고 결과하고 연결이 닿아야 할 것 아냐? 연결이 닿지 않는 초월적인 것은 원인 속에 안 들어가. 기독교 사상하고는 달라. 희랍 사상은 땅에서 나온 것, 그래서 사람도 땅에서 나왔어. 땅에서 나와 가지고 땅에서 나온 것에 대해 가만히 보는데, 철학이 거기서 무엇을 찾으려 했느냐, 그것이 문제야, 요는. 그것을 기초로 해서 무엇을 찾으려 했느냐? 이건 현대 자연 과학도 다 똑같아. 똑같은 문제야. 희랍에서부터, 아니, 예전의 원시인부터서 지금 현대인까지 똑같은 하나의 문제가 있어. 그래서 탄생Geburt이니 뭐니 하는데, 그건 서론introduction이자 말의 사전적 의미lexical meaning이고, 철학적 의미는 다른 데 있어. 그 철학적 의미를 찾아야 돼. 사전적 의미는 그것대로 찾고, 그 다음에 철학적 의미를 찾아야 돼. 끝내지.

(1991. 6. 24.)

피시스Physis (II)

박홍규 희랍어에서 〈physis(자연)〉라는 말은, 영어의 〈nature〉에 해당하는데, 두 가지 뜻이 있다고 했지? 하나는 동적 이론 dynamic theory이고 하나는 정적 이론 static theory이고. 동적 이론은 〈physis〉를 식물에서 싹이 터서 잎사귀도 나오고 하는, 살아가는 힘, 생장하는 힘으로 본다고 했지? 그것이 기초가 된다고 했지? 그리고 또 하나 정적 이론은 그게 아니라 사물의 어떤 고정된 성격, 구조를 〈physis〉로 생각한다고 했지? 그래서 어원상 이 두 가지 학설이 있는데, 어느 것이 맞느냐 하는 것은 결정이 나질 않아. 왜냐? 인도-게르만어의 어원을 찾아보면 〈bheu-〉인데, 이것은 발생한다는 의미도 있고, 동시에 〈있다〉, 독일어 〈du bist(너는 있다)〉의 〈bist〉에 해당하는, 영어의 〈to be〉에 해당하는 것도 있더라, 그 둘이 동시에 있어. 그래서 어원적 etymological으로 이 두 학설이 결정이 나지 않는다는 거야. 문헌학적인 입장에서 최후에 가서는 어원 etymology으로 가야 되는데, 어원 자체가 이렇게 애매하다는 얘기야. 초기에 탈레스 같은 이오니아 학파 사람들이 〈physis〉를 찾았다고 할 때 아리스토텔레스나 버넷 J. Burnet 같은 사람은 불이나 물같이 변하지 않는 것, 변하는 것 속에서 변하지 않는 것을 의미했다고 하고, 동적 이론에 따르면, 〈physis〉는 움직이는 힘, 탄생 birth을 의미하며, 그 반대는 죽음이라는 거야.

호메로스에서 〈physis〉라는 것은 〈phyesthai(자라다)〉라는 동사에서 나온 것이고, 그것은 본래 식물이 싹트는 것이야. 〈genesis(생성)〉는 동물이 생성할 때 쓰는 말이고. 다 달라. 그러나 비슷하게도 많이 써. 그런데, 신화에서부터 초기 자연 철학까지는 탄생이라는 말로도 번역돼. 후기 자연 철학, 엠페도클레스, 아낙사고라스에 오면 변하지 않는 것 그 자체가 있어서 이 우주가 단순히 탄생하는 것이 아니라, 원자나 요소들의 결합과 분리에 의해서 생겨난다고 해. 엠페도클레스에 가면, 〈physis〉는 없고 〈mixis(혼합)〉만 있다는 말을 하고, 이 우주에 원자들의 〈diacrisis(분리)〉, 〈syncrisis(결합)〉만 있는 것이지 탄생은 없다고 해. 생성은 없다. 헤라클레이토스 같으면 불에서 물이 나오고 물에서 공기가 나오고 공기에서 흙이 나오고, 이렇게 탄생이 있는데 후기 자연 철학은 이런 게 없다. 그래서 엠페도클레스에서는 탄생과 〈physis〉를 혼합mixis하고 대립을 시켜놨어. 엠페도클레스는 〈physis oudenos estin hapantōn thnētōn(가사적인 모든 것에 대해서 탄생physis은 없다)〉. 〈oude tis oulomenou thanataio teleutē(암울한 죽음의 끝도 또한 없다)〉. 탄생의 반대는 죽음이야. 〈alla monon mixis te diallaxis te migentōn (혼합된 것의 섞임과 교환만 있다)〉(엠페도클레스 단편 8), 그런 말을 해.

소피스트를 거쳐서 플라톤에 건너오면 유명한 소피스트들의 〈physis〉와 〈nomos〉의 대립이 나오지. 가령 플라톤 대화록의 유명한 사람, 그 누구지? 건망증이 심해서. 칼리클레스도 있고 트라시마코스도 있고 고르기아스도 있고, 또 〈physis〉에서 사람은 다 같지만 〈nomos〉에서는 다르다고 한 사람. 김남두가 논문 쓴 사람. 안티폰도 있고, 히피아스, 아니 더 유명한 사람…… [프로타고라스를 찾다 포기한

듯) 그런데 ⟨physis⟩를 칼리클레스 같은 입장에서 보면 타고난 힘이야. ⟨physis⟩는 동적으로 보면 식물이 태어나는 힘도 되지만, 사람이 태어나면서부터 가지고 있는 힘도 돼. 법, ⟨nomos⟩하고 대립이 돼. ⟨nomos⟩는 인위적인 것이고, ⟨physis⟩는 인위적인 것이 아니라 자연적인 것이야. 사람은 ⟨physis⟩에 있어서는 다 같은데, ⟨nomos⟩에 있어서는 달라. 아테네 사람이다, 스파르타 사람이다 할 때는 ⟨nomos⟩에 의한 것인데, 그것은 실정법이나 관습에서 다르다는 거야. 그러나 ⟨physis⟩에서는 같아. 그때 ⟨physis⟩는 무엇인가 하는 문제가 생겨.

그런데 플라톤에 오면 이 ⟨physis⟩가 무엇이냐 하고 정의하는 대목도 없고, 신도 ⟨physis⟩요, 사람도 ⟨physis⟩요, 또 물질도 ⟨physis⟩요, 영혼도 ⟨physis⟩요, ⟨physis⟩ 아닌 것이 없어. 이게 아주 힘들어. 이 대목에 ⟨physis⟩를 무슨 의미로 썼느냐는 것은 논의discussion가 많아. 많을 수밖에 없어. 아주 애매하게 써. 그리고 또 ⟨physis⟩를 쓰는데, 플라톤의 대화편에서 이것이 과연 플라톤 말이냐, 그렇지 않으면 그 전의 다른 사람의 말을 이용해서 쓴 것이냐는 문제가 생겨. 그래서 이것은 문헌text에 나오는 그때그때의 장소locus의 의미meaning를 논의 discuss해야 하는데, 거기서 여러 가지 의견이 갈려서 같을 수가 없어.

그런데 이 책〔『플라톤에서의 자연 *Physis bei Platon*』〕은 그 제목이 벌써 플라톤에서 ⟨physis⟩라는 말이 나오는 장소locus를 다 빼서 정리해 놓았다는 뜻이야. 그러니까 철학 책은 아니고, 문헌학적philological인 책이야. 그것은 우선 이 말이 어떻게 쓰였는지 정리를 해봐야만 도대체 ⟨physis⟩가 플라톤에서 대개 어떻다는 것을 우리가 알 수 있지, 정리를 해놓지 않으면 개괄적이고 통일적인 것을 얘기할 수 없다는 얘기야. 그러나 방금 말한 바와 같이 이 대목이 과연 플라톤이 동의하면서 썼느냐, 아니면 동의를 않고 다른 사람 말을 그대로 썼느냐 하는 문제가 생겨. 그리고 플라톤에는 그 전에 있던 사람들의 철학이 다 종합되어 있기 때문에, 그것들이 다 들어가 있어. 또 소피스트에서처럼 〈physis〉와 〈nomos〉의 대립이 플라톤 자기 사상에도 있어. 또 가령『파이돈』편에서 형상 idea은 〈physis〉 속에 있고 우리 속 en hēmin에는 없다고 해. 『파이드로스』편에서는 저 산천은 우리에게 가르쳐주는 것이 없고 아테네 시내에 있는 사람들이 우리에게 무엇인가 가르쳐준다고 해. 거기도 사람하고 자연이 구별이 되어 있어. 이 대목은 확실히 플라톤의 사상이라고 말할 수는 있지만 전체적으로 애매하고 논의discuss될 점이 많아. 그러니까 그런 것들은 일일이 다 얘기를 못하고, 중요한 점, 꼭 알아두어야 할 것만 내가 여기서 이야기하려고 해.

그것이 뭐냐? 아까도 말한 바와 같이 〈physis〉에 대해 동적 이론하고 정적 이론하고 가장 중요한 두 개가 있다고 했는데, 또 하나 플라톤에는 아주 중요한 것이 나와. 그것은 〈보편적 universal〉이라는 의미야. 이 전 우주를 〈physis〉라고 해. 우리말도 〈physis〉를 자연이라고 번역하는데, 그 자연이란 것은, 대자연이라고 할 때는 이 우주를 의미해. 영어에 〈nature〉라고 하면 사람의 본성도 되고, 성격도 되고 여러 가지 의미가 있지만 이 우주도 〈nature〉라고 하지? 가령 〈natural science(자연과학)〉이라고 할 때에는 〈science of humanities(인문과학)〉하고, 즉 사람하고 대립된 것이지? 그 구별도 근원이 희랍까지 올라가. 그러나 〈nature〉라는 말은 또 다르게 보면 사람까지 다 포함한 우주 cosmos, 세계 전체를 의미해. 그러니까 그때 〈physis〉는 우리의 주관적인 것 en hēmin이 아닌 것이야. 처음에 〈physis〉의 기본적인 의미는 주관적인 것, 혹은 우리가 만들어낸 것이 아닌 것이라 했지? 그렇지 않는 것, 실재하는 것을 〈physis〉라고 해. 여기서는 〈cosmos〉도 쓰고 〈holon(전체)〉이니 〈pan(모든 것)〉이니 하는 말을 써.

그런데 왜 그런 말이 나오느냐 하면, 〈physis〉라는 말은 〈phyomai〉 동사의 동명사야. 희랍어에서 동명사는 동명사로만 그치는 것이 아니라, 그 동명사에 의해서 나타난 결과도 의미해. 그리고 또 단순히 결과뿐만 아니라, 그 결과의 집합명사collective noun도 돼. 내가 한문을 자세히는 모르지만, 자연(自然)이라 하면 〈스스로 그렇다〉는 뜻인데, 이때 〈스스로 그런 것〉[명사]이냐, 〈스스로 그렇다〉[동사]는 것이냐, 잘 모르겠어. 지금 자연이라는 말 그 자체가 〈然(그럴 연)〉 자가 붙었는데, 형용산지 부사군지, 명사군지, 잘 모르겠어. 〈스스로 그렇다〉면 우리 주관이 개입하지 않는다는 말인데, 그게 형용산지 명사인지 모르지만 집합명사가 돼요. 희랍어에도 그런 것이 있어. 가령 〈epistēmē〉라는 말이 있는데, 그 말은 〈epistasthai(할 수 있다)〉라는 동사의 동명사야. 그런데 그것의 결과인 지식도 〈epistēmē〉라고 해. 그 결과 모든 아는 것 일반을 또 〈epistēmē〉라고 해. 〈physis〉도 그것과 마찬가지야, 똑같아. 그러니까, 〈holon〉이니 〈pan〉이니 하는 말을 쓰는데, 〈holon〉이란 하나의 전체이고 〈pan〉은 전체를 구분해서 단위로 볼 때 그 모든 것을 의미해. 〈cosmos〉라는 말도 써. 〈cosmos〉라는 것은 질서가 잡혀 있다는 말이지, 본래 우주라는 의미는 아냐. 나중에 피타고라스 학파에서 우주가 질서 잡혀 있다고 할 때 쓰는 말이야. 라틴어의 〈mundus(세계)〉야. 〈cosmos〉란 말은 장신구를 뜻해. 질서 잡혀 있는 것, 군대, 스파르타 같은 질서가 잘 잡혀져 있는 나라, 또는 음악, 장식된 여자, 그런 것을 〈cosmos〉라고 그래. 그러니까 우리가 이 우주를 표현하는 말이 여러 가지가 있어. 〈cosmos〉도 있고, 〈pan〉도 있고, 〈holon〉도 있고, 〈physis〉도 있고 한데, 문제는 뉘앙스가 전혀 달라. 대자연하고 우주하고 전체니 뭐 삼라만상이니 모두 다 의미가 달라. 그렇듯이 희랍어에도 이 우주 전체를 표시할 적에 쓰는 말이 여러 가지가 있는데 그 뉘앙스가 전혀 달라. 왜냐하면 기원origin이 다르니까.

여기서 〈universus(전체의, 보편적인)〉라는 말은 라틴어에서 무슨 소리냐 하면 〈하나로 향해져 있다〉는 얘기야. 〈uni-〉라는 것은 〈unus(하나)〉, 〈unius(하나의)〉, 〈uni(하나로)〉, 하나의 여격 dative, 〈하나로〉야. 〈versus〉는 〈vertere(기울다)〉, 하나로 향해 있다는 말이야. 모든 게 로마로 향해져 있다, 말하자면 세계는 하나란 이야기야. 통일되어 있다, 모든 게 로마의 주권으로 다 향해져 있다는 얘깁니다. 그런 의미고, 직접 〈physis〉하고는 전혀 달라. 그 기원이 다르니까.

그러면 이제 그 〈physis〉를 어떻게 쓰냐 하면, 이건 자세한 얘기가 되는데, 대자연이 나타난다, 대자연이 돌려준다, 대자연이 무엇을 낳는다, 생성한다, 대자연이 명령한다, 대자연이 무엇을 첨가한다, 대자연이 무엇을 이룬다, 그럴 적에 관사를 붙여서 자연이 동사의 주어가 돼. 이 사람[만스페르거]은 어떻게 해석하느냐 하면, 그것은 자연을 인격화 personify한 것이라고 해. 대자연이 불구가 된다는 말도 있어. 이것은 신화적인 냄새가 나는 말이라는 거야. 신화적인 용법에 가까운 것이 초기 자연 철학인데, 그것과 같은 용법이래. 이런 것이 여러 가지 많이 나와. (책을 넘기며) 이런 자연은 관사를 붙여서 동사가 그 뒤에 올 적에는 동사를 주재하는 어떤 주체자가 돼. 예를 들어 제우스가 비를 내렸다, 무슨 일을 했다는 식의 용법이라는 거야. 〈Ouranos〉는 하늘인데, 우주라고도 써. 신화에서는 〈Ouranos〉니, 〈Gē〉니, 땅이니, 바다니, 그게 다 의인적 anthropomorphisch으로 돼 있어. 그런데 〈physis〉는 그렇게 의인적으로는 잘 쓰지 않을 것 같아. 그러나 용법은 그렇다는 거지.

또 하나는 동사의 보어가 될 때야. 『파이돈』편에 나오는 대자연에 대한 얘기가 있는데…… 지난번에 에우리피데스가 쓴 말 뭐지? 〈historia(탐구)〉라고 했지? 『파이돈』편에서 아낙사고라스에 관해 소크라테스가 한 말이 있어. 아낙사고라스가 아테네에 왔을 적에 에우리피데스가 태어났는데, 그가 한 말이 〈연구에 대한 지식을 갖고 있는 사람은 행복하다〉, 그리고 〈시민의 불행한 행동에도 관여하지 않고〉, 그런데 〈자연의 불사하고, 늙지 않는 질서를 보는 사람은 행복하다〉. 〈그런 사람에게는 수치스러운 행동의 실행이란 것이 있을 수 없다〉. 우리 인간이 아니라, 대자연의 연구에 몰두한 사람은 우리 인간의 불행이나 부정한 것은 상대를 하지 않는다는 거야. 그래서 그 사람들은 행복하다. 『테아이테토스』편에도 철학자들은 자기 발밑에 있는 일상생활은 보지 않고 하늘을 보다가, 우물에 빠져가지고 트라키아 여성, 하녀한테서 경멸을 받았다는 얘기가 있지? 그 얘기는, 여기서도 벌써 사람, 즉 소우주microcosmos하고, 대자연하고 대립이 되어 있다는 거야. 그런데 이 사람〔에우리피데스〕은 〈physis〉가 〈agēron(늙지 않는)〉하고, 〈athanaton (불사적인)〉하다고 했어. 버넷은 〈physis〉가 불이나 물과 같이 변하지 않는 것이라 했는데, 이 사람은 그것이 아니라 사람, 소우주와 대립된 대자연을 연구하는 사람이 행복하다는 거야. 달라. 그런데 그 대자연은 늙지 않고 불사적이라는 거야. 그러니까 의미가 전연 달라져 버려.『테아이테토스』편에도, 하늘을 보고 하늘을 재고, 하니까 거기도 불이나 물보다 대우주라 하는 것이 낫지. 사람과 대조적인 대우주macrocosmos 로서의 대자연은 안 늙고 안 없어진다, 영원하다는 얘기야. 이건 아주 중요해.

이럴 때 쓰는 〈physis〉는 대자연인데, 그것이 주어가 아니라 우리의 연구의 보어, 목적이 되어 가지고, 신화적인 용법에서처럼 인격화된 것이 아니라, 익명의anonymous 존재자의 집합명사야. 익명의 전체 holon인 우주cosmos를 가리키는 말이야. 요는 여기서 문제되는 것은 우주universe다. 그런데 〈universe〉라는 말은 라틴어로 하나로 향했다는 얘기니까, 원칙적으로는 〈physis〉와 들어맞지 않아. 〈nature〉라고 해야지, 〈universe〉로 번역할 수 없어. 그러나 라틴어에서 〈universe〉라는 말은 〈natura〉라는 말보다, 전체 우주, 존재자 전체를 더 뚜렷이 드러내. 그래서 그 말을 쓰는 거야. 그러니까 개인, 사람, 소우주가 아니라 그 밖에 실제 있는 것, 또는 우리의 주관적인 것이 아니라 객관적으로 실재하는 것, 그것의 총체를 가리키는 거야. 그러니까 그것은 신화적인 것이 아니야. 인간의 연구 대상이니까, 눈으로 보는 대상이니까. 만약에 신화적인 존재라면 어떤 말이 나와야 될까? 눈으로 본다는 말은 안 되겠지? 뭔가 신탁을 물어야지, 신에 대해서. 거기는 그러니까 해석적인 것이지?

그러면 그 다음에 〈physis〉라는 말 자체가 아까도 말한 바와 같이 인간이 만든 것, 주관적인 것이 아니고, 존재자 총체, 대자연이야. 그런데 그 대자연의 일부분도, 대우주가 가지고 있고 통일성, 전체성을 가지고 있으면, 〈physis〉라고 해. 이건 대단히 중요해. 여기 좋은 예가 있어. 대단히 중요한 대목인데…… (책 넘기는 소리) 플라톤은 지독히 어려워요. 왜냐하면 이런 말이 체계적으로 죽 나오는 것이 아니라 몇 군데 나오면 그만이야. 글라우콘이라는 사람이 있어. 〈hē tou Glaukonos physis(글라우콘의 본성)〉이다 그래 놓았어요. 글라우콘의 〈physis〉라는 것은 무엇이냐, 그런 말이야. 글라우콘의 〈nature〉는 뭐냐? 소크라테스의 〈nature〉는 무엇이냐? 소크라테스의 대화에 나오는 여러 가지 사람들이 있는데, 그 사람들은 개개인의 이름을 붙였어. 구체적인 이름이야. 그 사람들의 〈physis〉는 무엇이냐는 말이야. 그러면 아까도 말한 바와 같이 어떤 사물, 가령 여기 귤이 고립isolate해서 이것만 딱 떨어져 있으면 〈physis〉라 하지 않아. 이것은 대자연의 일부분이니까, 대자연과 관계를 맺는 한에서, 그러면서도 씨를 뿌리면 거기서 싹이 나고 잎사귀가 트고 귤이 열리는 그 작용이 있는 한에서, 능력dynamis과 관계되어서 속에 포함돼 있는 것이 나타나는 한에서, 그러면서도 이 귤은 다른 것은 아니니까 전체이면서 동시에 자기 자신의 동일성identity을 가지고 있는 한에서, 이것은 〈physis〉야. 이 사람은 이제 뭐라고 번역했냐 하면, 〈Hier wird unter den Physis des Glaukonos, unter der Adeimantos, die Totalität ihres persönlichen Seins verstanden, wie es ihrer Artung entschpringt und in Aussehen, Gewärden, Reden und Tun sich manifestiert, kurzum die Physis ist das eigentliche Selbst dieser Jünglinge, nicht irgend etwas, das sie an sich besitzen(여기서 글라우콘과 아데이만토스의 physis는 그들의 개인적 존재의 전체성으로 이해된다. 그것이 그들의 본성으로부터 발현되어 외모나 몸짓, 말, 행동에서 드러나는 것으로서. 요약하자면 physis는 그 청년들의 고유한 자신 이다. 아무것이나 다가 아니라 그들이 자신 속에 보유하는 것으로서의 자신이 다))[Mannsperger, 상기 저서, 87쪽] 그러니까 추상적으로 고립시켜서 이 것이 무엇이다, 무엇이다 규정하는 것은 〈physis〉라고 하지 않아. 이때 〈physis〉의 기본적인 의미는 어디서 출발하냐 하면, 구체적인 그 사물 이 그 자신의 동일성을 가지고 있다는 것이야. 그 〈physis〉는 그냥 가 만히 있어서 성립하는 것이 아니라, 외부의 사물과 관계를 맺고, 서로 주고 받고 함으로써만 성립돼. 우리가 머릿속에서 생각하는 식물과 실 제 있는 식물은 달라. 실제 있는 식물은 땅에서 영양분을 흡수하고 공 기도 흡수하고, 그럼으로써 속에 들어 있는 힘도 드러나고 하는 것이 구체적인 식물이고, 그것이 가장 밑바탕에 있는 〈physis〉의 뜻이야.

그리고 또, 〈physis tēs Crētēs(크레타의 자연)〉라는 말이 나와. 크레 타 섬의 〈physis〉라면 구체적으로 있는 크레타 섬의 형태라든지, 위치 라든지, 산세라든지, 나무가 있고, 곡식이 있고, 배가 나온다, 올리브 가 나온다, 그것을 통틀어서 크레타 섬의 〈physis〉라 해. 지도 위에 섬 만 딱 그려놓으면 그것을 무엇이라고 해?

양문흠 도식 schēma.

박홍규 응, 그것은 도식 schēma이라고 하지, 〈physis〉라고 하지 않 아. 형태, 지도지, 〈physis〉라고 하지 않아. 사람도 마찬가지야. 가만히 추상적으로 고립시켜 가지고 기하학적으로 딱 고정시키면 사람의 도식 이고, 눈에 보이는 외부의 측면만 그려놓으면, 사람의 형태 eidos야.

〈physis〉라 할 때는 속에 있는 것과 밖에 나타나 있는 것이 합일해야 하고, 그것이 독립해 있는 것이 아니라 외부 사물과 영향을 주고 받고 함으로써 존재할 때만이야. 소위 실존existence의 문제가 들어가는 거야. 아주 힘들지, 〈physis〉는 아주 힘들어. 그러면 〈schēma〉라는 것은 무엇이냐? 도식이라고 번역해. 물건의 형태야. 나중에 더 나아가서 추상적으로 보이는 측면을 〈eidos〉라고 하지. 그러면 그 구체적인 사물이 바깥으로 나타나는 힘도 〈physis〉라 하고, 힘과 구별되어서 나타나는 형태도 〈physis〉라고 해. 〈eidos〉, 〈schēma〉도 〈physis〉라고 해. 그러나 본래는 그 전체, 즉 속과 바깥으로 나타나는 것이 하나가 되어 있는 상태야. 그러면 이제 드러나는 상태의 한쪽만 보면 동명사가 되고, 한쪽만 보면 명사가 돼, 〈eidos〉가 돼. 가령 〈kalon(아름다운 것)〉의 〈physis〉라 하면, 여기 그림이 있다고 할 때, 그건 구체적인 아름다운 것이니까, 구체적인 〈physis〉이며, 그것이 제일 기본적인 것이고, 그 다음에 〈kalotēs(아름다움)〉, 〈physis tēs kalotēs(아름다움의 본성)〉라는 말이 나와. 그건 아름답다는 것의 본성이라는 의미야. 가장 추상적인 의미로 변해. 그런 가장 구체적인 것에서 가장 추상적인 것까지의 모든 과정이 있는데, 그것이 다 〈physis〉야. 〈physis〉의 여러 측면이 나와. 〈이것은 무엇이냐ti esti?〉의 대답은 〈physis〉란 말이야. 그 대답은 가장 구체적으로 있는 것으로부터 가장 추상적인 것까지 여러 가지가 있을 수 있는 것 아냐?

다음에 그러면 〈physis〉하고 존재 개념이 어떻게 다르냐, 이게 굉장히 중요해. 왜냐하면, 본래 〈physis〉라는 말은 그 속에 〈있다〉는 의미가 들어 있잖아? 그래서 이 사람은 뭐라고 하느냐 하면 〈physis〉는 〈Sein(존재)〉과 〈Werden(생성)〉의 중간에 있고 그것을 매개한다고 해, 양편을. 그래서 플라톤 철학을 봐라, 플라톤 철학은 『소피스트』편에서 일과 다, 존재와 생성의 철학이 아니냐는 거야. 그래서 이 사람은 일체의 희랍 철학이 〈physis〉라는 기본적인 말에 결과적으로는 따라간 것이라고 주장해. 그건 이 사람의 해석이겠지?

박희영 지금 누굴 말씀하시는 거죠?

박홍규 만스페르거야, 김남두가 잘 알아. 이 사람은 그렇게 해석하는데, 물론 철학 책이라고는 볼 수 없어요. 『소피스트』편에서 존재 ousia를 그렇게 나누는 것은 소피스트란 사람들을 철학적으로 정의하기 위해서 과거의 철학자로부터 분류 classify해 보니까 그렇게 된다는 것이지, 플라톤이 말 갖고 그렇게 한 것은 아니야. 그러나 말을 이렇게 정리해 보면 플라톤 철학의 이모저모가 드러나는 것은 분명해. 철학적인 문제는 그것대로 두고, 이 사람의 해석 interpretation은 이 사람의 해석이라고만 생각하면 될 거야. 헤겔 학파인 것 같아. 언어학자 스텐첼 Stenzel의 제자야.

〈ousia(존재)〉도 여러 가지 뜻이 있거든? 그런데 이 사람은 〈ousia〉라는 게 〈eimi(있다)〉 동사의 〈ousios〉라는 형용사가 있고 거기서 생겨났다고 해. 어원 etymology 사전에 그렇게 나와 있다는 거야. 글쎄, 그렇게 되는지는 의문이야. 그 말이 맞다면 〈ousia〉가 아니라 〈ousiia〉가 되어야 할 텐데. 〈koinōnia〉, 〈philosophia〉와 똑같다는 거야. 그러면 내 생각에는 〈ousiia〉가 될 텐데, 〈i〉 자가 하나 더 들어갈 텐데. 어간이면, 뿌리만 취하니까, 그냥 〈ousia〉가 되지. 그게 더 낫지? 〈ousa〉에서 〈ousia〉. 나는 그렇게 생각하는데, 이 사람은 그렇게 생각하지 않아. 어쨌든 이 사람 생각은 〈ousia〉가 질 quality을 가지고 있는 성격인데, 그러나 그것도 사물의 핵심 Kern을 얘기한다. 그 핵심이 정적 static이어서 현존 Dasein으로 집중해 있다. 그래서 정의 definition의 대상이다. 왜냐? 정적인 것만 정의의 대상이니까. 그런데 〈physis〉는 그 반대다. 〈ousia〉지만 그것은 살아 있는 하나의 활동성이 들어가 있고, 능력 dynamis에 의해서 속에 있는 것이 밖으로 나타나는 힘이 들어 있다는 거야. 그러나 본래 〈eimi〉 동사의 어간하고 〈physis〉는 근접하다. 〈gignesthai〉의 어간 〈gen-〉하고 근접된 말이다. 그렇게 생각해. 그래 놓고는 물론 예전 얘기니까 어찌 다 알겠느냐, 허허허. 이런 주석을 달 아놓고. 인도-게르만 민족의 언어 구조는 변하지 않는 것이며, 〈Sein〉 과 〈Werden〉을 동시에 가지고 있다는 점은 같고, 그중 어느 것을 강조 하느냐는 사용하는 사람의 입장에 따라 다르다는 거야. 또 존재자의 어 떤 것을 중요시하느냐, 동물이냐 식물이냐 하는 것도 사람에 따라 다르 다는 거야. 가령 호메로스는 식물을 중시했다. 이 사람은 그렇게 해석 해. 나는 그렇게 생각하지 않아.

지금은 인류학이 발달해서, 인류학에도 문헌학philology이 있거든. 희랍의 말을 살펴보면 많은 말이 가장 구체적인 것에서 추상적인 것으 로 변해. 가령 눈으로 본다는 것은 〈horaō(보다)〉인데, 이것의 완료가 〈eidenai(알다)〉야. 그것도 본래 눈으로 본다는 뜻이야. 그러나 나중에 추상적인 것을 보는 것으로 변해. 또 〈theorein(관조하다)〉도 눈으로 보 는 거야. 눈으로 보거나 감성적으로 구경하는 거. 〈gignōskein(알다)〉, 〈noein(사고하다)〉, 다 그래. 그런데 나중에는 다 추상적으로 변해. 감 각적인 말에서 출발해서 초감각적인 것을 보는 것으로 변해. 그래 가지 고 나중에 의미가 달라져. 〈eidenai〉는 초감각적으로 보는 것, 그러니 까 직관하는 것이고, 나중에는 안다는 것 일반으로 변해. 〈epistēmē〉도 본래는 기술이지? 구체적인 행동하고 결합된 말[글]이야. 그런데 나중 에는 지적인 측면만 떨어져 가지고 점점 발달해. 기술이란 것은 최후에 는 경험하고 결부되어 있으니까, 경험적 지식으로 되지. 나중에는 경험 적인 지식 이상의 것을 〈epistēmē〉라고 하지? 그러다가 나중에는 다 〈epistēmē〉라고 해. 〈theoria(관조)〉도 마찬가지야. 그것도 본다는 얘 긴데, 초감각적인 것도 〈theoria〉다, 그래 갖고 나중에는 이론적

theoretical이란 얘기가 돼. 〈gignōskō〉도 본래 본다는 얘기고. 〈gnoseology〉라는 말이 나오지만, 〈gnosis(앎)〉 기독교의 가지론 gnosis 파가 있는데, 영어로는 〈gnotic〉이라고 하지? 그것에 대해 〈eidesis〉 학파니, 〈theoretical〉이니 하는 말은 쓰지 않아. 그렇게 그 의미가 달라져. 그래 가지고 동사가 명사가 되고, 또 집합명사도 돼. 〈genesis〉도 마찬가지야. 〈genesis〉나 〈gignesthai〉는 원래 동물이 태어 날 때만 쓰는데, 〈gignesthai〉나 〈physis〉나 나중에는 모든 생물에 다 쓰이고, 사람에도 써. 그래서 〈gignesthai〉에서는 〈genos(종족)〉란 말 이 나와. 논리학에서 쓰는 〈genos(유)〉는 원래 혈족이라는 말에서 나와 서 유개념으로 변해. 〈genesis〉라고 하면 기독교에서는 〈창조〉라는 말 로 번역하지만, 희랍에서는 창조라는 말은 아니야. 절대로 아니고, 그 반대야, 허허. 창조는 아니고, 있는 것에서 무엇이 변해서 나오는 것이 야. 그 동작도 의미하지만 나중에는 나온 것, 결과도 의미해. 또 그 총 체도 〈genesis〉라고 해, 〈physis〉처럼. 그러나 〈genesis〉는 또 〈ousia〉 하고 〈einai〉 동사하고 대립돼. 그런데 〈physis〉는 그런 식으로 〈ousia〉 하고는 대립되지 않아. 그리고 또 〈physis〉하고 〈genesis〉하고 같이 쓰 는 용법이 있어. 『테아이테토스』편에 그런 데가 있어.

지금 귀찮으니까 내가 이거 다 말하지 않아. 말이 하도 여러 가지야. 우리가 이러저러한 말을 죽 빼서 정리해 보면, 그 속에 예전 신화에서 부터 희랍 사람들의 말이 구체적인 것에서 추상적으로 변했고, 뜻이 전 부 확대되었다는 것을 알 수 있어. 이것은 무엇을 의미하느냐 하면, 그 만큼 추상적인 지식이, 머리가 발달했다는 것을 의미해. 그것은 철학에 도 나타나.

그러면 이제 문제는 그것이야. 〈physis〉에서 가장 구체적인, 비추상 적인 사태는 어디서 나왔느냐, 어떤 상태냐 하는 문제야. 그런데 이것 을 해결하는 방식은 무엇이냐? 〈physis〉의 아오리스트aorist에서 나온

명사형은 〈phyton〉, 식물이야. 이것도 식물에서 나중에, 사람도 땅에서 나온다 등등으로 본래의 의미가 확대돼. 의미가 확대돼서 다 〈phyton〉이라고 해. 나전어의 〈humus〉처럼 땅에서 나온 것은 모조리 〈phyton〉으로 돼. 아스티우스Astius의 사전에 보면 〈terra edita〉, 즉 〈땅에서 나온 것〉, 사람이고 동물이고 식물이고 다야. 〈physis〉도 산이고 나무고 다 〈physis〉인데, 〈phyton〉도 땅에서 나온 것, 하늘에서 떨어지지 않은 것은 다 〈phyton〉이라고 해. 그러니까 이 사람의 문헌학은 발생적genetisch인 것은 아냐. 하나의 정적static인 구도가 있어서 그것이 불변치라는 거야. 그래서 시대에 따라 이 면이 나오고, 저 면이 나오더라 하는 식으로 생각해.

그런데 또 하나 이 사람이 지적하는 것은 〈physis〉의 어원에는 생성과 존재가 같이 있어서 〈physis〉라는 말이 존재라는 말을 대신해서 썼다, 보충해서 썼다고 해. 그런데 이것도 곤란해. 왜냐하면, 아까도 말한 바와 같이 지금 인류학에서도 언어 인류학이란 것이 있는데, 거기서 볼 때 가령 레비브륄은 원시적인 사고에서 미개인에게는 추상적인 개념이 없다고 해. 맞는 얘기야. 존재 개념이 없어. 요컨대 존재 개념은 가장 추상적인 개념이야. 미개인은 존재 개념도 없고 무라는 개념도 없기 때문에 모순 개념이 없어. 그래서 또 무엇이 나오느냐 하면, 억지소리가 나와. 이것이 억진지 억지가 아닌지, 합리적인지 비합리적인지, 구별이 없어, 그것에 대한 감이 없어.

박희영 감이요?

박홍규 느낌! 느낌이 없어. 그리고 미개인은 일반론이 없다고 해. 일반론이 있을 리가 없잖아? 추상적인 사고가 없으니까. 일반론이 없어. 항상 그 사람들은 구체적이래. 그러니까 나무면 어디 어디 산의 나무는 있는데, 나무 일반은 없어. 다분화(多分化)되어 있어. 구체적으로만 사고를 해. 우리가 보면 모두 다기화(多岐化)되어 있어. 〈여기〉라 하면 우리는 구체적인 말인지 추상적인 말인지 몰라. 그런데 그 사람들은 아주 구체적이야. 〈여기〉라 하면 내 앞의 여기, 책상 앞의 여기, 다 말이 달라. 걸어간다는 어떤 동사는 걸어가는 방식이 다 다르니까 하나하나 일일이 지적하는 말이 있어. 서른 몇 가진가 돼. 빨리 가는 놈, 어깨를 올리고 걸어가는 놈, 느슨히 가는 놈, 뭐뭐 해서 무려 서른 몇 가지가 있어. 우리 현대 사람은 〈걸어간다〉 그거 하나뿐이야. 그래 갖고 거기에 붙이는 형용사나 부사는 따로 있어. 자기 마음대로 붙여. 거기는 부사와 동사가 떨어져 있지 않은 채 미분 상태로 각각 하나의 말을 구성해. 추상적 사고가 발달하지 않으니까 하는 수 없지. 그런 사고가 나올 수 없어. 그런데 또 추리력도 없어. 추상적인 사고가 없으니 추리력이 없을 것 아냐? 그 대신 기억력은 굉장히 많대. 허허허. 아주 많대. 그 전에 TV에서 나왔는데, 베두인 족들, 근대 문명을 배반하고 산다고 그러대. 그런데 베두인 족의 여자가 양을 200마린가 치고 있는데 하나만 없어져도 다 안대. (모두 웃음) 추상적으로 양(羊)이 많이 있는 게 아니라, 양(羊)하고 질quality이 다 미분이야. 구체적인 양 하나 하나가 다 따로따로 있어. 그것만 있어. 그래 갖고 그것에 대한 말하자면 기억력이 굉장히 많아. 그러니까 호모 사피엔스homo sapiens만 이 세상에 사는 것이 아니야. (모두 웃음) 아주 중요한 점이야. 왜냐하면 미개인은 미개인대로 사는 방식이 있었을 거 아냐? 그렇지? 미개인도 사는 방식이 있어. 그런데, 미개인이 예전에 어떻게 살았느냐 하는 것을, 우리는 지금 우리를 중심으로 사고하고 있어. 왜냐하면 우리는 그 세계를 모르거든. 또 지금 그렇게 많이 남아 있지도 않고.

그런데 추상적인 사고가 발달하기 이전 상태를 초기 자연 철학 같은 데서 보면 물활론이거든? 그런데 고대 종교학 책을 보니까, 미국의 어떤 사람이 고대의 그림을 보고 우리나라에도 있는 샤머니즘 문제를 해결하려고 조사해 보았대. 그것이 어디까지 가느냐 하면 구석기 시대까지 간다는 거야. 구석기 시대에서 더 올라가면 영혼이 구별되지 않는 상태가 나와요. 마나mana나 뭐 그런 것까지. 그런데 지금 여기 희랍 철학은 지능이 급속도로 발달했거든? 그러나 그 사람들의 정신상태 mentality라는 것은 그 이전에 뿌리박고 있어. 거기서 형성된 거야, 그 게. 그래 갖고 이게 페니키아나 이쪽 찬란한 문화의 영향을 받으니까, 빨리 적응해서 자기 자신의 합리성을 확립하는 문화야. 그러니까 그 이 전의 세계로 가야 될 텐데, 적어도 현재 남아 있는 문헌상, 그 사람들 의 사고의 총집합은 어디냐 하면, 종교에 있어. 예전에는 종교하고 주 술하고 안 떨어져 있었단 말이야. 그래서 종교가 주술인데, 그 사람들 의 종교가 뭐냐 하면 나무를 믿는 종교야. 산림 종교야. 나무가 있는 데서는 세계 어디든지 나무에 대한 숭배가 있어. 우리나라도 시골 가면 당산나무라고 있잖아? 사라수라고, 응? 몇 백 년 된 큰 느티나무에다 고사 지내고, 동네 수호신이니 뭐니 그러는데, 인도-게르만 족이 믿은 나무는 무슨 나무냐 하면 참나무래. 인도-게르만 종교의 가장 원시적 인 형태가 참나무에 대한 신앙이야. 그러니까 참나무가 유럽을 다 덮고 있었어. 지금도 프랑스에서는 참나무로 만든 통에다 포도주를 담지, 아 마? 내가 잊어버렸는데, 위스키, 브랜디도, 참나무일는지 몰라. 포도주 는 예전에 프랑스 갔다 온 사람한테서 확실히 들었어. 참나무통이라고 말이야.

박희영 위스키도 그렇습니다. 몇 백 년 된 것도 있답니다.

박홍규 위스키도 그럴 거야. 오랜 참나무통에다 담근대. 중세기에도 다 삼림으로 뒤덮여 있었어, 주로 참나무로. 그래서 게르만 족의 종교 가 숲의 신이라는 것을 맨 처음 발견하는 사람이 그림Grimm이야. 그 림 동화 쓴 사람 있지? 그 사람이래. 옛날 독일 종교가 뭐냐를 따져서 그걸 발견했대. 그런데 프레이저의 책을 보면, 리투아니아가 기독교화 한 것이 14세기 말이래. 그 이전에는 참나무를 숭배했다고 해. 웁살라도 참나무 하나하나가 전부 신성이었고, 아일랜드, 켈트 족도 그랬고, 드루이드Druide란 원시 종교가 있거든? 아일랜드도 있고, 프랑스도 있고, 켈트 족 사이에서도 분포되어 있고, 그렇지? 그 사람들이 나무뿌리에다가 고사 지냈고 거기서 신탁을 받고, 그 승려가 연설가요 재판장이고, 일테면 자치주의 지배자야. 그 〈드루이드〉라는 것이 뭐냐 하면, 〈drus〉가 희랍어로 참나무라는 뜻이야. 나무란 뜻도 되고. 그래서 제우스가 무슨 신이냐 하면 참나무 신이야. 참나무가 하늘로 높이 올라가서 있거든? 벼락이 치면 참나무에 떨어지잖아? 그 사람들은 참나무를 문질러 갖고 불을 만들었는데, 벼락이 참나무에 있다가 나온다고 생각했다는 거야. 그리고 자기 마누라가 디아나 신이지? 수렵의 신. 천상에서 수렵해서 먹고 살았대. 희랍의 델피에 신전이 있는데, 그것 말고 더 이전에 신전이 어디에 있었나 하면, 에피루스의 도도네Dodone에 있었대. 지금 마케도니아의 이탈리아 쪽 지중해에. 거기에 참나무가 큰 게 있어. 거기서 신탁을 받았대.

박희영 도도네요?

박홍규 응, 도도네. 어디냐 하면, 여기 희랍 반도가 있으면 이오니아 쪽 말고, 반대쪽으로. 북쪽, 이탈리아 쪽으로 도도네라는 데가 있어. 지도 보면 알아. 큰 참나무 숲이 있고 거기서 제우스의 신탁을 빌었다는 거야. 사전 찾아보면, 거기서 청동으로 만든 그릇을 달아놓고 바람이 불면 바람을 타고 신탁을 빌었대요. 그래서 제우스는 불신도 되고, 비 내리는 신도 되고, 우주를 지배하는 참나무의 신이야. 그런데 그때만 해도 인간 사고가 추상적 사고란 것은 없고 반드시 구체적인 〈어떤 것〉에 대한 사고만 있어. 반드시 구체적인 어떤 것이 나와야 돼.

희랍 신화가 왜 의인적anthropomorphisch으로 갈라지느냐 하면 인간 모습을 한 신에 의해서 세계를 나누면 전부 구체적인 것만 나와. 인간 모습을 했다는 것은 신이 전부 고유명사라는 뜻이야. 고유명사로 나뉘져 버려. 기독교도 그 점에서는 같아. 기독교 이외의 다른 종교를 인정하자는 건 곤란해. 기독교라는 말을 쓸 수가 없어. 허허. 신화적 사고방식에 의해서 우주를 분류classify한다는 것은 우주를 고유명사로 환원한다는 말이야. 그런데 그게 안 되거든, 깨지거든. 그러나 좌우간 그런 구체적인 어떤 사물이 있고, 구체적인 어떤 사건이 있고, 행사가 있고, 그리고 거기서부터 우리의 지능이 점점 발달해. 언어도 거기서부터 출발해. 그래서 추상적으로 발달해.

그럼 그것이 어디로 가느냐? 가장 추상적인 데로 가야 할 것 아냐? 가장 추상적인 것은 무엇이냐 하면 존재란 말이야. 그러니까 우리가 여기서 왜 〈physis〉라는 것을 중요시하느냐? 희랍 철학을, 또 서양 문화를 그 뿌리에서, 원형으로부터 들어가서 보자. 시간적인 차원에서 원형으로부터 들어가서 보면 〈physis〉가 돼. 〈physis〉에 대한 학문이 된다는 얘기야. 알파야 그것이. 그리고 가장 추상적인 지능, 지적인 지능이 발달할 때 나타나는 개념은 존재니까, 가장 추상적인 지식이 발달했다고 가정했을 때 거기서 본, 사물의 본래 위치는 존재론이야. 아리스토텔레스는 운동하는 한에 있어서는 〈physis〉이고, 운동하지 않는 한에 있어서는 존재론이라고 했지. 이런 구별이 아주 깊은 뜻이 있어. 서양 사람의 뿌리가 어디 있느냐, 아까도 말한 바와 같이 신석기 시대, 구석기 시대, 몇 만 년 올라가. 뿌리는 그때 다 형성된 거야. 뿌리가 거기에 있고, 그 뒤의 것은 외부에서 문화가 들어오니까 능력이 발달하고 문화가 서로 섞이고 한 것이야. 그러니까 〈physis〉라는 것이 유럽 문화의 중심, 뿌리라는 것을 우리가 알아야 합니다. 지금도 〈physical science〉라는 말이 있지? 그 역사가 간단하지 않아. 그 사고방식mentality이 간단치 않아.

그럼 여기서 하나가 문제되는데, 아까도 말한 바와 같이 원시 사회는 개인이 독립해서 나타나지 않는 사회야. 원시 종교는 창시자가 없지? 사회 속에 파묻혀 있어. 또 인간이 대자연과 융합되어 하나가 되어 있어. 우리 현대 사람은 그것을 이해하기가 힘들어. 『변신 이야기 *Metamorphosis*』에서, 오르페우스가 피리를 불면 돌이 음악을 듣고 따라다녀. 멈추면 멈추고. 내가 그걸 대학에서 배울 때 이게 무슨 소린가 했어, 허허. 그런데 지금은 그게 아냐. 우리 현대인의 입장과는 달라. 그 사람들에게는 오르페우스와 돌이 구별이 되지 않아. 혼연일체야, 미분적이야. 그걸 생각해야 해. 그러니까 거기서 인간 사회라는 것은 사회 속에 인간이 들어가서 자기 개성이 나타나지 않아. 동물은 종 species만 있어. 가령 개는 셰퍼드, 그런 것만 있어. 사람은 단순히 사람이 아니고, 누구냐 하는 이름이 붙어. 독일 말로 〈Wer(누구)〉. 동물은 〈Was(무엇)〉이고 사람은 〈Wer〉라 해. 이게 달라. 왜 달라? 내가 맨 처음에 얘기했지? 사람이 나타나려면 추상적 사고가 필요하다. 개인주의가 되려면 사회에서 내 자신을 집단에서 분리해서 집단과 나를 객관적으로 보는 사고가 있어야만 돼. 그때에만 객관적으로 나라는 것이 분리되어서 나타나. 알아들었지? 동물은 그게 없어. 원시인도 없어. 원시인은 거짓말을 못하잖아. 예전에 선교사가 왔을 때, 사람들이 모였다가 안 가더래. 시계가 6시를 칠 때 저게 무슨 뜻이냐고 누군가 물으니까, 선교사가 집에 가라는 소리다, 하고 말하니까 참말로 믿고 다 가더라는 거야. 거짓말이 없대. 어린애들도 매한가지야, 환경 속에서 자기 자신을 분리하지 못해. 어린애도 거짓말이 없어. 내면적 세계가 나와야 돼. 내면적인 세계가 나오고 자기의 개인적private인 세계가 나와야, 환경에서 자기 자신을 떼어놓고 볼 수 있어. 그래야 거짓말도 하고 참말도 하지. 그 이전에는 자기의 개인적인 것이 무엇인지 구별이 없어. 그러니까 어린아이는 자살이 없어. 자살을 하려면 자기 자신을 객관화해서 보아야 할 것 아냐, 구별해서, 응? 미개인도 없어. 내 자신을 추상화하려면 추상적 지식이 발달해야 돼. 나는 나고 너는 너다. 이렇게 구별해야 돼.

그러면 이제 어린애가 몇 살이 되면 나는 나고 너는 너라고 떨어진 대. 그런 구체적인 인간을 인격 Person이라 해. 아까 전체 Totalität에서 인격성 Persönlichkeit까지 왔어. 인격성하고 인격은 또 달라. 추상적인 것은 인격이라고 하지 않아. 그림을 그려놓고 인격이라고는 하지 않아. 실제 여기 있는 구체적 인간을 인격이라고 하지. 우리가 음악을 듣고 흥겨워하지만 그것은 전체의 인격이 움직이는 것이지? 그림을 봐도 전체의 우리의 인격에다가 영향을 주느냐 주지 않느냐가 문제야. 내 머릿속에서만 이루어지는 것은 인격의 문제가 아니야. 나는 현대 추상화를 이해 못해, 허허. 하도 조작적이고, 인위적인 것 같아서. 요컨대, 구체적 인간을 인격이라고 해. 그러니까 요는 추상적 사고가 발달하면 인격이 없는 상태에서 점점 인격이 드러난다는 얘기야. 그런데 우리가 심리학에서 볼 때, 인격이 드러나려면 지능뿐 아니라 감정이 여러 가지 섞여서 다 작용하거든. 지능도 그 하나야. 그런데 인격성이라고 하면 거기에 대한 자각이 있어야 돼, 자기 자신의 동일성에 대한 자각이 있어야 해. 알아들었지? 우리 지능이 발달하면 더 반성적이어서 자기 자신의 행동도 자각을 해야 할 것 아냐? 요전에 어떤 변호사는 그러대. 한 열서너 살쯤 돼야 네가 잘못했다고 법정에서 벌을 줄 수 있다고. 그 이전에는 줄 수 없대. 소년원에 보내. 그러니까 인격성을 가지고 있음에도 불구하고, 죄를 지었을 때만 형무소에 보내는 거야.

그러면 이런 문제가 생겨. 아까도 말한 바와 같이 우리 인간에게서는 인격이 독립하고 인격성이 나타나. 인격은 사람에게만 쓰고 개에게는 쓰지 않아. 개에게는 종만 있으니까. 개는 개의 동일성이 드러나는 과정이 있고, 또 우주 전체도 우리 인식에 의해 드러나는 과정이 있을 거야. 지능이 발달하면 발달할수록 인격성이 발달할 것이고, 그러면 최후에 가서 우리 존재가 드러날 때, 존재자인 한에서, 그런 차원에서,

우리 인간이 자신의 인격성을 자각할 때, 그때의 인격성이란 어떤 것이냐 하는 문제가 생겨. 플라톤에서는. 왜냐하면 ⟨physis⟩에서는 사람은 다 같고, ⟨nomos⟩에서는 다르니까. ⟨nomos⟩는 관습이나 풍습, 법 같은 거야. 아테네 사람하고 스파르타 사람하고 ⟨physis⟩는 같지만, ⟨nomos⟩는 달라. 그러면 존재자인 한에 있어서, 그 사람의 인격성이라는 것은 무엇이냐? 이때에는 ⟨nomos⟩에서의 가정, ⟨nomos⟩ 때문에 제약받는 측면이 다 없어져야 돼. 제약받는다는 것은 우리가 신체를 갖고 있기 때문에 달라지는 측면이야. 행동거지가 달라져. 하나는 한국 사람이고 하나는 일본 사람이라는 것은 전부 신체 때문이야. 신체를 가지고 있으니까 머리카락 색깔도 다르고, 지문도 다르고, 뼈의 형태도 다르고, 뇌세포도 조금씩 다를 거야. 그것이 하나의 집단으로서 달라지거든? 그러면 ⟨아, 이건 한국 사람이다⟩, ⟨이것은 일본 사람이다⟩, ⟨이것은 서양 사람이다⟩, 그렇게 된단 말이야. 그 기초가 신체 구조에 있어. 물질 때문이야. 그것을 다 벗어나야 돼. 벗어나면 플라톤에서 영혼 그 자체가 나와야 될 것은 분명하거든. 영혼은 그것을 다 벗어난 상태야. 그러니까 인격이란 것이 무슨 얘기냐? 가령 대한민국이면 대한민국, 일정한 사회, 일정한 법제하에서 생각되는, 거기서 규정되는 인격성을 모두 벗어내 버리는 인격성이 나온다는 얘기야. 그것은 다시 우리 인간을 존재케 하는 순수한 충족율, 존재케 하는 그 측면에서 성립하는 인격, 인격성이 나온다는 거야. 그러니까 플라톤에서는 사람을 어떻게 규정하느냐? 가령 『소피스트』 편에서 사람을 규정하는데, 어떻게 규정하느냐 말이야. 그러면 사회적 존재social being로서도 규정할 수도 있고, 그 당시 역사적 상황에서도 정의 내릴 수 있고, 경제적 상황에서도 정의 내릴 수도 있어. 여러 가지야. 그런데 그렇지 않고 거창하게 ⟨ousia⟩를 내놓고 존재론을 꺼냈거든. 그래 갖고 거기서부터 사람을, 소피스트를 규정해. 다른 경우도 다 같아. 거창하게 나와.

그러면 그때의 우리의 인식론은 어떤 것이냐를 생각해야 돼. 플라톤을 이해하는 데 이것은 대단히 중요해. 신체에서 벗어나서 사물을 보는 것을 직관이라 하고, 그렇지 않으면 참다운 것을 봤는데 다시 육체에 들어가서 볼 때, 인식할 때에는 상기라고 해. 만약 우리 인간이 ⟨nomos⟩에서만 성립한다면, 우리가 대한민국의 어떤 관습, 통념, 법제에 의해서만 성립한다면, 상기할 필요가 없어. 관습 같은 것이 딱 있어서 우리에게 정보로 들어온 것을 받아들이기만 하면 돼. 우리 인간은 로봇으로서 행동하면 돼. 그런데 우리 영혼은 로봇이 아니야. 인식론에서 상기론이 성립하는 것은 그것 때문이야. 또 허위를 논할 때도 왜 인간을 그렇게 봐? 허위는 존재자 일반인 한에 있어서 사물이 가지는 성격이니까 그래. 그것을 인식하려면 우리 인간이 모든 ⟨nomos⟩적인 것을 벗어나야 돼. 또 형상도 그래.

그러면 그런 사상(思想)이 가령 나중에 나오는 수학이나 유클리드 기하학과 어떤 관계에 있느냐? 그러니까 기하학 같은 것은 인식하는 주체자가 어떤 지적 능력을 가지고 있는 사람이야? 희랍인이니까 기하학이 성립하는 것이냐? 피타고라스 같은 개인이니까 성립하는 것이냐는 말이야. 그런 건 아니지? 분명히 아니지? 피타고라스 정의라는 것은 피타고라스가 발견했으니까 성립하는 것도 아니고 또 희랍인이 했으니까 성립하는 것도 아니란 말이야. 그런 건 다 소용없는 얘기 아냐? 그러니까, 그런 시공간의 모든 규정은 다 빠져. 그리고 또 피타고라스가 음악을, 조화 harmony설을 수학으로 구성했지? 수학으로 구성했다는 것이 무슨 얘기냐? 수학은 토속적인 것인가? 피타고라스 학파만 하는 토속적인 것인가? 그런 건 아니지? 요컨대 토속적인 음악 이론에서 수학이라고 하는 어떤 토속적인 것을 넘어서는 보편적인 우리 인간의 영혼의 기능의 소산으로서의 수학으로서 조화 이론을 구성했다는 것 아냐? 그 말은 그 이론을 갖고 음악을 구성하면 희랍 사람이 아니라 어느 사람이나 어느 인류에게도 영향을 미칠 수 있는 음악이 나올 수 있다는 소리 아냐? 또 그것을 받아들이는 인격은 어떤 인격인가를 봐. 그 인격 속에까지 들어가서 인간——그 인격이 인간 전체를 지배하니까——에 영향을 주는 음악이 나올 수 있다는 얘기 아냐? 그렇지? 또 기독교에서 〈자매〉라고 하면 하느님 믿는 사람이 진정한 자매래. 성서에 이방인이고 유대인이고 아무 상관이 없다고 했어. 그 말은 무슨 말이야? 거기서 성립하는 인격이 유대 민족이 아니라 유대 민족을 넘어서서 인간이 인간으로서 존재하는 한에 있어서의 인격에 호소한다는 얘기야. 거기에 있는 종교심에, 종교적인 영향을 거기 다 미친다는 거야. 그것을 받아들일 인격이 준비가 돼야 돼. 그리 하지 않으면 아버지가 믿으니까 나도 믿는다, 어머니가 믿으니까 나도 믿는다는 식이 돼. 그러나 기독교가 그런 건 아니잖아? 각각 자기가 결단을 해서 교회를 세운 것 아냐? 거기 들어간 사람은? 아버지가 믿으니까 믿는다고 해서 나온 것은 아니잖아? 그것은 구약 아냐?

그러면 인격이라는 것은 방금도 말한 바와 같이 내가 신체에 구속되어 있는 한에서의 내 인격을 벗어나야 한다는 얘기야. 어떤 사람은 그랬어. 파르테논의 말을 그렸는데, 그 말을 봐라. 생생하게 그렸어. 그래서 희랍의 그 예술은 아주 원시적인 예술에서부터 고급 hoch 예술까지 급성장을 했어. 그런데 그 말[馬]이 뭐냐? 그것이 말의 〈physis〉야. 누가 봐도 감명을 받을 수 있는 그런 것을 추구한 사람들이야. 이런 인격이란 것은 가령 우리 한국 사람과 같이 가족주의라든지, 어떤 지방주의라든지, 어떤 제도를 사회적 존재 social being로 넣으면 성립되지 않아.

예전에 그 누군가? 고르바초프. 사회주의, 공산주의도 싫고 인간의 얼굴을 하는 사회주의를 주장했잖아? 인간의 얼굴이란 것이 도대체 무슨 뜻이냐, 그 말이야. 여러 사람들이 아마 스웨덴식 사회주의라고 대답한 모양인데, 허허, 그러나 사회주의라는 것은 인간의 얼굴을, 인간의 인격을 사회의 법칙 속에 묻어버리는 사상이야. 대단히 중요해, 이게. 묻어버려. 가족주의는 가족 속에 우리 인간의 인격을 묻어버려, 매몰시키는 사고야. 이 인격은 희랍에서만 성립해. 로마 법치국가, 유스티니아누스 법전 맨 처음 1절에 〈각자의 것은 각자에〉라고 써놨어. 〈아버지 것을 아들에게〉, 그런 소리는 써넣지 않았어. 〈각자의 것은 각자에〉가 뭐야? 각자의 인격이 독립돼 있다는 말이야. 또, 나는 경제학은 잘 모르니까, 마르크스 같은 것 두고 하는 얘기야. 우리 인간의 인격을 기초로 두고 하는 경제학이 무슨 경제학이야? 상식으로 생각했을 때? 시장 경제학이라고 하지? 왜 시장 경제학이라고 해? 두 사람이 서로 각자의 인격을 가지고 있고, 책임을 지고 있고, 동일성은 가지고 있고, 또 상대방에게 그걸 인정해야만, 그런 사회에서만, 경제가 이루어져, 합의에 의해서. 그것을 갖다가 무슨 다른 어떤 전체주의니 사회주의니, 한국 같은 가족주의에 묻어버리면, 인격의 경제학은 성립이 되지 않아. 의미 없어. 마치 종교를 유대교니 어디니 집어넣듯이. 다른 어떤 주장 These을 놓고 거기다 종속시켜. 종교를 가령 사회적 현상이라고 주장하는데, 그런 종교도 있을 수 있어. 그러나 그것은 인격이 독립하지 않은 종교야. 이건 대단히 중요해. 왜냐하면 서양 사람은 나는 헤겔주의자다, 사회주의자다, 자유주의자다, 학설은 그런데, 실제 행동에 있어서는 인격이 중심이야. 우리 동양 사람은, 한국 사람은 안 그래. 그 사람들도 말하고 행동하고 달라. 그러나 행동에서는 인격이야. 약속도 딱지키고, 폭력을 사용한다거나 하면 모르지만, 그렇지 않으면 영국의 노동당이고 보수당이고 인격을 존중하는 것은 다 똑같아. 사회도 중요하고 가족도 중요하고 다 중요해. 중요한데, 그것을 넘어서는 어떤 측면이 있더라, 거기서만이 인격이 완전히 드러난다는 얘기야.

만약 가족 속에서만 인격이 성립한다면, 가족 없는 사람은 어떻게 해? 인격이 없어? 로빈슨 크루소 같은 사람은 인격이 없어야 된다는 얘기가 되잖아? 아직 장가 안 간 사람! 장가 안 가고 혼자 사는 사람, 독신자라면 인격이 없어야 돼. 그러나 우리는 그런 사람도 역시 인격이 있다고 해. 그 사람들이 독신주의를 취하든지 무엇을 취하든지, 서양 사람들의 문화는 사실 인격이 제일 핵심이야. 거기에 대응한, 그 인격성 전체에 영향을 주는 예술도 나오고, 음악도 나오고, 종교가 나오고, 종교도 그 인격 전체를 전체로서 교제를 맺어주는 신이라야 기독교 같은 신이 되지. 그렇지 않으면 어느 지방의 어느 다른 신이라고 해야 돼. 이렇게 보면 〈physis〉라는 것이 대단히 중요해. 물리적 세계 physical world로부터, 자연과학 physical science에서부터 시작하는데, 인간의 본성 nature이 무엇이냐고 했을 때, 우리가 한마디 할 수 있다면, 서양에서의 인간의 본성의 극치는 어디에 있느냐, 인격 personality이더라. 인격이 중심에 있다 이거야. 이거 잊어선 안 돼. 이런 게 희랍 사상이니까.

그리고 하나 또 중요한 것은 의인적인 것하고 인격 person은 달라. 이것도 구별해야 돼. 인격은 실제 있는 인간, 〈physis〉이고, 의인적인 사고방식은 아까도 말한 바와 같이 오르페우스가 피리를 부니까, 돌이 따라다니더라. 나중에는 바위가 의인적인 형태를 띠어. 의인적 사고는 주관과 객관, 사람과 사람 아닌 것이 미분된 상태야. 인격은 그 반대야. 너는 너고 나는 나다, 사람은 사람이다, 구별이 나와야 돼. 저것은 구별이 없어. 미분이기 때문에, 서로 영향을 주고 받고 하는데, 인간의 형태가 더 활동적 active이기 때문에 대상에다 인간의 형태를 주는 거야. 이거 대단히 중요해. 이북 가면 김일성 배지를 모두 다 달고 다닌다고 그래. 응? 배지가 여러 가지래. 그것만 보면 장관이다──거기서는 뭐라 부르는지 모르지만──국회의원이다, 다 알 수 있대. 배지라는 게 뭐야, 도대체? 김일성 얼굴이 붙어 있어. 문제는 얼굴이 붙어 있다는 거야. 자기 얼굴을 붙이고 다닌다든지 자기 번호를 붙이고 다닌다든지, 주민등록증을 붙이고 다닌다면 문제가 달라. 그런데 다 김일성 얼굴을 붙이고 다니거든. 그 말은, 자기는 김일성이 아니라 아무개이지만은 김일성이가 자기 자신을 전적으로 지배하고 있다는 얘기 아니야? 그런 얘기지? 자기는 김일성에게 충실하다는 얘기야.

의인적 사고는 어디에나 다 있어. 특히 강한 것은 희랍이나 아랍의 종교에서야. 원시 종교에서는 적게 드러나고. 그런데 동양에서는 사주팔자를 보거든? 사주팔자라는 게 뭐냐 하면 동양의 천문학이야. 사주팔자에다 사람의 운명을 규정한다는 것은, 요컨대 농경 사회의 천문학이 우리를 압도한다는 얘기야. 우리가 거기에 따라간다는 얘기야. 개인 하나하나를 다 사주팔자 보고 정한다는 말은 무슨 얘기냐? 천체 운동이 주(主)고 우리는 거기에 따라가. 그것이 활동적이야, 우리에게. 희랍은 거꾸로야. 희랍은 여기서 사주팔자를 보는 저 천체가 인간의 얼굴을 하고 있어. 김일성 배지를 달고 있어. 사람의 배지를 달고 있어. 거기는 자연에 대해서 사람이 지배적이야.

그러니까 의인적인 것과 인격적인 것은 달라. 이 사람도 인격화한다 personify는 말을 써. 보통은 혼동해서 쓰지만 그러나 정확히 하면 달라. 이렇게 다른 것은 존재에서 보면 어떻게 되냐가 문제야. 오늘은 이만 해.

박희영 끝 부분이 잘 이해가 되지 않는데요. 김일성 배지 단 거하고…….

박홍규 김일성 배지라는 것은, 사람의 얼굴을 달았어.

박희영 그러니까 의인적이라는 얘깁니까? 김일성 얼굴을 자기와 미분화시키고…….

박홍규 그렇지, 미분시킨 상태지.

박희영 자기를 거기에 동일화하니까 아직 의인적인 것 아니에요?

박홍규 그렇지, 의인적인 사고방식이지. 김일성의 인격하고 자기 인격하고 다르면 무엇 하러 달고 다녀? 아까 말한 주민등록증 번호를 달고 다니는 것하고 문제가 다르다는 거야.

박희영 그것하고 아까 사주팔자에서 농경 사회니까 천체 운동이 주(主)이고 사람이 그걸 따라간다는 것도 같다는 건가요?

박홍규 거기도 인간하고 자연하고 구별이 되어 있지 않잖아?

박희영 같은 문맥이라고 얘기할 수 있겠지요?

박홍규 같은 문맥이지. 어떤 것이 더 수동적passive이고, 어떤 것이 더 능동적active이냐는 문제야.

어느 학생 선생님! 신체를 벗어나서 사물을 보았을 때는 직관이라고 그러셨고요, 신체로 돌아왔을 때는 상기라고 그러셨는데, 상기가 관습에 의해 주어지는 거라고 그러셨잖아요? 그러니까 형상을 인식하는 데에는 상기로 인식을 못하나요?

박홍규 상기도 하지.

어느 학생 관습이나 습관에 의해서도 그럼…….

박홍규 관습이나 습관은 버려야지. 버리잔 얘기지. 버리면 상기가 나오지.

어느 학생 어? 설명하시기를…….

박희영 아, 반대로 알아들었나 보네요.

박홍규 직관이란 것은 우리 신체적인 것 다 빼버리잔 얘기야, 매개하지 말자는 얘기야.

어느 학생 그러면 상기는요?

박홍규 플라톤은 뭐라고 하냐면 예전에 우리 영혼이 신체를 벗어나 있을 적에는 형상을 다 봤는데 신체로 들어올 적에 망각했다는 거야.

우리는 지금 신체 속에 들어 있는데, 그러면 어떻게 우리가 그것을 알 겠냐? 그러니까 상기를 해야 되겠다는 거야. 그 말은 내 신체적인 조건 으로부터 벗어나야 되겠다는 얘기야. 알겠어, 무슨 소린지?

어느 학생 아는데요. 아까는 그렇게 말씀 안 하셨어요. 신체로 돌아 왔을 때 상기라고 하셨어요.

박홍규 그러니까, 윤회설에서 예전에 다 봤는데, 신체로 들어와서 다 잊어버렸다는 얘기야.

어느 학생 아, 신체 속에서 관습 속에서 본다는 게 아니라, 신체 속 으로 들어오고 났기 때문에 그게 상기가 된다?

박홍규 잊어버렸지. 신체는 망각의 원인이야. 그러니까 다시 되돌아 가야 할 거 아냐? 그런데 처음부터 본 사실이 없으면 상기가 안 되잖 아? 그래서 미리 봤다는 거야. 그런데 여기서 잊어버렸다. 잊어버렸는 데 인식은 어떻게 가능하냐? 그렇다면 그건 상기가 아니겠느냐, 그 말 이야. 그러니까 신체적 조건을 지금 강조하는 거야.

어느 학생 신체적 조건하에서 보면……

박홍규 조건에서만 보면 감성적인 것이 나와 버리고, 그것을 벗어 나자.

어느 학생 그럼 직관과 상기의 관계는 어떻게 돼요?

박홍규 예전에 직관된 것을 상기해. 그러니까 직관한 것으로 다시 돌아가자는 것이지. 직관이 나왔다, 상기가 나왔다, 그래요.

강상진 선생님, 아까 신화적 사유 방식에서 우주를 분류classify하면 고유명사만 나온다고 하셨고, 기독교도 그렇다고 말씀하셨어요. 그것 을 조금만 더 설명해 주시겠습니까? 기독교가 어떤 점에서 고유명사만 나오는 분류인지……

박홍규 우주의 근원이 추상적abstract인 것이냐 고유명사냐, 이것은 철학적으로 대단히 어려운 문제야. 우리 철학하는 사람은 추상적인 것이라고 생각하지만, 거기는 그 나름대로의 난점 aporia이 있어요. 나중에 충족률로 그게 설명이 안 돼. 그러니까 우주의 근원이 추상적인 원리 principle냐 그렇지 않으면 고유명사냐. 이것은 대단히 어려운 문제고, 기독교에서도 추상적인 사고를 갖고 논한다면 학문 science이 돼. 철학이야, 철학. 그런 것을 이신론 deism이라고 해. 이신론은 이론 체계니까 여러 가지가 있을 수 있어. 이신론은 고대 철학을 제대로 해야돼. 근세 철학 해가지고는 다 소용없어. 이상한 이신론만 나와. 이신론은 이신론대로 형이상학 metaphysic이 있어. 간단히 얘기하면, 가령 아리스토텔레스의 신이라든지 하는 게 다 이신론이야. 플라톤의 제작자 dēmiourgos 같은 것도 고유명사는 아냐. 그렇지만 그건 또 달라. 그러나 그런 이신론은 플라톤이냐 아리스토텔레스냐, 그 형이상학의 체계에 따라 달라져. 그걸 이론 신학이라고 하고, 기독교 신학은 출발이 달라. 〈physis〉가 아니라 무에서 만들어졌다. 무에서 만들어졌는데 내 자신이 존재할 수 있는 충족률은, 내 자신의 죽음 후의 원상복구는 바로이 구체적인 나[我]라야 돼, 추상적인 것이 아니라. 전혀 입장이 달라. 자네, 강상진, 또는 누구누구가 나와야 원상복구가 되지, 그렇지 않으면 원상복구가 되지 않아. 죽음으로부터 원상복구가 안 돼. 가령 이원론 같은 것, 영혼과 신체의 분리 같은 것은 전부 플라톤 사상이야. 창조설에서는 나올 수가 없어. 이원론은 영혼이 신체와 붙었다, 떨어졌다 하는 관계 아냐? 그러니까 육체의 부활이라든지 기독교에서 하는 소리가 다 철학과 반대야.

어느 학생 기독교에서 인격신이라고 얘기할 때의 인격과 의인관 antropomorphism의 고유명사와 아까 얘기한 인격의 관계는 어떻게 되는 건가요?

박홍규 그러니까 우리 철학에서는 이신론을 논하는 것이지. 이신론 아닌 기독교와 같이 얘기를 한다면 인격이 아니고 신격이야. 기독교에서는 신격이란 걸 쓰지? 거기서 보면 그리스도는 인간도 되는 동시에 신이래. 〈homoousia(인간 존재)〉란 말을 썼어. 그러면 피조물이면서 동시에 창조주가 돼. 두 가지 것이 모순되어 있어. 중간자, 매개자가 없어. 매개자를 넣으면 희랍 철학이 돼. 그런데 기독교에서는 그것이 육화incarnation해서 역사적 사실historical fact로서 나왔다는 것이지? 역사적 사실로 나오면 반드시 구체적인 〈누구〉가 나와야 될 것 아냐? 그리스도란 사람이, 응? 그리스도교는 그러니까 내가 지난번에 얘기한 것처럼 원시적 사고하고도 대단히 가까운 점이 있어. 포도주만 마시면 피다, 빵은 살이다, 하는 것은 원시적 사고야. 근대적 사고가 아니야. 근대적 사고에서는 이신론만 나오니까 피는 피고 살은 살이야. 왜 포도주가 피가 돼? 안 돼. 원시인은 그렇게 생각할 수 있어. 그러나 사람에게 영향을, 감동을 주는 것은 그런 종교적 사상이지, 학문science은 객관적으로 분석해서 보는 것이니까, 영향을 안 줘, 반대야. 우리 공부하는 사람은 술도 마셔도 안 되고 담배 피워도 안 되고 (여기저기 웃음) 냉철하니 사실만 이렇게, 이치만 이렇게 따져가는 사람이야. 이신론은 맘대로 공부하는 것이지 신앙을 가질 필요는 없어. 신앙을 가진 사람은 달라. 또 신학은 신앙하고 달라. 그것은 학문적인 중간, 한계선에서 성립하니까. 그리스도를 신으로 믿는다는 것은 신앙이지 학문은 아니야. 그것을 믿거나 말거나야. 거기에 따르는 사람도 자신의 전인격을 그리스도에 바친 사람들이야. 거기는 전 인격을 갖고 들어가는 것이고 학문은 인격 갖고 들어가지 않아. 내가 지금 얘기하지. 학문은 인격을 구성하는 것 중의 하나인 지적인 측면에서 따지고 보는 사람이야. 여기서는 이신론만 나와.

박홍렬 선생님! 아까 인도-게르만 족 종교에 대해서 말씀하실 때 참나무가 나와서…….

박홍규 응, 참나무는 프레이저 얘기야, 전부 다.

박홍렬 아까 〈physis〉, 〈cosmos〉, 〈holon〉, 〈pan〉하고 라틴어에는 〈natura〉, 〈universus〉 같은 말이 있는데, 독일 철학에는 〈Welt(세계)〉라는 말이 자주 나오거든요.

박홍규 〈mundus(세계)〉일 거야.

박홍렬 그런데 〈Welt〉라는 말을 찾아보니까…….

박홍규 그건 독일 말이지, 나전어 계통 아냐?

박홍렬 예, 그걸 보니까 거기에 〈Welt〉를 설명하면서 〈Weltbaum(세계수)〉이라는 말하고 연결해서 설명하던데…….

박홍규 세계수라는 게 있어. 옛날 고대 나무 신앙의 하나야. 그래, 거기 뭐라고 했어?

박홍렬 그 세계수라는 것이 생성하고 자라고 해서 그것이 인간 역사하고 연관되고 말이죠.

박홍규 그것이 말하자면 우주 전체의 힘이야. 모든 게 다 거기서 나타났다고 봐. 그러니까 전체라는 말이 나올 수밖에 없지, 우주라는 말이 나올 수밖에 없어. 그래서?

박홍렬 〈Welt〉라는 말이 〈natura〉나 〈cosmos〉하고도 다른 것 같고, 도대체 무슨 말일까……?

박홍규 그것은 독일어 어원을 찾아봐야지.

박희영 어원은 따로 찾아보면 될 것이고요, 세계수는 독일에만 있는 것이 아니고 멕시코 같은 나라에도 있어요.

박홍규 멕시코도 그렇고, 엘리아데가 요새 고대도 많이 얘기하지. 내가 엘리아데에서 봤던가? 인도에서도…….

박희영 인도에도 있고요. 제일 유명한 것이 그 뭐죠? 원시 기독교,

아! 카발라! 거기에는 아예 세계수라고 그려져 있잖아요.

박홍렬 카발라는 원시 기독교가 아니고 유대교의 신비주의죠.

박홍규 그런데 아라비아에는 나무가 없는데 그것이 아라비아에서 나온다는 것은 이상하네. 아라비아하고 희랍은 달라.

박희영 나무는 있는 것 같은데요, 책에 있어요. 어디서 들어왔는지는 모르지만.

박홍규 어디 바빌론 신화 같은 데에서 나오는 것 같은데……

박홍렬 선생님, 제가 왜 질문을 드렸냐 하면요, 아주 유명한 말만 따서 말하자면, 가령 〈의지로서의 세계〉와 〈표상으로서의 세계〉, 〈세계정신〉, 비트겐슈타인은 또 〈세계는 사물의 총체가 아니라, 사실의 총체〉라 하죠. 독일 사람들은 이상하게 세계라는 말을 잘 쓰는데, 이것이 〈physis〉라는 것하고 어떻게 구분되는가……?

박홍규 아냐, 아냐, 라틴어의 〈mundus〉에 해당할 거야.

박홍렬 그 〈mundus〉라는 말은 인간과 사회 같은 것도 포함한……

박홍규 〈mundus〉는 어간을 확신하지 못하지만, 사전을 찾아보면 희랍의 〈cosmos〉에 제일 가까운 말이야. 프랑스 말로 〈mondial〉 하면 세속적이라는 의미가 돼. 성스러운 것이 아니라. 세속과 성스러운 것의 대립에서 나와.

박희영 그러니까 인간 같은 것도 마찬가지겠죠. 질서만 들어가면 〈cosmos〉였으니까.

박홍규 〈Welt〉도, 프랑스의 〈mondial〉이란 말처럼 세속적이라는 의미가 나오잖아? 〈physis〉는 전혀 달라. 세속적인 것 같은 개념하고는 딴판이야. 생물학적 개념이야.

이경직 선생님! 『티마이오스』편에서 〈genesis〉하고 〈physis〉가 같이 쓰인다고 하셨는데……

박홍규 그런 대목이 있어. 여기 있을 거야. 첫 부분에. 어딘가 나와 있어. 나도 다 찾아야 돼. 이 사람은 조금 해석을 달리 했어. 형상에서 나왔기 때문에 〈physis〉라고 했어. 그러나 〈physis〉하고 〈genesis〉를 같이 썼어. 하도 용법이 많은데, 그 말의 어원 etymology에서 그것이 어떻게 해서 변화했는가 하는 역사적인 환경, 말이 변한 환경을 잘 알아야 돼. 그래야 그 말의 뉘앙스를 알아. 뉘앙스를 빼버리고 얘기하면 곤란해.

그리고 내가 아까 하나 잊은 것이 있어. 우리 철학에서는 늘 존재론, 존재론, 하지만, 〈physis〉, 〈phyesthai〉가 〈pephykos〉나 〈ephyn〉으로 되면 존재한다는 의미거든. 독일어로도 여기 뭐가 있다고 할 때 〈es gibt〉란 말을 써. 그렇지? 그러면 〈gibt〉하고 있다는 말하고 무슨 상관이 있어? 아무 상관이 없지? 그러니까 실제 아무 상관이 없는 〈gibt〉라는 말이 〈있다〉는 말을 대신해서 씌어져. 프랑스어로 〈il y a〉라 하고, 또 〈voici〉, 〈voilà〉라 해. 그것도 〈봐라〉는 명령형이야. 어린이한테서처럼 교육심리학적으로 설명은 돼. 〈이거〉라고 가리키는 거니까. 예전에 원시인들에게 말이 없을 때에는 몸짓 gesture을 가지고 말을 대신했으니까. 지금도 그래. 말이 없을 적에는 행동 갖고 말을 대신하니까, 손으로 가리키면 〈여기 있다〉는 얘기가 돼. 그러니까 〈voici〉, 〈voilà〉는 그렇다 치고, 〈il y a〉는 뭐야? 〈il〉이 뭐야? 〈es gibt〉의 〈es〉는 뭐야?

박희영 신이죠, 제우스. 〈그가 거기에 뭐를 가져요〉, 〈il y a〉.

박홍규 독일어 〈es〉도 자연이라고 해. 불어 〈il〉도 그렇고. 그러나 말 자체만 갖고는 의미가 없단 말이야. 거기서 자연이란 말이 안 나와. 우리는 〈physis〉를 아니까 〈physis〉라 하지만, 그런 지식이 없다면, 문법적으로는 그 자체 의미가 없어. 요는 독일 사람이 예전에 〈es gibt〉를 〈있다〉란 말을 대신해서 쓴 시대가 있었다, 일상 용어로 〈존재〉라는 말을 쓰지 않은 시대가 있었다는 증거는 돼, 그렇지?

박희영 추측이죠.

박홍규 아니, 실제 쓰고 있었다니까. 〈있다〉는 말이 추상적이니까. 우리말은 〈있다〉, 〈이다〉가 다 있잖아? 그건 발달된 뒤에 나온 말이니 까 그래. 그러나 미개인에게는 존재라는 말이 없거든. 없으니까 〈phyesthai〉라는 말이 존재라는 말을 대신해서 쓰인 것이냐, 아니면 이 사람처럼 본래 〈phyesthai〉 속에 생성과 존재라는 뜻이 동시에 있느냐, 이렇게 따지고 보면, 이 사람 말은 옳은 것 같지 않아. 왜냐? 베르데 Berde라는 사람이 있는데, 그 사람이 〈phyesthai〉를 보충 suppletion 이라고 해. 이 말을 갖다가 보충해서, 대신해서 쓴다는 거야. 그 대신 해서 쓰는 용법을 보니까, 켈트니, 이탈리아니, 독일이니, 서유럽에서 만 그렇게 하지, 러시아나 다른 데서는 그런 용법이 없다는 거야.

어느 학생 아까 〈gnosis〉에 대해 말씀하셨는데, 〈gnosticism〉이라는 것이 한자식으로는 〈영지주의(靈知主義)〉라 번역되는데, 그것이 기독교 적 영지주의죠. 그런데 영지주의의 특징은 그리스도론에서 가현설 docetism, 그러니까 말씀 logos이 육신이 되었다는 주장을 한다는 것 이지요. 당시 팽배해 있던 주장이었는데요, 요한이라는 제자는 분명히 말씀도 물질화할 수 있다, 육화 incarnation할 수 있다고 알려줬답니다. 이것이 초기 기독교에서는 대단히 중요한 사상이 되는데, 고대 희랍 철 학에서는 〈gnosticism〉이 어느 정도 중요한지······.

박홍규 〈gnosticism〉이란 것은 그 희랍 철학이 아니라, 초기 기독교 에서 쓰는 말이야. 신비주의자들, 신플라톤 학파 사람들 얘기야. 〈gignōskō〉는 안다는 뜻이지.

어느 학생 비중 있게 다뤄지지 않는 것인가요?

박홍규 그렇지, 〈gnoticism〉은 희랍 철학이 아니야. 나중에 〈gnomique(격언의)〉이라든지 격언이라든지······.

어떤 학생 그러니까 주로 종교학에서…….

박홍규 응.

어느 학생 그런데 책을 읽을 때 〈gnosis〉나 〈gnosticism〉이란 말이 굉장히 많이 나오는데, 정확한 개념 파악이 안 돼서 혼란스럽거든요?

박홍규 인식론을 〈gnoseology〉라고도 하지. 〈epistēmē〉란 말도 다르고, 〈gignōskō〉란 말도 다르고, 어원이 다 달라요. 〈epistēmē〉라 하면 본래 기술에서 나온 것이고, 〈gnostic〉이라 하면 그것도 아마 본래 본다는 의미일 거야. 〈gignōskō〉도 『테아이테토스』에서 나오는 말이 있는데, 사물 각각을 구분해서 보는 것으로 나올 거야. 희랍에서는 대개 안다는 말이 본다는 말에서 나와. 내가 지금 기억이 희미해서 원전 찾아봐야 해. 거기 찾아봐.

강상진 (읽는다) 〈gignōskō〉, 〈to learn〉, 〈to know〉, 〈to perceive〉.

박홍규 아니 그 전을 봐야 해. 내가 하도 기억력이 없으니까, 확인은 못하겠어. 기독교가 신플라톤 학파의 영향을 많이 받았기 때문에 신플라톤 학파에서 쓰는 말의 용법을 알아야 돼. 그게 아무렇게나 쓰인 것이 아니고, 희랍어에서 안다는 말이 여러 가지 있는데, 그 뉘앙스가 달라. 원래 기원 origin이 다르니까. 거기 사전 찾아봤어? 안 나와?

강상진 〈oida(알다)〉 동사는 반성해서 안다는 뜻이고 〈gignōskō〉 동사는 지각 perception해서 안다는 뜻이다…….

박홍규 그렇게 해놨어? 아니, 지각에도 여러 가지 지각이 있거든. 듣는 것이냐, 보는 것이냐. 대개 희랍어에서는 본다는 말이 많이 나와. 여기 어디 나오는데…….

강상진 방패를 보고 그 사람이 누구인지 알아본다고 할 때 〈gignōskō〉라는 말이 쓰인 예가 호메로스에 나옵니다.

박홍규 방패로? 호메로스에? 그것도 듣는 것은 아니지? 보는 것이지.

박희영 그건 추리네요. 문장 emblem을 보고 알아보는 거니까요. 이 사전에는 잘 안 나오네요. 샹트렌느Chantraine의 어원사전을 봐야겠어요.

박홍규 봐장크Boisancq가 좋잖아? 자네 샹트렌느 사전을 갖고 있나?

박희영 예, 그건 아주 자세히 나와 있어요.

박홍규 나도 그것 복사해서 가지고 있어야 되겠네. 어원 모르면 곤란해.

박희영 커서 복사하기가 힘들어요. 하나 사셔야겠어요. 좀 비싸지만……

박홍규 그런데 아까 뭐? 우주목?

박홍렬 〈Weltbaum〉요. 아, 그걸 우주목이라고 합니까?

박희영 혹은 세계수! 종교 책에는 너무 많이 나와요. 융Jung 책을 보면 수십 개 나오죠. 각 나라, 각 민족마다 세계수가……

박홍렬 저는 게르만 민족에만 특유하게 나오는 철학 사상인가 하고……

박희영 아냐, 하하하.

박홍규 거기가 더 심하지. 아무래도 숲이 많으니까. 〈templum〉, 절, 그것이 희랍어의 〈temno(자르다)〉에서 나온 거야. 숲 속의 가지를 쳐서 거기서 예배를 봤어. 가지를 치고 빈 공간을 만들어서. 한문하고 비슷해. 〈금(禁)〉이라고 해서 나무 〈목(木)〉 두 개 쓰고, 〈시(示)〉라는 것이 뭐냐 하면 제사상이랍니다. 나무 사이에 제사상이 있으니까 오지 마라, 그게 타부야. 허허. 그러니까 중국에서도 옛날에는 전부 숲으로 우거져 있어서 제사를 숲 속에서 지냈어. 고딕 성당이라는 게 무슨 성당이냐? 숲 속에 있는 나뭇가지의 잎사귀가 고딕 성당에 모두 들어가 있어. 숲의 성당이라고 할 수 있어. 나무 잎사귀가 위로 올라가 있어. 그래 가지고 기둥이 나뭇가지야. 그 위에 천정이 올라가 있어. 고딕 성당을 보면 그때 사람들이 참나무, 〈Eiche(참나무)〉에 대해 무엇을 느꼈는지 알 수 있어. 하늘로 올라가는 탁월성을 느꼈어. 캄캄하지요, 숲 속이. 성당도 숲처럼 컴컴하고, 유비적이죠. 고딕 성당은 동적 dynamic인데, 우리 인간의 피부에, 감정, 의지에 제일 가까운 건물이야. 고딕 성당이 어디 가서 있어야 잘 어울리느냐? 종로 바닥 같은 도시에 있으면 안 어울려. 농촌에 있어도 안 어울리고. 숲 속에 있어야 돼. 높은 숲의 가지 위의 종루에서 종소리가 들리고 해야 어울리는 거야.

박홍렬 좌우간 독일 사람들은 〈Natur〉와는 다르게 〈Welt〉라는 것을 인간과 밀접하면서 자라고 성장하는 걸로 생각하는 게 아닌가……

박홍규 독일 말로 〈Welt〉라 하면 벌써 인간 냄새가 나. 희랍 말로 하면 〈oikoumenē(지상의)〉에 가까워.

박홍렬 영미 쪽에는 〈Welt〉라는 것 가지고 철학하는 건 별로 없는 것 같은데, 독일은 〈Welt〉라는 말을 자주 써서……

박홍규 독일은 기후가 컴컴해서 외부 사물이 직접 대상이 안 되니까 그렇지. 희랍은 반대야.

박희영 그런데 우주선에서 찍어보면요, 지금 희랍의 파르테논도 그렇고, 바빌론도 그렇고, 예전에는 다 나무가 울창하던 지역이랍니다.

박홍규 인도도 그래. 인도도 석가가 출가해서 숲 속으로 들어가. 목탁 두드리잖아, 목탁.

박희영 그런데 희랍은 지금 보면 이상하거든요. 맨 돌만 있으니까요. 아테네도 가보면 돌만 있어요.

박홍규 인도는 더 해. 나무도 없고 돌도 없고 황막해. 나무 다 베어 버려 가지고. 그러나 예전에는 인도도 다 숲으로 되어서 시원한 숲 속에 들어가서 가만히 앉아 있으면, 먹는 것은 다른 사람이 갖다 주고, 아주 좋다는 거야. 그 당시엔 그것이 낙원이야. 일도 않고 가만히 앉아 있고, 남이 갖다 주는 것 먹고, 명상이나 하고 있으면 되지. 아, 움직이면 땀나는데?

박희영 일하기 싫고…….

박홍규 응, 일하기 싫고. 가장 좋은 낙원이야. 근데 지금은 형편없어. 내 강의는 그만 하지.

(1991. 12. 15.)

존재의 충족 이유율

　　박홍규　요전에는[13] 희랍적 사고 greek thought의 근본으로 들어가면 〈physis(자연)〉의 세계를 만난다는 얘기를 했어. 거기 선사 시대에는 지능, 특히 추상 능력이 발달하지 않았는데, 그때 사람들의 사고방식은 모순 개념이 없고, 구체적이라고 했지? 가령 여기서 저기로 간다는 말 하나도 여러 가지로 표시해. 나무도 바로 이 나무만을 생각하지 나무 일반이라는 개념은 없어. 그 밖에 또 여러 가지를 내가 얘기했었지? 레비브릴의 예를 들었지? 그리고 나와 너, 우주와 나 같은 구별도 희미해. 그런데 점점 추상화하는 능력이 생기면, 나, 사람과 우주, 물질과 생명, 가족, 이런 것들이 다 구분된다고 했지? 그래서 점점 더 구별되면 그냥 사람에서 이 사람이라는 하나의 특수한 인격 person이 떨어져서 구별된다고 했지? 그래서 동물의 세계에서는 셰퍼드면 셰퍼드만 있지만, 사람에는 단순히 사람이 아니라 누구누구라는 고유명사를 붙인 개인, 인격이 나온다고 했지? 그래서 가령 〈소크라테스의 본성 physis

---

13) 전 학기에 한 「피시스 (I), (II)」 강의를 가리킴.(편집자 주)

tēs Sokratēs〉이라는 말은 소크라테스의 총체적 인격total personality을 의미하고 그 총체적 인격을 가진 사람들이 거기서 대화를 한다고 했지? 그리고 그 추상의 극한치에 가서 인격이 완성되는데, 그때 사람들이 사물을 보는 가장 추상적인 개념은 존재와 무라고 했지? 그래서 가장 원시적인 사고방식에서 사물을 보는 것을 알파라 한다면 이제 여기 존재와 무의 관계에서 사물을 보는 것은 오메가다, 그 말이야. 그런데 이 존재와 무의 관계에서 볼 때에 문제되는 것이 바로 충족률이야, 충족률.

가령 예를 들어서 대학에 들어가는데 100점 만점에 60에서 합격선을 그었다면, 40점도 있고, 50점도 있고, 59점도 있고, 60점, 61점, 62점, 63점 다 있을 거야. 그런데 60점에서 합격선을 그었다면 60점짜리나 61점이나 62점이나 63점이나 다 같아. 그 사람들은 대학생이 되는 거고, 한 점만 모자라도, 59점짜리도, 다 떨어져. 그러니까 대학생이 되느냐 안 되느냐의 갈림길이란 말이야. 한 점만 빠져도 대학생이 안 되니까, 대학생이 될 수 있는 그 점수를 만족을 시켜야 돼. 그것이 바로 60점이야. 그런데 이것은 대학생으로서 존재하느냐 않느냐의 관점에서 점수를 규정하는 것이고, 선과 악에서 보는 것과는 다르다는 것을 알아야 돼. 선과 악은 0점에서 10, 20, 30, 40, 50, 60, 70, 80점으로 나아가. 거기서는 59점짜리보다는 60점짜리가 더 좋고, 60점짜리보다 61점짜리가 더 좋고, 100점짜리는 더 좋아. 그러니까 거기에서는 정도degree가 문제지. 선은 정도가 문제야. 어떤 성격이 나타나는 정도가 얼마냐 하는 것이 문제지, 어디서 딱 끊어서 양자택일entweder-oder로 이거냐 저거냐, 학생으로 존재하느냐 아니냐의 문제가 아니야. 충족률은 달라. 하나만 모자라도 안 돼. 학생이 되는 것에 대해서 학생이 되지 않는 것을 우리가 모순이라고 해. 충족률은 모순 관계의 문제야. 선악은 모순이라고 하지 않고, 빔vacuum이라고 하지. 악은 선의 빔, 결여privation

라고 해. 결여라고 하지 모순이라고 하지 않아. 이걸 딱 구별해야 돼.

그런데 이것은 대학생이 되기 위한 점수의 측면에서만 충족률이지, 또 다른 관점에 대해서도 충족률이 성립할 수 있어야 될 것 아냐? 그래 가지고 모든 것이 합치해야만 대학생이 되는 것이지, 그렇지 않으면 대학생이 되지 않아. 그렇다면 일반적으로 사물이 존재할 수 있는 충족률은 무엇이냐, 이것을 논의할 수가 있어, 그렇지? 왜냐하면 존재와 무는 모든 것에 대해서 다 책임을 져야 돼. 모든 것에 대해서 충족률을 논의할 수가 있어. 모든 것을 선악처럼 결여의 입장에서도 볼 수가 있지만, 결여의 반대인 충만plenum, 즉 충족률의 입장에서 볼 수가 있어. 왜 이것이 무가 아니고 존재냐, 왜 이것이 없지 않고 있느냐는 문제는 충족률의 문제야.

그런데 추상화의 극치가 충족률이라 그랬어. 존재와 무로 가. 거기서 존재가 성립할 수 있는 근거를 우리가 충족률이라 그래. 그렇다면 추상화란 것이 무엇이냐? 서로 엉켜 있는 것을 따로따로 떼내어서 내용을 구별하고 그 각각의 자기 동일성identity이 성립할 수 있는 공간에다 집어넣어서 자기 동일성이 나와야, 그것을 우리가 추상화한다고 하고, 그 공간을 추상적 공간이라 그래.

그러면 무엇이 엉키게 하느냐가 문제야. 엉킨 상태는 어떤 상태냐는 말이야. 사물이 엉키는 과정을 우리가 운동이라고 해. 운동에서는 A나 B나, 이것이나 저것이나 서로 엉켜서 어디서 시작해서 어디서 끝나는지를 몰라. 왜 어디서 시작하고 어디서 끝나는지를 모르냐? A나 B가 엉켜서 A가 어디서 시작해서 언제 없어졌는지 모르고, B가 또 어디서 시작하는지를 모른다, 그것은 두 개의 대립되는 것을 동시에 자기 자신 속에 받아들이면서도 그 어느 것도 아닌 어떤 것이 있어야 가능해. 그것을 우리가 동시에 이것도 아니고 저것도 아닌 것, 그러니까 동시에 존재도 아니고 무도 아닌 것이라고 해. 왜냐? 존재와 무는 딱 끊어버려. 여기서 여기까지는 이것이고, 여기서 여기까지는 아니다가 딱 나와. 그러나 엉키는 것은 어느 관점에서는 존재이고 어느 관점에서는 무야. 그러면서 존재도 아니고 무도 아니야. 그러니까 둘이 연결이 되지만 어디서 어떻게 연결이 됐는지는 불분명해. 그것을 우리는 과정 process 이라고 해. 그러니까 과정이 해체되어야 돼. 과정이 해체되어서 그 과정 속에 들어 있는 것 각각이 자기 동일성을 갖고 나타날 수 있는 공간이 나와야 돼. 우리가 여기서 하려는 말은 결국 추상적인 공간이 나와야 된다는 얘기야. 추상적 공간은 사물 각각의 자기 동일성이 드러나서 공존할 때 성립해. 거기에는 또 연속성이 포함되어 있어. 왜냐? A에서 B까지 연속해서 변화했다면 연결되어 있으니까 변하지 않는 측면이 있는 건 분명하지. 끊어지지 않았으니까. 그러나 B가 A는 아니라는 점에서는 끊어져 있어. 그러니까 연속성이라는 게 두 가지 측면이 있어. 요컨대 연속성은 모순을 넘어서는 제삼자야. 모순을 넘어서는 제삼자가 엉키게 해. 연속성 속에 들어가면 그 속에 있는 사물이 서로 연결이 돼.

가령 수를 갖고 얘기하자면 물리적 세계 physical world의 감각적 수 sensible number가 있고, 또 수학적 수 mathematical number가 있어. 수학적 수에는 0이 들어가. 희랍에서는 0을 수로 인정하지 않았지만. 왜 0이 수학적 수냐 하면, 그것이 수학적 공간 속에 들어갔을 때 수학적 공간의 성격을 띠어서 다른 수와의 연산 operation 속에 들어가기 때문이야. 수학적 공간에 들어가지 않으면 그 0은 수로서 취급되지 않아. 가령 물리학적 공간이면 진공 vacuum이라 하고, 생물학적 공간이라면 다른 또 말을 써야겠지? 다르지? 그러니까 그런 사물의 여러 내용에 따라서 공간이 성립할 수 있는데, 공통치는 동일성이야. 그러면 가령 유클리드 기하학에서 정의의 대상들이 기하학적 공간에 있을 텐데 그런 기하학이 어떻게 성립하느냐, 다시 말해서 기하학적 공간은 어디서 성립하느냐, 그 말이야. 기하학적 공간에는 선도 없고 원도 없어.

그릴 수가 없어. 그럼에도 불구하고 왜 원이니 선이니 그런 말을 하느냐는 거야. 그런 문제가 나오지? 또 그것이 물리적 세계에 있는 선이나 원하고 연속이 돼야 될 것 아냐? 우리는 자연적 세계에서만 직선이나 원을 그릴 수가 있어. 왜냐하면 제2성질secondary quality이 있어야 우리가 감각적으로 직선이라고 알 수 있으니까. 그러나 기하학적 공간에서는 감각적 요인은 다 빠져. 그러니까 그것은 물리적 세계와 추상적 공간을 가르는 선의 한계에서, 그 선에 즉(即)해서 성립해. 그렇지 않으면 연속이 되지 않아. 그러니까 추상적 공간, 수학적 공간과 물리적 공간의 연속을 가르는 공간의 저편에서는 정의definition가 이루어지는 기학학이 성립하고, 이편에서는 감각적인 물리적 삼각형이 성립해. 그 선에서 멀리 떨어져 나가면 연결이 안 돼. 거기서는 삼각형이다 직선이다 그을 수도 없고, 아무 상관이 없어.

그러면 이제 추상한다는 것은 무엇이냐? 수학적 공간이나 기하학적 공간은 그 속에 들어 있는 것을 수학적으로 혹은 기하학적으로 다른 사물과 연결을 시키는 것 아냐? 그 연결도 끊어버리라는 말이야. 거기서도 추상화를 해야 돼. 자기 동일성identity이 성립하는 모든 사물을 전부 다 분류classify해서 있는 것, 없는 것으로 나누면, 여러 가지 공간이 나오겠지? 그 각각의 자기 동일성이 성립하는 공간을 또 넘어서면, 그때 존재와 없음, 즉 무는 다른 상대적인 것과 관계를 맺을 수 없어. 왜냐하면 연속성이 끊어져 버렸으니까, 어떤 종류의 연속성도 끊어져 버렸으니까. 그때 무, 없다는 것은, 연속이 끊어져 있으니까 다른 타자와의 관계에서 어떻게 규정할 수가 없고——가령 수학에서는 다른 것과 관계에서 0을 규정할 수가 있지만——, 무 그 자체의 내포intension에 의해서, 그 자체의 정의의 내용에 의해서 규정해야 돼. 그러면 어떻게 되느냐? 무는 그 자체 없는 것이니까 없어져 버려, 사라져버려. 그와 반대로 존재는 남아. 이 사상이 어디서 나와? 파르메니데스 단편 맨 처음에 나와. 존재는 있는 것…… (파르메니데스의 단편을 뒤지면서) 그 말이 어디 있냐 하면, 응, 여기야. 이 말이 아주 번역하기 힘들어. 사람마다 번역이 모두 달라. 요는 〈있다는 것, 그리고 있지 않음이 불가능하다는 것 exist, it is impossible, not to exist〉 하나하고, 〈반면에 없다는 것, 그리고 없음이 필연적인 것 the other case, exist not. 'not exist' is necessary〉, 이 두 개로 나타나. 동일률의 입장에서 보면 이 명제는 옳아. 왜냐하면 동일성은 모든 것에 대해서 그런 것이니까. 무는 무요, 있는 것은 있는 것이요, 제우스는 제우스요, 사람은 사람이요, 귀신은 귀신이요, 다 들어맞아. 그러나 이것을 더 추상화해서 넘어가면 없는 것은 다 사라져버려. 있는 것만 남아. 그런데 그 다음에 하는 말이 이 후자의 길은 연구하지 말라는 거야. 왜냐하면 있는 것 바로 그것이 직관noein의 대상이니까. 그것은 무는 직관의 대상이 아니라는 말이야. 인식의 대상이 되지 않아. 그런데 이 〈noein〉이란 말은 아리스토텔레스에서는 우리 사고 일반을 의미하지만, 그것과 달리 여기서는 최고의 직관을 의미해.

그러니까 동일률을 넘어서면 어디로 가느냐? 동일률의 세계에서는 여러 가지 조작operation이 성립하는데 이것은 조작이 성립하지 않아. 그래서 이런 존재자를 동일한 장소에서 자체적으로kath' hauto 서 있다고 해. 그리고 존재 속에는 무엇이 들어 있느냐? 존재로서 가득 차 있다고 해. 왜냐? 존재 속에 다른 것이 들어 있으면 그것은 진정한 존재는 아냐. 파괴돼 버려. 그러니까 존재로 가득 차 있고 그밖에는 아무것도 없대. 없는 것은 대상으로 생각하지도 말라는 얘기야. 그러니까 동일률을 넘어서서 들어가면 존재적ontisch인 세계가 나와. 존재의 세계가 나온대. 이 사람의 이론에 의하면 없는 것은 전부 다 〈noein(직관)〉의 대상이 안 된다는 말이야. 제우스가 무슨 〈noein〉의 대상이 되냐? 신화에 나오는 허구적인 것이 무슨 대상이 되냐, 안 된다, 그 말이야. 내가 부연을 해서 이야기하자면, 동일률의 대상은 돼. 그러나 〈noein〉의 대상은 안 돼. 이것은 직관이야.

그러면 이것이 존재하는 근거를 논의해야 돼. 동일률의 세계, 조작이 가능한 세계에서는 사물이 왜 존재하느냐는 문제는 그것을 성립시키는 다른 전항(前項), 다른 전제 조건으로 가야 될 거 아냐? 다른 전제 조건은 또 다른 데 있어. 밖에 있어. 전제 조건이 있고 그 후건으로서 성립해야 되니까. 그러나 그 전제 조건은 또 다른 전제 조건의 후건으로 성립해야 되고, 하는 식으로 무한히 나가. 그러나 이것〔자체적으로 있는 것〕은 무한히 갈 수가 없어, 밖이 없으니까. 그러면 이렇게 홀로 서 있는 것의 존재 근거는 어서 구해야 될 것인가? 밖의 무는 아무것도 없는 거니까, 아무것도 없다는 것은 밖에서는 그것을 무로 돌릴 수 있는 어떤 요인도 없다는 얘기야, 그렇지? 자기 자신은 존재로서 가득 차 있어. 그러니까 그 존재가 자신의 근거야. 또, 홀로 서 있으니까 그것의 존재 이유는 밖에 있는 것이 아니라 자기 자신 속에 있어. 그 자체가 자기 자신의 이유가 돼. 조작의 세계에서 충족률을 찾으면 무제한하게 가지만, 여기서는 딱 끊어져 나와. 그래서 이런 존재자를 〈kath' hauto(자체적인 것)〉, 라틴어로는 〈ens per se(자체 존재)〉라고 해. 독립해서 있다는 거야. 거기다 근거를 집어넣을 때는 스콜라 철학자는 〈ens a se〉, 〈자기 자신으로부터 존재하는 것〉이라고 해. 대단히 중요해.

그러니까 이제 우리가 여기서 학문에 두 가지가 있다는 것을 알 수 있어. 물리 현상이든 생물학적 현상이든 모든 현상의 법칙을 추구하는 학문이 있고, 또 하나는 물리학적 현상이나 생물학적 현상이나 심리학적 현상과 같은 그런 현상들이 왜 존재하는가, 그 충족률을 취급하는 학문이 있어. 둘이 있어. 현재의 이론 물리학이라든지 하는 학문이 충족률을 취급하나? 왜 이것이 허무가 아니고 존재하느냐를 취급하나? 취급하지 않지. 그런 건 철학자가 취급해. 왜? 철학은 추상abstract의 극한치까지 가니까. 문제가 거기에 있어. 요는 철학하고 다른 분과 과학은 추상의 극한치가 달라. 서양 문명의 특징은 추상의 극한치까지 간다는 데 있어. 다른 민족은 지능 발달이 여러 가지로 가. 그런데 서양 사람의 지능 발달은 추상화의 극한치로 가는 데 있어. 추상화의 극한치로 가기 때문에 존재와 무가 나타나. 모순 개념이 생기고. 그리고 거기서 왜 무가 아니고 존재냐 하는 것을 물어.

그런데, 지금 내가 말한 것 같은 철학이 정상적인 과정 course을 밟아서 나오려면, 물리적 세계 physical world가 있고, 물리적 세계를 정리, 분류 classify하는 이론적인 실증 과학이 나오고, 그리고 그 뒤에 비로소 충족률이 나와야 돼. 그런데 희랍 철학은 반대야. 충족률이 먼저 나왔어. 파르메니데스를 보면, 사물에 대한 분류 classification가 없어. 이러한 사태가 어떤 영향을 미치느냐 하면, 우선 분류를 해서 학문 체계를 다 갖춰 놓고 그것을 넘어설 때에는 충족률이 나오는데, 그렇지 않기 때문에 그것은 말하자면 초월자야. 물론 그것도 동일성의 세계에서 멀리 떨어져 있는 것은 아냐. 동일성을 넘어서는 한계선에서 성립해. 초월적인 존재자지만 넘어서 있기만 하면 우리는 그것이 무엇인지 몰라. 그런 건 규정이 안 돼. 그러니까 동일성이 성립해서 동일성을 넘어서는 그 한계에 즉해서 저쪽은 파르메니데스가 말하는 존재고 이쪽은 분류가 있는 존재야.

요컨대 존재와 무를 구별해 주는 것이 뭐야? 무엇이 존재와 무를 구별해 줘? 존재가 구별해 주는가, 무가 구별해 주는가? 존재도 아니고 무도 아닌 것이 구별해 주지. 그것은 아까도 말한 바와 같이 무한정적 indefinite이야. 거기서 우연과 가능성이 성립해. 그런데 그것이 영점 Zero Punkt에 도달했다는 얘기야, 지금. 그것은 무제한하게 커질 수도 있고 무제한하게 영점에 가까이 갈 수도 있어. 그러니까 넘어선다는 것은 영점에 가까이 간다고 가정했을 때의 얘기야. 그러면 우연이니 가능이니 하는 것이 다 빠져버려. 그리고 존재는 단적으로 존재해. 알아들 었지? 단적으로 존재해. 그 연속성을 희랍어로서는 〈synechon〉이라고 하고, 라틴어로서는 〈continuum〉, 〈서로 엉켜 있다〉는 거야. 그것이 다 빠져야 돼. 단적으로 존재하니까 〈kath' hauto〉, 〈스스로에 의해서〉 만 존재해. 혼자 존재해. 다른 것과 관계해서가 아니라. 관계를 맺으려 면 존재도 아니고 무도 아닌 것이 나와야 될 것 아냐? 존재도 아니고 무도 아닌 것이 영점에 도달했을 때만, 존재는 다른 것들과의 관계를 다 끊어져 버렸기 때문에 〈kath' hauto〉, 〈자기 자신에 따라서〉만 성립 해. 그리고 파르메니데스가 말하기를, 그런 존재자는 운동도 않고, 변 화하지도 않고, 없어지지도 않고 미래, 과거 다 없어, 아무것도 없어. 요컨대 무한정자apeiron, 연속성이 몰고 오는 모든 것이 다 빠져버려.

그런데 이제 이걸 또 알아둬. 물리학자가 연속성 synechon 같은 것 을 물리학적으로 취급하거든. 그러면 이제 내가 말한 것처럼, 모든 학 문을 이렇게 분류를 해 가지고 그것을 넘어설 적에는 충족률이 나오는 데, 여기는 충족률이 먼저 나왔단 말이야. 그러면 이것이 어떤 영향을 주느냐? 이 세상을 파르메니데스의 일자와 같은 논리, 존재니 무니 하 는 것만을 가지고 설명하려고 한단 말이야. 논리적 세계나 물리적 세계 를. 파르메니데스에서는 말을 해, 신이 하는 말이야, 말. 모든 걸 말로 해. 그러니까 거기서 궤변이 나와. 그러니까 궤변이 나오는 대부분의 이유는 이 파르메니데스로 돌아가.

그래서 그 후에 사물을 분류하려고 하는 노력이 『소피스트』편에 나 와. 거기서 비로소 소피스트의 정의가 학문적으로 이루어져. 그러면 그 것은 이제 추상적 공간에 집어넣는 것이 아니냐? 그렇지. 왜냐? 우리 학문의 지식이라는 것은 구조structure로서 공간의 형태를 띠어. 동시 에 다 있어야 되니까. 그런데 파르메니데스의 일자 개념은 그 공간을 넘어서. 공간을 통해서 넘어섰지만, 그 자체는 〈kath' hauto〉니까, 모든 관계가 다 떨어져 나가. 시간, 공간도 다 떨어져 나가. 그런데 초기 자연 철학자들처럼 이것을 가지고 자연 철학으로 간 사람들 있어. 그 사람들의 특징은 뭐냐 하면 요는 분류를 하지 않는 데 있어.

그런데 플라톤도 분류를 하지 않고서 이 공식을, 충족률을 집어넣어. 어디다 집어넣느냐 하면——여기가 가장 중요한 대목이야——, 운동에다 집어넣어. 운동이 없어지지 않고 그 자체로서 존재하려면 그것의 충족률을 찾아라, 그 말이야. 어디서 찾아야 될 것이냐? 운동이 없어지지 않고 끊임없이 존재한다고 해보자. 그 충족률이 어서 나와? 어떻게 규정해야 할 것이냐는 말이야. 가장 중요한 대목이지, 플라톤이 『파르메니데스』편에서 말하기를, 운동이 그 전제 조건으로 다른 운동이 있어서 거기서 받아서 운동을 한다면 그 운동은 또 다른 운동이 있어야 하고, 그런 식으로 무제한하게 갈 거라는 거야. 그러면 충족률이 되지 않아. 충족률이 성립할 수가 없어. 그러니까 운동의 충족률은 운동 자신의 내부에서 취해야 돼. 그걸 자기 운동이라고 해, 〈heauton kinoun(스스로를 움직이는 것)〉. 아까의 〈kath' hauto on(자체 존재)〉하고 〈heauton kinoun〉은 맞먹어 들어가. 이것이 획기적인 것이지. 플라톤에서 아주 어려운 대목이지. 이런 것을 우리는 나전어로 〈spontanéité〉, 〈sponte sua(스스로 움직여서)〉, 〈자발성〉이라고 그래. 운동의 충족률. 이런 충족률이라는 것은 아주 어려운 대목이야. 나중에 뒤로 가서 아리스토텔레스에서도 그렇고. 어쨌든 플라톤은 영혼은 불멸하다고 해. 그런 자기 운동을 영혼이 가지고 있다고 해. 이 〈heauton kinoun〉, 자기 자신을 움직이는 능력이 생물의 생명이야. 그래서 영혼은 불멸해. 알아 들었지?

그 다음에, 이제 아주 중요한 데야. 〈heauton kinoun〉의 기능은 무엇이냐? 능동적active인 운동을 주는 것이야. 아까 맨 처음에 말한 것처럼 연속성은 연결시키는 것이지만, 여기서는 시간이 나와. 다시 말하면 흐리멍덩하게 이것도 아니고 저것도 아닌 것으로서 연결해 주는 무한정자apeiron의 운동하고는 달라. 능동성activity이니까. 영혼이 가지고 있는 능력은 인식 능력이 하나이고, 또 하나는 인식 능력에 의해서 사물을 움직이는 능력이야. 갈라놓으면 움직이는 능력하고 인식 능력하고 두 개가 있어. 그 둘이 떨어져 있는 것은 아니야.

그러면 이제 인식론의 문제가 나와. 인식이 완전히 성립했다고 할 수 있는 경지가 어떤 것이냐? 아, 그 전에, 플라톤은 파르메니데스의 이 존재의 충족률이 다른 수나, 다른 색깔로 나온다고 했지? 그러면 그것은 형상idée이 돼. 그래서 형상eidos하고 물리적 세계의 관계를 참여metechein 또는 분유parousia로 설명해. 형상 그 자체는 변하지 않아. 그러니까 수로 치면 손가락이나 돌 같은 감각적인 수에서 물리적 성질을 다 빼버리면, 순수한 수가 나오고, 그 위에는 형상적 수ideal number가 남아. 둘twoness 자체, 셋 자체, 넷 자체, 그런 것은 변하지 않아. 그런데 하나에다 하나를 보태서 둘이 된다고 할 때, 그 둘은 위의 둘 자체의 어떤 성격이 거기에 분유, 참여해야 한다는 얘기야. 왜냐하면 둘이 하나의 단일체unit가 되려면 둘 자체가 꼭 나와야 되니까. 그리고 그것을 또 운동 이론에 집어넣어. 그러면 수니 사람이니 공간으로서 나타난 것에 대해서는 형상이라 하고──그래서 형상 이론idea theory이 나오고──, 운동에 대해서는 자기 운동 이론이 나와. 그런데 그 자기 운동 이론에는 인식 능력하고, 수동적인 것에 대해서 능동적인 성질, 그 둘이 나와. 그런데 이런 인식 능력이 어떤 능력이냐 하는 어려운 문제가 나와. 플라톤도 설명이 없어. 그러나 『테아이테토스』 편에서 인식 능력은 영혼의 기능psychic function이다, 영혼이 하는 거라는 얘기야. 그러니까 살아 있는 생물, 영혼phychē, 산다zēn는 것, 그것은 이 불사적athanaton인 자기 운동, 자발성spontaneität을 가지고 있기 때문이라는 거야.

그러면 인식 능력이 완전perfect한 것으로서 존재하느냐 않느냐, 이 것을 인식이라고 하느냐 아니냐는 충족률은 어디서 나오느냐, 그것을 생각해야 돼. 아까 파르메니데스가 말한 것처럼, 일자는 〈noein(직관)〉 의 대상이라고 해. 플라톤도 그 〈noein〉을 끌어들였고. 그러면 옛날의 〈nous(직관력)〉가 들어와. 요는 그 〈noein〉의 기능의 분화야. 그것이 바로 직관이야. 왜 직관은 인식으로서 성립할 수 있으며, 직관은 인식 능력이요 다른 것은 인식 능력이 아니라는 이유는 어디에 있어? 직관 아닌 것은 그 대상과 나 사이에 제삼자가 개입해. 그러니까 그런 것은 직관했다고, 인식했다고 말할 수 없어. 직관만이 인식이야. 그럼 직관 했는지 안 했는지 어떻게 알아? 증명이 안 되잖아? 직관은 증명이 없 어. 그러니까 그것은 재인을 해야 된다는 거야. 직관은 반드시 결과로 기억상이 나오고, 기억상은 반드시 재인으로 가야 돼. 내가 인식했느냐 아니냐는 재인을 해보면 알아. 그런데 형상은 항상 재인이 돼. 그러나 감성적인 사물은 그렇지 않아. 이게 중요해. 감성적인 사물의 인식이라 고 하는 것은 영혼이 우리의 신체적 기능을 완전히 지배를 해서, 〈noein〉이 가지는 하나의 성격, 통일된 성격이 우리의 감각 기능을 통 제할 때만 성립해. 거기서만 직관이 성립해. 직관의 주체자는 나 하나 야, 하나. 갈라지면 직관이 안 돼. 외부에도 그것에 해당하는 것이 있 어. 그것을 플라톤은 〈on(존재)〉이라고 해. 존재에 대한 직관만 있어. 아무리 이론적으로 따져봤댔자 그것이 옳으냐 그르냐 하는 것은 실제 로 그 결과를 내가 데이터에 대해서 직관을 해야 돼. 그래야 옳은 것이 나와. 그렇지 않으면 단순한 이론밖에 안 돼. 단순한 이론에 지나지 않 아. 왜? 인식은 이론적 공간에서 성립하는 것이 아니라 존재ontisch하 는 실제 사물에 대해서 성립해.

아까도 말한 바와 같이 여러 가지 궤변이 있어. 에우클레이데스이니 제논이니 하는 것들이 전부 파르메니데스에서 출발하는 궤변이야. 왜?

파르메니데스의 일자는 초월잔데 그것을 바로 현실 세계에다 집어넣어서 운동이나 양적인 정도degree가 있는 것을 설명하려니까 잘못이야. 존재와 무를 갖고 그걸 설명하려니까, 응? 가령, 에우클레이데스는 곡식을 한 말 던지면 소리가 나냐, 안 나냐 하고 물어. 그러면 난다고 대답하지. 그러나 한 알 던졌는데 소리가 안 나지, 두 알 던져도 소리가 안 나지, 그러면 한 말 던져도 안 나지 않느냐고 주장하지. 그것은 정도, 연속성을 빼고 얘기하기 때문에 그런 거야. 운동하면 정지한다는 것도 그렇고, 또 에피메니데스의 크레타 사람도 그래. 크레타 사람은 모두 거짓말을 한다고 크레타 사람이 말해. 그 사람의 말은 거짓말이냐 참말이냐? 그러나 동일률에서 분류하면 아무 문제가 없어. 왜냐하면 동일률이라는 것은 『소피스트』 편에서 말하기를 동일한 사물에 대해서 동일한 각도에서 동일한 시점에서 동일한 것을 말해야지 다른 것을 말하면 안 된다는 거야. 말하는 사람이 여러 가지 측면이 있어. 그 측면을 혼동하니까 궤변이 성립해. 그러니까 그런 궤변을 물리치는 것이 소크라테스 철학의 임무 중 하나야. 그래서 『소피스트』 편에서 분류를 해. 고대의 궤변이 나오는 이유가 어디에 있느냐? 요컨대, 분류를 제대로 하지 않는 데에 있다는 거야. 소피스트를 여러 관점에서 출발해서 분리 diairesis하고 종합 synagoge해서 분류해 가지고 소피스트는 이렇다, 여러 가지 방식으로서 정의를 해. 지금과 같으면 그렇게 각각 떨어지지가 않지. 지금은 실증 과학이 발달해서 말이야, 소피스트는 사람이다, 말하는 사람이다, 또 뭐다, 곧 나와 버릴 거야. 그러나 그때는 분류가 잘 안 되던 시대니까.

그런데, 말이라는 것은 모든 것에 대해서, 모든 것을 대상으로 해. 대상이 있어야 말이 성립할 것 아냐? 없는 것은 지시가 되지 않아. 플라톤은 없는 것은 인식이 안 된다고 해. 파르메니데스하고 똑같아. 아마 이것은 서양 철학의 학문에 대한 기본적인 태도일 거야. 언제나 허무는 인식이 되지 않아. 있는 것만 인식이 돼. 그런데 있는 것이 파르메니데스와 같이 일자(一者)면 허위가 성립하지 않아. 그러니까 사물이 어떻게 되어 있는가를 분류해야 되겠다는 거야. 그런데 말은 모든 것을 대상으로 하거든. 말도 존재자의 하나야. 그러니까 모든 것에 대해 어떻게 하면 가장 기본적인 분류를 얻을 수 있느냐 하는 문제가 나와. 그래서 초기 자연 철학자로부터의 분류를 죽 검토해. 그러고는 뭐라고 하느냐면, 완전한 존재perfect being —— 형상을 완전한 존재라고 해 —— 속에는, 저 〈pantelōs on〉에는 아까 말한 것같이 이성이니 영혼이니 감성도 있어야지 그렇지 않으면 곤란하지 않느냐고 해. 그것은 무슨 말이냐? 이것이 존재인 한에서 무가 아니거든. 그런 한에 있어서 어딘가 파르메니데스가 말한 것처럼 충족률이 있어야 돼, 알아들었지? 만약에 충족률이 성립하지 않는다고 가정해 보자. 그러면 여기 존재하는 것들, 말, 대상 다 존재잔데, 충족률이 성립하지 않는다면 그것들이 언제 없어질지 몰라. 말할 필요가 뭐 있어? 어떻게 말을 해? 한순간이라도 지속을 해야지. 그러니까 충족률이 있어야 돼. 〈pantelōs on〉, 〈perfect being〉이란 것은 뭐냐 하면, 충족률이 완전히 성립한 것이야. 그런 상태 속에는 형상이니 그런 것만 있는 것이 아니라 영혼도 있고 다 있어야 한다는 거야.

그러니까 이제 문제가 하나 성립해. 파르메니데스는 초월자에 대해서 충족률을 취급했는데 플라톤은 그렇게 생각하면 허위가 성립하지 않으니까 다와 운동이 있는 이 세상에서 충족률을 찾아. 알아들었지? 이 세계의 충족률이 성립하지 않는다면 내가 지금 말하는 것이 다 의미가 없어. 아무 의미가 없어. 알아들었나?

김인곤 플라톤은 그것을 어디서 찾는 겁니까?

박홍규 『소피스트』편에서 〈pantelōs on〉이라는 말이 나와. 충족률이라는 말은 근세에서 나온 것이지. 〈hikanōs legetai〉, 〈충분히 얘기했다〉, 〈충분히〉라는 형용사만 있어, 아직 율, 법칙으로서는 없어.

김인곤 『소피스트』편에서 분류를 하는데, 그 분류에 대한 충족 이유율을 어디서 찾느냐는 거죠? 파르메니데스는 초월적인 일자에서 찾았는데…….

박홍규 아니, 여기서 내가 얘기하는 것은 분류의 충족률이 아냐. 분류된 모든 세계가 문제야. 파르메니데스는 이 세상을 넘어선 일자 속에서 충족률을 찾았는데, 플라톤은 일자가 아니라 우리가 살고 있는 이 현실의 세계가 충족률에 의해서 성립해야만 되겠더라는 얘기야. 그런데 충족률에 의해서 성립하는 것이 〈pantelōs on〉이거든. 그러면 거기서 기본적인 분류를 해보자는 거야. 왜냐하면 허위 일반은 무엇이냐를 찾으니까. 그런데 말은 명사와 동사로 돼 있어. 그래 갖고 뭐라고 하냐면 과거의 예를 들어보니까 정지하는 것과 운동이 있더라는 거야. 예를 들었다는 것은 말로 했다는 뜻이야. 그리고 이제 허위란 무엇이냐? 허무는 없으니까, 실제 있는 것과 다르게 말하는 것이 허위라는 말이야. 달리 말하면, 허상이야. 허상은 말 속에만 있는 것이 아니라, 어디든지 다 있다는 거야, 우주 속에. 양지가 있으면 그늘이 있고, 그런 것이 다 있대.

그런데 그렇게 분류해서 보면 일자가 아니라 다의 세계가 나오잖아? 다의 세계가 나오려면 아까도 말한 바와 같이 존재도 아니고 무도 아닌 타자성이 나와야 돼. 그것에 의해서 존재가 분열되었다고 생각해야 돼, 존재의 일자성에서 본다면. 파르메니데스의 일자성이 다 빠졌으니까.

그러면 이제 이 최고의 분류가 어떤 문제로 돌아가게 되느냐? 우리가 살고 있는 이 세상의 기본적인 원인aitia으로, 원인론으로 넘어가. 그래서 『필레보스』편에서는 〈peras(한정자)〉, 〈apeiron(무한정자)〉, 〈poioun(능동자)〉 또는 〈nous(이성)〉, 그 세 가지가 나와.

김인곤 분류하는 데서 원인aitia론으로 넘어가요? 거기 잘 이해가 안 되는데요?

박홍규 분류에서 최종적인 것이 원인으로 된다는 말이야. 어쨌든 이제 그 원인론에 입각해서 봐봐. 원인론에 입각해서 전체 우주의 충족률이 어떻게 성립하는가? 그 문제는 『티마이오스』편으로 넘어가. 거기서 뭐라고 하냐? 우주는 둥그렇고 모든 형태를 받아들일 수 있는 —— 파르메니데스에서 나온 말인데 —— 구와 같대. 살아 있고, 또 이성에 의해서 지배돼. 그 외부에는 아무것도 없어. 파르메니데스의 일자와 비슷해. 그러면 살아 있는데 뭐 먹고 사냐? 자기가 자기 것 먹고 살아. 그래서 입이니 배니 할 것도 없대. 다른 것에서 받아들일 것도 없고, 응? 그리고 지수화풍에서 일정한 비례가 돼 있어. 그런데 신체는 영혼이 있어야 될 것 아냐? 〈nous(이성)〉, 영혼은 『소피스트』편에서 말하는 존재, 동일자, 타자를 가지고서 법칙에 따라서 구성돼. 플라톤은 그렇게 합해 갖고 이 우주를 돌려. 바깥에는 항성이 있고, 항상 동일한 궤도를 돌아가. 속에는 유성이 있어. 유성이란 것은 궤도를 달리 하는 것이야. 그런데 그 속에 있는 별들이 하나도 충돌하지 않아. 문제는 거기에 있어. 그걸 끄집어내려고 한 거야. 충돌하면 우주는 망할 것 아냐? 자기 자신 내부로부터, 응? 다와 운동으로 되어 있으니까 자기 자신 내에서 파괴될 것 아냐? 이게 전부 조화harmony설이지. 그래 갖고 일정한 기간이 되면 우주가 또 원위치로 돌아와. 그 도정course을 자꾸 되풀이해. 그걸 대우주년이라 해. 무슨 얘기냐 하면, 조화는 전체에 대해 일자가 나와야 돼. 그걸 조화라고 해. 정적static인 공간 개념이야. 음악에서 조화라 할 때 한 구절 나오면, 또 되풀이되고, 그러잖아. 전체가 딱 끊어지니까 그래. 만약에 안 끊어져 봐. 그냥 무한히 변하기만 할 거야. 그러면 이 우주가 언제 가서 파괴될지, 파괴 안 될지를 몰라. 한번 되풀이됐다는 말은 우주가 파괴되지 않고 원상으로 돌아왔다는 얘기야, 요는. 그것을 무제한하게 되풀이해. 우주는 시간적으로, 그 지속duration

이 영원해. 그런데 『소피스트』 편에서 말한 것처럼, 아까 일자를 분열시키는 타자성의 입장에서 보면 질서가 없거든? 그러니까 질서가 없는 측면도 있어. 그래서 질서가 없는 것을 받아들이는 물질적인 측면을 〈synaitia〉, 보조 원인이라고 해. 그런데 그것도 정복을 해서 이 일자, 이 우주가 끊어지지 않도록 해야 되겠거든. 그래서 그걸 합리화시켜. 어떻게 합리화시키느냐? 아까도 말한 바와 같이 연속성에는 두 가지 측면이 있는데, 운동의 측면에 있어서는 언제, 어떻게, 어디로, 어느 속도로 운동할지를 몰라. 그러나 공간적인 측면은 합리화가 돼. 그래서 그걸 가지고 정삼각형, 정사각형, 정육면체, 정팔면체, 정십이면체 등으로 지수화풍을 기하학적으로 합리화시켜. 그래 가지고 거기서 우리의 신체 구조, 병, 위, 눈 따위를 다 설명해. 그러니까 이렇게 보면, 플라톤은 파르메니데스의 아들이야. 『소피스트』 편에서 나온 것처럼, 파르메니데스를 아버지라 그랬고, 그 아버지를 죽여야 되겠다, 그 말이야. 파르메니데스의 일자가 가지고 있는 성격, 그 충족률을 이 다와 운동의 세계 속에서 찾아야 되겠다. 그런데 자기는 그게 〈eikos logos〉, 〈그럴 듯한 이야기〉래. 왜? 자신이 없으니까. 뒷받침해줄 만한 실증 과학적인 검증이 안 되거든.

그런데 문제가 거기에 있는 것이 아니라, 이 사람이 연역적으로 출발하는 데에 문제가 하나 있어. 연역적으로 출발하면 처음부터 한발도 앞으로 나갈 수가 없어. 왜냐? 원인이라는 것은 서로 다르기 때문에 원인이야. 다른 것이 어떻게 합해서 이 우주를 만들 수 있냔 말이야. 그런 문제가 해결이 되질 않아. 그 문제를 해결해야만 앞으로 나갈 수가 있어.

그러니까 아리스토텔레스는 우리에게 가까운 것으로부터 출발해서 점점 먼 데로, 본성적인 것으로 가자고 해. 현재 우리 실증 과학하고 비슷해. 현재 실증 과학은 우리에게 가까운 것으로부터 출발해서 거기에 필요한 가정hypothesis만 받아들여. 플라톤은 그게 아니야. 처음부터 원리에서 출발했어. 아리스토텔레스는 우리에게 가까운 것으로부터 출발해서 어떻게 하면 저 우주가 통일된 일자로서 자기 자신에 대한 충족률을 만족시킬 수 있느냐 하는 문제를 찾아. 그러니까 아리스토텔레스도 파르메니데스나 플라톤과 똑같지. 어디서 닮았냐면 공간적이야. 플라톤도 폐쇄된 우주를 생각해. 그런데 운동이 있거든, 허허허. 첫째 이 운동을 억제해야 돼. 운동이 파괴하는 것 아냐? 저 위에 이 우주를 지배하는 일자가 있어. 그래 갖고 모든 사물이 운동하되 그 일자로만 운동하도록 되어 있더라는 말이야. 그게 목적론이야. 아무렇게나 운동하면 파괴가 돼. 그러니까 목적론으로 가. 그런데 그 목적론이 밑에서는 처음에 실체substance가 있고, 그 다음에 식물이 있고, 동물이 있고, 사람이 있고, 그래서 일자로, 이렇게 딱딱 위계질서hierarchy로 해서, 마치 군대 조직처럼 정해 놨어. 그러니까 아리스토텔레스의 우주는 하나도 깨지지 않지, 내부에서. 그리고 저 바깥에는 항성이 있고, 가장 속에는 위성이 있어. 그리고 인간 세계는 가장 불규칙하대.

그런데, 아리스토텔레스의 그 우주관이 깨졌어. 누구한테 깨졌냐 하면, 르네상스의 갈릴레이에서 깨져버렸어. 왜 깨졌냐는 문제는 나중에 얘기해. 하여간 깨졌어. 갈릴레이가 실험을 해봤어. 자연학physics은 요컨대 운동론이니까. 〈실제로 운동이 아리스토텔레스처럼 될까?〉 하고 실험을 한 거야, 허허허. 요컨대 운동만 찾으면 아리스토텔레스는 다 무너져 버려. 그런데 아리스토텔레스나 플라톤이나 운동은 형상eidos에 따라가야 된다는 겁니다. 플라톤은 제작자dēmiourgos를 따라가고, 아리스토텔레스는 형상을 따라가거든? 그런데 형상을 따라가지 않더라는 거야. 아리스토텔레스에서는 형상에 따라서 무거운 것도 있고 가벼운 것도 있어. 그런데 무거운 거고 가벼운 거고 다 똑같이 떨어지거든? 그러니까 형상 이론 다 틀렸다는 말이야. 그래서 형상은 다 없어지고, 지수화풍도 다 무너져. 그 다음은 순전히 운동만 갖고 논의해. 운동 아닌 모든 것으로부터 운동을 추상화해서 운동 그 자체만을 갖고 분석을 해가지고 그 운동의 법칙을 찾아. 정량적으로 찾아.

이건 우리의 지능 발달사에서도 굉장한 지능 발달이야. 왜냐하면 우리가 사물의 운동을 논할 적에는 불이 탄다는 식으로 꼭 명사를 붙여서 얘기를 해. 〈간다〉고 하면, 누가 가? 사람이 가. 그런데 〈간다〉가 벌써 운동이야. 우리가 순수한 운동 자체를 얘기할 적은 거의 없어. 그런데 순수한 운동을 추상abstract해 놨다는 것이 특징이야. 굉장한 지능발달이야. 그러니까 그 전의 물리학은 운동이 형상Form에 따른다고 생각했으니까, 플라톤이나 아리스토텔레스나 원자론이나 그 사람들이 지수화풍이라는 형상을 어떻게 인식하느냐에 따라서 여러 가지의 물리학이 성립하지만, 여기서는 하나의 물리학만 성립해. 베르그송은 근대 물리학이나 현대 물리학의 특징이 뭐냐 하면 시간이 독립 변수고 나머지는 종속 변수라는 거야. 아리스토텔레스에서는 형상이 독립 변수고 운동은 종속 변수야. 그러니까 〔근대에는〕 하나의 물리학이 정량적으로 계속해서 발전해.

자, 그러면 이제 문제가 생겨. 사물들이 모조리 운동 속에서 있다면, 운동 속에 있는 사물들의 충족률은 어떻게 찾아야 될 것이냐 하는 문제야. 또는 운동 자체의 충족률은? 아까도 말한 바와 같이 플라톤에도 『파이드로스』편으로 넘어간다고 했지? 그런데 플라톤의 후기를 통해서 아리스토텔레스로 넘어오면 형상 하나만 갖고는 안 된다고 했지? 이 세상이거든. 그러니까 플라톤에서 보조인이 물질matter이 돼. 형상 하나는 그 자체로서는 가능적으로만 존재하고 플라톤의 형상처럼 독자적으로 성립하지 않아. 무슨 얘기냐 하면 『소피스트』편에서 존재가 여러 가지로 나눠졌는데, 그 분산된 존재를 모조리 다시 합해 놔야만 존재가 나오더라, 충족률이 성립하더라는 얘기야. 그러니까 물질에도 존재의 어떤 측면이 있어. 그것이 합해져야만, 보조 supporting해야만 이것이 존재해. 플라톤에서 〈synaitia〉를 왜 〈synaitia〉, 보조인이라고 하냐? 옆에 같이 더불어 있는 원인이라면 주 원인은 아니고 보조 원인이지만, 그것이 원인이라는 것은 존재하도록 하는 요인이 그 안에도 있더라는 말이야. 〈planōmenē aitia(방황하는 원인)〉에도 있더라. 왜냐? 무가 아닌 한은 존재니까. 그런데 무는 없거든? 그러니까 존재로 갈 것 아니냐는 거야. 그러니까 그런 것을 모조리 다 합해 놔야겠구나 하는 말이야. 그것이 보조 supporting해야만 비로소 이 다와 운동이 있는 세계에서 존재 자체가 드러나더라. 플라톤 후기 철학에서 나오는 사고야. 아리스토텔레스에서도 나와.

아리스토텔레스처럼 형상이나 질료는 그 자체로서는 가능적이야. 형상이 한정적 definite인 것이고 그것이 존재에 가장 가까운 것이거든? 그러니까 그것을 중심으로 해서 그것이 존재하는 데 부족한 측면을 질료가 메워줘야만 되겠더라는 말이야. 메워주는 한에서 질료라 그래. 메워주지 않으면 질료라 하지 않아. 질료가 메워줘서 실제로 존재할 때, 그냥 〈있다〉라고도 하고 또 아리스토텔레스는 〈energeia(현실성)〉란 말을 써. 그리고 스콜라 철학에서는 그럴 때 〈existentia(실재)〉란 말을 써. 내가 〈existentia〉란 말의 정확한 의미를 가르쳐줄게. 〈ex-〉는 라틴어의 〈ex〉, 〈밖〉이고, 희랍어의 〈apo(밖으로)〉에 해당해. 〈ex〉의 본래 의미는 〈exeinai〉, 〈밖에 있다〉는 말이야. 그 말은 무슨 얘기냐? 아리스토텔레스의 『형이상학』에 나와. 우리 마음속에만 단순히 있는 것과 반대야. 제우스는 내 맘속에만 있어. 실제는 없어. 실제 바깥에 있는 것을 〈existere(실재하다)〉라고 해. 그러니까 그것과 동시에 거기서 존재와 허무가 대립되어서 〈existere〉란 말을 써. 보통 프랑스 말로는 〈existence〉 하면 〈있다〉는 얘기야. 또 하나의 의미는 〈밖으로 나간다〉는 얘기야. 〈ex〉는 원인이란 뜻이 없어, 주의해. 그래서 〈existere〉의 독일어의 번역은 〈entstehen(발현하다)〉이야. 〈ex〉는 〈ent〉, 〈sistere〉는 〈stehen〉, 발생한다, 감춰졌던 것이 나타난다. 그것을 〈existere〉라 해. 싹이 나타난다, 〈physis〉처럼. 희랍의 〈physis〉하고 〈existere〉가 비슷한 점이 많아. 땅 속에 숨어 있던 것이 나타난다. 씨 속에서 싹이 티어 나온다, 그런 것을 〈existere〉라고 해. 그런데 아리스토텔레스에서는 가능성 밖으로 나간다는 얘기야. 스콜라 철학에서 〈existentia〉는 아리스토텔레스와 비슷해. 가능성 밖으로 나가면 어디로 나가? 현실화된다는 얘기야. 스콜라 철학에서는 그래. 희랍어에서는 〈existere〉란 말 없어. 이게 학술어로 된 건 스콜라 철학 이후야. 본래 〈existere〉란 말은 아까도 말한 바와 같이 싹이 튼다, 발생한다, 무엇이 이렇게 나타난다, 변화한다, 그런 걸 의미해. 근거로서 나온다는 얘기 아냐. 또 원인에서 원인 밖으로 나간다는 얘기야. 그 말은 무슨 얘기야? 있는 것은 원인하고 결과뿐이지? 그러니까 원인으로 해서 이루어진 결과로 간다, 결과가 된다는 얘기야. 그래서 〈Dasein(현존)〉이란 말을 써. 그냥 있다는 것 아니야. 그러니까 파르메니데스의 존재나 플라톤의 형상에는 〈existere〉를 안 써. 의미가 없어. 여러 가지 것으로 구성되어 있는 사물에 대해서만 〈existere〉란 말을 써. 현실화될 때에만. 왜냐? 다로서 구성된 것은 하나 가지고만 성립할 수는 없어. 다른 타자의 도움을 받아야만 비로소 존재하지. 도움을 받아서 완전히 받아질 때에는 현실화되니까 그때 〈existere〉란 말을 써.

그리고 『파이드로스』 편에서 플라톤은 우리 영혼이 불사하다는 것을 증명하기 위해서 스스로 자기 자신을 움직이는 존재자의 운동을 얘기했지만, 그것만이 홀로 존재하는 것은 아니라는 거야. 알아들었지? 우리 신체가 영혼을 도와주지 않으면 성립하지 않잖아. 그렇지? 그런데 아리스토텔레스에서는 존재가 자연적으로 위의 존재를 향하도록 돼 있어. 그런데 생명 현상은 우리하고 상관 없는 물체를 자기 자신 속에 받아들여서 그것을 이용해서 자기 자신에게 유용한 것으로 만드는 능력이 있어. 그런 능력이 있을 때만 살아, 존재해. 그러니까 베르그송은 뭐라고 말하느냐 하면 생물은, 인간은 자기 자신의 〈existence(생존)〉을 〈secréer〉, 〈스스로 만들어낸다〉고 해. 〈existere〉의 의미를 모르면 그 의미를 몰라. 신체를 갖다가 이용을 할 줄 아는 존재라는 거야. 그러니까 베르그송에서 신체는 도구야. 이걸 도구로 삼아서 우리 생명 현상은 〈heauton kinoun〉, 〈자기 자신을 움직이는 존재자〉를 있게 하는 능력을 지닌 존재자만이 살아. 그러니까 갈릴레이 이후에는 모든 것이 운동이거든. 그러니까 운동 속에서 존재하는 사물이 어떻게 하면 자기 존재의 충족률을 성립시킬 수 있느냐는 문제는 물질에는 없다는 결론이 나와. 물질은 흐름flux이니까 엔트로피를 따라간다고 해. 반(反)엔트로피 능력을 갖고 있는 생물만이 존재한다는 말을 쓸 수가 있어. 아리스토텔레스가 말하는 〈energeia〉란 말을 쓸 수가 있어. 물질은 흐름이야. 존재하지 않아. 아리스토텔레스에서는 물질이 존재해. 여기서는 물질은 존재하지 않아. 엔트로피를 거슬러 올라가는 능력을 가지고 있는 것만이 자기 자신의 실존Existenz을 만들어내고, 자기 자신의 존재의 충족률을 만들어낼 수가 있어.

강상진 아리스토텔레스에서 물질이 존재한다고 말할 때는요…….

박홍규 아리스토텔레스에서는 물질이 존재해. 4원소 아냐.

강상진 그래서 목적론적 체계에서 인간의 영혼psychē이랑 잘 맞아떨어지는 측면 때문에 존재하는 것이라고 말하는 겁니까? 전체 목적론적 체계에서 상위 체계랑 잘 맞아떨어진다는 의미에서 존재한다는 겁니까?

박홍규 아니, 지수화풍이라는 것은 희랍 사람들의 물질의 4원소인데, 플라톤이나 아리스토텔레스나 다 그래. 특히 아리스토텔레스에서는 공간 개념이야. 공간에서 존재의 충족률을 취급해. 공간에서 물질이 존재하려면 어느 측면에서나 무한정자apeiron를 끊어버려야 돼. 그러면 입체(sōma, body)가 나와. 왜 입체가 나오느냐? 아리스토텔레스는 그 문제에 대해서 설명이 없어. 지수화풍이란 것은 온냉건습의 성질 quality이 합해서 만들어. 그런데 거기에는 절대로 입체 개념이 들어가지 않아. 그런데 공간에서 존재를 취급하려면, 입체 개념이 나와야 돼. 입체 개념이란 모든 측면에서 무한정자를 딱 끊어버리는 것이야. 그래야 입체가 나와. 아리스토텔레스에서는 물질이 존재해. 어떻게? 개체로서, 입체로서. 그리고 그 개체 위에서만 파랗다, 하얗다 등의 여러 성질이 성립해. 그러니까 개체가 기본 개념이야. 개체 개념에는 입체가 들어가야 되는데, 왜 입체가 나오느냐에 대한 설명이 없어.

강상진 왜 입체가 나오는지 설명은 없지만 하여간 입체로서 공간이 나온다.

박홍규 아리스토텔레스는 공간 이론이니까 이해는 되는데, 이유야 어떻든 하여간 거기에 대한 설명은 없어. 베르그송은 달라. 갈릴레이 이후에 나온 철학이니까, 그리고 근세 실증 과학 위에 서 있는 학문이니까, 물질의 엔트로피에 반대하는 반엔트로피의 존재자만이 항상 자기 자신이 존재하도록 반엔트로피 작용을 하고, 그런 한에 있어서만 산다는 말이야.

강상진 그런 의미에서만 존재한다는 말을 쓴다는 거죠?

박홍규 그럴 때만. 왜? 흐름은, 엔트로피는 존재가 아니잖아. 그건 무한정자로 자꾸 가는 거 아냐? 끊어야지. 그러니까 시간 속에서 끊느냐, 아리스토텔레스처럼 공간 속에서 끊느냐의 문제야. 그런데 말이야, 아리스토텔레스의 형이상학이나 베르그송의 형이상학이나 이론은 여러 가지 가능성이 있는 거고, 현실적으로 주어지는 사물에 대해서 분류를 해봐야 돼. 그런데 아리스토텔레스의 사물에 대한 분류는 지금은 들어맞지 않아. 목적론이 안 들어맞아. 사람이 동물의 목적이고 동물이 식물의 목적이면, 바이러스도 뭣도 불가능해. 나는 간염 바이러스가 있어. 간염 바이러스가 나를 먹고 살아. 그럼 나는 지금 간염 바이러스를 위해서 존재하는 것이 돼. 그게 성립해? 아리스토텔레스의 목적론이 성립해? 성립하지 않지? 그건 그러니까 난센스야. 지금은 밑으로 가면 식물과 동물의 구별이 없잖아. 그러니까 먼저 분류를 제대로 해야만 올바른 형이상학metaphysic이 나와. 분류를 제대로 해보면 대개 기본적인 충족률을 어디서 구해야 할 것인가는 알 수가 있어. 그리고 이것은 학문의 세계야. 아까도 말한 바와 같이 그 초기 자연 철학이나 스토아학파는 다 분류가 제대로 돼 있지 않아.

김인곤 그때는 그 나름대로의 분류를 한 것이 아니겠습니까?

박홍규 우리에게 주어진 대로의 분류가 없잖아. 봐. 아까도 말한 바와 같이 직관에 주어지는 한에 있어서, 베르그송이 말한 것처럼 우리 의식에 직접적으로 주어진 한에 있어서 사물을 취급해야 돼. 알아들었나? 그래 가지고 그것을 분류해야 돼. 원자론이니 그런 건 우리에게 직접적으로 주어진 것이 다 빠졌어. 어디서 구해? 그 사람들은 이 우주의 충족률을 그것을 구성하는 원자 속에서 구해. 우리가 살고 있는 이 세상이 있는지 없는지도 몰라. 플라톤이나 아리스토텔레스는 하나밖에 없다고 해. 문제는 우리가 살고 있는 이 세계의 분류라는 거야.

김인곤 그런 분류란 것은 항상 유동적으로 변할 수 있지 않겠어요? 과학이, 학문이 어떻게 발전하느냐에 따라서……

박홍규 변할 수 있지. 그러니까 변하지 않는 한에 있어서, 그 정도의 형이상학이 성립해. 처음부터 다 있는 것은 아냐. 분류가 제대로 안 된 것은 학문으로서는 절름발이야. 모든 학문은 분류를 우선 제대로 해야 돼. 분류를 하지 않는 학문, 철학은 난센스야. 모든 것을 제대로 분류해 놓고 그 위에 서서 비로소 철학을 해야 돼. 모든 학문은 우리가 뭘 말하든지 간에 모순이 떨어지지 않는다는 것을 전제해 놓고 나가는 것 아냐?

그런데 그것과 반대 사상이 있어. 아까 인격person 얘기했지? 희랍에서 총체적 인격total person이란 것은 추상의 극한치에서 성립하거든. 그런데 사람은 죽거든? 개인이 죽어. 그때 개인이 추상화되기 이전의 충족률을 물을 수 있어. 가령 〈physis tēs Sokratēs(소크라테스의 본성)〉, 소크라테스의 전체 인격성은 죽거든. 없어지거든. 그리고 또 다른 사람이 생기거든. 그러나 분석이 하나도 들어가지 않는다고 가정할 때에는 어떻게 되느냐? 분류를 하려면 일자를 쪼개야 돼. 아까도 말한 바와 같이 쪼개는 요인은 타자성이야. 타자로 만들어야 쪼개져. 그것이 없어져. 존재와 무만 갖고 얘기해. 그러면 하나도 안 쪼개지고 있는 그대로가 돼. 그럴 때에는 기독교에서 말하는 것처럼 죽음에 반대되는, 거꾸로 되는 모순으로서만 충족률이 성립해. 그런 것은 학문 아니야. 신앙이야. 그러니까 기독교 신앙 같은 것은 〈역사적 사실historical fact로서의 누구누구가 있는데, 그는 사람인 동시에 역사적 사실로서의 사람 아닌 어떤 것이어서, 자신을 죽음으로부터 구원시키는 능력이 있는 사람이다〉 하고 우리 학문에서는 얘기하지 않는 것을 신앙으로 믿어. 그러니까 신앙이지. 순수한 신앙은 학문이 하나도 들어가지 않은 거야. 학문은 또 가급적이면 신앙이 하나도 들어가지 않은 것이고. 그래서 순수한 신앙이 성립해. 그러니까 그리스도라는 그 역사적 사건을 빼놓고는 기독교가 성립하지 않아. 기독교가 어떻게 성립했어? 그리스도의 제자하고 다른 제자하고 인격적으로 접촉하고, 또 인격적으로 접촉하고, 또 인격적으로 접촉하고, 해서 지금 세계에 퍼진 것 아냐? 그 집합을 교회라고 그러잖아, 그리스도의 몸이라고 그러잖아, 응? 우리 학문의 세계하고는 달라. 그것은 절대로 보편화되지 않아. 항상 고유명사니까. 학문은 추상적이니까 보편화가 될 수가 있어. 우리는 인격적인 관계와는 상관없어. 우리가 책을 보고 뉴턴 사상이 이렇다고 이해하면 돼. 뉴턴을 직접 만날 필요가 없어. 기독교는 달라. 어떤 인격과 인격의 관계가 맺어지지 않으면 신앙이 되지 않아. 왜 그런 사상이 나오느냐? 아까도 말한 바와 같이 가령 아도니스라든지, 이집트에서는 모두 다 부활한다고 생각했어. 미이라 같은 것을 만든 것은 부활한다고 믿었기 때문이야. 주문하면 미이라가 살아난대. 그 밖에도 여러 가지 신화가 있어. 그런데 그런 창조니 부활이니 하는 문제는 분류가 이루어지기 이전에 나타나. 그런 것이 나타나는 이유는 죽어도 다시 산다는 그 시대 사람들의 강박관념 때문이야. 플라톤은 아카데메이아에서 한가하니 애들에게 공부를 가르친단 말이야. 틈이 생기거든. 강박관념이 없잖아? 강박관념이 없으니까 편안하니 분류를 한다 그 말이야. 강박관념이 있을 때는 분류를 못해. 분류 다 없어져 버려. 안 해, 사람들이. 그러니까 학문은 틈이 있어야 돼. 조금 냉정하게 생각해 보고, 고찰하고, 관찰하고, 틈이 있어야 돼. 자유가 있고 틈이 있어야 학문이 성립해.

양문흠 〈sōma〉가 왜 생기는지에 대해서는 아리스토텔레스가 얘기하지 않았다고 할 때 말이죠, 그때 〈sōma〉를…….

박홍규 입체란 의미야. 〈sōma〉에는 두 가지 의미가 있어. 신체도 되고 입체도 되고.

양문흠 그런데 입체라는 것은 가령 어떤 돌덩이 같은 것이라고 할 수 있습니까?

박홍규 기하학적인 입체, 가장 간단한 것은 기하학적인 것이야.

양문흠 아니, 선생님께서 〈sōma〉라 하실 적에는 자연 속에서 발견될 수 있는 것을 말씀하셔서요.

박홍규 그렇지, 자연 속에 있는 건 다 〈sōma〉야.

양문흠 그런데 제가 보기에는 아리스토텔레스가 왜 〈sōma〉가 생기느냐에 대해서 이야기한 것 같은데요? 아까 선생님께서 말씀하셨다시

피 지수화풍이라는 것이 왜 생기냐 하면 차가움, 뜨거움, 건조함, 축축함, 네 개하고 순수 질료가 섞여서 생기거든요. 그 다음에는 지수화풍 네 개가 어떤 비례로 섞여서 그 위의 어떤 물질들이 생기겠죠. 연금술도 그런 거 아닙니까?

박홍규 그런데, 내 말 들어봐. 〈sōma〉하고 〈asōma(비입체)〉를 구별해서, 〈sōma〉라는 것은 입체를 의미하고 〈asōma〉라는 것은 선이니 평면, 점을 의미해. 그런데 온냉hot and cold 같은 것은 질quality에 해당해. 질은 정지 상태에서도 나올 수 있고, 유동적인 상태에서도 나올 수 있고 여러 가지야. 그러니까 질과 〈sōma〉는 별개의 개념이야. 아리스토텔레스의 개체를 얘기하려면 우선 딱 이렇게 무한정자를 끊어야돼. 끊어버리면 폐쇄적인 공간이 나오잖아. 끊었다는 것은 우리가 금방이해할 수 있어. 플라톤도 끊었어, 아리스토텔레스도 그렇고. 그래서전체 우주가 하나밖에 없대. 공간적으로는 한정돼 있고, 시간적으로는영원해. 그런데 아리스토텔레스에서는 〈sōma〉가 있어야만 질이 있지, 질만 똑 떨어져서 있질 않아.

양문흠 선생님께서는 〈sōma〉를 자꾸 입체라 하시잖아요? 입체를정확하게 이야기할 수 있는 것은 순수하게 기하학적인 것 아닙니까?그러니까 〈sōma〉가 있어야 질이 있다고 하실 적에는, 입체보다 실체나개체를 말씀하셔야 될 것 같아요.

박홍규 그렇지, 실제로는 개체가 있어.

양문흠 그런데 그것을 〈sōma〉라 하면 개념이 좀 섞여지죠.

박홍규 아니, 개체가 왜 무한정자를 끊어버리느냐 하면, 〈sōma〉가나오기 때문이야. 질만 가지고는 입체가 안 된다는 거야. 질은 정적인상태도 있고 유동적인 상태도 있으니까. 결국 〈sōma〉가 나와야 하는데, 『자연학』을 보면 〈sōma〉가 나오는 것을 온냉건습만 가지고 이야기하거든? 그런데 그것은 질이란 말이야. 그러니까 내 말은 〈sōma〉하고 질하고는 다르다는 얘기야.

양문흠 다른데, 질이라고 하지 마시고요, 그게 형상eidos 아닙니까?

박홍규 형상이라 하면 이 사물의 질 중에서 언제든지 그걸 대표하는 질이야.

양문흠 그런데 축축함이나 건조함 같은 것이 다 형상이죠. 지수화풍이 생기기 위한 형상이란 말입니다.

박홍규 플라톤의 입장에서 보면 형상이지. 아리스토텔레스에서도 형상인데, 아리스토텔레스에서 형상이라 하면 이 사물의 질 중에서도 대표적인 것이야. 온냉건습이 합해서 〈sōma〉가 나오는데 말이야, 뜨거움, 차가움, 건조함, 축축함 중의 둘이 합해 갖고 하나가 나와. 그런데 그걸 가지고 어떻게 물이 나오고, 흙이 나오고 돌이 나오느냐는 말이야. 돌 자체는 질이 아니잖아? 속에 〈sōma〉가 들어가야지.

양문흠 돌도 일단 개체고…….

박홍규 개체지. 실제로는 질을 가지고 있는 하나하나의 개체만 있어.

양문흠 사실 그걸 개체라고 할 수 있는지는 모르겠어요. 실체는 아니니까요.

박홍규 이거 봐. 기하학적 〈sōma〉란 것은 여기서 모든 질을 빼고 나면 나오는 것이야. 그러나 그것은 추상적인 것이고, 아리스토텔레스의 입장에서 보면 여기 〈sōma〉에 뭣이 들어가느냐에 따라서 물질이냐 생명체냐 식물이냐 동물이냐 그렇게 갈라져. 자꾸 복잡해져.

양문흠 그런데 〈sōma〉를 입체라고 정의한다면 돌멩이 같은 것들을 〈sōma〉라고 할 수 있을지 모르겠습니다.

박홍규 돌멩이는 〈sōma〉지.

양문흠 아니, 돌멩이로서 가져야 할 일정한 입체의 형태가 있는 것도 아니고…….

박홍규 아리스토텔레스는 그걸 개체라고 하는데?

양문흠 그런데 또 사실 돌멩이가 개체도 아니거든요. 개체는 실체라야 되는데…….

박홍규 아니, 아리스토텔레스에서는 개체야. 자네 말하는 것은 아리스토텔레스의 입장이 아니야.

박희영 돌멩이는 되죠.

양문흠 (박희영에게) 아니, 돌멩이를 물체라고 할 수 있을까? 예를 들어 사람이라는 것은 정의에 의해서 종이 딱 정해져. 그런데 돌멩이는 그렇게 안 되거든.

박홍규 돌멩이가 왜 안 돼? 되지. 이거 봐, 『형이상학』 Z편에서 아리스토텔레스가 말하기를 개체와 개체는 떨어져 chōris 있다고 해. 떨어져 있다는 것은 모든 공간적인 차원에서 구별된다는 얘기야. 자기 자신의 존재 Existenz를 따로 가지고 있다는 얘기야.

양문흠 그런데 돌멩이는 개체라고 할 수 없는 것이 세상에 있는 모든 돌멩이들 다 이렇게 붙어 있을 수도 있잖아요.

박홍규 그렇지. 〈symplexis(복합체)〉라고 해.

양문흠 그런데 그것에 대해 〈이것〉이라고 할 수 있습니까?

박홍규 있지.

양문흠 사람이란 것은 종과 종차에 의해서 종에서 개체로 나누어질 수 있어요. 그것을 모델로 삼으면…….

박홍규 돌멩이는 물질이지, 무생물이지. 무생물에서 생물, 생물에서 식물, 동물, 인간, 그렇게 나가.

양문흠 그러니까 물이라든가 흙 같은 것을 개체라고 할 수 있습니까? 물리적으로?

박홍규 아, 그러니까 그건 문제야. 아리스토텔레스의 자연학이 그런데에 문제가 있어. 그 사람 이론은 개체 이론이거든. 왜 개체 이론을 세우냐 하는 것을 우리는 곧 이해해. 개체라는 것은 무한정 apeiron의 공간을 모든 측면에서 차단한 것이니까. 그러니까 아리스토텔레스에서 우주는 무한히 크질 않아. 시간은 자꾸 밖으로 나가서 무한하대. 물질은 속으로 들어가야 무한하대. 무제한히 쪼개면 무한이 나온다는 거야.

양문흠 『형이상학』에 보면 무슨 퇴적이라는 낱말이 있죠. 단순한 모음 가지고서는 개체가 안 된다, 〈to de ti(이것)〉가 안 된다…….

박홍규 하나의 형상이 나와야지.

양문흠 사실 돌이라는 것이 전부 무더기로 있을 수도 있는 거죠.

박홍규 글쎄, 바로 그거야. 충족률이 거기서는 성립하지 않아. 퇴적은 존재한다는 충족률이 없는 것이야. 개체는 충족률이 있으니까 하나가 되는 것이고.

양문흠 그러니까 돌이라는 게 충족률이 안 되니까 개체가 안 되는 거죠.

박홍규 아리스토텔레스에서는 안 그렇지.

양문흠 돌이라는 게 그 자체로 어디서 끊어질지를 모르잖아요.

박홍규 끊어져 있어, 자연적으로 끊어져 있어.

양문흠 무슨 원리가 아무데도 없잖아요. 사람은 어디서 잘라야 된다는 것이 있는데, 돌멩이 속에는 어디서 입체가 성립해야 될지 원리가 충족적으로 없잖아요.

박홍규 아냐, 그것이 아니야. 돌이 커서 바위가 되든 좌우간 덩어리인 건 틀림없잖아? 그러니 개체야.

양문흠 그런데 사람은 이렇게 저렇게 마음대로 있어서는 안 되고 일정하게 보조 원인synaitia의 도움을 받아서 존재하지만, 돌멩이야 바위로 있건 쪼끄만 모래로 있건 관계가 없는데요?

박홍규 돌도 보조 원인을 받아, 질료matter로. 플라톤의 보조 원인 뒤에는 방황하는 원인이 있는데 그게 아리스토텔레스에 가면 질료가 돼.

양문흠 예, 돌도 보조 원인이 있을지는 모르지만, 그때는 돌멩이를 구성하고 있는 어떤 요소들 아닙니까?

박홍규 아니, 추상이라는 것은, 기관차가 있을 때 그것을 부분으로 다 쪼개는 것이 아니야. 그런 것은 추상이라고 하지 않아. 기관차는 그대로 있는데 그 전체를 정의할 수 있는 동일성을 가질 수 있는 방식으로 끄집어내야 추상이라 하지. 정의는 내포와 외연, 종차가 들어 있는 그런 것이지.

김인곤 양 선생님, 벽돌 같은 것은 개체예요, 아녜요?

양문흠 그건 아니지.

박홍규 인공적인 개체야. 아리스토텔레스 이론은 상식적인 세계에서는 아주 잘 들어맞아.

양문흠 (김인곤에게) 그러니까 그것은 본성 physis에 의해서 그렇게 되는 것이 아니라 우리의 필요에 의해서 이루어진 것이거든?

박희영 그러니까 인공적 개체라고 하면 되잖아요.

양문흠 그러니까 〈sōma〉가 입체라고 할 때는 순전히 물리적인 입체란 말이야. 그런데 아리스토텔레스가 말하는 개체란 인공적인 것과 완전히 떨어진 본성에 의한 것만이야. 그러니까 돌멩이 같은 것은 내가 생각하기에 논리적으로 개체가 될 수 없단 말이야.

박희영 양 선생님은 너무 종개념과 유개념에 의해서 개체로 딱 규정지어주는 체계 속에서만 생각하시는 것 같아요.

양문흠 개체가 그거거든, 떨어져 chōris 있어야 하고……

박홍규 아, 그러니까 아리스토텔레스 물리학은 애매하다, 그 말이야.

박희영 그것 이전에 이미 딴 것과 구별되는 점만 있어도 형이상학적으로는……

양문흠 (박희영에게) 아리스토텔레스가 실체를 〈chōris〉나 〈to de ti〉라고 할 적에 단지 모래를 갈라놓고 그런 말을 쓰지는 않았을 거란 말이야. 그것보다 치밀한 어떤 형이상학적 원리에 의해서 그랬을 텐데……

박홍규 그래.

양문흠 제가 말하는 것은 말이죠. 모래 한 덩어리가 있는데 반을 나눠서, 분리된 것이니까 이쪽도 저쪽도 개체라고 하지는 않았을 거라는 말씀입니다.

박홍규 물론 아니지, 덩어리는 자기 존재의 충족률이 없어.

양문흠 그렇죠, 그러니까 그것이 개체로 성립할 수밖에 없는 어떤 원리를 세우고 정의가 되는 종 같은 것을 기초로 해서…….

박홍규 아니, 이거 봐. 아리스토텔레스의 책을 읽어가면서 말이야, 지금 아리스토텔레스가 왜 이런 말을 하는지를 생각해야 돼. 그러면, 개체라는 것은 뭐냐? 공간에서 충족률을 취급해야 되니까 방황하는 원인을 고려해야 하는데, 이것이 일자를 파괴시키고 연장시키고 유동시키는 요소거든. 그러니까 그것을 공간에서 딱 차단해야 되겠다고 해서 나온 것이 개체야. 전체 우주도 그렇고. 내가 요전에도 말한 것처럼, 전체 우주가 한정되어 있으니까 거기다 눈금을 그으면 여기에 있는 이것이라고 〈tode ti〉가 나오는 거야.

김인곤 공간을 차단해서 개체가 나온다고 그랬는데, 그 차단해 주는 것은 무엇입니까?

박홍규 그러니까 그것이 애매해. 아리스토텔레스에는 없어.

김인곤 플라톤은 형상이 그걸 차단해 주는 것 아니에요?

박홍규 목적론에 의하면, 질료나 질료에 있는 성질quality이 형상을 향해서 간다고 해야 돼. 목적론적으로 차단한다고는 하지만, 그것이 능동인agent이 될 수는 없어. 자르려면 능동인이 들어가야 되는데 아리스토텔레스에는 그것이 없어. 그러니까 우주의 일자가 목적론적으로 우주를 지배한다고 그러지만, 그것이 능동자는 아냐. 그러니까 그 이유는 알 수 있어. 일자로 향하니까 다 뭉칠 수 있어.

박희영 제작자dēmiourgos가 필요 없겠죠.

양문흠 사실 그 목적론에서요, 선생님께서는 보조 존재synousia가 되는 것들이 자발적으로 그렇게 나간다고 생각하시는 것 아닙니까?

박홍규 아리스토텔레스 이론이 그거야.

양문흠 그러면 궁극적인 작용인은 어떻게 됩니까? 궁극적인 작용인이 형상 아닙니까?

박홍규 운동이 그렇다니까.

양문흠 아니, 물론 운동이 그런데요, 제가 보기에는 목적론이 되려면 보조 존재들로 하여금 일정한 노선을 따라가도록 하는 것이 형상인 것 같은데요. 〈energeia(현실성)〉라고 이름붙일 수 있는 어떤 형상 같은 것.

박홍규 아니, 공간에서만 형상으로 가. 아까도 말한 바와 같이 형상은 공간에서 분류해 가지고 넘어서서 나오는 것이고, 생명 현상, 〈heauton kinoun〉은 운동에서, 지금으로 말하자면 실증 과학에서 운동체, 생명체들 전부를 분류해서 그걸 넘어설 때 〈heauton kinoun〉이 나와.

양문흠 그럼 시간상에서 말이죠…….

박홍규 그렇지, 시간상에서.

양문흠 시간상에서 보조 존재들은 일정한 방향으로 나아가는데, 그것의 궁극적인 원인이 뭐냐 하면 형상이 되지 않습니까?

박홍규 아리스토텔레스 입장에서는 공간에서만. 그러니까 최고의 〈eidos haplos(순수 형상)〉로 가.

양문흠 그렇죠. 가는데, 그 운동의 궁극적인 원인이 결국 형상이라고 봐야죠.

박홍규 원인이? 목적론적으로만 그것이 원인이야.

양문흠 그렇죠.

박홍규 응. 왜 그렇게 가냐 하는 것은 설명이 없어. 다만 내가 설명한다면 보조인 synaitia이 어떻게 되느냐? 이제 잘 들어봐. 방황하는 원인 planōmenē aitia, 타자성, 연속성은 존재도 아니고 무도 아니니까, 존재로 갈 수도 있고 무로 갈 수도 있는 두 가지 성격을 동시에 가지고 있어. 존재로 갔을 때에 우리는 그것을 가능성이라고 해. 무로 갈 때는 우연성이라고 해. 그러니까 아리스토텔레스에서는 질료 matter가 가능성과 우연성의 근거야. 그런데 무는 없어. 무로 가는 것은 없어, 존재로만 가. 그러면 보조인이나 아리스토텔레스의 목적론이 얼른 이해돼. 알아들었지? 존재로 가니까. 무로 가면 목적론은 없어. 무는 없는데 무슨 목적론이냐, 그 말이야.

양문흠 중요한 것은 왜 그렇게 가지 못하도록 하느냐는 겁니다.

박홍규 아니, 무는 없으니까 존재로 가. 이것은 무론 meontology이 아니라 존재론 ontology이야. 존재의 충족률을 만족시키기 위한 것이니까, 아리스토텔레스의 목적론이 나오는 거야. 보조인이 나오고. 이건 내 해석이야. 그런 말 어디에도 없어. 그런데 이제 그것은 가능성만 있는 것이지 우연성의 원인은 되지 않아. 아리스토텔레스는 실제로 자연학에서 우연성을 논의하거든. 그러니까 뭐랄까 파르메니데스적이야. 무로 간다면 학문이 다 성립하지 않아. 모든 가정 hypothesis이 성립하지 않아. 모든 것이 없어진다면 거기서 무슨 얘기를 해. 얘기할 필요도 없어. 무는 없다. 그러니까 무로 가는 목적은 없어. 존재로 가는 운동만 있어. 그러니까 존재로 가는 목적론만 나와. 그것이 내 해석이야. 학문이 다 그래.

박희영 선생님, 존재와 무, 이렇게 파르메니데스적으로 어떤 최후의 차원에서 존재와 무를 나눠서 그렇죠, 원래 희랍어 자체에 〈einai〉, 〈on〉이 또 〈이다〉도 의미하기 때문에 만약에 무를 이것 아닌 딴 것, 타자라고 하게 되면……

박홍규 그것도 있어. 타자라는 것은, A에 대해서 B는 타자야.

박희영 우연성에는 타자로 간다는 의미는 없습니까?

박홍규 우연성? 우연성에는 여러 가지 의미가 있어. 여러 가지 차원에서 생각해야 돼.

박희영 그러면 설명이 가능할 것 같은데요. ⟨dynamis⟩가 아리스토텔레스 식으로만 따지면 가능성만 나와야 되잖아요. 그런데……

박홍규 그래, 우연성도 나와. 아리스토텔레스는 『자연학』에서 우연성을 논의하고 있어.

박희영 『자연학』에서 논할 때는 우연성도 논하기 때문에 존재와 무 차원으로 생각한 게 아니고 딴 쪽을 생각하지 않았나……

박홍규 아니야, 존재도 아니고 무도 아닌 것은 존재와 무를 동시에 놓고 나가야 성립하는 것이지, 무를 없애버리면 존재도 아니고 동시에 무도 아닌 것이 성립하지 않아. 운동도 성립하지 않아. 그렇게 해놓고 나서 이제 사람들이 뭐라고 얘기하느냐 하면, 무로 가면 곤란하거든? 그러니까 무로 가는 것은 없다, 무는 없다고 해. 파르메니데스에서처럼. 그러니까 학문은 이중적이야.

양문흠 그런데 아리스토텔레스는 사실 설명하는 것보다 설명하지 못한 게 더 많은 것 같아요. 예를 들면 아까 사람의 경우에도 ⟨이성적 동물⟩까지는 정확히 연역에 의해서 설명되는데, 그 다음에 사람이 왜 남자가 되고 여자가 되고, 왜 피부 색깔이 다르다는 건……

박홍규 그건 지금도 연역되지 않아.

양문흠 예, 안 되죠. 그게 전부 우연 아닙니까? 결국은.

박홍규 아리스토텔레스 말에 의하면, 플라톤도 그렇고 스토아 학파도 그렇지만, 형상은 남자한테서 오고 여자는 질료래. 허허허. 그래서 남자가 여자보다 우위라는 거야.

박희영 그러니까 그게 철학적 얘기라기보다도 콘포드Cornford 이론대로 아직 상당히 종교적 양성(兩性) 원리가 남아 있다고 봐야 돼요.

박홍규 그 당시의 견핼 거야. 자궁이라는 것은 질료에 해당되고, 허허허. 그 당시의 실증 과학이 그 정도니까.

양문흠 그런 건 어느 정도 설명된다고 쳐도, 아리스토텔레스의 정의를 통한 자연 세계의 이해라는 측면에서 보면 나머지 것도 맨 우연이야.

박홍규 뭣이 우연이야? 전부 우연 아니지.

양문흠 아니, 정의에서 벗어나기만 하면 전부 우연 아닙니까?

박홍규 정의에서? 그렇지.

양문흠 왜냐하면 아리스토텔레스는 자연 세계를 이해하는 것은 정의를 통해서 봤단 말이죠. 그러면 정의하지 못하는 것은 전부 우연이라고 봐야 되죠.

박홍규 아리스토텔레스는 전부 정의된다는 거야.

양문흠 아니, 정의되는 것은 어느 측면까지라고 딱 못 박죠. 예를 들면 종에 이르기까지만. 그러면 개체들에 관한 것은 몽땅 다 우연이라고 해야 되죠.

박홍규 아, 개체 이하? 개체야 다 우연이라고 하지. 물론 그렇지. 아, 그러니까 아리스토텔레스의 목적론은 지금 실증 과학에 안 들어맞아. 동물이 식물의 목적인가?

양문흠 아, 그런 측면이 있죠. 식물이 우리를⋯⋯.

박홍규 먹여 살리니까? 하하하.

박희영 식물학과 교수들이 들으면 큰일 날 소린데요. 거기는 식물이 우리를 이용한다고 하는데요.

박홍규 사람이 식물을 길러. 교배도 시키고 멸종하지 말라고 길러주는데?

양문흠 목적을 설명할 수 있는 여러 가지 설명 방식이 있겠지. 이종성(異種性)이라든가 복잡성과 관련된 어떤 우월성이라든가.

박홍규 아니, 내 말 들어봐. 아리스토텔레스가 왜 그런 소리를 하나

하면, 플라톤처럼 인식 능력이 고차원이냐 저차원이냐를 갖고 고하(高下)를 논하기 때문이야. 식물은 영양분만 섭취하고, 동물은 감각만 갖고 있고, 인간은 감각보다 더 높은 이성을 갖고 있다고 해서 그러는 거야. 그런데 그걸 그림으로 그리면 오각형 속에 사각형 있고 사각형 속에 삼각형 있듯이, 식물 속에 동물이 있고, 동물 속에 인간이 있고, 그런 식으로 나가. 『영혼론 *De Anima*』에서 그런 말을 해. 그것은 인식 능력을 기준으로 한 거야. 그런데 지금은 플라톤이 옳아. 염색체에 DNA가 있어서 그 속에 정보가 있다고 그래. 정보가 있다는 것은 무슨 얘기냐 하면 지적 능력이 있단 얘기야. 그러면 그 지적 능력이 우리의 감각이나 이성하고 어떻게 다르냐? 우리의 감각 같은 것은 대상화하는 능력이야. 식물도 다 인지 구조가 있어. 다만 신경 계통이 없어서 전문화가 안 되니까 대상화하는 능력이 없는 거야. 식물이 인지 능력이 없는 것이 아냐. 박테리아도 있고, 아메바도 있고, 바이러스도 다 있어. 생물은 다 있어, 요컨대. 그러니까 플라톤이 말한 것처럼 생물은 인식 능력을 가지고 있다, 인식 능력을 갖고 있으면 생물이란 말은 옳아. 증명이 돼 있어. 다만 그 인식 능력의 기능, 방법, 구조가 달라. 그래서 지금은 플라톤처럼 형상을 우리가 직관한다고 하지 않아. 다 무의식 속에서 이루어져. 형상을 본다고 하지만 어디에 있어? 눈에 보여? 안 보이지? 그러나 이렇게 학문을 해놓으면 어떤 구조 structure가 딱 있다는 것을 알 수 있어. 또 플라톤이 말한 것처럼 어떤 가정을 놓고 나가지 않으면 학문은 성립하지 않아. 그런데 실증 과학에 기초를 두지 않는 학문은 칸트나 데카르트나 영국 경험론자나 다 플라톤, 아리스토텔레스 우려먹기야. 그 사람들은 어디서부터 시작하느냐 하면 감각에서 출발해. 지금 인식론은 감각에서 출발하지 않아. 그건 옛날 얘기야. 지금은 생물학이 발달했어.

양문흠 목적론이란 것을 좀 세련되게 하면 성립할 수 있는 측면이 없나요?

박홍규 하하하, 전체 우주에다가 목적론을 놓는다, 글쎄? 베르그송 같은 데서는 목적론이 성립하지 않는데…… 목적론이란 것은 형상 이론 때문에 나와. 목적은 딱 끊어져야만 나와. 이것이 목적이다, 딱 끊어져. 지금 유동 이론flux theory에서 취급하는 생명 현상은 끊어버리면 죽어. 목적론이 성립하지 않아. 대상화하니까 목적론이 성립해. 베르그송같이 시간 속에서 자기 자신의 충족률을 성취하는 것은 영구히 살려고 해. 생물은 영구히 살려고 해. 그 영구히 살려고 한다는 것을 대상화하면 목적론은 가능해. 대상화하니까 목적론을 얘기해. 그러나 원칙으로 목적이라는 건 끊어져야 하고, 목표target가 있어야 돼. 목표가 없으면 미래가 열려open 있어. 이렇게 될까, 저렇게 될까, 어떻게 될까 미지수야. 거기다가 어떻게 목적을 세워? 미래의 뭣이 객관적으로 딱 나와야 돼. 객관적으로 나와야 돼. 사람이 놓든지, 자연적으로 놓아지든지. 자연의 세계는 자연적으로 딱 놔져야 돼. 아리스토텔레스에는 딱 있어, 플라톤도 있고.

양문흠 목적이라는 건 정의 속에 들어 있는 것 아닙니까? 뭐 꼭 미래에 대한 것이 없어도…….

김인곤 선생님, 끊을 때는 끊어줘야 되는 거 아니에요? 사람이 아무거나 먹고 사는 것은 아니고, 먹어서 사는 게 있고 먹으면 죽는 게 있잖아요.

박홍규 끊어서 생각하니까. 대상화하니까 끊어지고, 끊어서 생각하니까 목적론을 얘기해. 그러나 우리의 생명의 본체 속에 들어 있는 본능은 목적을 배제해. 무제한하게, 미래의 어떤 경우든 살려고 하는데 그것이 미지수야.

김인곤 목적이 완전히 배제된다고 볼 수 있습니까?

박홍규 글쎄, 동물이 목적을 위해 사느냐고 동물한테 물어봐. 대답하는가. 우리 인간이니까 목적을 애기하는 거야. 대상화하고 끊으니까. 대상화한다는 것은 딱 끊는 것을 의미해. 〈나는 돈 벌겠다〉고 딱 끊어. 본능은 반대야.

양문흠 목적론이 발달했던 시대는 모든 것들에 대해서 전부 그 본성 physis을 알 수 있다는 전제가 있었죠.

박홍규 그렇지. 그러나 시간의 세계에서는 미래의 세계가 열려 있어. 열려 있으니까 목적론을 애기할 수 없어.

양문흠 본성을 알 수 없다, 그렇게 되겠죠.

박홍규 몰라. 녹음 다 됐나? 하나도 안 빠졌지? 오늘 강의한 데는 지독히 중요한 대목이야. 철학하는 사람은 꼭 알아둬야 돼. 기본적인 거야. 그 이상의 추상은 없어. 그 이상의 철학의 근거는 없어.

박희영 그만 끝내시죠. 피곤하실 텐데.

박홍규 나한테 질문할 것 있으면 물어보라고.

박진 사소한 건데요, 아리스토텔레스에서 공간과 제1질료의 관계는 어떤 겁니까? 아리스토텔레스는 텅 빈 공간을 인정했습니까? 그렇지 않지 않습니까? 공간이 무엇으로 가득 채워져 있다고 했죠.

박홍규 공간은 제1질료하고는 별개 문제야.

박진 그런데 원자론자들처럼 공간을 텅 빈 것으로 간주하지는 않지 않습니까?

박홍규 여기서의 추상적 공간은 추상적인 사물의 존재를 논하는 공간이지 물리적 공간은 아니지.

박진 그럼, 기하학적인 공간은……?

박홍규 아니, 아리스토텔레스에서는 기하학적 공간도 객관적으로 성립하지 않아. 개체로서만 성립해.

박진 아까 존재도 무도 아닌 것, 그걸 어떤 것이라고 이해해야 하는지……?

박홍규 거기는 여러 가지가 들어가 있어. 타자성이라고도 하고, 연속성이라고도 하고, 방황하는 원인이라고도 하고.

박진 그것을 어떤 제1질료 같은 걸로 보는 게 아닙니까? 연속적인 것이라면 우리가 기본적으로 공간과 시간을 예로 들지 않습니까?

박홍규 제1질료라고 하면 모든 우주 사물의 질료야. 특별한 사물의 질료가 아니야.

박진 우주 공간을 가득 채우고 있는 그런 근원 질료 같은 것은 생각을 하지 않았습니까? 우주 공간이 텅 빈 것이 아니다…….

박홍규 공간하고 질료는 딴 개념이야.

박진 아리스토텔레스는 제5원소 같은 것도 생각하지 않았습니까? 지수화풍 말고 월하의 세계, 월상의 세계를 통틀어서 천체를 채우는 에테르 같은 것이요.

박홍규 불하고 공기 사이에 중간치가 있지. 불 같은 공기.

박진 그것은 어떤 연속적인 물질이 아닙니까? 그런 것도 존재도 무도 아닌 것에 해당한다고 볼 수가 있어요?

박홍규 나 무슨 소린지 모르겠네.

박진 네.

(1992. 6. 24.)

354

희랍 철학의 이면

박홍규 오늘 강의는 희랍 철학에 대해 어느 정도 교양을 가진 사람들을 위한 거니까 초심자인 경우에는 듣기가 조금 힘들 거야. 강의 제목을 〈희랍 철학의 이면〉이라고 했는데 왜 〈이면〉이라고 했느냐는 일단 놓아둬.

희랍 철학이라는 것이 서양에서 대개 어떻게 연구되었느냐 하면, 르네상스 때 인문주의자humanist들이 있어. 그 사람들이 희랍어 문법도 만들고 희랍어를 정리했어. 그래서 문헌 중심으로 연구하고 희랍의 여러 가지 문헌을 모았어. 또 그것들에 대한 로마 사람들의 견해를 모아서 학설집doxography를 만들었어. 지금 딜스Diels의 학설집이 나와 있잖아. 대개 문헌 중심이었어. 그래서 문헌학을 기초로 해서 희랍 철학을 해. 문헌학을 하지 않고 희랍 철학 하면 의미가 없어. 그래서 독일에 묄렌도르프Möllendorf라는 사람이 있는데, 그 사람은 오직 희랍에만 관심을 두고 희랍적인 것을 오로지 희랍어를 통해서만 생각한다고 했어. 그런 유명한 말이 있어요. 좀 배타적이지. 문헌학적으로 고증이 되지 않으면 소용이 없다는 말이야. 우리에게 주어진 데이터라는 것은 문헌을 통해서 주어지니까 요컨대 문헌학을 통해서 입증이 되어야 해. 그러니까 문헌학 공부가 제일 중요하지. 그런데 슐리만 H. Schlieman이 트로이를 탐험하다가, 18세기던가, 19세기던가?

박희영 19세기 초지요.

박홍규 19세기 초지. 독일에 슐리만이라는 돈 많은 사람이 있었어. 그 사람이 호메로스의 『일리아드』에 나오는 트로이 이야기가 거짓말이 아닐 것이라고 그걸 팠어요. 팠더니 거기에서 성이 나오고, 금이 나오고, 은이 나오고 해서 고고학이 발달을 해요. 그리고 그 뒤에 에반스 J. Evans가 크레타 섬의 미케네 문명 지역을 팠어요. 그 후 프랑스, 영국에서 고고학, 인류학이 발달하고 나서부터는 희랍 연구도 이제 신화 시대까지 올라가기 때문에, 고고학의 성과를 받아서 그것을 기초로 해서 고대 희랍의 문명을 연구한다는 것이 지금은 빼놓을 수 없는 주류가 되어 있어. 그런데 인류학이라는 게 희랍만 가지고는 되지 않으니까, 자꾸 인근의 문학과 연결이 돼서 연대사(連帶史)를 연구하게 돼. 쉽게 말해서 이집트나 페니키아, 아라비아나 메소포타미아에 있는 여러 오리엔트 세계를 연구하지 않으면 희랍 세계도 모르게 되어 있어. 예전의 문헌학 쪽에는 오리엔트 세계가 거의 나오지 않거든. 그러나 지금은 히타이트 족이니 오리엔트 세계가 들어가야 돼. 그런 여러 가지 관계를 갖고 희랍을 보고 비교 연구를 해야 돼. 그래서 지금은 영국, 프랑스에서 고고인류학이 발달했기 때문에 자연히 독일은 문헌학적인 연구로 가지. 물론 독일 아니라도 다 문헌학을 기초로 해서 하지만. 영국, 프랑스의 문헌학적인 성과는 가령 신화에 대해서는 예전의 오리엔트 신화 같은 것들과 관계해서 희랍 신화를 연구해. 천문학도 그렇고.

그렇게 해놓고 희랍 철학을 내용상으로 접근 approach할 적에 대개 두 가지가 있어. 역사적으로는 세 가지인데. 버넷 J. Burnet이라는 사람이 있어요. 영국은 옥스포드하고 케임브리지하고 갈라지는데, 그 사람은 초기 희랍 철학을 근대 과학의 선구자들이라고 해. 그러니까 희랍 철학을 뒤쫓아 가면 근대 과학이 나온다는 말이야. 프랑스에 레옹 로뱅 Léon Robin이라는 사람이 희랍 철학사를 썼는데, 거기에 부제가 붙어 있어. 〈과학적 정신의 원천origine de l'esprit scientifique〉이라고. 여기서 〈과학적 정신의 원천〉이라는 것은 그러니까 과학적이지 않은 것은 빼놓자는 이야기야. 신화 세계 같은 것은 취급하지 않아. 버넷은 극단적으로 희랍 철학이 신화나 종교하고는 아무 상관이 없다고 해.

그런데 그 사람들 사고에서는 희랍 철학이나 실증 과학은 세계적인 것이며 어디서나 통하는 것이라는 가정이 들어 있어. 그러니까 그 사람들이 희랍 철학에서 보려고 하는 것은 더 넓게 이야기하면 인간 일반의 지능이 실증 과학으로 나타날 적에 그 형태가 어떻게 나타나느냐를 보는 거야. 인간의 일반성, 지능의 일반성에서 보려는 거야. 지능이라는 것은 다른 것과 달라서 진리를 말해야지. 수학 같은 것은 하나에 하나를 더하면 둘이 되지, 지방에 따라서 셋이 된다거나 넷이 될 수는 없어. 예술하고는 다르단 말이야. 어떤 국민은 이런 음악을 좋아하고, 다른 국민은 또 다른 걸 좋아하지. 그러나 지능은 그렇지 않아. 지능은 일반 규칙rule에 따라야 돼. 원시인 때부터 현대인에까지 지능 속에는 그것을 극단화시키면 나오는 일반적인 규칙이 있는데, 그러한 근세의 자연과학의 시초가 희랍에서 나왔다는 얘기야. 보통 실증 과학은 그 기원이 희랍에서 나왔다고 해.

그런데 이제 심리학에서 지능에 관해 실증 과학적으로 연구해. 그것이 발달심리학이야. 왜냐하면 희랍 철학에서부터 인간의 지능을 가만히 보면 이것이 고정되어 있는 것은 아니고 발달한 것은 틀림이 없어. 어린애에서 어른에 이르기까지, 미개인에서 현대인까지 지능이 발달한 것이 틀림없어. 그런데 가만히 고찰해 보니까, 지능이 발달할 때 거기에는 일정한 법칙이 있더라는 얘기야. 어느 인간에게나 발달하는 순서는 항상 똑같아. 가령 우리가 국민학교에서 하나에 하나 더하면 둘이라는 것 배우고, 그러고 나서 나중에 둘에 둘을 곱하면 넷이라는 것을 배우고, 또 더 어려운 수학이 나오고, 기하학 배우고, 미분 배우고. 이렇게 커리큘럼이 짜여 있지. 그 커리큘럼이 쉬운 데서부터 어려운 것으로 올라가지, 어려운 것 배웠다 쉬운 것 배웠다 하지 않아. 일정한 길 route이 있어. 그것을 취급하는 것이 지금 말하는 발달심리학이야. 그러니까 커리큘럼을 짜려면 발달심리학을 공부해야지. 가령 기하학이 먼저냐 수학이 먼저냐, 수학에도 이런 것이 먼저냐 저런 것이 먼저냐를 따져야지? 가령 지금 국민학교 4학년 때 뭐 배우지? 늙어서 자꾸만 잊어버리네. 새로 논란이 많이 있었잖아? 아, 집합론. 집합론을 국민학교 4학년 과정에 넣어야 될 것이냐 말 것이냐 하는 문제가 있었잖아. 그런데 지능 발달상으로는 도저히 안 된다는 거야. 집합론을 이해 못한대. 그런데 국민학교 4학년 때에 머릿속에 꾸역꾸역 집어넣어. 그래야 사회에 나가서 써먹겠다는 거야. 수학이 이용 가치가 있으니까. 그러나 사실 집합론은 지능 발달상으로는 너무 이르다는 거야. 그래서 우리나라에서 집합론을 가르칠 것이냐 말 것이냐, 논란이 많았던 거야. 인간의 지능이 어른으로 갈 적에 추상적인 사고로 자꾸 올라가. 그런 하나의 가정을 놓으면 그 과정의 순서가 다 일정해. 그래서 내가 그전에 〈소크라테스 이전의 철학〉에 대해서 강의할 때 말한 것이 그거야. 그것을 해야만 희랍 초기 자연 철학에 대한 윤곽이 서. 호메로스나 플라톤이 똑같은 지능 발달 단계에서 쓰인 것이 아니야. 지금 이 사람들의 입장에서는 근대 과학뿐만 아니라 과학 이전의 신화 시대의 지능 발달은 몇 살 때 나오고, 그 다음 중간에 무엇이 나오고, 가령 희랍의 원자론 같은 사고는 지능 발달의 어느 단계에서 나오느냐를 실증 과학적으로 연구를 해서, 유럽인인 경우 몇 살 때 나온다는 것까지 얘기를 해. 지금 우리가 아는 바와 같이, 희랍에서 비로소 기하학이 발달했지 다른 곳에서는 발달한 곳이 없어. 특징이 그것이야. 수학은 인도도 있고 다 있어. 그러나 기하학은 발달하지 않아. 그 이유가 어디에 있느냐가 문제야. 요컨대 기하학이 지능적으로 더 어렵다는 이야기야. 우리나라도 예전엔 수학도 발달하지 않고 기하학도 발달하지 않았어. 사고방식이 그 이전의 상태에 있었어.

그런데 이런 사고는 근본적으로 인간의 지능 발달에 어떤 하나의 원리principle가 있어서 어디서나 같다는 규칙 위에 서 있어. 그러니까 원시인에서 현대인에 이르기까지 모든 인간은 지능의 작용이 다 같이 움직인다, 같은 원리에 의해서 움직인다는 입장이야. 그런데 이것을 가만히 분석해 놓고 보면, 이런 입장은 지능의 내용을 공간 속에서 추상abstract해서 비교할 때 가능한 것입니다.

그러나 인류학자들이란 단지 그렇게만 하는 것이 아니라, 역사적인 것을 취급해. 그렇게 내용을 추상적인 공간에서 비교만 하는 것이 아니라, 구체적인 현실에서 왜 이런 학문이 이 사람들에게 나타났으며, 그렇게 나타나게 하는 요인이 현실적으로 무엇이냐는 것을 따져. 플라톤도 하나의 작품이고, 수학도 작품이고, 유클리드 기하학도 작품이고, 신화도 작품이고, 예술도 작품이거든. 이 사람들 입장에서는 작품 일반이 하나도 같은 것이 없다는 거야. 우리가 사람마다 얼굴이 다르거나 몸 생긴 것이 다르듯이, 사람마다 개성이 있어. 그 개성의 소산에 따라서 다 달라. 평가를 못해. 가령 셰익스피어의 작품하고 프랑스의 코르네이유의 작품을 비교해 보면 평가를 할 수 없어, 예술 세계에서는. 철학이 발달하는 데에도 희랍 사람의 고유한 어떤 문제의식이 있어. 그렇게 말해야만 되는 역사적인 환경과의 관계에서 그만한 이유가 있어서 그렇게 만들었다는 거야. 그 역사적인 환경이라는 것은 궁극적으로 무엇이냐? 그렇게 만드는 생명 의식의 기본적인 것, 철학에서 말하자면 주체성, 영혼, 의식의 선험적a priori인 것 밖에 있는 것은 모조리 다

특수하다는 이야기야. 칸트 철학은 칸트에게만 있어. 단 한 번만 있지, 두 번 다시 없어. 헤겔도 그렇고. 같은 것이 있다고 생각하면 곤란해. 그런데 그것이 우리 개인뿐만 아니라 민족성에도 들어 있어. 가령 쉬운 말로 하면 프랑스에는 샹송 chanson이 있고 독일에는 리트 Lied가 있고 이탈리아에는 칸초네 canzone가 있어. 같은 즐거움을 표시해도 다르단 말이야. 〈이건 뭔가 독일 냄새가 난다〉, 〈여기서는 뭔가 여기서 이탈리아 냄새가 난다〉, 그런 식으로 되는 거야. 슬픔이라도 독일 사람이 느끼는 슬픔은 슬픔이라는 점에서 같다고 할는지 모르지만 슬픔을 느끼는 방식 자체가 달라. 가령 우리 한국 사람은 왜색 가요라고 배척하지만, 이미자의 「동백꽃」이나 조용필의 「돌아와요 부산항에」도 왜색 가요거든. 음울하고, 달콤하고, 부드럽고, 멜랑콜리하고, 그게 다 일본 사람 가요의 특징이야. 그런데 그게 다 한국에서 히트를 친단 말이야. 한국 사람들이 좋아해. 그러나 중국 사람들 떽떽거리는 것은 싫어해. 우리나라에서는 유행하지 않아. 우리가 산다는 생명력의 기초는 같는지 어떨지 몰라. 그 사람들은 거기까지는 이야기하지 않아. 요컨대 그것이 발달하는 방식이 전부 다 결정 determinate되어 있어. 독일 사람이 슬퍼하는 방식을 프랑스 사람들은 이해하지 못해. 자기네 슬픈 것은 잘 이해하지만. 독일 사람이 슬픈 것은 영국 사람이 잘 이해하지 못해. 독일 사람은 잘 이해해. 슬픔 일반이라는 음악은 없어. 모든 학문이라든지 지식도 구체적인 환경에서, 그 상호관계에서 보고, 딱 떼어서 추상해서 보는 것이 아니라, 그 전체 속에서 봐. 전체 속에서 보면 그때 그 사물이 왜 존재했느냐 하는 것에 대한 평가가 저절로 나와. 그러니까 역사적인 것입니다. 그래서 〈역사〉라는 말을 써.

프랑스에 텐느 Taine라는 사람이 있어. 그 사람이 『영국 문학사 *Histoire de la littérature anglaise*』(1864)를 썼는데, 유명한 책이야. 그 사람이 뭐라고 말했느냐 하면, 문학사라는 것은 하나하나의 작품을 보는 것이 아니다. 그 뒤에 숨어 있는 보이지 않는 영국 사람을 찾는다는 거야. 보이지 않는 영국 사람이라는 것이 무엇이냐 하면, 나타나는 작품이 아니라, 작품을 작품으로서 산출시키는 눈에 보이지 않는 생명력, 보이지 않는 인간을 찾는다는 말이야. 그러면 그 보이지 않는 인간의 구조가 영국 사람, 프랑스 사람, 독일 사람이 모두 다 다르더라는 이야기야. 어딘가 다르더라는 거야. 구조주의 이론이라는 것이 모두 그런 거야. 그냥 역사적으로 보는 것이 아니야. 그 사람은 그래서 제일 중요한 것으로 인종race하고, 환경milieu하고, 시대, 그 세 가지를 들었어. 인종만 갖고도 안 되고, 나치즘처럼 인종만 중심으로 보는 것도 아니고, 경제적이거나 사회적인 환경만 중요시하는 것도 아니고, 또 시간도 중요시해. 그 세 가지를 들었어.

그런데 이 사람〔텐느〕이 또 뭐라고 하느냐 하면 우리가 희랍 철학에서 취급하는 것은 희랍의 역사 속에서 흐르고 있는 눈에 보이지 않는 희랍 사람의 정신적 구조mental structure를 본다는 거야. 〈정신적 구조〉라는 말은 안 쓰고 〈영혼의 건축술architecture〉이라는 말을 써. 내가 교단에 오래 서서 가르쳐 보면, 같은 고대 철학을 해도 말을 들어보면 정신적 구조가 다 달라. 벌써 문제 제출하는 방식이나 관심이나 뭔가 다르단 말이야. 그러니까 희랍에 대해서 여러 가지 학자가 나오지. 학자들이 희랍에 대해서 똑같은 소리를 하고 있는 것이 아니잖아. 그것은 분명하지? 어떤 사람은 물리학으로 가고, 어떤 사람은 수학으로 가고, 어떤 사람은 철학으로 가고, 철학도 형이상학 하는 사람이 있고 형이상학 안 하는 사람이 있고, 그 밑의 단계에서 머리가 좋은 사람이 있고, 정신적 구조가 다 달라. 지금 심리학에서 말하는 지능지수IQ를 잰다는 것만 가지고는 그 사람의 정신 상태mentality를 몰라. 그 사람의 정신적 구조를 재야지. 가령 동대문에서 장사하는 사람은 대학도 안 나오고 국민학교도 안 나왔어도 장사 재주가 대단한 사람이 있어, 정주영

이처럼. 또 대학을 나오고 경제학을 했어도 장사 못하는 사람이 있어. 이론으로는 자꾸 뭐라고 하지만 타고난 장사꾼의 정신 구조는 따로 있어. 그러니까 이 사람의 입장은 추상적인 것은 희랍 철학을 희랍의 역사에서 떼어가지고 진공vacuum 속에다 넣고 논리적으로 따지고 있다는 거야. 그게 무슨 희랍 철학이냐? 진정한 희랍이라는 것이 그것이냔 말이야. 희랍이라는 것은 그 역사, 그 사회 속에서 그것을 그렇게 만들어 내는 보이지 않는 희랍 사람을 파악해야 한다. 그것을 그렇게 만들어놓은 희랍 사람의 내면 구조가 무엇인가를 찾아내야 한다는 거야. 이것은 프랑스에만 있는 독특한 학문 방식이야. 가령 이어령의『축소 지향의 일본인』이라는 책이 있지? 일본 사람이 이러이러한 경향이 있다는 단순한 열거가 아니야. 축소 지향이라는 것을 여섯 가지로 나누었어. 나누어서 보이지 않는 일본 사람의 성격을 축소 지향이라고 규정하고, 그것을 여섯 가지의 구조 속에 넣어 가지고 그것이 어떻게 해서 지금까지 발달했느냐, 그렇게 봐야 일본을 안다는 입장이야. 그런데 이런 사상이 왜 나오느냐 하면, 아까 말한 바와 같이 사물을 구체적으로 보는 실증 과학이 발달할 뿐만 아니라, 데카르트 류의 주관주의나 관념론 같은 것이 무너질 때, 그것이 무너져서 나와. 왜냐하면 데카르트처럼 사유적 자아ego cogito라 하면 내성 심리학이라 하는데, 속을 봐도 아무 것도 안 나오거든. 실제로 아무것도 나오지 않아. 아무리 내가 지금 코피를 토한다고 해도 아무것도 안 나와. 내면 세계는 몰라. 우리가 모르는 이 내면의 세계를 어떻게 해서 한번 접근할까 하는 것이 생물학이 발달하면서부터 하나의 큰 문제가 돼. 그 사람들에게는 집단 무의식 같은 무의식의 세계가 굉장히 중요해. 그래서 무의식의 세계를 해석해야 되겠다고 해서, 해석의 대상으로 삼아. 프로이드처럼 꿈의 해석, 무슨 해석, 여러 해석들이 나와. 그러나 이 입장[텐느 같은 입장]은 해석을 하는 것이 아니라 그 결과가 사실로서 실제 여기 작품으로 나타나 있으니까 작품을 분석해서 그것을 통해 그리로 들어갈 수 있다는 이야기야. 그것이 나타나는 한에서, 증명으로 있는 한에서 그 내면적인 구조를 벗겨보자는 거야. 그러니까 이것은 아주 실증적인 사고야. 실증적으로 연구를 해야 돼. 이런 사고는 실증적으로 많이 공부를 한 뒤에, 〈아하, 희랍 사상의 구조는 이런 것이다〉 하고 이야기해야지, 어설프게 달려들었다가는 아무것도 안 돼. 이건 그런 학문의 방법론이야. 이전에 버넷이 본 바와 같은 단순한 방법론이 아니야. 종교니, 경제니, 사회니, 모두가 엉켜 있어서, 그런 것들에 대해서 다 알아야 해. 작품은 물론이고. 독일의 문헌학적 방법론을 모두 소화한 다음 하나 더 높은 단계에 올라가서 보는 거야. 문헌학적 방법론을 없애는 것이 아니라, 그걸 머리에 넣고 그리고 나서 이런 더 높은 단계로 들어가요.

　그것을 희랍 사람에 대한 〈역사적 심리학historical psychology〉, 또는 〈사회 심리학social psychology〉이라고 해. 인간의 일반론적, 보편적 심리 기능psychic function을 취급하는 것이 아니라, 역사적인 심리학이야. 언제든지 역사적인 것이 본성이라는 거야. 다시 말하면 실존적existential인 차원에서 보는 거야. 역사적 심리학이라는 말은 프랑스 사람만 써, 실증적이니까. 다른 데서는 이런 말 안 써. 그렇다면 실제로 역사적 심리학에 접근하는 길은 뭐냐 하는 문제가 나와. 아까도 말한 바와 같이, 다 알아야 돼. 그런데, 인간이 사회적으로 어떤 하나의 개성을 가지고 있다는 것은 무엇으로 아느냐? 여러 가지 방식이 있겠지. 그 사회에만 고유한 지성intellect을 표시하는 하나의 기능이 있는데, 그것이 무엇이냐 하면 바로 언어야. 언어는 우리가 두 살 때 내면적인 세계가 성립되어야 가능한 것이야. 지금 심리학에서는 두 살이 되면 말을 한다고 해. 그러니까 내면적인 세계가 생겨야 말이 나오고, 다른 여러 가지 심각한 것도 얘기를 할 수 있게 돼. 말이라고 하는 것에는 문법이 들어 있는데 문법은 그 민족과 그 사회에 고유해. 다른 데

가면 안 통해. 이것이 역사적인 것이야. 그러면서도 그 사회에 고유해. 프랑스의 사회 실재론자 realist들의 말에 의하면 우리는 사회에서 태어나서 사회 속에서 죽어. 마음대로 못해. 우리가 언어를 마음대로 하냐 하면 아니지. 우리 한국어를 우리가 고쳐서 마음대로 할 수 없어. 우리 한국어의 문법은 한국어에만 성립해. 한국어에 가까운 것이 일본어야. 중국은 다르거든. 문법이 전혀 다르거든. 사는 것도 달라. 그 언어 계통을 찾아보면 그 민족이 어디서 왔는가, 그 근원과 원형을 찾을 수 있다는 거야. 그래서 그 원형이 역사적으로 내려오면서 이렇게도 갈라지고 저렇게도 갈라졌다는 거야. 유럽 같으면 그 언어는 아리안 계통이라고 그래. 그래서 뒤메질 Dumézil이라는 사람이 있는데, 유럽이 여러 가지 언어로 갈라지기 이전에 최초의 아리안 민족들의 근원적인 사회가 어떤 것이냐를 찾아. 아주 실증적이지. 독일하고 정반대야. 그 원형 Archetypus을 논리적인 차원에서 찾는 것이 아니라, 시간적인 차원에서 찾아. 이것을 프랑스 철학 공부하는 데에는 꼭 알아두어야 돼. 구조주의가 나온 이유도 그런 거야. 유명한 인류학자 있지? 레비스트로스. 인간의 가장 깊은 원형이 어디서 찾아지느냐 하면 신화적인 것, 역사적인 기초에서 찾아. 거기서 현대의 여러 가지 유형으로 갈라져 나왔다는 거야.

그렇게 보니까 사회 구조가 일반적으로 어떻게 되어 있느냐 하면, 세 가지로 나누어지는데, 사제, 즉 종교를 맡는 직분을 가진 사람하고, 그 다음에 무사 계급이 있고, 그 다음에 생산 계급이 있어. 가장 중요한 것이 전투 무사 계급과 생산 계급이야. 그런데 아리안 계통을 보면, 생산 계급이 항상 그렇게 부자유스럽지 않아. 무사 계급은 무엇을 중요시하냐 하면 자유를 중요시해. 그런데 희랍 사회에도 세 가지 것이 있어. 그렇게 보는 거야. 희랍이 미케네 문명에서 최초로 도시가 성립하는데, 그것을 보면 오리엔트의 영향을 받아서 종교를 지배하고 있는 왕이 절대 군주라는 거야. 그러나 아리안 민족이 사는 서유럽에는 절대 군주 제도가 오래 계속되지 않아. 그러나 미케네에서는 절대 군주야. 그래서 예전에는 종교적인 것은 어디든지 있으니까 왕이 제사와 종교적인 것을 맡아 가지고 있는데, 그 사람이 자기 밑에 부하를 둬. 글을 쓸 수 있는 서기를 둬. 일반 민중은 문자를 모르니까 그 사람들을 시켜서 관료적인 통제 효과를 만들어서 지배를 하고 있어. 우리 한국과 비교해서 생각하면 곧 알 수 있어. 우리 한국도 왕이 대신이니 영의정이니 하는 관리들──감투 쓴다고 하지──을 데리고 정치를 했거든. 예전에는 한문을 했으니까 일반 사람들이 문자를 몰라. 그래서 세종대왕이 한글을 만든 거 아냐? 실제 공문서는 다 한자로 되어 있는데, 그 사람들은 지배 계급이야. 미케네도 그렇게 되어 있대. 그런데 미케네 왕국은 오리엔트의 영향을 받은 거지. 도리아 민족이 희랍에 들어와서 미케네 왕국을 완전히 없애버렸어. 그 당시에 도리아 민족이 들여온 전통을 보면 종교를 가지고 있으면서 지배하는 왕이라는 것이 없어. 중심은 무사에 있어. 『일리아드』, 『오디세이』를 보면 알 수 있지? 절대 군주 왕의 이야기가 아니지. 시저도 군인들 세계야. 〈polis(도시 국가)〉라는 게 민족 이동 때부터 어떠한 형태로 있었다고 하는데, 그게 뭐냐면 군사 단체야. 이 점이 지금 대단히 중요해. 미케네 왕국이 무너지고 이제 암흑 시대가 돌아와. 거기서 뒤에 희랍 세계가 나오는데, 거기서 법치 국가가 나와. 우리가 희랍 문화사를 이해할 때 하나의 문제 거리가 바로 그거야. 어떻게 그런 암흑 세계에서 법치 국가가 나오느냐 하는 문제야.

무사라는 것은 말로 된 전차를 타고 전쟁을 해. 그 수가 얼마 되지 않아. 만들어낼 쇠가 있어야 되고, 말도 있어야 될 것 아냐? 그런데 그것이 당시로서는 모든 기술의 꽃이지. 최고의 기술이지. 지금 비행기에 기술이 다 집적되어 있듯이, 그 당시에는 그것이 기술의 꽃이야. 그것을 타고 전쟁을 하는 것도 기술이고. 그래서 그 사람들은 특권을 가지고 있어. 그 밑에는 농민들인데, 그 사람들은 그것을 타지 못하는 사람들이야. 그런데 무사들의 성격이 뭐냐 하면, 무사들은 강자들의 세계니까 자유를 주장해. 우리가 자유, 자유 하지만 자유가 어디서 나왔는지를 한번 생각해야 돼. 지금 인류학자들이 오지에 들어가서 보면 민족이 두 가지가 있대. 날마다 밥 먹고 싸움만 하는 민족하고, 그렇지 않으면 농업 국가로 집에서 밭이나 일구고 그냥 편안하게 사는 민족, 전쟁하지 않고 편안하게 사는 사람들이 있어. 그런데 심리가 어떻게 다르냐? 인류학자들의 보고에 따르면, 전쟁을 좋아하는 사람들은 애를 기를 적에 애를 업어주는 법이 없어. 안아주는 법도 없고. 바구니 같은 데 넣어서 갖고 다녀. 스파르타 식이야. 평화를 좋아하는 사람들은 안아줘. 나약해, 요컨대 나약해. 그러니까 자유라는 것은 약자가 부르짖는 것이 아니라 강자가 부르짖어. 약자는 어디다 호소하느냐 하면 감정에다 호소해. 동정에다 호소해. 남의 동정에 호소하는 것이 약자야. 우리 한국 사람도 무슨 사건 일어나면 항상 약자를 동정하지. 내가 보면 그래.

김인곤 강자가 왜 자유가 없죠.

박희영 강자가 자유가 없어서 부르짖는다는 것은 아니죠.

박홍규 자유라는 것은 남한테 지배당하지 않는다, 굴복당하지 않는다는 뜻이야. 강자는 지배당하지 않아. 약자는 당해도. 약자니까 하는 수 없다는 거야. 우리나라 사람도 그런 심리야. 한풀이한다는 게 그렇지. 강자는 한풀이하는 것이 아니라 가서 싸워. 자유를 찾고. 한풀이하지 않아. 자유라는 게 강자의 세계라는 것을 알아야 해. 희랍 사람, 서양 사람이라는 게 어떤 사람들이냐 하면, 생물 중에서도 인간이 가장 독한 생물인데, 그 인간 중에서도 가장 독종이야. 슈펭글러Spengler는 사람을 ⟨Raubtier(육식수, 맹수)⟩라고 했어. 다른 동물을 잡아먹고 싸우는 동물을 맹수라고 하는데, 서유럽 민족이라는 것은 맹수 중에서도 맹수야. 예전 게르만 민족도 그렇고 다 같아. 자기 아들이나 남편이 살아 오면 방패에 실려서 죽어서 오지 왜 살아 왔느냐고 하는 민족들이야. 희랍 사람도 같아. 자꾸 정복해서 들어가는 거야. 그러니까 이건 정복자의 사상이야. 그런데 무엇을 가지고 싸웠느냐 하면——이 사람들〔역사 심리학자들〕이 하는 것은 심리학이니까——, 〈tymos(용기)〉를 가지고 싸웠다는 거야. 기사들은 자유를 주장하는데, 그 사람들의 심리 psychology는 〈tymos〉야. 플라톤에서도 싸우는 사람들의 덕목이 〈tymos〉지? 〈tymos〉라는 것은 근대 서양 민족들을 알기 위해서도 아주 중요한 대목이야. 〈tymos〉를 뭐라고 번역하느냐 하면, 독일어로 〈Lebenkraft(생명력)〉, 〈Lebenwille(생명 의지)〉, 〈Wünsch(욕구)〉, 〈Gemut(기질)〉, 〈Gefühl(감정)〉, 〈Herz(마음)〉, 〈Mut(용기)〉야. 격정, 용기 같은 것들을 〈tymos〉라고 해. 그걸 가지고 싸웠다는 거야. 이 사람들이 귀족들인데, 적이 많이 올 때는 귀족만 가지고는 수가 되질 않아. 그러니까 귀족 밑에 중간 계급의 사람들이 같이 싸워야 돼. 그 사람들은 일일이 말을 탈 수가 없어. 말이 귀하고, 전차를 만드려면 돈이 많이 드니까. 그래서 그 사람들은 방패나 창을 들고, 헬멧을 쓰고, 중장비 보병이 돼. 그 뒤에는 그것도 없는 경보병이 따르고, 그 뒤에 노예도 따르고 그래. 중장비 보병은 긴 창을 가지고 어깨를 붙여 나란히 해서 집단적으로 질서정연하게 서서 돌진해 가. 또 상대가 오면 그런 식으로 막고. 앞에 말 탄 사람들이 와도 창이 지독히 길어. 그것이 돈도 안 들고 싸울 때는 말 타고 싸우는 것보다 효과적이라는 거야. 그것 때문에 마케도니아 왕도 세계를 지배한 것 아냐? 희랍이 페르시아에 이긴 것도 그렇고. 그런데 그러려면 집단 행동을 해야 돼. 예전에 기사들은 전차 가지고 혼자 싸울 때도 있고, 여럿이 싸울 때도 있고, 마음대로야. 그런데 이 사람들은 집단 행동을 해야 돼. 적이 침입하지 못하도록 어깨와 어깨 사이가 벌어지지 않고 집단 행동을 해야 돼. 개인이 제멋대로 하면 곤란해. 그러면 오합지졸이 돼. 그러니까 여기서는 〈tymos〉에 더해서 지금 군대들이 퍼레이드 하듯이 집단적인 행동을 해야 돼. 거기에서 무엇이 나왔냐 하면, 〈sophrosunē(사려 깊음)〉가 나온다는 거야. 〈sophrosunē〉라는 것은 요컨대 자기 마음대로 하지 않는 것이야. 프랑스 말로는 〈bon sens(양식)〉, 영어로는 〈common sense(상식)〉야. 사려 깊다는 얘긴데, 요컨대 자기 멋대로 하면 군대가 되지 않고 오합지졸이 되니까, 집단적인 규칙rule에 따라서 행동을 해야 돼. 그것이 〈sophrosunē〉입니다.

그러면 이제 사람들이 전쟁에 나가서 공을 세우거든. 그러면 어떤 문제가 생기냐면 그것에 대한 권리 문제가 나와. 귀족들은 귀족들이 싸워서 이겼으니까 거기서 보상을 받지만, 다른 사람들은 그냥 국민으로 다 나가서 싸웠으니까 보상을 받아야 될 것 아냐? 전리품이 있다든지 했을 때 거기에 대해서 자기 멋대로 하면, 싸움이 생기고 내분이 생기거든. 그 물건을 가운데 놓고 서로 논의discuss를 해. 그 가운데에 놓는 장소를 〈아고라agora〉라고 해. 그 장소는 군대가 모여서 집중 훈련하는 장소도 돼. 나중에 물건을 나눌 때, 나는 이런 공을 세웠다, 너는 이런 공을 세웠다, 서로 자기주장을 해. 자기의 권리를 주장해야 될 것 아냐? 그 장소도 〈아고라〉라고 하고, 동사로 〈agoreuō〉라 하면, 〈아고라에서 연설을 한다〉, 〈자기주장을 한다〉는 뜻이야. 그런데 그 사람들이 집단으로 싸웠으니까 보수가 다 같아야 될 것 아냐? 그러니까 어떤 사고(思考)가 나오느냐면 〈isoi(같은)〉, 너와 나는 평등하다는 사고가 나와. 똑같이 싸웠으니까. 귀족이라는 개념은 없어져요. 없어져 버리고 똑같다는 거야. 그래서 그 사람들이 같이 앉아서 똑같은 음식을 먹고, 똑같은 옷을 입고, 지금 식으로 말하자면 똑같은 계급이지, 똑같은 시민권, 똑같은 권리를 가지고서 거기서 국사를 논해. 맨 처음에 국사는 요컨대 전리품을 어떻게 나누느냐는 것이야. 왜냐하면 군대라는 게 요 컨대 약탈자들, 침입자들이야. 서양 사람들은 다 약탈자들이야. 강자는 항상 약탈해. 약탈하지 않는 강자는 하나도 없어. 이건 생물학적인 법칙이야. 그래서 아고라에서 정치 문제나 모든 문제를 놓고 논의를 해. 각 사람이 동일한 발언권, 평등권을 가지고 거기서 국사를 논해. 그런 대표적인 국가가 스파르타야. 그래서 스파르타를 가장 질서 있는 나라라고 해서 그걸 〈cosmos(질서)〉라고 해. 〈cosmos〉란 가장 질서 있다는 이야기야. 장신구니, 군대니, 음악이니, 전부 다 〈cosmos〉라고 해. 여기서 중요한 것은 종교를 지배하는 절대 군주가 없었다는 것, 도시 국가의 중심은 군인이라는 것, 군인의 정신 상태는 귀족에게는 〈tymos〉라는 것, 자유를 주장한다는 것 ── 게르만 민족도 명예를 존중한다고 하지 ──, 그 다음에 〈sophrosunē〉를 중요시한다는 것, 그리고 민주주의 democracy로 넘어가요.

그러니까 희랍 정치사의 발달은 군대 조직이 어떤 역할을 했느냐, 군대의 형태에 따라서 달라져. 로마도 그래. 이전에 평민 시대가 있었지. 말하자면 공화 시대가 있었어. 공화 시대가 왜 나왔느냐 하면 그것 때문에 나와. 희랍의 그런 전법이 로마로 들어가서, 〈equites(말 타는 사람들)〉, 귀족들만 가지고는 도저히 못하겠거든. 같이 싸워야지. 같이 싸우면 그 사람들이 자기 권리를 주장할 것은 분명하거든. 서양 사람들은 강자들이라 자기의 권리를 강하게 주장해. 그래서 로마에서는 원로 patriarch들의 원로원하고, 평민 plebs들 회의가 있어. 그것을 지금의 영국이나 미국식으로 이해하면 하원이 돼. 그 둘이 중요한 세력으로 나와. 왜 그렇게 되었느냐 하면, 서양의 도시 국가라고 하는 것은 군인들의 집합이기 때문이야. 그런데 그것이 오합지졸이 아니라 질서정연한 뭐랄까 규격화를 요구해. 그렇지 않으면 군대로서의 가치가 없어. 문제가 거기에 있어. 군대로서의 가치는 질서정연한 데에 있다. 서양 고대 문화의 특징은 〈ordo(질서)〉, 질서야. 라틴어의 〈ordo〉라는 것은 명령을 내린다는 의미고 군대에서 전선(戰線)이라는 뜻이야. 또 희랍어의 〈taxis(질서)〉란 말이 있지. 〈syntax(구문론)〉라고 할 때의 〈taxis(배열)〉라는 말은 전선이라는 뜻이야. 그리고 〈tassō(배치하다)〉는 〈명령을 내린다〉는 뜻이야. 〈tassō〉 동사나 영어의 〈order〉는 원래 전선이라는 뜻이야. 군대는 질서정연해야 군대의 가치가 있지, 질서가 없으면 아무 의미가 없어. 그래서 누누이 강조하지만, 철학뿐만 아니라 서양 사람 일반을 알기 위해서는 서양 사람 생활의 기초가 군인이었다는 것을 알아야 해. 군인이었어. 질서정연한 군인에서 나와. 로마 가톨릭 교회를 봐. 언젠가 여의도에 교황이 왔을 때 질서정연하게 미사를 올렸지. 군내보다 더 질서정연해. 그게 〈cosmos〉야.

그런데 서양의 중세기에도 왕이 없어. 법황이 있지. 이것도 동양적 구도 oriental scheme입니다. 실제로 실권은 누가 갖고 있냐면 봉건 군주들, 무사들이거든. 그 사람들이 높아지면 왕이 되잖아. 이 사람들이 법황하고 자꾸 싸워. 그 밑에는 농노가 있지. 근대 사회에서 기술이 발달하면 농노가 시민이 돼. 부르주아 세계가 나오는 것이지. 질서정연하다는 것, 규격화되어 있다는 것이 서유럽 사회의 특징이야. 현대 산업 사회도 그것을 우리가 머리에 넣고 봐야 돼.

서양의 봉건 사회하고 희랍 사회의 도시 국가 사회는 일본하고 비슷해. 일본도 처음에 왕이 있었는데, 왕 밑에 무사들이 있었거든. 무사들 중에 힘센 놈들이 왕을 쫓아내 버렸어. 그리고 자기들끼리 서로 막 싸워. 그래서 나중에 명치 때까지 왕은 사실 어디에 있는지도 몰라. 돌연히 왕이 나타났어. 명치유신이라 해서 도로 왕을 갖다놓았는데, 그 전에는 그 오랜 시간 동안 정말로 왕이 있었는지 없었는지도 몰라. 그런데 일본 사람도 생활이 규격화되어 있어. 이거 알아두라고. 우리 한국 사람은 규격화된 것이 언제냐 하면 신문화(新文化)가 들어온 뒤야. 그 이전에는 양반 계급의 형식주의formalism만 있어. 갓 쓰고, 예의 지키고, 양반은 규격화되어 있어. 걸어가는 것도 양반 걸음이 있고, 밥 먹을 때의 예의범절이 거기에 속하는 것이야. 그러나 일반 사회는 농업국가이기 때문에 규격화가 되어 있지 않아. 우리 한국 사람은 규격화가 되어 있지 않아. 일본에 가면 일본 집은 나무로 짓는데, 이층으로 짓거든. 지진이 나서 이층밖에 못 지어. 어떻게 짓느냐 하면, 한번 잘 들어봐. 한국 사람과 근본적으로 다른 데가 있어. 일본 사람은 집을 나무로 짓는데 벽돌은 없어. 지진에 벽돌은 약하거든. 서까래가 폭이 세 치가 되고, 또 기둥은 아홉 치 기둥인가, 딱 규격이 있어. 우리 한국 사람은 집을 지을 적에 기둥은 그냥 통나무 갖다가 껍질만 벗겨서 기둥 하고, 또 옆에 나무 대는 것도 그냥 껍질 벗겨 갖고 조금 잘라 가지고 기둥이고 대들보야. 서까래도 그렇고. 서까래도 그냥 쪼그만 나뭇가지 껍질을 벗겨 가지고 서까래 해. 그렇게 집을 지어. 그러나 일본 사람은 안 그래. 밑에 다다미를 까는데, 다다미라는 것이 돗자리방석이야. 그것이 석 자, 여섯 자야. 어디를 가나 딱 그렇게 정해져 있어. 그것이 석 자, 여섯 자니까 두 개 놓으면 여섯 자, 여섯 자가 되지. 세 개 놓으면 여섯 자, 아홉 자가 돼. 그것은 제일 작은 방이고, 대개 최소 넉 장 반이야. 세 개를 나란히 놓고 옆으로 또 하나 반을 깔아. 그러면 다다미 넉 장 반이 딱 나와. 그러면 주위 뺑 돌아서 모두 아홉 자, 아홉 자야. 그것이 기초야. 딱 규격화되어 있어. 아홉 자, 아홉 자, 그리고 또 옆에 두 장을 더 깔면 아홉 자, 열두 자, 그리고 열두 자, 열두 자, 그렇게 방이 규격화되어 있어. 다다미가 규격화되어 있으니까 그것에 맞추어서 집을 지어야 돼. 설계가 그렇게 딱 나와 버려. 우리 한국 방은 안 그렇잖아. 어떤 것은 길기도 하고, 짧기도 하고, 크기도 하고, 좁기도 하고, 맘대로야. 일본에서는 딱 정해져 있어. 내가 아홉 자 방 한 가운데 있으면 주위하고 거리가 똑같아. 그 옆에 찬장이라고 해서 옷장 넣는 데가 딱 있고. 기둥이나 서까래는 제재소에서 기둥은 아홉 자, 서까래는 석 자, 딱 규격이 있어. 판자는 네 푼 판자를 깔아. 그것이 아주 정해져 있어. 그런데 우리 한국 사람은 제재소에 가서 나무를 규격화해서 집을 짓지 않아. 일본 사람들의 집은 전부 다 기하학적이야. 기하학적으로 공간이 딱딱 분할되어 있어. 우리 한국 사람은 집에 가면, 천장도 서까래도 둥글둥글 뱀 기어가듯이 불규칙하고, 대들보도 불규칙하고, 문짝만 규칙적이야. 왜 그러냐 하면 아까도 말한 바와 같이 우리의 정신 상태 mentality가 다르다는 이야기야. 일본 사람들은 딱 규격화된 사고야. 또 더 이야기하자면 정원 있지? 주위에다가 나무를 심잖아. 향나무든지 뭐든지 일본 사람은 반드시 칼로 잘라서 예쁘게 만들어. 그런데 우리 한국 사람은 그렇게 자르는 법이 없어. 요새 자르는 것은 다 일본서 온 겁니다. 일본 사람이 한국 정원을 본다고 비원을 가서 봤어. 정원이 없고 나무만 이렇게 있거든. 정원이 어디 있냐고 물었대. 일본 사람 경우에는 예전의 프랑스 정원처럼 딱 규격화되어 있어. 분재라는 것, 꺾꽂이라는 것이 있지. 그것이 다 일본 문화입니다. 그 근원은 한국에서 건너갔을지도 몰라, 중국이나. 그러나 지금 그런 것 하는 것은 다 일본 사람들이 들어와서 한 겁니다. 우리 조선 500년 동안 집 지을 적에 제재소라는 것이 없어. 일본 사람들이 그렇게 짓고, 그런 식으로 집을 지어야 되니까 제재소가 생겼지. 제재소에 가면 뭐든지 직선으로 깎아내. 그 나무를 가지고 이층을 지을 수는 있어도 한국 사람처럼 집을 지으면 약해서 집이 되지 않아. 그러니까 우리 행동도 마찬가지야. 일본 사람들은 딱 규격화된 사람들이야. 서유럽에서 받아들인 것 중에 가장 기본적인 것이 무엇이냐? 사람을 규격화시키는 것이라고 생각하면 돼. 유치원 가라고 하면 거기서는 애들이 9시면 9시에 딱 가. 국민학교는 몇 시에 학교 오라 하면 딱 오고. 점심 시간은 몇 시까지 딱 먹고, 그것이 훈련이야. 우리는 학교에서 공부하는 것만 생각하는데, 학교 가지 않고 집에서 해도 되지 않느냐? 그것은 전혀 의미가 달라. 요컨대 규격화하는 데 있어. 그렇지 않으면 어디 도로에 나가서도 교통사고 나서 죽을 거 아냐? 우리 한국 사람들 교통사고가 세계에서 제일 많잖아. 규격화가 돼 있지 않아. 일본 사람은 한국 사람보다도 더 성격이 급해. 급해도 교통사고가 안 나. 한국 사람은 왜 그러냐? 농업 국가라는 것은 규격화가 되지 않아. 규격화해서 뭘 해. 쓸모가 없잖아.

박희영 일본에는 무사 계급 말고 농민이 없습니까?

박홍규 농민 있지. 농민도 전쟁 나가면 군인이야.

박희영 주도 계급이 무사이고 농민도 군인이 되어서 그렇습니까?

박홍규 응. 농민도 있고, 상업하는 사람도 있어. 그러나 문화가 그래. 무사 계급 문화야. 원래 무사가 중심이야.

박희영 학교도 굉장히 엄격하더라고요.

박홍규 엄격해. 지독히 엄격해. 우리 한국 사람하고 달라. 일본에서는 적당이라는 것이 통하지 않아. 한국 사람은 적당주의라고 하는데, 일본 가면 〈적당히〉라는 말이 없어. 우리 한국처럼 그런 의미로 안 써. 〈적당히 해두자〉 그런 말이 없어. 우리 한국 사람은 모두 적당주의야. 정확하게 punctual 하지 않아. 서양 사람들은 정확하잖아. 몇분지 일, 몇 십분지 일, 몇 억분지 일, 그렇게 세잖아. 예전에 우리 조선 시대에는 수량화해서 생각한다는 것이 없어.

그러면 또 무사 계급의 특징을 하나 이야기할게. 희랍에서 꼭 알아두어야 할 것이 라틴어의 〈res publica(공적인 일)〉, 〈public thing〉, 공적인 것이 뭐냐 하는 것이야. 이 사람들〔역사 심리학자〕은 도시 국가 polis하고 〈oikos(집, 가정)〉하고 대비를 시켜. 우주도 있고, 도시 국가도 있고, 집안도 있어. 집에 가면 누가 있냐 하면, 아버지, 어머니, 아들, 딸이 있지. 길 가는 아무 사람이나 보고 아버지라고 하지 않지? 분명하지? 자기 아버지, 어머니는 하나밖에 없어. 둘인 경우는 없지. 입양하면 아버지가 둘도 되고 어머니가 둘도 돼. 그렇지만 실제로 낳은 아버지와 어머니는 하나야. 낳았다는 그 사실은 절대로 안 끊어져. 그런데 아버지, 어머니가 하나라는 것이 중요해. 아버지, 어머니는 아무나 될 수 없고 이러저러한 누구, 고유명사야. 고유명사는 대체가 되지 않아. 가역적reversible이지 않아. 그러면 가정이라는 것은 무엇으로서 결합이 되느냐? 본능에 의해서, 감정에 의해서. 아버지나 어머니는 자기 아들, 딸을 본능적으로 사랑한단 말이야. 사랑한다는 것은 하나가 된다는 이야기야. 한 집단이 이루어진다는 이야기야. 하나가 나와야 돼. 분열하면 곤란하잖아. 가정이 없어지잖아? 그런데 군대는 어때? 군대는 꼭 이 사람이 대장이 되어야 된다, 이 사람이 중대장이 되어야 한다는 것이 있어? 거기는 군번이 있어. 우리 아버지, 어머니는 군번을 달 수가 없어. 그러나 군대 가면 군번 갖고 통해. 다시 말하면 얼마든지 대체될 수가 있어. 그렇지? 그게 뭐야? 가정에서는, 자연인으로서는 구체적인 이 사람, 이 사람이야. 따라다녀. 고향도 따라다니고, 자기 아버지, 어머니도 일회적인 것이고, 다 고유명사야. 그런데 군대 가면 고향이 무슨 상관이고, 아버지, 어머니가 무슨 상관이야? 아버지, 어머니가 왜 상관이 없지?

박희영 기능하고 아무 연관이 없으니까⋯⋯.

박홍규 죽어야 하잖아. 아버지, 어머니를 거스르더라도 군인은 위태로우면 국가를 위해서 죽어야 하잖아. 아버지, 어머니가 무슨 상관이 있어. 죽어야 되거든. 요는 그 사람이 그 자리에 적성, 능력이 있느냐, 없느냐, 그것뿐이야. 그러니까 거기서는 자연인으로서 인간이 가지고 있는 구성은 완전히 다 없어져버려. 군대는 추상적인 인간이야. 추상적인 공간이 나와야 돼. 그것이 나오지 않으면 군대가 안 나와. 그렇지? 추상적 공간이 나오기 때문에 지배자, 대장이라는 것이 딱 있어서 거기서 명령을 내려. 그걸 우리가 조직이라고 해. 조직이 서로 충돌하지 않으려면 분류가 딱딱 제대로 되어야지. 여기는 중대고, 여기는 대대고, 여기는 연대다. 그 방법이 아리스토텔레스의 논리학에 나오지. 그러면 군대라고 하는 것은 내가 특수한 개인이기 때문에 가지고 있는 모든 것은 다 빠져 나가버려. 그리고 무엇만 남느냐 하면 국가라고 하는 것만 남아. 국가라고 하는 것은 내 것도 네 것도 아니고, 그 누구의 것도 아니야. 요컨대 〈공적인 것〉이야. 공적인 것이 서양 사람의 아주 중요한 사상이지. 법치 국가가 나와. 중성적인 법치 국가. 그러면 거기서 사는 사람의 정신 상태는 추상적인 공간에서 합리화되어서, 서로 충돌하지 않게끔 조정되어 있는 생활을 해야만 될 것 아냐? 그런 사고가 발달해. 그것이 희랍에서 극단적으로 발달했다, 그 말이야. 그러니까 플라톤이 『국가』에서 말하기를, 군인은 돈을 벌어서도 안 된다. 또 그 위에 최고 지도자가 있어. 그것도 군인이야. 방위자야. 그 사람은 명예도 추구해서는 안 된다. 군인이 돈을 좋아하기 시작하면 도둑놈이 돼. 명예를 좋아하면 명예는 개인적인 것이기 때문에 군인이 사병화돼. 후진 국가라는 것이 다 그런 거야. 후진 국가 군대가 그런 거야. 국가에서 손떼라는 거야. 정치에서 손떼라는 거야. 그런데 떼려면 군인이 정신이 있어야 돼. 군대 정신이 뭐냐 하면 〈돈을 안 벌겠다〉, 그것을 먼저 마음속 깊이 가져야 돼. 〈명예를 추구하지 않겠다〉, 그 자세가 나와야 군대다운 군대가 나와. 요컨대 군대는 뭘 갖고 살아? 군대는 〈공적인 것〉만 갖고 살아. 모든 것을 군대화하자는 것은 요컨대 공적인 입장에서 보자는 이야기지. 이것이 서양 사람의 합리적인 사고가 어디서 나오느냐를 보여줘. 즉 다시 말해서 〈공적인 것〉이 어디서 나오느냐는 것과도 맞먹어 들어가. 우리가 로마를 다 합리적인 국가라고 하는데, 그러면 로마 사람들이 지금처럼 비행기를 만들어서 합리적이라고 하나? 기술이 발달해서 합리적이라고 하나? 학문을 해서 합리적이라고 하나? 그런 것 없어. 그래도 합리적이라고 해. 그것은 그 사람들의 행동 방식이 합리적이기 때문이야. 그 밑에 뭣이 깔려 있냐? 추상적인 〈공적인 것〉에 의해서 행동이 조절되어 있기 때문에 합리적이라고 해. 그것이 모든 문화 속으로 들어가. 음악도 그렇고 모든 속에 다 들어가. 요컨대 전체가 조화되어야harmonized 돼.

그러면 이제 문제가 생겨. 우리 인간은 어떻게 하느냐, 그 말이야. 한편은 아버지, 어머니, 가정이고, 한편은 국가인데, 이것이 충돌할 것 아니냐? 그렇지, 분명히 충돌하지? 서양 사람들은 〈공적인 것〉의 입장에서 보니까 수평적horizontal인 사회가 나오지만, 우리 동양 사회에서는 수평적 사회가 되지 않아. 잡초와 비슷해. 아버지, 어머니에 의해서 위계질서가 정해져 있어. 그러니까 여기서는 수직적vertical인 사회가 나와. 개인이라는 것은 가정도 있고, 자식도 있고, 또 먹고 살려면 재산도 필요한데, 그러면 이것을 전부 〈공적인 것〉으로 만들면 어떠냐? 요새 금융실명젠가 하는 것이 있어. 쉽게 말하면 돈을 국가에서 관리하자는 이야기야. 간단히 이야기하면 그거야. 돈을 국가에서 관리하자. 플라톤은 가정을 국가에서 관리하자는 학설을 내세웠어. 그러면 어떨까? 국가에서 가정을 관리하면 되겠느냐는 말이야. 사랑이 있어야지, 부부간에. 사랑이 있어야지. 돈도 그렇고 다른 것도 그렇지만, 나는 내 철학으로서도 도대체 금융실명제라는 것은 전면적으로 안 된다고 보는 사람인데, 왜냐하면 결혼 생활이라는 것은 두 사람이 합해가지고 하나가 되는 것이거든. 우리가 그 관계를 생물학적으로 보면 섹스라고 하는데, 섹스의 내면 이야기, 그 비밀은 절대로 밖으로 나타나지 않아. 자궁 속에서 일어난 일이 어떻게 나타나? 지금은 사진을 찍어서 한다고 하지만, 정자 속에 일어난 일이 어떻게 나타나느냔 말이야. 지금은 텔레비전에서도 보면 자궁 속의 정자까지 사진을 찍어. 그렇지만 생명은 작용이야, 작용. 정자 속에 있는 작용 그 자체는 아무리 사진을 찍어봐야 나타나지 않아. 무리한 소리야. 그것과 더불어 인간의 본능 그 자체가 문제가 돼. 그거 사진 찍어서 나타나나? 바깥으로 나타나지 않아. 소용없어. 군대에 대해서 얘기한 것은 공간화된 사고인데, 바깥으로 나타나야 그게 문제가 되지. 돈이라고 하는 것은 사유재산이야. 왜 사유재산이라고 하느냐 하면 내 것이니까. 항상 사유재산이라고 하는 것은 숨으려고 해. 어디 가서 숨으려고, 나타나지 않으려고 해. 기본적인 사유재산이 무엇이야? 내 속에 들어 있는 내 신체가 기본적인 사유재산이야. 요새는 피도 팔아먹고, 간도 팔아먹고, 다 팔아먹잖아. 돈 없는 사람은 피 팔아가지고 살잖아. 그것이 사유재산이야. 기본적인 사유재산이야. 동물은 간에다가 영양분을 섭취 저장해 가지고 살아. 그래 가지고 또 보충해. 우선 먹는 것은 두세 시간 있으면 다 나가 버리니까, 다시 밥을 먹어야 돼. 그러나 사자 같은 것은 한번 먹으면 일 주일 가. 낙타는 등에 기름 있는 것 한 달이고 쓰지. 물도 저장해 놓고 사나흘 가. 그 물은 그 낙타 고유의 것이야. 낙타 모가지를 베봐. 물밖에 없어. 낙타는 죽어버리지. 사유재산은 숨으려고 해. 사유재산의 주인은 누구냐? 우리에게 외부로 나타나지 않는 생명 현상이 그 돈의 소유권을 가지고 있어. 국가가 가지고 있다고 생각하면 안 돼. 국가가 어디에 있어, 실증적으로 볼 때? 국가가 무슨 돈을 가지고 있어? 건물이거나 대통령이지. 대통령도 개인으로서는 자연인이지. 자연인 속에 들어 있는 것은 나타나지 않아. 어느 정도 실질적인 것에 관계하는 것은 바깥으로 나타나니까 우리가 돈을 은행에다 집어넣어라, 세금 낸다, 등등 제도권 내로 들어오지만, 그 근본에 들어가 보면 사유재산이라는 것은 나타나지 않는 것이 본성이야. 그것을 억지로 공개념화하려고 하면 플라톤이 가정을 공개념화시켜서 국가에서 관리하려고 한 것과 똑같은 폐단이 나와. 되는 일이 없어. 공산주의 봐. 돈을 국가에서 관리하니까 되던가. 어느 사회에서 일시적으로 하면 얼른 조금 이익을 볼 거야. 그러나 항구적으로는 되지 않아.

박희영 옛날에는 됐죠. 스파르타라든가…….

박홍규 그게 말이야, 스파르타에 원시 공동체의 땅, 공유지가 같은 것이 있는데, 그때는 자아가 발달하지 않았을 때거든. 그것은 어느 한도 내에서만 돼.

박희영 도시 국가가 안 커지고…….

박홍규 그러니까 내 개인 자의식이 발달하면 할수록 사유재산 제도는 더 강해져. 하여간 여기서 〈공적인 것〉이 나왔다는 걸 중요시해. 프랑스 계몽기에 사회주의와 개인주의가 나누어져. 희랍 사람의 이런 전통적, 조직적인 사고방식이 그렇게 갈라져서 나오지만, 그것은 불행한 일이고, 실제 인간이라는 것은 양자를 다 가지고 있어.

그러면 아까 말한 바와 같이 수학뿐만 아니라 기하학까지 나온 이유를 우리가 알아야 해. 희랍의 천문학이 바빌론에서 나왔거든. 거기도 수학적인 천문학은 있대. 그러나 거기는 기하학적 천문학은 없대. 희랍에서 처음 나왔지. 공간 개념이 희랍에서는 유난히 강하게 나온다는 거야. 그래서 지금까지 말한 바와 같이 〈공적인〉 사고, 추상적인 사고가 발달하면 할수록 공간 개념도 추상화되어서 나와. 그래서 역사적으로 볼 적에 희랍에서 기하학이 나와. 기하학을 〈geometry〉라고 하는데, 땅을 잰다는 뜻이야. 그런데 이집트 같은 데서는 땅을 재서 피라미드를 만들었거든. 지독히 엄격한 기하학이 있었을 것이라고 해. 거기서는 그것이 승려 계급에 의해서 주재(主宰)가 되었다는 거야. 그래서 그 한계를 못 벗어나. 희랍에서는 승려 계급이라는 것이 없어. 〈geometry〉라는 말은 희랍에서 많이 써, 로마에도 없어. 땅을 재는 학문이 추상화되어서 기하학으로 나오는 것은 희랍뿐이야. 로마 사람은 실용적이니까. 합리적인 것이 행동 차원으로 들어가니까 법이 나와. 법도 공간 개념이 나와야 추상적인 법이 나와. 그런데 그 사람들 입장에서는 실제 있는

378

국가는 동시에 군인이면서 동시에 가정 살이도 하고 물질적인 재산도 소유해야 되거든. 그런데 이오니아 같은 데서 항해술이 발달하고 공업이 발달하고 기술이 발달하는데, 기술의 발달과 추상적 학문의 발달이 어떤 관계에 있느냐는 것이 어려운 문제야. 아마도 내 생각에는 상호 보충했을 것으로 보여. 기술의 발달은 여러 가지 재화를 가져다줘. 그래서 부자가 생기고 가난한 사람이 생겨. 그러면 사회에 여러 가지 문제가 생겨. 스파르타 식의 단순한 평등 사회가 무너지고, 계층이 있는 복잡한 사회로 나아가. 그러니까 사회가 혼란돼. 지금 우리나라처럼 여러 가지 문제가 나타나. 그럴 때 나타나는 것이 칠현인이야. 이 사람〔역사 심리학자〕말에 의하면 칠현인의 기본적인 역할은 우리 인간 사회의 질서를 다시 도모하는 데 있다는 거야. 그런데 질서를 도모하려면 희랍 사람들의 입장에서는 아까도 말한 바와 같이 〈sophrosunē〉라든지 〈dikaion(정의로움)〉이라든지 여러 가지 군대 사회에서 얻어진 개념이 기초가 된다는 것이지. 플라톤의 국가도 마찬가지야. 그 이외에는 질서를 받을 때가 없어.

그러면 기술의 발달과 학문의 발달이 어떤 관계에 있느냐? 방금 말한 바와 같이 측지술이 이집트에서도 발달했지만, 기하학이란 학문이 발달한 곳은 희랍이야. 또 화폐 경제 같은 것에서도 추상적인 사고가 발달할 수 있지 않겠느냐고 생각할지 모르지만, 이 사람 관점은 이거야. 화폐 경제가 발달해도 그것을 기준으로 해서, 그런 기술의 발달을 기초로 해서 추상적인 학문이 발달하지는 않더라는 얘기야. 이게 대단히 중요한 이야기야. 기하학이 발달했어도 그것은 기술의 발달을 기초로 해서 발달한 것이 아니다. 누가 기하학을 발달시켰느냐 하면 피타고라스 같은 사람들이 발달시켰는데, 피타고라스 학파 사람들이 기술자냐 하면 기술자가 아니라는 이야기야. 그 사람들은 기술자가 아니고 종교적인 교단을 꾸미고 산 사람들이고, 학문은 자기들의 인격을 완성시키기 위해서, 마음을 깨끗하게 하기 위해서 하는 사람들이야. 지금은 다르지. 기술이 발달해서 여러 가지 컴퓨터 같은 것이 나오니까, 이럴 때는 이런 수학을 만들어내야겠다고 해서 발달하잖아? 거기는 달라. 기술의 발달이 기초가 되어서 추상적인 학문이 발달하지는 않았다는 거야.

그러나 기술이 학문에 대해서 직접적으로는 영향을 주지 않았지만 간접적으로는 영향을 준 것이 아니냐? 준 점이 많다는 거야. 그러나 직접 학문을 발달시킨 것은 아니래. 왜냐하면 기술이 준 간접적인 영향이라는 것은 항해술의 영향이거든. 희랍 학문의 주위 환경은 지중해라는 바다를 끼고 발달했다는 것이 특색이야. 이집트나, 황하나, 유프라테스는 어쨌든 강이거든. 그런데 여기는 바다야. 한번 바다로 나가면 국적이 없어져. 인종의 차이가 없어져. 거기서는 풍파를 만나면 서로 도와야 돼. 사해동포주의적 cosmopolitan인 사고가 나와요. 그런데 배가 한번 아테네 항에 들어가면, 너는 아테네 사람이고 나는 외국인이다, 그 차이가 나와. 이런 특색은 중국이나 다른 데서는 찾아볼 수가 없어. 내륙이나 강에서만 발달했으니까. 그건 다른 얘기고, 하여간 여기서는 배 타고 어디까지 가냐 하면 카르타고에서 마르세이유, 영국까지 가. 도리아 민족이나 아리안 민족들이 대륙의 숲 속에서 바다로 나옴으로써 희랍의 문화가 급진전해. 그래서 다 아는 바와 같이 아테네와 스파르타가 다른 점은 아테네는 항구라는 점이야. 그래서 바로 옆에 사람들이 다 모인단 말이야. 장사하는 사람들이 모이고, 아고라에서 물건을 팔고, 그래. 거기서 종합적인 것이 나와. 아프리카에서 온 사람, 동방에서 온 사람, 여러 가지 사람들이 아테네에 모여. 거기서 소위 소피스트가 되거나, 여러 가지 논의가 나와. 그래서 거기서 학문이 발달해. 그러니까 희랍 고대 문화는 지중해 연안에서 발달해. 대륙 문화가 아니야. 독일이나 러시아처럼 대륙 문화가 아니야. 그것이 특징이야.

그리고 또 하나 이 사람이 지적하는 것이 무엇이냐 하면, 그 당시는 노예 제도이기 때문에 일은 노예가 해. 귀족들은 사용자이고. 그러니까 사용자의 구미에 맞추어서 일을 하고, 무엇을 만들어내야 돼. 현대처럼 일반 시장이 없어. 지금은 구매자가 원하는 걸 만들기도 하지만, 거꾸로 생산자들이 구매자를 유도해. 그래서 시장의 권리를 가진 사람들이 무슨 상품, 무슨 상품 만들어내. 옷도 많이 팔아먹기 위해서 자꾸 유행을 바꿔. 희랍에서는 그런 것이 없어. 일반 시장에 물건을 내놓고 파는 것이 없어. 그러니까 경제 자체가 현대처럼 독립된 시장 경제로서 구실하지 않아. 그런데 이 사람 말에 의하면 그때 물건은 사용자를 위해서 만드는데, 사용자는 물건의 질을 따지고, 노예는 그 사람들이 원하는 질, 즉 〈eidos(형상, 질)〉를 보고 만들어낸다는 거야.

또 아르키메데스 같은 사람이 있거든. 아르키메데스는 근대 물리학처럼 실험을 한 사람 아냐? 수량적으로 엄격히 재어서 아르키메스의 법칙을 세운 사람이잖아. 근대 물리학과 비슷하거든. 어디가 다르냐 하면, 근대 물리학은 그 뒤에 가정 hypothesis이 다 있어. 그런데 아르키메데스는 없어. 아르키메데스는 그 예가 분명히 맞는 것이니까, 그 예를 분석해서 가정을 만들어 가지고 자꾸 번져나가면 어느 정도는 물리학이 발달했을 것 아냐? 그런 작업이 없어. 왜냐하면 물건을 만드는 것은 노예가 하는 일이니까, 거기서 끝나. 일반적으로 근대 물리학은 기술 과학technical science이야. 그러나 그 뒤에 배경이 있어. 희랍에서 나오는 가정이 있어. 가정은 희랍에서 언제부터 시작되느냐면 플라톤부터 시작해.

그러면 처음에 있는 물리학은 어떠냐? 처음의 우주론이 전부 물리학에 속하는 이야기거든? 그 물리학을 실제로 응용해 보니까 맞지 않더라는 이야기야. 무엇에 맞지 않느냐면 우리 인간에 대해서 맞지 않아. 히포크라테스라는 의학자가 있지. 우리 동양에서처럼 의학이라는 것은 병을 낫게 해야 의학이지, 그렇지 않으면 의학이 아니지. 그러니까 자꾸 실험을 해봐야 돼. 이 약도 먹어보고, 저 약도 먹어보고 해야 발달해. 실험적이라는 점에서는 현대 과학하고 같아. 그러나 그 가정이 틀려먹었어. 그 사람은 신 것, 단 것, 그런 것들로 사람이 구성되었다고 해. 그런데 그 물리학은 지수화풍으로 우주가 되어 있고, 인간은 우주의 일부분이야. 그러면 인간도 지수화풍으로 되어 있어야 될 것 아냐? 그게 안 맞아. 그래서 지수화풍 갖고 싸워. 그러니까 실험만 한다고 해서 물리학이 발달하는 것은 아니야. 가정이 나와야지. 갈릴레이에서부터 물리학은 일정한 가정이 딱 있는 거야. 있어 갖고 그 위에서 하나하나의 실험을 해보는 거야. 이 자연 세계 전부를 일일이 다 할 수는 없는 거 아냐? 어떤 전형적 typical인 것 하나만 빼내어 실험을 해서 일반론을 형성해 나가는 것이지, 경우 경우마다 다 실험하는 것이 아니야. 그러니까 일반적인 가정도 없고, 또 일반적인 가정을 만드려면 그만큼 추상적인 사고가 발달해야 하는데, 추상적인 사고도 발달해 있지 않고, 또 사회적, 경제적으로 다른 여러 가지 일은 노예가 하고, 귀족들은 하지 않았다는 거야. 귀족들은 싸움이 본성이야. 전쟁하고 약탈하는 것이. 그러다가 나중에 장사니 뭐니 해서 발달해 나오니까, 사회가 혼란되어 버려. 그 사회에서는 그런 혼란을 막을 길이 없어. 근대 사회하고 다른 점이 그거야. 현대 사회에서는 어떻게 해서 질서가 마련될 것이냐, 현대 철학, 현대 사회학에서 문제일 거야. 고대 아테네는 그런 것은 알 길이 없어.

왜 현대에서 이렇게 오랫동안 실증 과학이 발달하느냐? 현대도 공장에서 생산이라는 것이 조직 사회에서 이루어지는 것이지 혼자 하는 것이 아니거든. 여기서는 자유방임 Laissez-aller이 통하거든. 거기서는 자유방임이 통하지 않아. 고전 경제학이라는 게 자유방임에서 시작하잖아. 거기서는 안 통해. 그러니까 거기서는 경제가 오래 발달할 수가 없어. 그러니까 우리나라와 서유럽 사회의 기초와 다른 점이 어디냐? 우리나라에는 서양 사람의 규격화된 행동을 한다는 기초가 없다는 게 특징이야. 자꾸 혼란해. 하루 이틀 해서 되는 문제가 아니야. 수백 년이 걸려. 아무리 잘해도 한 사람이 해결할 수 있는 문제가 아니야. 우리 한국 사람들이 얼마나 보수적인데. 내가 보면 지독히 보수적이야. 그 사람들이 우주론을 공부했지만 근대의 학문처럼 그것을 이용하겠다고 해서 나온 것이 아니야. 기하학도 그걸 해서 이용하겠다고 해서 나온 것이 아니야. 학문적으로 보면 그 사람들의 초기 자연 철학이라는 것은 독단론dogmatism이야. 〔추상적 학문은〕 그 사람들이 현실적으로 실존에 관한 어려움에 부딪혀서 난문aporia으로서 문제가 될 때 비로소 나타나. 경제 문제, 가정 문제, 국가 방위의 문제, 국가의 문제가 플라톤의 『국가』에서 집약적으로 드러나. 그러나 보면 희랍 전통적인 방식밖에 없어. 오늘은 이만 하지. 몇 시야?

박희영 4시입니다. 아까 프랑스 계몽 시대에 사회주의와 개인주의가 나누어진다고 하셨는데…….

박홍규 나누어져. 중세기 같으면 딱 하나의 중심에 의해서 뭉쳐져 있는데, 그때는 공백기이니까 사회에 중심이 없어. 중심이 없어지니까 사회적인 차원에서 보면 그렇게 나누어지고, 또 하나 주관과 객관으로 보면 공백기에는 데카르트처럼 사유적 자아ego cogito로 자꾸 자기 속으로 움츠러드는 철학이 나와. 고대도 그렇지. 고대의 회의주의나 판단 중지하는 사람들도 움츠러들 때 나타나.

박희영 헬레니즘 시대에.

박홍규 헬레니즘 시대 때. 못 살겠으니까. 그렇지 않으면 에피쿠로스처럼 숨어서 살자, 하는 사람이 나와. 사실 데카르트도 숨어서 살자는 것과 다름이 없어. 사유cogito 속으로만 들어가니까 외부 사람 생각할 필요가 없잖아. 데카르트에게는 자기 혼자만 있으면 돼. 숨어서 사는 것은 똑같아.

박희영 『안티고네』 같은 데에서처럼 개인과 사회 문제가 철학적으로 의식 속에서 정면으로 대립된다고 과연 이야기할 수 있는지는 모르겠지만……

박홍규 『안티고네』? 글쎄? 안 읽어봐서…….

박희영 희랍에서는 개인주의와 사회주의라는 말을 쓸 수 없다고 생각하시냐는 말이죠.

박홍규 사회주의와 개인주의라고 나누어진 것은 근세고.

박희영 용어 자체는 그렇죠.

박홍규 용어 자체도 그렇고, 사상도 그렇고. 희랍에서는 구체적인 도시 국가 갖고 생각하는 것이지. 도시 국가 일반이 없어진 어떤 사회 가지고는 생각하지 않아. 왜냐하면 〈society(사회)〉, 〈socius(연맹)〉는 로마 말이야. 로마가 정복한 나라의 여러 민족이 있거든. 그때 민족을 추상해도 밑에 남는 사회가 나오잖아. 프랑스 사람들 사고가 그 전통이야. 독일 사람들은 〈Nation(민족)〉이니 그러잖아. 민족주의가 나오지.

박희영 켈트 족의 전통인 것 같아요. 켈트 족, 게르만 족 말이에요, 그 전통이 프랑스 내에도…….

박홍규 프랑스 내에도 켈트 족이 있잖아.

박희영 그쪽에서 왔으니까요. 드리드 종교라든지, 족장이 하나 우두머리로 있고 그 밑의 부하는 목숨을 다 내던지는 전통이 켈트 족 전통이라고 하는데, 프랑스에도 있고, 영국으로 간 사람들도 그 전통이 강하죠. 로마 사람들은 그렇지 않거든요. 추장 말을 죽자 사자 듣지는 않거든요.

박홍규 민권이 발달해서 그럴 거야.

박희영 이미 지능이 좀 발달해서…….

박홍규 그런 사고는 중세기를 통해서 예전부터 내려온 사상일 거야. 근대에 나온 사상 아니야.

박희영 그런데 그게 민족성이라고 하면 너무 거창하고, 하여튼 종족이 갖고 있는 성질로는 강한 것 같아요. 지금도 프랑스의 브르타뉴 지방 사람들은 굉장하거든요. 성질이 대쪽같고, 자질구레한 것 싫어하고 치사한 꼴 보면 여자도 그냥 그자리에서 전사처럼 싸우려고 든다니까요. 성격이 물불 안 가려요.

박홍규 응, 브르타뉴가……?

박희영 눈도 이렇게 쫙 찢어져 갖고, 동그랗지가 않아요.

박홍규 브르타뉴가 켈트 족이야?

박희영 켈트 족도 있고 노르만 족도 섞였고, 여럿 섞였죠.

박홍규 키가 크잖아.

박희영 예. 눈이 이렇게 찢어지고.

박홍규 민족이라는 것은 계몽기에서부터 나와, 공백기에. 중세기에는 없잖아. 중세기에는 일단의 무사 계급들, 힘센 놈들이 봉건 영주가 되어서, 큰놈, 작은 놈, 위계질서 hierarchy가 있지. 그래서 봉건 사회의 특징이, 희랍도 그렇지만, 응집력이 강하다는 것이야. 응집력이 강하지 않으면 봉건 사회가 나오지 않아. 봉건 사회라는 것은 우리나라처럼 중앙 집권적인 관료 국가가 아니잖아. 마음대로 못해. 그러니까 봉건사회에서는 힘센 놈은 다 자유야. 자기 멋대로야. 그러나 우리나라는 관료주의 전통이 있어서, 여당이라고 하면 그만이야. 그것이 다 관료주의 전통이야. 봉건 사회는 그렇게 되지 않아.

박희영 대통령이 바뀌면 국회위원들이 다 탈당해서 가죠. 봉건 중에도 프랑스는 조금 다르던데요. 근세 국가가 형성되기 전단계인 것 같아요. 영국이 왕권이 그렇게 약해요. 봉건 영주들이 세니까.

박홍규 웨일즈. 스코틀랜드.

박희영 마그나카르타, 무혈 혁명이 괜히 일어난 것이 아니고, 힘이 없으니까 왕이 저절로 그렇게 되더라고요. 앙드레 모로아 André Morois라는 사람이 쓴 영국사니, 미국사, 프랑스사가 지금 이런 식으로 역사를 서술하고 있어요. 읽으면 국민성을 훤히 알겠어요. 그냥 개론서들은 그런 부분이 안 나오는데, 문화적인 것을 굉장히 잘 서술했어요.

이경직 선생님, 플라톤에서 처음 가정 hypothesis이 나온다고 그러셨는데요. 그런데 그것하고 근세의 자연과학에서 놓는 가정하고 같은가요?

박홍규 근세에서도 포앵카레 Poincaré 같은 사람이 가설적 방법을 얘기하기도 하는데, 가정은 문자 그대로 하면 밑에 놓는다는 얘기야. 가령 우리가 지금 말할 화제 topic가 있는데, 어떤 사람이 화제에 대해서 나는 이렇게 생각한다, 이렇게 정의한다고 하면, 그것에 대해서 토론 discuss를 하는 거야. 최초 토론의 출발점이 가정이야.

박희영 수사학 상으로요?

박홍규 아니, 대화 측면에서 보면. 그러면 가정이 아닌 것 hypothesislos은 뭐야? 그걸 생각하면 되지.

이경직 그 자체로 자명한 것.

박홍규 〈그 자체로〉, 거기까지는 되는데, 〈자명한 것〉, 그것도 돼. 그것은 일반론은 아니고 일반론 옆에까지 갔어. 이제 밑에다 놓은 것이 있으니까, 거기에서 논의하니까, 가정이거나, 가정에서 도출된 것이거나, 가정에 대한 논증이거나 반박이거나, 그럴 것 아냐? 논증도 없고 반박도 없고, 다시 말하면 그렇게 분열될 수 없는 것은 가정이 아니지. 그러니까 그 자체로 자명한 것도 그것이 자명한 한에 있어서는 가정이 아니야. 그렇지? 그러나 자명한지 아닌지 어떻게 아느냐는 문제가 생겨. 그러면 그것에 대해서 논의를 하게 되잖아? 그렇지? 그러면 자명이라는 것은 또 무엇이냐? 그것부터 생각해야 될 것 아냐? 그러니까 자명한 것이란 말을 쓰기 이전에 직접적으로 주어진 것은 무엇이냐? 그런 문제를 생각해야지? 그런 것은 가정이 아니야. 그 자체로서 자명한 것은 가정이 아닌 것 non-hypothesis에 가까워. 그러니까 논리적 체계 logical system에서는 먼저 가정이 있고, 피정의항 definiendum이 있고, 정의 definition가 있고, 거기서 죽 나오잖아. 그 정의가 바로 가정이야. 그럴 때 왜 〈hypothesis〉라는 말을 쓰느냐? 〈hypothesis〉가 여러 가지 뜻이 있어. 그렇게 정의를 해도 그것이 그 사물에 대해서 장담하는 것처럼 완전히 자명하게 그 자체가 안 드러나니까 〈hypothesis〉라고 해. 드러나면 자명하다고 하지 뭐 하러 〈hypothesis〉라고 해? 그렇지? 사회가 무엇이냐? 그렇게 물으면 정의를 해야지. 어떻게 정의를 해? 어디서 출발해야 돼? 사회를 다 봐야 되잖아. 사람에도 있고, 동물도 있고, 개도 있고, 생물이면 사회가 다 있어. 그러니까 생물학적으로 어떤 유형의 것을 사회라고 한다. 제일 끝까지 가야 돼. 더 이상 후퇴 regress가 없는 데까지. 그러나 그 상태를 〈hypothesis〉라고 하는 것은 그것 가지고도 완전히 해결이 안 되니까 〈hypothesis〉라고 해. 또 무슨 질문 있나?

이경직 예를 들어 플라톤이 『티마이오스』 편에서 우주론을 이야기하고 있지 않습니까? 플라톤이 그것을 〈그럴듯한 이야기 eikos logos〉라고 하는데요, 그랬을 때 그것이 조금 전에 설명하신 어떤 가정처럼 거기에 대해서 정의를 내리고 어떤 식으로 이야기를 해도 우주를 다 설명하지 못한다, 그런 측면에서 하는 이야기입니까?

박홍규 그런 측면에서 그렇게 가까이 갈 수는 있지만 완전히 모른다, 그렇게 해석하는 사람은 테일러 Taylor고, 〈그럴듯한 이야기〉는 가정이 아니지. 이런 건 우화 fable라는 거야. 신화하고 똑같이 말하자면

절대로 현실적으로 논리적으로 이야기할 수 없는 것이라는 거야. 콘포
드Cornford와 같은 해석에 따르면 우주론cosmology도 아니야. 그것
은 신화하고 똑같은 거야. 〈mythos(신화)〉야.

박희영 끝내시죠.

박홍규 응.

(1992. 12. 13)

무제

최화 1993년 12월 12일 박홍규 선생님의 강의를 녹음합니다. 제목은 없습니다.

박홍규 내가 지금 말이 제대로 나오려는지 몰라. 지금 힘이 없어서, 아파서. 우리가 서양 철학이라고 할 때, 무엇을 서양 철학이라 하느냐? 이건 상식적인 문제지. 그런데 서양 철학을 읽어보면, 유물론자도 있고, 유심론자도 있고, 그야말로 『소피스트』 편에서 나온 것처럼 별별 사람이 다 있거든. 또 영미 철학도 있고, 독일 철학도 있고, 프랑스 철학도 있고, 이탈리아 철학도 있고. 그러면 서양 철학이라는 것은 도대체 왜 그렇게 여러 가지가 있느냐 하는 문제가 나와. 우리가 외적 입장에서 본다면 분명히 그렇게 여러 가지일 수가 있어. 그러나 내적 입장에서 보면 서양 철학이란 그것이 학문인 한 어떤 기준이 있어야 되고, 또 학문인 한 그 기준에 어떤 정합적coherent인 이론이 있어야 돼. 그런 이론을 기준으로 해서 서양 철학을 얘기하려면, 많은 것을 빼버려야 돼. 어떤 것이 거기에 해당할지 모르지만, 마르크스 철학도 빼고, 뭣도 빼고 좌우간 다 빼야 돼. 빼고 나서 이것이 영미 철학도 아니고, 독일 철학도 아니고, 뭣도 아니고, 뭣도 아니고, 그러면서도 거기에 보편적 universal인 무엇이 나와야 돼. 그런데 만약에 그런 철학이 가능하다면 ─내가 지금 그것이 실제 있다는 것은 아니야─, 그런 철학은 어떤 철학이 밑받침을 해줄 것이냐 하는 문제가 나와. 100% 밑받침은 못해 줘도, 실증 과학이 해줘야 되는 것은 분명하거든. 왜냐하면, 우선 실증 과학에서 쓰는 수학이나 기하학이 독일 수학, 영미 수학, 다 다른 것이 아니거든. 또 생리학에서는 가령 지금 AIDS를 연구한다면 어디에서나 다 똑같은 것이지 다른 것은 없거든. 그런데 그 실증 과학의 가장 기본 적인 것은 물리학이야. 인식론적으로도 그렇고. 우리 철학하는 사람들 이 하나 대단히 잘못하는 것이 있어. 생물학이나 물리학에 특별한 인식 이 있다고 생각해. 그러나 실증 과학에서는 모든 것이 모든 사람들의 지각의 동일성에 호소를 하는 것이고, 그 지각은 물리적 현상이야. 물 리적 현상을 엄밀하게 따지고 양화해서 관계를 맺어보면, 아, 이런 것 은 물리학이고, 그것이 기준이 돼서 어떤 것은 생물학이고, 어떤 것은 심리학이고, 등으로 나누는 거거든?

그런데 그 물리학의 시초가 누구냐 하면 근대에서는 갈릴레이야. 문 제는 여기에 있어. 왜냐하면 서양 사람들도 많이 그러지만, 우리나라 사람들은 근세 철학부터 논하기 시작해서 데카르트부터 얘기한단 말이 야. 그래서는 안 돼. 근세 학문의 전환점이 어디서 이루어지느냐를 봐 야지. 데카르트에서 철학이 어떤 전환점을 이뤘다, 그러니까 데카르트 를 갖고 근세 철학을 끊자는 것은 난센스야. 왜인지는 곧 얘기하겠지 만, 갈릴레이! 갈릴레이는 수학자도 되고, 천문학자도 되고, 자연학자 도 되거든? 여러 가지를 한 사람이거든? 지동설도 주장하고 했지만, 그중에서 가장 중요한 것이 피사 사탑에서 한 낙하 운동이야. 그것이 아리스토텔레스의 운동론을 쳤기 때문에 아리스토텔레스의 자연학이 다 무너져버렸어. 운동 체계가 무너지니까. 그런데 데카르트가 17살 때라 플레쉬 La Flêche라는 학교에 있을 적에, 갈릴레이가 낙하 운동을 실험했어. 그래서 그때 막 칭찬을 하고 기뻐하고 그러던 사람이야. 그러니까 데카르트는 그 당시로 보면 아주 진보주의자지. 그런데 그 라 플레쉬라는 데가 제수이트 Jesuit 교파의 학교야. 그 제수이트 교파라는 것은 로마 법황을 황제보다도 더 숭배하는 구교 중에서도 아주 구파야. 그러니까 데카르트는 지금 두 발을 걸쳐놓고 있어. 신학이나 정신의 문제에 들어가면 구파로 돌아가고, 물리학이나 실제의 문제로 가면 최신식의 입장이야. 그래서 데카르트는 보헤미아에서 보헤미아 왕하고 프로테스탄트하고 싸웠는데——그게 30년 전쟁의 시초야——, 그때 구교에 가담해서 싸운 사람이거든? 그것만 봐도 데카르트의 학문적 입장이 두 발을 걸쳐놓고 이것 봤다 저것 봤다 한 사람이라는 걸 알 수 있어. 그러니까 만약 나보고 데카르트의 입장을 말하라면, 데카르트는 갈릴레이의 최신식 입장과 중세, 13세기의 스콜라 철학 사이에, 중세를 대신할 만한 근대의 학문이 나오기 이전에 중간에서 나타나는 하나의 현상이라고 할 수 있어. 학문사적 입장을 본다면. 그러니까 도대체 데카르트가 무슨 학문을 경신하는 최신의 아버지냐, 그 말이야. 내가 보면 우스워. 우리는 어디까지나 갈릴레이에서 보고, 갈릴레이 대(對) 13세기 스콜라 철학의 큰 전체를 놓고 봐야 돼. 13세기 전체가 무너질 때 비로소 갈릴레이 풍의 근세적 자연학, 생리학, 식물학 등이 나타나고, 그때 비로소 근세적인 학문이 나온 것이지, 그 이전의 데카르트는 아니란 말이야. 그 사람은 두 발 걸쳐 놓고 있는 사람이지.

　이태수　철학 내용으로서 우리가 근세 철학의 아버지라고 할 때에 어느 걸 잡습니까?

　박홍규　근세 철학의 아버지란 말은 나는 몰라.

　이태수　아, 뭐 시조라든가 거기서부터 시작한다고 할 때, 어떤 특정한 철학 내용을 가지고 그런 얘기를 할 텐데……

박희영 역사에서는 주로 철학의 문제를 의식으로 전환시켰다는 점을 생각하는 것 같아요.

이태수 그러면 근세 학문은 의식이 중심이 된다는 얘긴데…….

박희영 아니, 현상학이니 현대 철학의 입장에서 그런 것 같아요.

이태수 그렇다면 이제 근세 철학도 그렇게 된다는 얘기지.

박희영 그러니까 좁아진 거죠.

박홍규 그러니까 요는 중세에서 근세로 내려갈 적에 학문의 과학사적인 전환점이 갈릴레이이고, 그것이 물리학이라는 것을, 물리학이 나와야 된다는 것을 우리가 알아야 돼.

김남두 그러니까 지금 이태수 선생님이 하신 질문은 이런 식으로 다시 정형화할 수 있을지 모르겠어요. 선생님께서 데카르트의 스콜라 철학에 걸쳐 있는 부분하고 근세 과학에 걸쳐 있는 부분이 다 발견된다, 그래서 중간적인 사람이라고 말씀하셨는데, 박희영 선생이 얘기하는 주체subject 같은 개념을 끌어들이는 데카르트 철학의 부분은 선생님께서 말씀하시는 식으로 하면 어디다 분류해야겠느냐, 하는 물음도 될 수 있겠죠.

박홍규 그 주체subject, 〈cogito(나는 생각한다)〉라고 말할 적에 그 말이 어디서 나왔느냐 하면, 초기하고 13세기하고 다른데, 13세기 때에는 〈meditatio(명상)〉나 〈contemplatio(명상)〉하고 같은 말이야.

김남두 그때 벌써 그런 개념이…….

박홍규 응, 그러니까 데카르트의 『성찰 *Meditatio*』라는 책이 있잖아. 그런데 데카르트는 초기처럼 좀 더 넓게 써.

김남두 그것도 스콜라 철학에 속하는 거라고 말씀하시는 겁니까?

박홍규 본래 스콜라 철학에서 내려와. 그러니까 〈cogito〉를 얘기하는 독일 철학이나 현대의 후설 같은 사람들의 특징이 뭐냐 하면, 보수적이라는 데 있어.

김남두 아, 그런 식으로 특징 지어지는 거군요.

박홍규 보수주의자들이 그걸 써. 왜냐하면, 생각해 보게, 〈cogito〉라는 게 중세기의 승원에서 수도사들이 가만히 이렇게 생각하는 사람들이거든, 데이터는 다 빼버리고. 그러니 보수적이 될 수밖에, 허허허. (일동 웃음) 그럴 수밖에 없잖아? 그런데, 갈릴레이는 모든 사람이 보는 앞에서 실험을 했다, 바로 이것이 문제야. 그러니까 이것은 데카르트의 〈cogito〉하고는 완전히 대립돼. 왜냐? 이런 사람들은 공개적이니까. 본 사람이 아니라고 하면 곤란하거든. 또, 이런 사람은 데이터가 자꾸 변해. 자꾸 변하면 거기에 대해서 자기의 학설을 갖다가 맞춰보고, 또 새로운 데이터를 갖다가 연구해 나가고 하거든. 그러니까 그런 학문, 근세의 물리학이 발달할 거 아냐. 그러니까 데카르트는 폐쇄적이며 보수적이고, 근세 학문의 시초인 갈릴레이는 개방적이며 비판적이야. 만약 이것이 없다고 해봐. 지금 실증 과학이 성립하겠는가. 성립하지 않잖아.

그 다음에, 돌을 던졌단 말이야. 그것을 우리가 실험 experiment이라 하거든. 스콜라 철학자들은 실험하지 않아. 이 실험이 근세 실증 과학이 나온 데에 어떤 역할을 했느냐, 학문에 대해서 어떤 역할을 했느냐, 이제 그것이 문제야. 실험이라는 것은 동양과 서양을 비교하면 동양 사람은 실험을 거의 하지 않거나 적게 하는 것이 특징이야. 왜냐하면 동양 사람은 가만히 놓고 처다보는 것이 특징이야. 가령 왜 피타고라스 학파에서 기하학이 발달했느냐 하면, 피타고라스 학파에 전래되어 오는 이야기로는 한 도형을 놓고 선을 3,000개를 그었대나 그래. 자꾸 제도를 해봐. 동양 사람은 안 해. 우리 한국 사람들은 얼마나 많이 하나? 서양 사람은 동적 dynamic이야. 서양 사람은 사물을 볼 때 두들겨보거나, 밀쳐보거나, 깨어보거나 하는 입장이야. 단, 베르낭 Vernant이 말하기를 희랍 사회는 귀족 제도였기 때문에, 나중에 실증 과학자들이 하는 일들을 고대 사회에서는 노예가 했다는 거야. 그래서 고대에서는 근대 사회와 비교했을 때 실증 과학이 발달하지 않았다는 거야. 나는 그 말이 옳다고 생각해. 그런데 가령 희랍에서도 히포크라테스 의학이 있고, 동양도 의학이 있거든? 의학만큼은 서양이건 동양이건 자꾸 시도 try를 해야 돼. 왜냐하면 병이 나아야 되니까. 그래도 서양하고 동양은 달라. 동양에서는 그냥 시도만 했지, 사람 자체를 해부한 적이 없어. 해부학이 언제 생겼냐면 희랍 말기에 나와. 예전엔 사람의 죽은 시체를 갖다가 신성시했거든. 우리나라에서는 사람을 화장하면 두 번 죽인다고 그래. 시체에 칼 안 대. 법으로 지금도 그런 것이 금지되어 있을 거야.

박희영 허락을 맡아야 될 거예요.

박홍규 허락을 맡거나 해야지 맘대로 못해. 그런데 거기서는 사람들이 시체를 해부했어. 해부학이 나와. 물리학에 대해서 동물을 공간적으로 볼 때에는 해부학에서부터 시작해. 해부학이 없어지면 전부 물리학으로 돌아가잖아. 물질 현상으로 돌아가잖아. 그런데 그 해부학이 르네상스 시대에 나와. 르네상스 시대에 다빈치가 사람을 그릴 적에 팔이나 근육 같은 걸 전부 해부했어. 그래 갖고 사람의 얼굴을 그렸어. 동양은 그런 것 없어. 동양 사람 그린 것 봐. 갓 쓰고 망건 쓰고, 사람 근육이 나타나나? 안 나타나.

김남두 동양도 외과학(外科學)이 상당히 발달한 걸로 알고 있는데요. 화타라든가……

이태수 서양에서 어떤 사람이 본 걸 얘기하는데, 심장을 꽃으로 그려놨대. 몰랐을 리는 없는데, 그 얘기는 눈에 보이는 형태보다는 그것이 신체에서 하고 있는 기능을 형상화하는 방식으로 그린 거겠죠, 좋게 해석하면.

박홍규 무슨 개나 말이나 동물이나 그런 것을 해부해 가지고, 사람의 심장은 이런 것이라고 한 것은 있을 수 있지.

이태수 희랍의 해부학은, 아리스토텔레스도 있었는지는 모르겠는데, 해부 지식은 굉장히 많을 거예요. 전쟁을 많이 해서, 가령 호메로스하고…….

박홍규 아, 그것도 있을 거야. 전쟁을 많이 한 것도 있을 거야.

이태수 창이 내장 어딜 뚫고, 어딜 지나가고, 무슨 빗장뼈가 어떻고, 뭐 어디가 어떻고 하는 걸, 전쟁을 많이 해서…….

기종석 무기가 발달되고 많은 전쟁을 했으니까 실제로 해부된 것들을 많이 봤겠죠. 의식적으로 해부를 먼저 했다기보다는…….

박홍규 내가 과학사에서 읽기로는 해부학으로서의 의학이 발달한 것은 희랍 말기라고 해.

이태수 그래요. 희랍 말기에 제일 많이 하고, 제 기억엔 오히려 헬레니즘 시대 때에는 아마 논쟁이 있었을 거예요. 누가 사람들 보는 데서 해부를 해가지고 스캔들이 일어나고…….

김남두 거기도 시체에 대한 어떤 금기 같은 것이…….

이태수 철학으로 보면 얼마든지 자르고 쪼갤 수 있는 건데도 불구하고, 자르고 쪼개는 것이 역시 뭐냐 하면…….

김남두 금기시된 측면이 있었던 모양이죠?

이태수 아니, 플라톤 철학에 의하면 사람 시체는 얼마든지 해부해도 되지. 껍데긴데.

박홍규 그러니까 실험이라는 게 동양 사람하고 서양 사람하고의 하나의 차이야. 확실히 서양 사람은 동적이야. 군대 끌고 이리저리 돌아다니는 사람들 아냐? 여기서는 가만히 앉아서 논에 딱 고착된 사람들이지.

박희영 동양도 칭기즈칸 이래 군대 끌고 돌아다니는 사람들이 많은데요.

박홍규 내가 텔레비전에서 하는 서양의 과학사를 봤어. 그런데 거의

가 다 군대 관계야. 어디서 어디까지 얼마나 되겠다, 축척 같은 것이 거의 그거야. 하여간 실험을 했다는 것이 두 번째로 들어가고, 그러나 그것만 갖고서는 새로운 가정 hypothesis을 세웠다고는 할 수 없어. 문제는 갈릴레이가 파괴한 가정이 아리스토텔레스의 것이었다는 점이야. 문제는 거기에 있어. 아리스토텔레스의 운동론 아니라 다른 운동론이었다면, 근세 물리학이 나오지 않았을지도 몰라. 요는 아리스토텔레스의 물리학이었다는 데에 문제가 있어.

이태수 깨진 게요?

박홍규 깨진 게. 그래야 근대 학문이 나와. 왜냐? 상식적으로 만약에 깨진 것이 조그마한 범위의 운동에 대한 가정이라면 그것에만 들어맞을 거거든. 그러나 아리스토텔레스의 운동론은 우주 전체에 대한 운동론이야. 운동이 없어지면 우주는 무너진다는 거거든. 물론 그것만은 아니지만 말이야. 요는 아리스토텔레스의 우주론이 깨졌다는 데 문제가 있어. 그것을 차단해 버렸어. 그래서 또 스콜라 철학이 다 깨져버렸어. 즉시로 다 깨진 이유가 그거야.

그러면 아리스토텔레스의 운동론의 가정이 없어지면 아리스토텔레스의 우주가 다 망하는데, 그 아리스토텔레스의 우주론의 가정은 어디에서 나왔느냐는 것이 문제야. 어디서 돌연히 생겼냐? 그것은 아니고, 내가 보기에는 플라톤의 후기 철학과 연결이 되고, 플라톤은 또 둘로 나뉘어서, 『소피스트』편 이후의 후기 철학과 그 이전의 철학으로 나누어져. 만약 우리가 〈hypothesis〉란 말을 지금 쓴다면, 초기의 가정은 파르메니데스까지 가. 그러니까 파르메니데스로부터 시작해야 돼. 파르메니데스에는 〈hypothesis〉란 말은 없고 후기 사람들이 〈physis(자연)〉란 말을 붙였어. 그렇지만 만약 파르메니데스의 철학을 〈hypothesis〉라고 한다면, 가장 추상적 abstract인 차원에서 이 전우주의 존재에 관해서 〈hypothesis〉를 쓴 사람은 파르메니데스야. 그러니까 파르메니데스의 존재에 대한 문제가 성립해야만 플라톤이 나와. 그런데 맨 처음 여신의 말이 〈존재는 존재고 무는 무다, 무는 없으니까 인식도 안 되고, 있는 것은 존재거나 그렇지 않으면 없다〉 그랬거든. 이 존재와 무의 개념은 가장 추상적인 차원에서 성립하는 거야. 우리가 여기서 주의할 것은 이 말이 동일률이라고 생각하면 곤란하다는 거야. 동일률이라고 할 때는 존재니 무니 끌어들이지 않아도 돼. 존재와 무는 모순 관계에서만 성립해. 그런데 〈무는 아무것도 없다〉고 하거든? 〈무에서는 아무것도 안 나온다〉고 해. 그 말은 무에서 존재를 파악할 만한 것은 아무것도 없다는 거야. 존재 밖에는 아무것도 없어. 그 대신 〈존재는 존재로 차 있다〉고 해. 그것은 뒤에 물리학적인 논의를 하는 부분에 나와. 〈속은 여기가 깊고, 여기가 얕고, 불공평한 게 하나도 없다〉고 해. 그건 사실 물리학인데, 그걸 만약에 존재에 대해 말하면 그렇다는 거야. 그리고 또 뭐라고 말하느냐 하면, 〈전적으로 있거나 그렇지 않으면 없거나이다〉라는 말을 해. 이 말이 무슨 말이냐? 우리가 존재와 무를 모순으로 놓았을 때에는, 왜 이 사물이 무가 아니고 존재냐고 묻는다면 ── 그게 철학의 최고의 문제 중에 하나야 ──, 〈이 존재는 그것이 있을 만한 충분한 이유를 가지고 있기 때문에 존재한다〉, 우리는 그렇게 대답해. 그래야 될 것 아냐? 그런데 충분한 이유란 것은 거기에 필요한 이유가 하나라도 빠지면 안 돼. 그러니까 충분한 이유에 의해서 성립하는 것은 전적으로 존재하는 것이고, 그 이유 중에 하나라도 빠지면 존재하지 않아. 무야. 다시 말해서 내가 볼 때에는 파르메니데스의 철학에서 하는 말은, 그 뭐냐……? 내가 전에 뭐라고 했지? 아아, 충족률이라고 했지? 존재의 충족률이 여기서 나왔다는 것을 우리가 알아야 돼. 전체가 있거나 그렇지 않으면 없다. 그것은 충족률 때문에 하는 얘기야. 그리고 존재는 혼자서 동요하지 않고 〈auto kath' hauto(자체적으로)〉 있다, 혼자 고독하게 있다고 말해. 〈auto kath' hauto〉라는 말은 고독하게 있다는 말이고 라틴어에서는 〈ens per se(자체적 존재)〉라고 하지. 그러나 다르게 해석하면, 〈자기 자신에 따라서〉 있는 거야. 충족률의 이유가 바로 자기 자신이지. 자기 자신이기 때문에 그것이 파괴될 계기를 자기 자신 속에 아무것도 가지고 있지 않아. 자기 자신의 바깥에는 자기 자신을 파괴할 것이 아무것도 없고, 자기 속에는 자기 자신을 파괴할 만한 것이 아무것도 없어. 그러니까 그것은 자기가 자기 자신 그 자체에 의해서 존재한다는 얘기야. 그러니까 충족률이 성립하는데――모순율이 나오니까 충족률이 나와, 지금――, 이 충족률은 타자에 의한 충족률이 아니라, 자기 자신에 의한 충족률이야. 그러니까 파르메니데스의 입장에서 본다면 이런 존재는 영원히 있어. 사라지거나 하지 않는다는 얘기야. 그런데 아까도 말한 바와 같이, 그 아래에 나오는 여러 가지 말은 파르메니데스의 존재나 무를 설명하는 말이지, 그 말 자체가 중요한 것이 아니야. 그것은 우리들에게 여신의 말을 알리기 위해서 있는 것이지, 여신의 말이 알려질 필요가 없다면 있을 필요가 없어.

파르메니데스의 존재가 어디에서 성립하느냐? 아리스토텔레스의 『형이상학』에 후기 플라톤 학파의 수number가 나오지? 감각적인 수 sensible number, 그 위에는 수학적 수mathematical number, 그 다음에 형상적 수ideal number, 그렇게 세 가지로 나눴어. 추상적 abstract인 것은 추상적인 공간이 있어야 돼, 위계질서hierarchy가. 위계질서 없으면 성립하지 않아. 감각적 수라는 것은 물리적 수physical number야. 운동을 해. 그런데 운동이 빠졌다고 한다면 운동이 빠진 어떤 한계가 있어. 그 운동장이, 운동하는 자리가 없으면 거기에 선을 긋거나 수를 짓거나 하는 것이 불가능해. 색깔도 없고 구별이 안 되니까. 그러나 운동이 빠지는 한계에서는 색깔도 없고, 크기도 없고, 물리적 질이 빠진 수가 나와. 그것이 수학적 수야. 동일률은 거기서 성립해.

플라톤 같으면 거기서는 다만 결합 이론이 성립해. 그리고 또 그것이 빠지는 그 한계선에서 이쪽에서는 수학적 수가 성립하지만, 저쪽에서는 형상적인 것이 성립해. 그 〈형상적 ideal〉이란 말은 무엇이냐? 수학적 수는 양화가 돼. 저쪽에서는 양화가 되지 않아. 넘으면. 양화가 되지 않고, 하나의 질로 변해. 그런데, 그 질은 단 하나야. 그러니까 우리가 유클리드 기하학의 평행선의 문제도 양화될 수 있는 공간에다가 선을 그으니까 평행선이 많아지는 거야. 그런 이론 나와야지? 넘어서면 그것은 하나의 질로 변해. 단 하나야.

그럼 이제 수는 어떠냐? 파르메니데스의 형상적 존재는 수학적 수가 성립하는 데서도 성립하지 않고, 그것을 넘어서는 한계선 저쪽에서 그 한계와 더불어, 그러나 그 한계선 자체가 다 빠져서 성립해. 차원적 dimensional인 것이 다 빠져. 그러니까 존재와 무가 직접적으로 문제가 돼. 이러저러한 질quality을 가진 존재야. 그 존재가 어떤 존재냐? 무에 대해 대립되는 것이고, 그것은 직관noein의 대상인 것이고, 자체적 kath' hauto으로 존재한다는 성질을 가진 존재라는 얘기야. 그렇게 볼 수 있어. 사실 지독히 어려워. 파르메니데스의 존재에 우리가 어떤 공간을 놓고 나가야 될지는 말이야. 그러나 일단 그렇게 볼 수 있어. 그러면 그 밑의 여러 가지 논증은 그 밑의 단계의 공간에서 성립해. 우리가 실제로 말을 하는 것은 물리적 공간에서 성립하는 것이고, 논리 logos라고 하는 것은 수학적 수가 성립하는 공간에서 성립해. 그걸 넘어서진 못해. 넘어서면 일자가 없어지게? 없어지잖아? 다(多)가 돼.

최화 수는 어떻게 됩니까? 수가 질이 됩니까? 수라고 하는 질이 됩니까?

박홍규 형상적 수는 하나야. 질화qualtified된 하나의 존재being야. 그리고 이제 플라톤의 대화편을 보면 여러 가지가 있거든. 여러 가지를 썼으니까 이쪽에서도 보고 저쪽에서도 보고, 이쪽에서도 꼬집고 저쪽에서도 꼬집으니까, 많은 논쟁이 나올 수가 있어. 『소피스트』편이나 엘레아 학파나 우주론이 겹치니까, 그것이 순수한 우주론인지 물리학인지, 사실 우린 몰라. 그런데 아까도 말한 바와 같이, 자기 자신에 의해서 존재한다는 충족률을 이용한 것은 플라톤이야. 플라톤은 뭐라고 생각했느냐? 가령 여기 어떤 것이 있다고 해보자. 노란색이 있다고 해보자. 책이 있다고 해보자. 그러면 이 책과 더불어 그 자체로서 성립하는 책이 성립한다는 거야. ⟨chōris(분리된 것)⟩라 하면서도. 떨어진 질이고, 공간이 다르니까. 아리스토텔레스는 그렇게 생각하지 않지.

플라톤이 그렇게 말하는 이유는 자기 현실에 대해 비관주의자이기 때문이야. 그러나 그렇게 해서는 비관주의가 되지 않아. 문제는 거기에 있어. 그러니까 종교하고도 관계가 있고, 현실의 세계에서 자기 자신의 동일성을 유지, 긍정하기 위한 것이라는 문제도 있고, 여러 문제가 있는 것 같아. 왜냐하면 대화라는 것은 단순히 말이 아니라, 영혼psychē의 치료therapeia의 문제거든. 일종의 치료거든. 떨어져 있다고 하니까 우리가 어디 따로 있다고 생각하는데, 그건 난센스야. 이것은 물리학 공간이 아니라 천체야. 그리고 사물 대신에 운동도 있어야 되거든? 그런데 움직이지 않는 데서는 운동이 나올 수가 없거든? 그러니까, 여기서는 ⟨kath' hauto⟩란 말을 할 수가 없어. 형상eidos에 대해서는 ⟨kath' hauto⟩란 말을 썼는데, 여기서는 그것 대신에 ⟨autokinoun(자기운동)⟩이라 하거든? 영혼에 대해서는 ⟨psychē kat' autēn(영혼 자체)⟩란 말을 쓰고. 자유 운동, 스스로 자기 내부에 운동의 원인이 있는 그런 운동이야. 그러니까 ⟨zēn(살다)⟩이라고 하지.

그런데 후기 철학이 왜 나오느냐 하는 것이 하나의 큰 문제 아냐? 『파르메니데스』편에서의 난문aporia 때문에 생기지 않느냐고들 하는데, 글쎄? 난 의문을 가져. 『파르메니데스』편이 플라톤 것인지 아닌지? 왜냐하면 『파르메니데스』편은 연습Übung인데, 플라톤은 연습을 가지고 현실 문제에 대한 어떤 결론을 내리진 않아. 어떤 대화편이건 다 현실에 대한 탐구 zetēsis를 하고, 그걸 파본 다음 어떤 결론을 내리지. 연습 가지고는 하지 않아. 연습은 어디까지나 연습이야. 그리고 또 첫 부분도 아주 난문들이 많이 나왔어. 굉장히 많은데, 어려운 문제야. 그런데 연습에 들어갈 때 문장 스타일이 고르기아스Gorgias 스타일이야. 플라톤이 고르기아스 스타일을 썼겠나?

김남두 연습 들어가는 부분이라는 게 〈ei hen esti(하나가 있다면)〉 그 부분 말씀하시는 거죠?

박홍규 응, 그게 고르기아스 스타일이거든. 플라톤 스타일이 아니야. 말도 〈ei hen(하나라면)〉하고, 〈ei hen esti(하나가 있다면)〉하고 구별하는데, 플라톤은 그렇게는 하지 않아. 누가 그렇게 하느냐 하면, 말을 가지고 연습한 사람, 소피스트들이 그런 것을 하는 것이지, 플라톤은 그렇게 하지 않는단 말이야. 그러니까 나는 의문부호question mark를 붙이고 싶은데, 그래도 거기서 젊은 소크라테스가 나와서 자기 비판하거든? 그래서 나는 모르겠다고 하고픈 입장이야. 그런데 플라톤을 보잔 말이야. 플라톤은 형상 이론ideal theory을 얘기했으니까, 관념론자idealist라고 하지만, 내가 보기에는 정반대의 성격이 있어. 왜냐하면 그 사람은 스무 살 때 소크라테스가 죽는 것을 목격한 사람 아냐? 그리고 정치학 했던 사람 아냐? 편지에도 30인 정치한 놈들 나쁜 놈들이니 뭐니 하는 소리 나오거든? 그 사람은 첫째로 정치가 아냐? 현실에 대해서 그렇게 관심이 많은 사람이 없어. 현실에 관심이 많기로는 요새 마르크스나 똑같은 사람이야. 그런 사람이 현실에 관해서 말을 하지 않을 리가 없어. 그런데 자기가 형상 이론을 얘기하다 보니까 어딘가 공허하거든, 현실에 대해서. 그러면 형상 이론이 아닌 바로 이 현실의 세계를 얘기해야 되겠는데, 뭘 개진을 해야 될 것이냐 하는 문제야. 이게 대단히 중요해. 그 들어가는 길이 무엇이냐는 문제야. 초점이 거기에 있어. 그런데 자기가 보면 허위가 초점이더라 하는 얘기야. 왜냐? 파르메니데스가 존재를 얘기했다면 여기서는 비존재인데, 비존재를 대변하는 것은 허위다. 지금 그렇게 생각하는 거야. 그러니까 허위를 말하는 소피스트를 갖고서, 허위가 성립할 수 있는 이 세상이 무엇이냐, 그것이 어떻게 되어 있느냐를 논하자는 거야.

그래서 이 사람이 뭐라고 하냐 하면, 비존재가 존재한다고 하거든. 요점은 그거야. 후기 대화편의 초점이 전부 거기에 있어. 거기서 맴돌아. 앞에는 파르메니데스의 존재 개념에서 맴돌고, 여기서는 비존재가 무엇이냐는 문제를 갖고 그 주위에서 맴돌아. 그러면 비존재가 무엇이냐가 문제거든. 『소피스트』 편을 자세히 읽으면 입구는 나와. 가장 기본적으로 이렇게 가라는 것은 나와. 그러면 비존재가 무엇일까?

박희영 타자 아닌가요?

박홍규 응. 뒤에 타자성이라고 했어, 요는. 타자라는 것은 파르메니데스의 일자처럼 하나만 있으면 나오지 않아. 두 개 이상 있어야지. 두 개 이상 있으면 운동과 정지가 동시에 다 나와. 그러면 플라톤은 파르메니데스의 존재를 배격하고 난 뒤에, 비존재에 대한 설명을 가하고, 거기서 이 물리적 세계로부터 인간의 세계의 구조를 다 설명을 하고, 그리고 허위라는 것은 이런 것이다. 말도 이런 것이다. 그렇게 나가야 옳을 것 아냐? 그런 것 없어. 알아서 그런지 몰라서 그런지는 모르지만, 그런 것 없고 옛날 얘기해. 옛날 누구는 다원론자고 누구는 일원론자고 누구는 형상론자고, 허허, 누구는 또 뭐고 하는 식이니, 그것이 얘깃거리지 철학은 안 돼. 그렇잖아, 얘깃거리 아냐?

존재론ontology의 입장에서 본다면 타자성이 가지고 있는 운동과 정지, 사실은 이것이 중요해. 그리고 같음tauton과 다름heteron을 집어넣은 것은 말의 허위와 진리를 놓기 위해서야. 뒤의 대화편, 가령 『필레보스』 편에는 〈nous(이성)〉하고 〈peras(한정자)〉, 〈apeiron(무한정

402

자))이 나오거든. 그것들과 타자와의 관계도 따져야 돼. 요는 타자가 무엇이길래 이런 것들이 나오느냐를 따져야 돼. 그렇지 않으면 형이상학이 성립하지 않아. 그래 갖고 『티마이오스』 편으로 가거든. 거기서는 무엇을 하느냐 하면, 바로 플라톤이 살고 있는 그 세상이 어떻게 성립하는가 하는 자연학을 쓴 책이거든? 아까도 말한 바와 같이 플라톤은 절대로 현실주의자이고, 자기가 살고 있는 세상을 허구의 세상으로 말한 적은 없어, 난 없는 줄 알아. 형상의 세계에 소크라테스가 있는데 여기는 그의 현상(現象)이 돌아다닌다, 그런 소리 난 못 들어봤어. 절대 못 들어봤어. 항상 실제 여기 있는 소크라테스지. 그러면 실제 있는 여기 소크라테스가 사는 아테네의 세계와 일치하는 물리적 세계가 나와야 될 것 아냐. 그런데 안 나오거든. 『티마이오스』 편에도 안 나와. 그것이 안 나오고 무엇이 나오느냐 하면, 원인 aitia이 나와. 그런데 그 원인은 뭣이냐, 어디로 가느냐? 한 사물이 존재하기 위해서는 가장 큰 원인을 통해서, 가장 큰 원인이 하나도 빼놓지 않고 성립해야 하고, 그때 충족률이 성립해. 그러니까 그 세 개는 나와야 돼. 물론 더 요구하자면 거기에 포섭되는 조그만 것들도 나와야 되지만……. 그러면 그 세 개의 원인이 어디서 나왔느냐가 문제가 돼. 그 초점이 어디냐 하면, 비존재는 존재한다는 거기야. 그게 거기서 나와야 돼. 후기 철학의 세상은 파르메니데스를 죽이고 나온 세상이거든. 죽이고 나서 비존재가 존재한다고 했으니까, 비존재가 존재한다는 것은 도대체 무엇이길래 이런 원인이 나오느냐를 찾아내야 돼. 그래야 학문이 되지? 그런데 그런 것 없어. 그저 우화 fable이라고 해놨어. 얘깃거리라는 거야.

그러면 얘깃거리라도 좋다, 그것을 얘깃거리라고 생각하지 않고 이 물리적 세계를 진실로 우리가 살고 있는 세계로서 보고, 이 세상 — 우리 안에도 포함해서 — 을 질서가 잡힌 세계로서 보자는 건 아리스토텔레스의 입장이야. 그러면 아리스토텔레스는 우선 그 우화를 없애야 돼. 우화를 없애고, 질서가 생겨야 하니까 질서가 있다는 그 원인을 찾아야 돼. 또 운동을 질서가 있는 운동으로 만들어내야 돼. 그런데 가장 방황하지 planōmenē 않는 존재는 뭣이냐? 아리스토텔레스는 그걸 형상 eidos이라고 해. 자연 철학에서는 〈kinoun akinēton(부동의 원동자)〉이고 『형이상학』 Z편에는 최고의 선의 형상 idea이야. 그것이 가장 움직이지 않는 것이거든. 제일 움직이지 않는 것으로 가야만, 방황하는 원인 planōmenē aitia의 방황하는 성격이 사라져. 플라톤에서는 방황하는 성격이 두 개 나오지. 위의 살아 있는 가장 좋은 세계하고, 나중에 무질서한 ataktos 세계하고 두 개가 나오는데, 방황하는 성격을 없애버리고 그 속에 들어 있는 운동을 전 우주를 통해서 하나의 운동으로 만들어. 그러면 하나의 우주가 될 것 아니냐는 거야. 우리의 세계가 두 개가 아니고 하나인 것은 분명하거든? 아까도 말한 바와 같이 소크라테스도 하나고 아테네도 하나야. 그런데 어떻게 운동이 두 개가 있을 수 있어? 하나가 나와야지.

그 다음에, 가장 움직이지 않는 것이 있어서 그리로 가도록 하지. 어떻게 가도록 하느냐? 아리스토텔레스 입장에서는 이렇게 말해. 『형이상학』 E편인가? 거기서 실체 ousia에는 세 개가 있다. 하나는 형상 Form이고, 하나는 개체, 즉 전체 synholon이고, 하나는 질료 matter다. 모두가 다 실체야. 그러면 이 실체가 합쳐져서 하나가 될 수 있는 계기가 성립할 것 아니냐. 그렇지? 그런데, 방황하는 원인이라고 하는 것은 어떤 점에서는 무가 아닌 한에서 존재와 합쳐서 하나가 될 수 있는 성격을 갖고 있어. 그런 가능성을 갖고 있어. 그렇다면 이 세 개가 합칠 적에 운동인은 일자하고 하나가 될 수 있는 방식으로 운동을 할 수 있고, 하나가 될 수가 있어. 그것이 아리스토텔레스의 목적론이지. 방황하는 원인이라는 것은 여러 가지 성질을 갖고 있어. 방금의 그런 가능성도 갖고 있고, 여러 가지 것을 갖고 있으니까. 그러면 왜 개체를 만들었느냐? 아리스토텔레스에서 중요한 문제 하나가 그거야. 우리가 아는 바와 같이 아리스토텔레스는 개체 중심이거든? 그 사람의 철학과 형상의 관계가 어디에 있느냐는 말이야. 개체는 누가 만들어? 어디서 나와? 형상에서 나오나? 형상은 개체를 넘어선 거야. 거기서 나오지 않아. 개체는 물체body야. 우리 앞의 이런 사물을 개체라 그래. 혹 개체가 아닐지도 모르지. 어쨌든 사람도 다 개체로서의 신체를 갖고 있어. 그런데 사람의 신체가 무슨 뜻이야? 지금 서양 철학과 같은 입장에서 보면 신체의 문제를 설명하기가 지독히 어려울 거야. 그러나 아리스토텔레스 입장에선 간단해. 덩어리가 될 수 있는 것만이 물리적 세계 physical world를 구성해. 그래야 될 것 아냐? 덩어리가 없는 것이 어떻게 물리적 세계를 구성해? 안 되지. 그렇기 때문에 물리적 세계는 가만 놔둔다면 그 자체로서는 어느 때 어느 방향으로 어떤 속도로 갈지 몰라. 그야말로 완전히 무규정적ganz und gar unbestimmt이야. 무한 정자apeiron의 성격이 모든 측면에서 나타나. 그러면 그런 무규정적 성격을 없애려면 어떻게 해야 하느냐는 말이야.

김남두 덩어리라는 게 뭡니까?

박홍규 덩어리는 〈body(물체, 신체)〉, 〈body〉로 될 수 있는 것. 평면, 직선 같은 것은 물리적 세계라 하지 않아. 적어도 삼차원적으로 될 수 있는 것이 물리적 세계지. 그러니까 삼차원적으로 운동체를 꽉 폐쇄해 버려야 돼. 폐쇄해 버리면 당연히 운동의 방황하는 성격이 사라질 것은 분명하거든.

양문흠 전체synholon가 되면서 그렇단 말씀이죠?

박홍규 그렇지. 그리고 만약 사람이라면, 우리 신체 속에 여러 가지 기능이 있는데, 그 기능에 따라서 움직이는 것은 사실이거든. 마찬가지로, 아리스토텔레스에 의하면 물체도 그 속에 형상Form이 있고, 운동은 아까 형상을 따라간다고 했으니까, 물리적 세계가 형상에만 따라가도록 하기 위해서는 개체가 필요하다는 거야. 나는 아리스토텔레스에서 개체에 대한 설명을 읽어본 적이 없어. 왜 개체가 나오느냐에 대해서. 내가 언젠가 『자연학』에서 개체가 나오는 이유에 대한 설명이 없다고 했지? 이건 물론 내 해석이야. 〈나는 이렇게 생각한다〉고 말하고 있는 거야.

그런데 형상 중에 가장 중요한 것이 스콜라 철학자들의 표현을 빌리면 실체적 형상substantial Form이야. 갈릴레이가 실험한 것이 바로 그거야. 과연 아리스토텔레스가 말한 것처럼 물체의, 개체의 실체적 형상이 거기에 있느냐? 형상에 따라서 운동을 하냐? 실험해 보니까 그렇지 않더라는 거야. 그러니까, 아! 아리스토텔레스 운동론은 다 틀렸네? 그렇게 나올 것 아냐? 당연하지. 그러면 그 사람은 그것을 사실로서 엄격히 재어서 부정을 했는데, 이론상으로는 아리스토텔레스의 어디가 틀렸어? 운동론의, 개체 이론의 어디가 잘못이야? 내 생각에는 모든 개체 이론이 다 틀린 것은 아냐.

양문흠 선생님 말씀대로 모든 운동이 형상에 따른다는…….

박홍규 형상에 따른다는 아리스토텔레스의 이론이 왜 틀렸냐, 그 말이야.

양문흠 왜냐하면 운동은 중력의 제곱에 따라 떨어지거든요.

박홍규 아니, 그것은 실험을 해보니까 그렇더라는 얘기고, 이론상으로 아리스토텔레스의 이론이 왜 틀렸느냐를 얘기해야지. 우리 자신은 비록 실험을 하지는 않았지만 아리스토텔레스의 이론이 틀렸다는 것은 실증된 것이고, 그러나 실험을 직접 하지 않더라도 이론상으로도 벌써 틀렸단 말이야. 이론상으로 맞는 것이 실험에서 틀린 것이 아니야. 그러면 이론상으로 왜 틀렸냔 말이야.

양문흠 운동과 관련해서 아리스토텔레스의 이론이 왜 틀렸냐?

박홍규 응, 왜 틀렸냐? 지금까지 내가 한 얘기 들었으면 다 알아. 내가 말했잖아. 정지체와 운동이 존재하기 위한 충분한 이유는 다르다. 그것 아냐? 운동이 운동으로서 충분히 존재하기 위해서는『파이드로스』편에 나오는 자기 운동 이론이 나와야 되고, 정지체가 존재의 충분한 이유를 갖기 위해서는 형상 이론이 나온다고 아까 얘기했잖아? 다르잖아.『소피스트』편에서는 운동과 정지는 다르다고 했잖아. 다르면 그것들의 존재의 충분한 이유는 달라야 될 것 아냐? 그러니까 내가 하는 얘기는 희랍 철학을 존재의 최고의 추상적인 관점에서 보라는 얘기야. 그래야 현재까지 여러 가지 가정hypothesis이 나오고 하는 것을 이해할 수 있다는 얘기야. 그것이 철학이야. 실증 과학의 입장에서 보는 것이 철학이 아니라는 말이야. 아리스토텔레스의 입장에서 보면 운동의 동일성은, 아니, 그 운동도 애매해.

양문흠 아리스토텔레스에 따르면 운동은 정지를 향해 가는 과정이거든요. 자기 본성에 따라서 자기 자리를 찾아가는 과정이죠.

박홍규 응, 그래. 아리스토텔레스의 운동 이론도 복잡해. 플라톤에서는 제작자dēmiourgos하고 형상하고 딱 나눴어. 구별돼. 밖에 있어. 그러나 아리스토텔레스에서는 그런 것 없거든.

양문흠 합쳐지죠.

박홍규 합쳐지는 것이 아니라, 운동체를 정지체에다가 종속시켜 버렸어. 그래야 목적론이 나오지. 이론적인 잘못이 바로 거기에 있어. 나왔잖아. 그러면 갈릴레이의 할 일은 무엇이냐? 철학적으로 보면 물리적 세계는 운동체니까 운동체 중심으로 봐야 될 것 아냐? 당연히 그래야 될 것 아냐?

양문흠 선생님 말씀대로 하면 이렇게 되겠습니다. 갈릴레이는 이상적으로 등속도 직선 운동으로 나가야 되는 것인데, 아리스토텔레스에 따르면 정지를 전제로 한 운동이다. 그 점에서 날카롭게 대조된다. 그렇게 정리되겠습니다.

박홍규 나. 자네 말 무슨 소린지 몰라.

양문흠 갈릴레오에 따르면 운동은 외부에 간섭을 주지 않는다. 이 점은 뉴턴하고 같은데, 영원히 등속도로 직선 운동 하지 않습니까?

박홍규 아니, 그것은 물리적 운동이야.

양문흠 아리스토텔레스는 항상 정지를 전제해서만 운동을 이해할 수 있다는 것이거든요.

박홍규 아니, 아리스토텔레스에서는 전체 우주의 운동이 움직이지 않는 것으로 운동이 향해 있다는 거야. 그것이 목적론이야. 그런데 운동의 충족률은 정지체의 충족률하고 달라. 전혀 딴 것이야. 운동자의 충족률은 『파이드로스』 편에서 나왔잖아. 그걸〔자기 운동자를〕 따라간다는 말이야. 『필레보스』 편에서는 〈nous(이성)〉라고 했잖아. 그것이 그것으로서 존재하기 위한 충족률은 정지체의 충족률하고는 다르다는 말이야. 다르면 그 운동을 해방시켜야 될 것 아냐, 그렇지? 해방시켜야 돼. 당연히 그렇지? 해방시키고, 운동의 충족 이유율에서 봐야 할 것 아냐? 그런데 갈릴레이는 그 당시 엄밀히 잰 것을 갖고 얘길 했기 때문에, 그 사람도 철학자가 아니어서 그런지 어쩐지는 모르지만 좌우간 아직은 운동의 충족률을 얘기하진 않았어. 하여간 똑같이 엄밀히 잴 수 있다는 것을 확보할 적에 고전 물리학이 나와. 왜냐하면 그 당시에는 유클리드 기하학의 공간에서만 엄밀히 잴 수 있다고 생각했으니까. 그 사람은 유클리드의 제자야. 그러면 어떻게 되느냐? 운동이 이례적인 것이 돼버려. 왜냐하면 운동의 충족률은 산(生) 것이거든. 『파이드로스』 편에서 산 것이라고 했어. 그것은 자기 운동이야. 자기 운동이 가지고 있는 충족률은 그 내면적인 운동 방식이 달라. 그것이 고전 물리학 쪽으로 간다는 결론은 나오지 않아.

김남두 갈릴레이의 운동을 『파이드로스』 편의 운동으로 생각해서는 안 될 것 같은데요?

박홍규 안 되지. 플라톤이 그 사람의 선생이지만, 어디서 나왔는지는 나도 몰라. 요는 내가 지금 서양 철학의 가정을 일별하기 위해서 얘기하고 있는 거야. 만약에 그런 이례적인 운동이 아니라, 실재적 real인 운동이 나온다면, 플라톤이 말한 바와 같은 운동이 나와야 될 것 아니냐는 말이야. 그렇지? 나와야 돼. 여기서 갈릴레이가 빠져. 그럼 무엇이 나오느냐? 현대 물리학에서의 불확정성 원리니, 엔트로피니 하는 것이 나와. 그것이 가장 가까운 운동이라고 생각해. 그렇게 볼 수 있잖아?

양문흠 그것은 운동의 충족률을 놓지 않으니까 그렇게 본다는 거죠?

박홍규 놓지 않으니까. 그러니까 여기서 충족률이 성립하려면 아까 말한 바와 같이 방황하는 원인 planōmenē aitia과 더불어 운동은 있는데, 그것은 한편으로는 존재와 합쳐질 수 있고, 따라서 그냥 사라지는 것이 아니라 존재에다가 말하자면 자기가 가지고 있는 힘을 부여할 수 있어. 아리스토텔레스의 목적론처럼. 왜냐하면 방황하는 원인은 어느 의미에서는 존재고 어느 의미에서는 무야, 어느 의미에서는 방황하고. 그러나 존재인 한에서, 즉 무가 아니고 존재로 본다면 그것은 자기가 가지고 있는 존재성을 아리스토텔레스에서는 형상에다 주고, 여기서는 자기 운동자 autokinoūn에다 줘. 그래서 자기 운동에 의해서 그것이 존재할 때, 그것을 〈existence(실존)〉라고 해. 〈existence〉란 정확한 명칭이야. 그 말은 스콜라 철학에서 아리스토텔레스의 〈energeia(현실태)〉를 의미해. 플라톤의 형상 같은 것은 〈energia〉나, 〈existence〉라고 하지 않아. 그러니까 거기서 실존 철학 existence philosophy이 나와. 당연하지?

양문흠 〈existentia〉를 〈energia〉하고 같은 뜻으로 보는 겁니까?

박홍규 본래 같은 뜻이야. 그 말은 무슨 얘기냐? 질료 matter를 왜 질료라고 하느냐 하면, 그것이 존재하도록 도와주기 때문이야. 그때만 질료라고 해. 도와줘서 그 위에서 형상Form과 실제로 하나가 될 때, 질료에 있는 존재성과 형상에 있는 존재성이 하나가 됨으로써 존재할 때, 그때 〈energeia〉가 나와. 여기서도 마찬가지야. 혼자 성립하지를 않아. 그것의 설명 원리가 우리의 신체와 다른 것과 더불어 있어. 그러면 그런 〈energeia〉 같은 현상이 어디서 나타나느냐? 반(反) 엔트로피에서 나와. 생물의 엑스트로피extropy나 생물의 뱃속에 들어 있는 질서에서 나타나. 물질은 불확정성의 원리에 빠진다고 할 수 있지만, 생물체는 빠지지 않아. 생물체는 그 나름대로 질서가 달라. 생명체는 개체, 신체를 갖고 있어.

양문흠 그것도 어쨌든 〈energeia〉죠?

박홍규 지금은 〈energeia〉라는 말을 안 써. 그건 아리스토텔레스에나 쓰지. 지금은 구별해서 〈existence〉라는 말을 써. 그러니까 그런 주체자는 하나의 활동체인데, 자기 바깥에 있는, 자기 자신을 실존existieren 시키는 것과 결합해서 자기 자신 속으로 다시 돌아와야 되는데, 그때 자기는 항상 타자화되는 과정을 밟으니까. 타자화되는 것보다는 더 많이 자신 속으로 가지고 들어와야만 〈existence〉가 의미가 있어. 만약, 자기에게 돌아오지 못하면 죽는 것 아냐?

양문흠 그런데 선생님, 〈kath' hauta(자체적)〉라고 하면서, 그렇게 돌아오느니 마느니를 얘기할 필요가 있습니까?

박홍규 그러니까 그런 것은 플라톤의 형상 이론이고, 여기서는 〈auta kath' hauta(자체적인 것들)〉의 자기 충족률의 기능 일부분만을 받아들여. 자기 충족률의 일부분을 받아들이려면 자기가 상실한 것보다 더 많은 것을 받아들여야 돼. 그런데 그 속의 무한정자는 어디로 가서 어디로 올지를 몰라. 그래서 이런 철학은 기술 과학technical science으로 가. 동물이나 생물은 기술적 존재technical being가 돼버려.

최화 운동을 정지에다가 종속시키는 것이 아까 선생님 말씀이었다면, 정지를 운동에 종속시키는 방법은 없습니까?

박홍규 뭐라고?

이태수 정지를 운동에 종속시키는 길이요. 그런 길도 있겠죠.

박희영 아까 아리스토텔레스는 운동을 정지에 종속시켰는데……

박홍규 아리스토텔레스는 그 자체에 의해서, 목적론에 의해서 그러는 거야. 질료 자체에 의해서. 어떤 때 질료라고 하느냐 하면 그것을 도와줄 때만 질료라고 해. 훼손시킬 때는 질료라고 하지 않아. 그러니까 아리스토텔레스는 형상 질료 이론 Form-matter theory 하면 벌써 목적론이 들어가. 질료 속에 있는 존재 ousia 하고, 형상 속에 있는 존재가 하나가 돼야 되는데, 그중에서도 형상이 중심이 돼. 여기서는 〈autokinoun〉의 충족률을 채우려는 능력이 중심이 되지만, 그것만 가지고는 안 돼. 자기 주위에 있는 여러 물건을 자기에게 유리하게 사용할 수 있는 능력을 가지고 있다는 얘기야. 그러니까 근대 철학은 전부 기술 과학으로 돌아가고, 경제학이 가장 중요한 학문이 돼. 그리고 독일에 고토르라는 경제학자가 있어, 생의 철학잔데. 생으로서의 경제학인가 하는 것을 쓴 사람이야. 내가 그 사람한테 배운 사람한테 경제학을 배웠거든. 경제 철학이야. 내가 그전에 늘 이 소리를 했다고. 시장에다 투자를 한다고 해보자. 투자한 것보다도 많이 돌아와야 장사를 하지, 그렇지 않으면 무엇 때문에 장사를 하난 말이야. 많이 돌아오지 않으면 장사하지 않을 것 아냐? 생물은 본래가 기술적 존재야. 실용주의 pragmatism가 원래 생명의 본질이야. 뭐니 뭐니 해도 실용주의를 빼고서 생명 현상을 볼 수는 없어. 가만히 생명 현상을 봐. 다 이해 관계지. 이해 관계가 가장 기본적인 것이지.

이태수 〈theorein(관조하다)〉은 뭡니까?

박홍규 이론적 학문 theoretical science이라는 것은 스콜라 철학이나 플라톤의 형상론 같은 것인데, 아리스토텔레스가 말하기를 가만히 형상을 보면 형상이 우리 속에 다 드러난대.

양문흠 그것도 이익이 있으니까 그렇게 하겠죠.

박홍규 아니, 그렇지는 않아. 아리스토텔레스는 『형이상학』에서 공부하는 건 그 자체가 선천적으로 재미있다고 해.

박희영 재미있는 이익, 허허. 그런데 아까 기술적 존재는 그런 의미에서의 기술적 존재입니까?

박홍규 기술적 존재는 어떤 목적에 대한 수단이야. 그 목적이 무엇이냐 하면 자기의 존재의 충족률을 충족시키기 위해서야. 모두 다 그것을 충족시키기 위한 방법이야. 그런데 개미 같은 것들이 어디 사람과 같냐는 말이야. 내가 안 읽어봤지만, 〈Laissez-aller(자유 방임하라)〉니 하는 아담 스미스의 자유 이론은 가만 놔둬도 자기들이 다 자기 조절 가능하다는 거야. 지금 생물학에서 자기 조절이란 개념이 대단히 중요한 개념이야. 다 자기 조절해서 나간다고 하는 사상이거든. 그 이론의 근본이 지금 이 이론이야. 그런데 개미니, 벌이니 그런 것들은 안 그렇거든? 꼭 군대 사회 같거든? 다 평등하고 다 똑같이 일하고. 그것이 어디 인간이냔 말이야?

박희영 한 개체를 볼 때 그렇지, 개미를 그 집단 전체로 보면 똑같은 이야기가 되는데요?

박홍규 아, 물론 집단으로 보면 그래. 그런데 어디가 개미하고 다르냐 하면, 개미는 집단에서 벗어나서 살 수가 없어. 인간하고 달라. 개미나 벌은 자기 집단에서 나와 오래 놔두면 죽어버려. 실험 결과가 다 나와 있어. 사람은 그렇지 않아. 사람은 내가 있는 사회에서, 우선 가정에서 벗어나서, 또 자기 국가도 다 벗어나서 자기 혼자도 살 수가 있어. 그러면 그것이 뭘 뜻하느냐는 거야. 신체를 가지고 있는 한에서만 조직을 이뤄, 사회를 이뤄. 신체에서 벗어난다는 말은 사회에서 벗어날 수가 있다는 말이야. 사회주의나 공산주의 봐. 모든 것이 군대식이야.

말 안 들으면 막 때려. 그래 갖고 복종시켜. 그런데 신체에서 벗어나면 벗어날수록 인간은 〈autokinoun(자기 운동)〉의 기능이 커져. 다시 말하면, 선택의 여유가 많아져. 고급 생물일수록 많아져. 그뿐만 아니라, 고급 생물일수록 말도 하고, 그림도 그릴 수 있고, 기술도 발달하고, 종교도 나와. 그런 집단에서 벗어날 수 있는 개인이 나오기 때문에, 〈아, 나는 저 사람이 한 것을 아니까 그걸 이용해서 편리하게 무엇을 하나 발명해야겠다〉고 해서, 국가에다 〈이것을 내가 발명했소〉 하면, 〈그것은 네 특허권이다, 네 것을 함부로 못 쓴다, 다른 사람이 쓰면 돈 받는다〉고 하는 거야. 그럼 그게 경제뿐만 아니야. 개미 같은 동물 사회에서 종교나, 언어나, 그림 같은 것은 볼 수가 없어. 개가 그림 그리는 것을 난 본 적이 없어. 어느 정도 벗어나야 돼. 우리가 그것을 지적으로 인지능력이 발달한다고 해.

베르낭 Vernant은 이렇게 말해. 참 재미있는 말이야. 희랍에서 합리주의가 나왔다. 그런데 그 합리주의가 어디서 나왔느냐? 아주 예전의 희랍의 원천까지 파헤쳐 올라가. 결국 도시 국가 polis를 만들어놓아서 합리주의가 나왔다는 거야. 도시 국가적인 인간은 합리적인 인간이야. 그때 비로소 합리적이 돼. 왜냐? 우리 한국 사람은 곧 이해할 수 있어. 그 사람이 도시 국가를 무엇하고 대립시키느냐 하면 집, 〈oikos(집)〉하고 대립시켜, 허허. 그런데 〈oikos〉가 합리적이 아닌 것은 틀림없잖아? 감정적이고, 본능적이고, 네 것 내 것 구별 없고, 약속 안 지켜도 좋고, 가족끼리는 그런 거거든? 그런데 군대라고 하는 것은 우선 아까도 말한 바와 같이 그 사회에서 떼낸 사람이야. 그런 사람들만 모아놨어. 그래 갖고 번호 number를 붙여놨어. 그래서 그 사람들은 도식적이야. 거기서 법이 나오고, 정의도 나오고 다 나와. 그래서 그 중 대표적인 것이 서양 사람의 질서야, 고대 사람들의 질서. 가령 예를 들면, 스파르타 사람들은 다 똑같이 앉아서, 똑같은 옷 입고, 똑같은 밥을 먹고, 특히 권리가 같아. 〈isoi(동등한 사람들)〉라 그랬어. 권리가 같다는 거야.

그런데 언제 〈isoi〉가 무너지느냐? 기술이 발달해서 어떤 사람이 배를 타고 갔다 와서 돈을 많이 벌고 부자가 됐어. 그래 갖고 좋은 옷 입고 다니고 그러거든? 그러면 사회 질서가 그냥 무너져버려. 그때, 그 무너질 때 나온 사람들이 칠현인(七賢人)이야. 이것은 대단히 중요해. 왜냐하면 고대의 군대 질서에서는 산업 industry이 발달하지 않아. 예전의 로마에서도 발달하지 않고, 희랍에서도 안 해. 그러나 아테네는 산업이 발달한 대신에 나라는 자꾸 엉망진창이야. 다시 말하면 근대 사회의 이런 〈Laissez-aller〉의 사회 조직을 받아들일 수 없었던 거야. 이것을 우리에게 직접 적용시켜도 돼. 남쪽하고 북쪽하고는 적어도 다 똑같이 해방돼서, 저쪽은 스파르타로 가고 이쪽은 근대 산업 사회로 왔어. 산업 사회 속에서 비로소 서양 사회의 질서를 우리가 배운다고. 그러니까 베르낭의 입장에서 본다면 서양 사람은 두 개의 층이 있는 것 같아. 하나는 고대 사회에서부터 딱 짜여 있는 조직적인 사회하고, 그 다음에 〈Laissez-aller〉의 사회하고 두 개가 있고, 우리 한국은 〈Laissez-aller〉도 아닌 농업 경제에서 직접 현대 서구 산업 사회로 넘어오는 것이 특징인 것 같아.

이태수 우리도 가족주의 familism라 불리는 질서가 있죠.

박홍규 가족주의라 부르는 것도 모두 내가 말한 의미하고 들어맞아.

이태수 그런데 선생님 말씀 중에서 로마 사회는 아무래도 다른 것 같아요. 거기는 가족주의가 있거든요.

박홍규 응, 가족주의가 있었지.

이태수 가족주의가 있었고, 그게 사회를 유지해 주는 강력한 힘이 됐었고. 그러니깐 거기는 공과 사의 구별이 있다기보다는 공사를 일치시킨 것 같은데, 어떻게 보면 유교 사회인데 거기다 법가를 하나 덧붙인 유교 사회인 것 같아요. 아니, 희랍식 합리주의하고 라틴 사회는 조금 다르지 않냐 하는 생각이 들어요. 희랍식 뿌리가 있는 합리주의는 합리주의인데, 유교에다 아마 법가 정도가 더해진…….

김남두 더해진 것이 아니라 법가 정신이…….

박홍규 철저하다고 봐야 돼.

김남두 그렇죠, 법가가 밑에 깔려 있고, 유가가 가미된…….

박희영 현실적으로는 그렇지 않죠. 김남두 선생님 말씀하셨듯이 법가가 근본적으로 있는가는 몰라도, 현실적으로 일이 벌어졌을 때는 이태수 선생님 말씀처럼…….

이태수 합쳤다고 생각되는 게, 〈pater familias(가부장)〉가 동시에 법적인 위치거든. 생물학적 지도자이면서 동시에 법률적인 위치를 갖는…….

박홍규 위치도 갖고 나중에 군대 위치로도 발달하잖아.

이태수 그러니까 그것하고 그냥 일치를 시켰잖습니까. 그러니까 로마에서는 국가와 개인이 만나는 적이 없다고 봐요. 일단은 〈pater familias〉에 법적으로 소속이 돼 있기 때문에요. 성인식을 하고 나면 희랍 사람은 한 표를 행사하는 근대식 개인 individual이 되는데, 여기는 나이가 들어서 성인이 되고 나서도 일차적으로는 전권을 가진 〈pater familias〉한테 속하거든요.

김남두 전권이라고 하는 게, 그게…….

이태수 생사 여탈권까지 포함하는 거지.

김남두 엄격하게 규정된 권리죠?

이태수 그럼, 법적으로 규정된 거니까.

김남두 난 옛날에 리비우스 읽을 때 생각이 나는데, 앞에 자기 조카 죽이고 형제끼리 막 살육하고 하잖아요? 그런 과정을 거쳐서 성립된 〈familia〉이기 때문에, 근본적으로 유교적인 가족하고는 다르다고 생각해요. 〈familia〉가 있다고 하는 것은 인정해야 되지만.

이태수 그러니까 유교적인 가족하고 다른 점은 법적인 개념이 되다 보니까 생물학적 단위 biological unit만은 아니라고. 노예, 집사 등등 〈clientele(가신)〉이라는 게 다 모여서 하나의 〈familia〉라는 단위를 이뤄.

박홍규 노예 사회와 비슷하지.

이태수 그렇죠, 노예 사회죠.

양문흠 가정도 〈imperium(절대 통치권)〉을 가진 일종의 사회니까.

이태수 그러나 가정으로 났다는 것은 틀림없는 거야. 혈통으로 이어진 것이니까. 그래서 법가하고 유가하고를 합쳐놓은 것 같다는 생각이 드는데……

양문흠 그거야 뭐 유가가 아니라도 혈육이…….

이태수 아니, 유교적인 요소를 전연 무시를 못하는 게, 그 사람들이 가족 모델을 연장을 해서 국가를 생각했으니까.

박희영 그건 어느 나라든 그런 거 아닌가요?

이태수 어떤 추상체로서의 공동체를 생각했겠냐는 생각이 자꾸 들어.

박홍규 그럼 〈civis(시민)〉는? 도시 국가는 완전히…….

이태수 도시 국가는 다르죠. 이해 공동체적인 요소가 상당히 들어가는데.

박홍규 도시 국가는 보편적인 어떤 것 아냐?

이태수 글쎄……, 보편적인 어떤 추상체로서의 국가라기보다, 〈patres(가부장들)〉이 있거든요.

김남두 로마의 경우는 〈familia〉 사이의 관계가 어떤가요? 유교 가족의 기본 원칙 중의 하나가 부모하고 가깝고, 형제가 가깝고, 먼 사람보다는 혈족적으로 가까운 사람이 가깝고, 하는 식인데.

이태수 친친(親親)이 원리지.

김남두 거기도 그렇단 말이죠?

이태수 그렇지. 유교 사회에서 보는 일 중에 가령 전쟁에 나가서 싸우는 장수가 아버지가 돌아가셨다고 갑옷 벗고 머리 풀고 하는 일화는 로마에 무척 많거든요. 플라미니우스는 유명한 민주 개혁파 지도자인데, 그 사람 얘기는 조금 재미있어요. 농지 개혁법인가를 가지고 민회에서 얘기를 하는데 아버지가 사람 많은 데서 〈입 다물어, 너!〉 이랬단 말이에요. 그러니까 거기서 그냥 입을 다물어 버렸고, 아무도 거기에 반대를 안 했어요. 그건 당연히 그렇게 하는 거다, 그 사회에서는. 그러면, 틀림없이 공적인 것하고 가족적인 것하고 충돌이 생길 거 아니에요? 그 부분은 무엇으로 인정을 했냐 하면, 그건 싸움으로 인정을 해준 거죠.

양문흠 아, 그런 공적인 문제를 가지고는 싸워도 좋다.

이태수 아니, 권력 게임 power game이라는 거지. 그래서 어떤 가문이 한 문제에 대해서 권력을 쥐면 그건 그 가문이 그냥 갖고 가는 거지. 거기에 어떤 헌법 constitution 같은 것은 없어.

박홍규 시저를 봐도 그렇고 옥타비아누스가 강했던 걸 봐도 마찬가지야.

이태수 전부 다 어떤 가족들이 끌고 갔지. 지금 마피아처럼.

박희영 요새 마피아 그대로네.

이태수 그러니까 헌법에 의한 공적인 부분은 없다고. 시민법 civil law은 있지만, 소위 공법학과에 해당하는 것, 공법은 없잖아. 그러니까 권력 기구, 의사 결정 기구는 만들어놨지만, 지금 얘기하는 통치권 sovereignty이라든지 하는 것은……

양문흠 그것은 근대에 와서도 마찬가지예요. 서로 결혼하면 한 나라가 왔다 갔다 하고……

이태수 아니, 내막에서 그렇게 됐다는 것과 국가의 이상이라는 것은 다르지.

김남두 통치권이라는 개념이 확립돼 있을 때는…….

이태수 희랍 사람이면 통치권에 대한 생각을 할 거야.

박홍규 우리하고는 다르다고 봐야지.

박희영 벤베니스트 Benveniste란 사람이 언어학적으로 그걸 얘기하거든요. 희랍에서는 도시 국가라는 추상체가 먼저 있고, 그것에 대한 소속체로서, 도시 국가의 구성원으로서 시민 politēs이 있대요. 시라는 추상체가 먼저 있고 집합 개념의 구성원처럼 시민 개념이 들어가요. 반면에 로마는 〈civis meus(나의 시민)〉, 내 이웃, 내 친구에서 왔다는 거예요. 〈civitas(시)〉에서 〈civis(시민)〉가 나온 것이 아니고, 〈civis〉에서 〈civitas〉가 나왔다.

이태수 그러니까 서양이 로마법을 배웠다고는 하는데 로마에서 가족주의 familism는 안 배워간 것 같아. 그 대신 이런 연구는 있어. 가족의 가신 clientele과 주인의 관계를 봉건 제도를 연구하는 데 연결한 연구는 있어.

박홍규 로마의 농업이 망할 때 그것이 중세기의 장원으로 됐다고 하잖아.

이태수 아마 봉건 제도는 비슷한 게 있을 겁니다. 봉건 제도의 어떤 부분은 가족주의의 요소하고 연결이 되어서, 충성 같은 이성에 입각하지 않은 유대 관계가 사실은 주축이잖아요. 평등한 인간이니 무슨 똑같은 인간이니 하는 추상적인 인간을 얘기하는 게 아니라, 당장 충성이라는 어떤 정의된 역할을 사이에 둔 유대 관계죠. 친친(親親)은 아주 중요한 요소이고. 나의 군주.

김남두 〈dominium(가족 소유권)〉 개념하고 〈imperium(통치권)〉 개념이 구분이 되는 걸로 알고 있는데, 그 얘기에 따르면 그 둘이 본질적으로는 같은 게 되는데…….

이태수 그렇게 되겠지.

박홍규 현대 철학에서 아까 말한 생의 철학이 나오는 이유를 알아야 돼. 아까 내가 설명하다 말았어. 생물체만이 신체를 가지고 있어. 야스퍼스Jaspers는 생물체만이 존재Sein을 갖고 있다는 말을 했는데, 그 말이 그 말이야. 생명체 이하에서는 자기 운동 하려는 능력이 물질의 엔트로피하고 섞여서 어디가 어딘지 모른다는 거야. 아직 독립이 돼 있지 않아.

박희영 아, 그런 의미에서 다른 것과 구별되는 의미의 신체body를 갖고 있다고요?

박홍규 응. 동물은 신체가 딱 나오잖아. 그만큼 그것이 유동성flux 을 극복했다는 얘기야, 간단히 얘기하면. 유동 이론flux theory이니 불확정성 원리니 그런 것 다 극복을 했다는 얘기야. 그러니까 내가 지금 플라톤을 생각하고 있어도 이놈의 것이 틀리기도 하고 맞기도 한 것 같은데, 허허허, 대체로 줄거리로 보면 실증적으로 나오거든? 물론 현대의 물리학, 자연 현상을 전부 설명한다는 얘기는 아니야. 그러나 운동체로서 보는 한에서는 나중에 가면 그런 현상이 나온다는 말이야. 그런 의미에서는 들어맞아. 우리 철학하는 사람에게는 아까도 말한 바와 같이 파르메니데스의 존재, 그게 간단하지 않아. 내가 얼른 얘기했지만. 또 플라톤의 비존재 얘기는 더 어려워. 비존재는 더 어렵다고.

김남두 아까 플라톤 후기 철학 얘기하셨죠? 그 얘기 하시면서 『파르메니데스』편의 연습Übung 부분이 고르기아스 스타일이라는 말씀을 하셨는데⋯⋯.

박홍규 응, 연습 부분에 예전의 고르기아스 스타일이 나오지.

김남두 그게 처음만 그렇습니까, 그렇지 않으면 얘기를 죽 해 나가는 그 과정도⋯⋯.

박홍규 아니지, 다는 아니지. 그러나 대개는 그런 스타일이지. 내용이 처음에는 좀 비슷해.

김남두 그러니까 처음만 그렇다고 지금 판정을 하시는 건가요. 죽 진행되는 과정도 플라톤의 변증법dialektike하고 다른 고르기아스적인 요소가 있다고 판정하시는 건가요?

박홍규 있는데, 그러니까 누가 쓴 것인지를 모르지. 그것이 하나의 통일된 책임에는 틀림없다고 보면.

김남두 뒤에 그 연습 부분이 말이죠?

박홍규 응. 문장 스타일이 플라톤하고는 아주 달라.

이태수 그렇죠. 그런데 플라톤 자신이 또 여러 문체를 구사하니까, 그런 얘기를 할 땐 그런 식으로 쓸 수도 있죠.

김남두 연습을 구성해 볼 수도 있죠.

박홍규 아니, 그렇다고 봐도 그것이 증명이 안 되는 것이, 다른 데서 플라톤이 그런 스타일을 썼다든지 하는 것이 있으면 몰라도…….

김남두 신화는 여러 군데 나오는데, 왜 이런 것은 여기밖에 없느냐, 그 말씀이죠?

박홍규 그러니까 문제라는 거야.

김남두 그게 좀 특이하긴 해요.

박홍규 내가 하는 얘기는 상식이고. 허허.

김남두 계속 그런 상식만 얘기하시면…… 허허허.

박홍규 아니, 서양 철학 하는 사람은 꼭 알아둬야 하는 상식 얘기야. 어떻게 보면 철학이고.

양문흠 아까 선생님께서 존재보다 비존재가 더 어렵다고 하셨는데, 사실 『소피스트』편에서 플라톤이 하고 싶은 말은 똑같이 어렵다는 거죠. 그러니까 그 말은 둘 다 모른다. 그러니 어떻게 알아야 되느냐? 그럼 이런 방식으로 한번 나가보자는 건데, 결국 둘 다 모르겠다는 거죠. 왜냐하면 지시를 할 것이 없으니까요. 무도 지시할 수가 없고, 존재도 정지, 변화 다 아니니까. 그러면 우리가 어디다 지시refer하겠느냐, 둘 다 모르겠다는 거죠.

박홍규 아니, 자네가 말하는 비존재는 무엇이냐는 것부터 생각해야지.

양문흠 물론 그렇죠. 그러나 추상적으로 〈on(존재)〉하고 〈mē on(비존재)〉을 놓고 얘기할 수밖에 없는데, 일단 거기서는 똑같이 모르겠다는 거죠.

박홍규 그러나 그 모른다고 하는 것이 아리스토텔레스로부터 갈릴레이를 거쳐서 현대로 오면서 실현되는 것을 보면, 옳은 것은 틀림없고, 응?

최화 갈릴레이는 어떤 의미에서 플라톤주의자, 플라톤의 제자라고 할 수 있습니까?

박홍규 글쎄, 그건 나도 잘 모르겠어. 요는 아리스토텔레스주의자는 아냐. 플라톤, 유클리드 기하학, 아르키메데스, 이 셋이 갈릴레이의 선생이야. 읽어보면 아리스토텔레스의 철학에서는 나올 수 없는 소리를 하고 있어. 대화록으로 씌어 있어. 그거 자세히 읽어야 돼, 당시 학문과 더불어.

이태수 그게 수학 때문이죠. 그러니까 아카데미에서 아리스토텔레스가 떨어져 나갈 때, 가령 스페우시포스나 크세노크라테스 노선이 갈릴레이 노선이고, 떨어져 나간 아리스토텔레스가 다른 노선, 질적 과학qualitative science이라고 할까 하는 쪽으로 간 거고.

김남두 플라톤에서는 이 물리 세계를 수리화할 수 없는 것처럼 얘기했었는데, 갈릴레이가 천문학은 수리화하라는 얘기를 명백하게 했고……

양문흠 그런데 『티마이오스』에 오면서 수학적 측면이 강화되지 않습니까?

이태수 그러니까 플라톤-피타고라스 전통에 들어가는 종류의 학문, 그 개념이 중세 내내 죽 없었던 거 아냐?

김남두 과학사에서는 그렇죠. 근세 과학은 플라톤주의하고 신플라톤적인 영향이 들어간 실증적 positive인 것을 존중하는 기독교 사상으로 이루어졌다고.

박홍규 신플라톤 학파 영향이 있다? 그건 신플라톤 학파의 어떤 점에서, 어느 정도의 영향이 있느냐를 논의해야지.

김남두 수학적인 것이 먼저라고 하는 것만 가지고서는 근세 실증 과학이 안 나오고, 〈factum(사실)〉, 만들어진 게 먼저고, 플라톤처럼 사실을 이론에 맞추지 마라, 이론을 거기에 맞추라는 것은 이제…….

이태수 과학사는 해석하기에 달렸다고 나는 생각하는데, 사실 이론에다가 맞췄기 때문에 계속 발전해 왔거든. 지금 연구 결과라는 게 사실에다 맞춘 적은 한번도 없다는 거거든?

김남두 그런 면에서 해석의 여지가 있죠.

박희영 현대에는 더 그렇죠.

이태수 아니, 과거의 과학사도. 사실 과학에서 순수한 사실 bare fact이라는 것은 어떻게 보면 신화 mythology거든?

박희영 아니, 그래도 대장장이라든가 실제 경험 사회의 사람들은 좀 덜 그랬겠죠.

이태수 『발견의 정형 *Patterns of discovery*』인가 하는 책, 쓴 사람이 누구지? 〈theory-laden(이론 부하적)〉 처음 얘기한 사람?[14] 그 사람이 갈릴레이의 관찰을 상당히 상세히 분석 analysis했어. 거기서 그 사람이 사실을 존중했다는 게 도대체 뭘 존중을 했다는 얘기냐는 거야.

박희영 비판 많이 나오죠. 실험이라기보다…….

이태수 실험이 아니라는 거지.

김남두 신이 세계를 창조한다고 얘기하는 사람들의 입장에서 볼 때 제작자 dēmiourgos처럼 위에 모형이 있고 그것에 따라서 신이 창조한다고는 얘기하지 않을 거란 말이에요? 그러니까 어떤 방식으로든 능동성 activity을 먼저 놓을 텐데, 그럴 경우에 이미 있는 어떤 질서를 따라서 하는 것이 아니라, 만든다는 것이 먼저인 노선 line도 있을 수가 있죠.

이태수 사실을 존중한다는 것이 가지고 있는 슬로건적 의미는 있다고 봐요. 이론에 맞추지 말고 사실을 존중해야 된다고 할 때의 이론은 아리스토텔레스의 이론을 얘기한 거지. 거기다 왜 갖다 맞추느냐? 그런데…….

김남두 플라톤의 경우에도, 예를 들어서, 천문학에 관한 논의를 보면 경험을, 눈을 믿지 마라, 운동 자체, 궤도 자체, 원 자체, 그런 것에서 천문학이 성립한다는 말이 나온단 말이에요? 티코 브라헤 Tico Brache가 자료를 쓰고 했을 때는 그 이념하고는 다른 측면이 있단 말예요? 쿤 T. Kuhn에도 근세 과학에서의 플라톤적 전통과 다른 전통에 대한 글이 있죠. 그래서 두 전통 중에 어떤 것을 더 강하게 해석하느냐는 싸움이 있는 건 틀림없지만, 하여간 사실의 요소가 들어가서 근세 과학이 성립한다는 입장이 있다는 정도의 얘기는 할 수 있겠죠.

양문흠 갈릴레이에 대해서 진짜 그 사람이 관찰을 중시하지 않았다는 해석을 강하게 할 수 있나요?

이태수 스콜라 철학에 대해서는 그런 얘기를 할 수 있다는 거지. 그건 경전 철학이니까. 과학의 특성으로서 사실을 존중하지 않는 과학은 나는 없다고 생각해. 다 사실을 존중하는데…….

김남두 피타고라스 학파에서 공리주의자 Axiomatiker와 경험주의자 Empiriker의 싸움이 있었죠?

---

14) N. R. Hanson을 말함.

이태수 그렇지. 한쪽은 사실 과학적 전통으로 가지 않겠다는 사람들이고. 수학자들 mathematikoi이라고 하지.

김남두 글쎄, 〈mathematikoi〉 전통을 플라톤주의에 연결시키고, 그것 말고 〈empirikoi(경험주의자들)〉의 전통이 더 들어가야 근세 과학이 나온다는 얘기가 되겠죠.

이태수 글쎄, 나는 지금 경험을 존중한다, 아니다가 핵심인지 모르겠어. 중세 스콜라 철학의 독특한 모습이 하나 있는데, 그건 플라톤하고도 다르고 아리스토텔레스하고도 또 다르다고 생각돼. 가령 아리스토텔레스도 플라톤을 욕할 때는 이론에 맞춘다고 했거든요. 나는 관찰한다, 난 지금 있는 그대로를 얘기한다고 했어요. 그건 남의 이론을 욕할 때는 항상 하는 슬로건이지. 왜냐하면 남이 못 본 것을 지금 자기가 봤으니까.

박희영 봤다고 생각하니까.

이태수 아니, 봤어. 봤는데, 그건 자기가 가지고 있는 이론이 있어서 남이 못 보는 사실에 관심이 가게끔 만들어놓아서 그런 거지.

양문흠 그런데 아까 그 사실에 대한 얘기는 중세 전통에서도 명확하다고. 의심할 수 없어.

이태수 그건 유교에 대해서도 얘기할 수 있지. 지금 마르크스 레닌 얘기하는 사람들도 마르크스 책에 이렇게 씌어 있으니까 하면 그만이지 사실에 조회하지 않더라고. 그러니까 그건 권위주의와 비권위주의의 차별이지, 학문적 행위 wissenschaftliche Tätigkeit에서의 어떤 사실상의 차이를 얘기해 주는 것은 아니지.

양문흠 아니, 내가 어떤 책에서 봤는데, 중세에 있어서 사람들이 사실에 관해서 얼마나 무식했는지……

이태수 선생님께서 아까 사실을 안 봤다고 그러시는데, 나는 동양의학도 그것대로 보는 다른 형태의 사실이 있는 것이지……

박홍규 아니, 동양 의학은 사실을 봤다는 거야. 다른 것은 안 봤어도 동양 의학만큼은 봤다는 얘기야.

이태수 해부학에 대해선 그렇게 말씀하시지 않으셨죠. 그러니깐 동양 의학은 물론 해부학은 하지 않았습니다. 그런데 동양 의학 입장에서 보면 이렇게 답할 수 있죠. 사람에 관련해서 볼 것이 무지하게 많다. 그런데 째고 그 안을 들여다보면 이미 그건 사람의 것이 아니어서 난 그런 것 안 볼 테고, 내가 보려는 것은 지금 이 산 사람의 기가 흘러가는 것을 관찰하겠다. 이런 사실을 서양 사람은 보질 못한다고 그럴 거라고요. 이거 명확한 사실인데 왜 보지 않냐고.

기종석 그렇지. 그렇게 이야기할 수 있지. 왜냐하면 시체 해부학은 벌써 사람이 아니지.

이태수 글쎄 뭐라고 합리화할는지는 모르지만, 지금 우리한테는 명확한 사실이고, 이걸 봐야만 사람에 대한 사실을 보고 사람을 치료하는 거라고 할 거야. 사실이 전혀 없는 과학은 없다고 생각해. 다른 사실을 보는 거지.

박홍규 물론 그런데, 비교의 문젠데, 동양에서 확실한 건『본초강목 (本草綱目)』, 약초의 이론이야. 그 기초가 되는『황제내경(皇帝內經)』이라는 책이 있어요. 아주 어려워. 허허.

이태수 아니, 그 대목은 얘기할 수 있어요. 그건 경전이거든.

박홍규 허허허. 경전이 어떻게 해서 의학 책이 돼?

이태수 아니 글쎄, 허남진 선생이『황제내경』을 의서라 해가면서 재해석을 했는데, 그건 또 그것대로 그 문헌text이 가지고 있는 의미가 있거든. 고전으로서 말하자면 사실을 보는 안목을 정리해 주고 하는 측면이 있는데, 거기서만 머무르면……

박홍규 하하하하.

박희영 현대적 의미의 가치는 떨어지죠. 그러니까 자연히 없어지는 거죠.

박홍규 응. 자연히 없어져.

김남두 경험을 더 존중한다 덜 존중한다는 얘기는 상대화시켜야 되는데, 예를 들어서 동양 의학에서 『내경』을 중시한 전통하고 『상한론(傷寒論)』을 중시한 전통이 있다고 하거든요? 일본은 『상한론』을 중시한 전통이랍니다. 그것은 훨씬 더 개별적인 사례를 중시하고 처방을 중시한대요. 그래서 일본은 지금 한의학이 없어지고 양의학하고 완전히 합쳐져 버렸다고 그래요.

박홍규 처방을 중시해. 말하자면 경험적인 그때그때의 사례를 중요시해.

김남두 『내경』은 철학이랑 뭐랑 짬뽕이 돼가지고서 말이죠, 그게 딱 누르면서 그것에 안 맞는 경험적 사실들 같은 것은 들어오지도 못하게 해놓았다는 거예요. 그런데 한국은 그 전통이 강하다고 하죠.

박홍규 그런데 한국 사람이 이해하는 것을 보면 도식적이야. 한국 사람같이 도식적인 국민성은 아주 나빠. 난 나쁘다고 생각해. 왜냐하면 보수적이야. 요지부동이야.

김남두 그게 아주 특징적으로 나타나는 게 말이죠, 『성학십도』 같은 것이 한국에 제일 많대요. 그림으로 딱 압축시켜 가지고 그리는 게 한국 유학에서 두드러진대요.

양문흠 그거 선생님 좋아하시는 명확한 거 아닙니까? (일동 웃음)

김남두 그게 아주 많대요. 중국 유학보다 한국 유학에 훨씬 많답니다.

박희영 그건 높은 수준의 유학에서 하는 얘기고, 실생활에 보면 전부가 다 그런대요. 대통령의 브리핑이 다 그림으로 딱 열 자 이내로 얘기를 해야죠. 그래야 브리핑 잘한다고 하지, 열 자가 넘으면, 브리핑 틀렸다고 하지 않습니까.

이태수 요새는 좀 달라져가고 있고……

박홍규 달라져야지. 달라져야 돼. 지금과 같이 복잡하고 가변적인 세계에서.

이태수 브리핑 차트로 어떻게 전달이 되겠습니까?

박희영 아직도 브리핑 많아요. 교육 부분도 다 브리핑인데.

이태수 물론 그런데, 컴퓨터 많이 동원되고 하면 많이 달라질 거야. 상세한 문서로 얼마든지 소통할 수 있는 시간 여유가 있으니까.

양문흠 아니, 우리가 도식적이라 하지만 난 희랍 사람들도 참 도식적이라고 생각해요.

이태수 아니, 이렇게 생각을 하라고. 도식이 없는 관찰이 있을 수 없고 관찰 없는 도식도 있을 수가 없다고. 어느 과학은 경험에 바탕하지 않은 과학이 성립하고, 난 그럴 수는 없다고 생각해.

양문흠 아까 일본의 경우 사례가 중요하다 그랬지만, 아리스토텔레스의 경우 많은 것들을 보고 핵심을 딱 집어내는 거, 이것도 말하자면 브리핑하는 거나 마찬가지잖아.

이태수 어느 학문이나 그렇지.

양문흠 글쎄 말이야, 그런 거 보면 우리나라 사람들이 지적으로 아주 높은 경지잖아. (일동 웃음)

김남두 브리핑이 간소하게 함이니까.

이태수 아니, 그러니까, 도식적인 파악 자체가 틀렸다고는 얘기할 수 없다고. 왜냐하면 그게 제일 경제적인 파악이거든. 가령 눈을 가지고 낮은 수준에서 들어오는 정보가 어마어마한데, 그중에 우리가 가지고 있는 어떤 도식을 통해서 집중하지 않으면 사실 시각 자체가 성립하지 않는다고. 그러니까 그 도식은 나의 생물학적 필요biological need에서부터 나오는 도식이고, 그래서 빨리 방향을 잡을 수 있는 거야. 그러니까 도식이 방향을 잡을 수 있는 장치라고 생각하면 되죠. 그런데 그게, 안 맞는다는 일이 틀림없이 생기죠. 수많은 시도와 실패를 거쳐서 그런 도식이 만들어지니까.

김남두 도식 schēma이라고 하는 것이 칸트 인식론 같은 데 봐도 꼭 위치가 있죠. 그게 인식 전체를 결정하는 게 아니라, 어떤 그 특정한 단계에서 역할을 하게 돼죠. 근데 도식적이라는 것은 그 역할을 넘어서 가지고서……

이태수 그렇지, 다른 어떤 폐해가 있겠지.

박홍규 (이태수에게) 자네가 생각하는 도식은 너무나 기초적 rudimentary이라고나 할까, 그런 것이야. 내가 지금 생각하는 도식은 적어도 문화가 어느 정도 발달한 상태의 얘기야.

이태수 그런가요? 그런데 유사함 analogy이 좀 있다고 생각해요.

박홍규 아니, 기초는 거기서 나오겠지만, 아까도 말한 바와 같이 생명체라는 게 기술적 존재 technical being여서 여러 가지 요소가 있어. 인간이 신체적인 것을 벗어나기 때문에 지능도 발달하고, 도식도 발달할 수도 있고, 또 발달하지 않을 수도 있고, 여러 가지로 나가. 그것은 그 사람들의 생활의 욕구가 무엇이냐에 적응하느라고 생긴 것이고, 그 것을 오래 놔두면 굳어버려.

이태수 그런데 선생님, 건설 단계에서는 그 도식이 제일 힘이 있는 것 같아요. 왜냐하면 기독교도 말이죠. 서구 들어가서 사회를 지도하는 이념이 되면 결국 교리 형태로 정돈하는 일부터 하거든요. 사실 서유럽이 만들어지면서 한 일 중에 교부 철학의 희랍적인 논의 다 빼고서 도그마를 만들어 가지고 외우게 하고, 교리를 만들어서 그 틀 안에다 넣어서 건설하지 않습니까. 마르크스주의도 마르크스의 철학적인 해석 interpretation만 하고 있었으면 아마 절대 소련 사회 못 만들었을 겁니다. 교과서적으로 교시 compendium로 딱 정리를 해서, 이러니까 이렇다고 해서 외고, 그 진리에 승복하고, 그 다음에 실천 practice으로, 행동으로 연결되고 하는 강력한 힘이 도식에서 나온다고 봐요, 건설 단계에서는.

박홍규 그것은 마르크스주의보단 가톨릭이야. 지금도 몇 백 년 동안 똑같은 철학 교과서, 신학 교과서를 사용하고 있어.

이태수 글쎄 그렇죠.

박홍규 예식이나 뭐나 좌우간 다 그래. 그러니까 보수적이라고 하지. (일동 웃음)

이태수 보수적인데, 아니, 그게, 만들어질 때는 보수적이라는 소리를 안 들었는데 만들어지고 나니까 보수적이라는 소리를 듣는 거죠.

박홍규 아니, 적응이 안 돼.

이태수 지금도 그런 것 같아요. 전에 어떤 선생님이 토마스 아퀴나스에 대해서 쓴 것을 한번 보니까, 그분은 거기서 그래도 진보적이라고 하는데, 상당히 도식적이에요.

박홍규 외고 있지?

이태수 외는 스타일이에요. 그런데 결속력은 그게……

박홍규 그러니까 보수적이지. 군대식이야, 군대식.

양문흠 오늘 선생님 너무 말을 많이 하셔서 피곤하시겠습니다.

박홍규 다 됐나?

김남두 나가서 식사나 하시죠.

박홍규 아니, 가게. 자네들 가.

(1993. 12. 12.)

고르기아스의 비존재 강의 후 질문[15)]

이봉재 선생님, 저는 이런 문제를 잘 몰라서 그러는데요, 비존재, 즉 존재하지 않는 것 not-being이 존재하는가 않는가 하는 것이 어떻게 문제가 되는지요? 그러니까 비존재면 아예······.

강상진 존재를 하지 말아야지.

박홍규 아, 존재를 하질 말아야지?

이봉재 예, 그런데 어떻게 존재 여부가 문제가 되는지 그게 좀 모르겠네요.

박홍규 응. 그리고 또? 그 다음에 또 문제되는 게 뭐야?

문성원 단편적인 것들은 많은데요, 이를테면 시원을 갖지 않는다, 시초를 갖지 않는다는 것하고 한정되지 않았다unlimited 하는 것하고 관계가 있다는데, 어떻게 연관이 되는 건지요.

---

15) 박홍규 선생님은 1989년 6월 23일 〈고르기아스의 비존재〉라는 제목의 강의를 하셨으나, 녹음기 조작의 실수로 이 강의는 전혀 녹음되지 않았다. 그리하여 그 다음 날인 6월 24일 전날 강의에 참석하지 못한 몇몇 학생들이 댁으로 찾아서 전날의 강의 내용을 묻는 식으로 진행된 것이 본 강의이다.

박홍규 시초가 없다?

강상진 ⟨archē⟩가 없다.

박홍규 응, ⟨archē⟩가 없다는 얘기지? 우선 비존재가 있느냐 없느냐가 왜 문제가 되느냐 하면 말이야. 우리나라 말로는 있다, 없다고 하잖아? 그런데 서양 말로는 ⟨mē on(비존재)⟩, ⟨what is not(존재하지 않는 것)⟩, ⟨nothing is(아무것도 없다)⟩라고 말할 수 있지? 희랍어를 직역하면 ⟨is⟩가 붙거든. 그러니까 말의 관점, 즉 문법적인 차원에서 보면 둘 다 ⟨is⟩가 들어간단 말이야, 응?

강상진 예, 존재문에도 ⟨is⟩가 들어가고…….

박홍규 응. 존재문에도 들어가고. 그러면 단순히 수사학rhetoric의 차원에서만 문제가 되느냐 하면 그렇지 않아. 왜냐하면 ⟨nothing is⟩라고 우리가 표현할 때에는 ⟨nothing⟩이라는 것이 무엇인가 우리에게 사고의 대상으로서 주어지기 때문에 그런 이야기를 하는 것이지, 처음부터 주어지지 않는다면 그런 말도 못하는 것이지? 그러니까 그것이 문제야. ⟨nothing⟩이라고 하는 것은 그것의 함축implication으로 보면 그 자체는 아무것도 없는 것 아냐? 우리에게 주어질 수가 없는 것이지? 그런데, 아무리 없는 것도 뭐든지 간에 정의definition하면 우리에게 ⟨logos(말, 논리)⟩의 대상으로서 주어져. 없는 것으로서 정의된다는 말이야. 정의한다는 것은 이것에 대해서 ⟨이것은 이런 것이다⟩ 하고 다른 것과 딱 구별해서 주어져. 가령 물리학에서 쓰는 운동이니 공간이니 하는 것은 직접적으로 우리에게 인식되지 않아. 하나도 안 돼. 직접적으로 무엇이 주어지냔 말이야. 직접적으로 주어지는 것은 흰 색깔이나 만지면 단단하다 같은 것이거든. 그런 것은 직접적으로 주어지지만, 공간 같은 것은 직접적으로 주어지지 않거든. 그렇지만 우리가 정의를 하면, 우리가 단단해서 만질 수 있는 것이나, 공간이나 모두 동일한 차원에 서게 돼. 동일한 차원에서 주어질 수가 있다는 말이야. 그런 성격을 띠어.

그러면 무(無)라고 하는 것은 그 자체로 보면 우리에게 주어질 수 없는 것인데 어떻게 주어지느냐? 그것은 설명이 안 돼. 설명이 안 되는 것으로서 우리에게 주어져. 그러니까 설명이 되는 것만이 우리에게 〈logos〉의 대상으로서, 우리에게 사고의 대상으로서 주어지는 것이 아니야. 왜 주어지느냐를 설명할 수 있는 것만이 아니라, 그렇지 않는 것도 주어져.

그런데 우리가 정의를 할 때는 그 자체를 가지고 하지 못하면 항상 무엇인가 다른 것과의 관계에서 구별해서 정의하는 것이니까, 적극적 positive인 뭔가 주어진 것이 있어야 할 것 아냐? 그것과 관계해서 정의하게 돼. 그것은 무엇이냐? 뭔가 있는 것이야. 적극적으로 뭔가 내용이 있는 것과의 관계에서 간접적으로나마 정의하게 돼. 그럼 직접적으로, 감각적으로 주어지는 것은 무엇이냐? 색깔이라든지, 크기라든지, 촉각 같은 것이 직접적으로 주어져. 그런 것을 우리가 한 번 더 추상적인 차원에서 본다면 색깔 자체는 다른 것과 비교해서, 즉 없는 것에 대해서 있어. 그러면 없다는 것은 무엇이냐? 색깔도 없고, 나무도 없고, 뭣도 없고 등등 해서 끝까지 가면, 완전히 아무것도 없는 상태가 되고, 거기서 뭔가 없다는 것이 정의되어서 나와. 그러면 다 주어져. 감각적인 세계에서는 감각적이고 직접적인 것만 주어지지만, 〈logos〉의 대상에서는 정의하면 다 주어져.

박정하 없다고 정의한다는 것은 뭡니까?

박홍규 없다고 하는 것은 어떤 무엇에 대해서, 즉 있는 무엇에 대해서 없다는 것이지. 그러면 무엇이 있다는 것은 무엇이냐 하는 문제가 생기지. 그것은 가장 어려운 문제인데, 무엇을 있다고 하나? 인식론적으로 본다면 우리에게 주어지는 어떤 내용이 있어야 할 것 아냐? 내용이 있다는 것은 우리에게 저항해 오는 대상이 있다는 말이야. 그것을 독일어로 〈Gegenstand(대상)〉라고 해. 인식 대상은 인식의 주체와는 다르겠지? 인식 대상이 대상으로서의 자기 동일성identity을 가지려면 인식 주관과 달라야 될 것 아냐? 그리고 다르니까 인식 주체에 부딪쳐 오는 것이고. 그렇지? 그러니까 그게 〈Gegenstand〉야, 〈object〉란 말이야.

박정하 여기도 그런 구절이 나오지만, 없는 것이라는 말 자체가, 무라는 것 자체가 자기 모순을 함의하고 있는 것 아닙니까?

박홍규 아니야. 자기 모순이라는 것은 그것을 있다고 하면 빠지게 되는 것이지. 자기 모순이라는 것은 그런 뜻이야.

박정하 그런데 〈없는 것〉이라고 할 때 〈것〉이라는 것 속에 벌써 있음을 내포하고 있기 때문에…….

박홍규 그렇지, 있음을 내포하고 있으니까.

박정하 그러니까 그게 자기 모순을 가지고 있는 것이 아니냐는 거죠. 없음이라는 것을 대상화시켜서 있는 것으로 보는 것이니까요. 그렇지 않다면 그 없음이라는 것이 문제가 될 수 없을 테니까요. 없음이란 것 자체를 우리가 고찰하기 위해서는 없음 그 자체를 있는 것으로 봄으로써만이 대상화시키는 인식이 가능하잖아요.

박홍규 그렇지, 대상이 되지.

박정하 없음이란 그 자체를 인식하려고 할 때에는 없음을 있는 것으로 치환을 시켜야 되니까 그 자체가 자기 모순이라는 거죠.

박홍규 좁은 의미에서 있다는 것과는 다르지. 대상화시키면 벌써 하나, 둘, 셋, 넷, 내가 지금 생각하는 무(無), 그 사람이 생각하는 무, 어제 생각한 무, 오늘 생각하는 무, 하나, 둘, 셀 수가 있지. 그러니까 왜 우리 인식의 대상이 되느냐는 것부터 우리 학문이 모조리 다 설명할 수 있다고 하는 것 자체가 문제지. 우리는 학문을 하니까, 내가 인식한다고 하는 것에 대해서 그 사실이 데이터로서 주어졌다고 가정할 때, 그것에 대해서 논의를 하는 거야. 함의로서 무는 주어지지 않는데, 왜 그

런 사실이 주어지느냐고 했을 때, 좌우간 우리는 〈logos〉로써 정의
define한다, 정의함으로써 대상화한다는 거야. 정의하지 않으면 무라
는 것이 무엇인지 도대체 모를 것 아냐? 그렇지? 정의하지 않으면 무
가 무인지 모르는 것 아냐. 이것은 무고 이것은 무가 아니라고 하는 구
별이 되지 않는 것 아냐. 그러니까 이런 것을 무라고 한다고 딱 구별하
고 분류classify하면, 다른 것과 더불어서 대상을 볼 수 있는 소지가 생
긴다는 말이야.

강상진 〈logos〉 차원에서만 무가 대상화될 수 있다…….

박홍규 그렇지. 감각의 세계에서는 무라는 것이 감각되지 않아.

문성원 그때 설명될 수 없다고 하는 것은 무슨 뜻입니까?

박홍규 없는 것이 어떻게 대상화돼?

문성원 그런데, 정의를 하면…….

박홍규 정의를 하면 마치 (선풍기를 가리키며) 있는 것과 똑같이 우리
에게 주어질 수 있지만…….

문성원 선풍기 자체가 설명을 내포하고 있는 것이 아닙니까?

강상진 대상으로서 주어지지 않고 정의의 대상으로서만 주어진다는
얘깁니까?

박홍규 그렇지, 정의의 대상으로서만. 내용이 없잖아. 정의의 내용
이 무엇이냐? 정의 속에는 〈대상화될 수 없다〉는 것도 내용으로 들어
갈 수 있어.

문성원 내용이 없다는 의미에서 설명될 수 없다고요?

박홍규 내용이 없으니까 대상화가 되지 않아. 내용이 없는 것으로서
우리에게 정의돼.

이봉재 좀 적나라하게 말하면, 정의 안에 설명될 수 없는 것이라는
내용이 들어간다고 보면 될 것 같습니다. 허허.

박홍규 허허, 응, 그렇지, 정의 속에 들어가야 돼.

문성원 그것도 설명이지 않습니까?

박홍규 허허, 설명이지만, 자기 파괴적인 설명이지.

박홍규 또 물어봐. 아까 뭐 얘기했었지?

강상진 〈archē〉를 안 갖는다는 것하고 무한정자apeiron라는 것하고 어떻게 연결되느냐?

박홍규 아, 〈archē〉라고 하는 것은 시초를 의미해. 시간이나 공간이나 뭐든지. 출발점을 말해. 무슨 얘기냐 하면, 시초라는 것은 연속적인 것이 끊어질 적에 나오는 거야. 시초는 중간이나 끝과 상대적인 개념이야. 시초가 있으면 중간이 있고 끝이 있게 돼. 그런데 연속적인 것은 무한정자야. 그것이 연속적인 것 밑에 깔려 있어. 시초가 나오려면 무한정자가 끊어져야 돼. 연속적인 것이 딱 끊어져야 시작이 있을 것 아니야? 그런데 무한정자라는 것은 끊어지지 않았다는 얘기야. 시초가 없지. 끝도 없고. 〈unendlich(끝이 없는)〉하다는 말이야. 〈End(끝)〉가 없어. 사실 시초란 없다고 했는데, 엄밀히 말하면 없을 수도 있다고 해야 돼. 있을 수도 있으니까. 무한정자는 시초를 받아들일 수도 있고 받아들이지 않을 수도 있어.

문성원 공간적으론 어떻습니까?

박홍규 이것은 공간적인 얘기야. 여기서는 그냥 없다고 생각해. 물론 없는 측면도 있어. 그러나 꼭 없는 측면만 있는 것은 아니야. 아무런 시초도 없는 그런 것은 뭣일까? 완전히 까마득하게 시초가 없다, 끝도 없다, 그런 것이 뭐야?

이봉재 무(無)지요.

박홍규 그렇지, 무 속에는 아무것도 없어. 시초도 없고, 허허허. 시초라고 하면 무엇인가 적극적인 것이 나와야 할 것 아냐? 무라고 하는 것은 모든 규정이 그 속에서 소멸되는 거니까 무 속에는 시초가 없어.

그러나 무한정자는 그것이 끊어져서 시초를 받아들일 수도 있어. 그러나 무한정자가 시초는 아니야. 무는 아무것도 안 받아들여.

이봉재 무한정자는 무와 다르다……

박홍규 응, 무와 달라. 〈apeiron〉의 〈a-〉라는 것은 결여 privation야. 시초의 결여인데, 결여라는 것은 달리 말하면 무엇을 받아들일 수 있다는 얘기야. 채울 수 있다는 말이지. 결여의 반대는 충만, 메울 수 있다는 말이야. 또?

문성원 생각될 수 있는 것하고 존재하는 것하고의 관계를……

박홍규 이 책에서? 이 책에서 〈exister(존재하다)〉라고 하는 것은 무슨 얘기냐 하면, 본능이야. 라틴어에 〈ex〉라는 것은 〈밖에〉라는 말이야. 철학적인 의미에서 우리의 사고 밖에 있는 것을 〈exister〉라고 해. 사고 속에 들어 있는 것은 〈exister〉라고 하지 않아. 나중에 〈exister〉라는 것은 여러 가지 의미를 갖게 되지만, 여기서는 기본적인 의미야. 밖에 있다는 말이야. 왜 이런 말을 쓰느냐 하면, 예전의 신화 같은 것은 밖에 없거든. 머릿속에만 있어. 상상 imagination 속에만 있잖아? 그런 허구적 fictive인 것은 〈exister〉라고 하지 않아. 그러니까 〈existence〉라는 것은 허구적인 것이 아닌 것, 혹은 주관적인 것이 아닌 것, 즉 주관 밖에 있는 것을 말해. 〈ex〉는 밖이야. 무엇의 밖에 있냐 하면 내 주관 밖이라는 거지. 〈ex〉라는 것은 그렇게 봐야 돼. 〈existentia(존재, 현존)〉에는 나중에 철학적으로 여러 가지 뜻이 들어가. 라틴어의 본래 의미도 밖으로 나간다는 얘기야.

박정하 그러니까 외적인 대상은……

박홍규 여기서 대상은 뭐냐? 우리의 사고를 기준으로 해서 그 내부에 있는 것은 〈exister〉라고 하지 않아. 밖에 있는 것을 〈existentia〉라고 해. 그것을 여기서는 〈pragma(사물)〉라고 해. 〈exister〉의 본래 의미를 알아야 돼. 그것은 실재적 real이라는 의미야. 나중에 아리스토텔레스에서 〈exister〉라는 것은 가능성에서 밖으로 나간다는 의미야. 여러 가지 의미로 쓰이지만, 〈essentia(본질)〉, 〈existentia〉 할 적에도 실재적이라는 의미가 들어가. 아리스토텔레스에서 〈essentia〉라고 하는 것은 형상 Form인데, 그 자체는 가능성 밖으로 나간다는 뜻이야. 아리스토텔레스에서 가능성 밖으로 나가는 것은 현실태 energeia가 된다는 말이야. 여기서는 그런 의미가 아니고, 본래적인 의미인데, 〈exister〉라고 하는 것은 우리 의식 밖에 있다는 것을 의미해. 우리 의식 밖에 나가 있으면 내가 보든 말든 성립한다는 말이야. 그것을 실재성 reality이라고 해.

문성원 그렇다고 해서 우리 밖에 있는 것이 사고의 대상이 되지 않는 것은 아니죠.

박홍규 물론 아니지. 그런데 왜 이런 말을 하느냐 하면 우리 사고 속에는 있지만 밖에 없는 것이 많잖아. 날개 달린 사람이 어디에 있어? 우리 머릿속에만 있지.

문성원 밖에 있는 것이 우리한테 사고의 대상이 되는 것은 어떻게 가능합니까? 밖에 없으면서 우리한테 사고의 대상이 되는 것도 있는데, 밖에 있으면서 우리한테 사고의 대상이 되는 것은⋯⋯.

박홍규 그건 우리가 인식만 하면 돼.

문성원 그런데, 『고르기아스』 편에 나오는 걸 보면, 우리한테 사고되는 것이 〈existence(존재)〉가 아니라는 얘기가 나오지 않습니까?

박홍규 그때 〈exister〉라고 하는 것은 밖에 있다는 얘기야.

문성원 그런 의미로만 사용하는 겁니까?

박홍규 응, 그런 의미에서야. 본래적인 의미에서. 내 사고 속에 들어 있는 것과 밖에 있는 것은 다르다는 거야. 다르잖아? 밖에 있는 것의 색깔은 희지만 사고 속에 들어 있는 것은 희다고 할 수 없잖아. 희다는 것은 물질 현상이고, 사고의 내용은 물질 현상이 아니라는 말이야. 사고 속에 흰색이라는 것은 없어. 유물론적인 입장에서 보면 속에 들어가서도 흰색이어야 돼. 가령 엠페도클레스처럼 물질적인 원소들을 가지고 설명할 것 같으면 속에 들어가서도 흰색이어야 돼. 그런데 이 사람(고르기아스) 입장에서 보면 달라. 흰색이 아니야. 물질적인 성질 quility은 다 빠져. 여기 문맥에서는 〈exister〉가 그런 의미니까 주의하라고. 〈exister〉라고 하는 것은 밖에 있는 것이다. 밖에 있는 것은 속에 있는 것과 다르다는 것이 고르기아스의 입장이야. 딱 구별하라는 말이야. 속에 있는 것은 〈exister〉하지 않고, 밖에 있는 것이 실재적 real이라는 거야. 달라. 밖에 있는 것은 실재하는 것이고, 속에 있는 것은 허구적인 것이고.

박정하 그런 의미라면, 사고 안에 있는 것은 밖에 있는 것이 아니라고 말하는 것은 분석적인 명제가 되지 않습니까? 새로운 사실을 말하는 것이 아니라 주어 속에 있는 것을 술어로 그냥 반복하는 명제가 되어버리지 않습니까? 사고 안에 있는 것은 사고 안에 있는 것이라는 말이나 마찬가지 얘기잖아요.

박홍규 사고 안에 있는 것은 안에 있는 것이고, 안에 있는 것하고 사고 밖에 있는 것은 다르더라, 그 말이야.

박정하 아, 다르다. 아니라는 것만이 아니라, 다르다는 건가요? 아니라는 것에는 다르다는 것이 내포되어 있는 겁니까?

박홍규 응, 여기서는 〈아니다〉라는 말을 쓸 거야. 〈heteron(다르다)〉이라는 말은 안 쓰고.

박정하 아니라고 하면 아까 말씀드린 것처럼 안에 있는 것은 밖에 있는 것이 아니라는 그 얘기는 동어반복이지…….

박홍규 아니, 그러니까 사실을 이렇게 딱 확인 confirm하는 것이지.

박정하 〈안에 있는 것은 밖에 있는 것과 다르다〉고 하면 그것이 철학적으로 새로운 어떤 사실을 주장하는 것이라고 말할 수 있냐는 거지요.

박홍규 새로운 것을? 아니, 지금 이 사람은 그 사실을 확인하고 있다니까, 설명이 아니라.

박정하 안에 있는 것이 밖에 있는 것은 아니라는 사실을 확인하고 있는 것이라고요.

박홍규 응, 그렇지.

박정하 그게 뭐 그렇게…….

강상진 주장할 만한 이유가 있느냐…….

박홍규 아, 주장할 만한 것이냐?

박정하 안에 있는 것이 밖에 있는 것과 다르다는 것은…….

박홍규 같다면 어때? 같다면.

박정하 같다, 다르다는 주장일 가능성이 있는데, 안에 있는 것은 밖에 있는 것이 아니라는 말은 안에 있는 것은 안에 있는 것이라는 말이니까, 그때는 별로 주장할 만한 것이 아니잖아요.

박홍규 안에는 있지만 밖에는 없다 그 말이야, 고르기아스의 입장에서는. 없는 것이더라 그 말이야.

박정하 아, 그런 측면에서. 안에 있는 것들이 밖에 없는 것도 있다.

박홍규 응, 문헌 text을 읽어보래. 날개 달린 사람은 우리 의식 속에는 있지만 의식 밖에 있느냐…….

박정하 그 명제는 그러니까 그런 쪽으로 이해를…….

박홍규 그렇지, 응. 밖에 있는 것이 아니니까. 밖에 있는 것을 어떻게 해서 우리가 파악한다고 할 수 있느냐, 파악이 안 된다는 얘기야. 여기서는 그걸 증명하려고 해. 의식 속으로 들어가도 밖에 있는 것은 파악 안 된다는 말이야.

이봉재 그러니까 결국 이게 전체적으로 맞는 얘깁니까?

박홍규 허허허, 그러니까 어떤 땐 맞고 어떤 땐 틀리지. 맞을 수 있는 가설hypothesis도 있고, 맞지 않을 수 있는 가설도 있고……

이봉재 맞으면 좀 이상하지 않습니까?

강상진 맞으면 곤란해지잖아요.

박홍규 응?

이봉재 고르기아스의 논변 전체가 맞느냐 틀리냐 하는 것이 의문스러운데요, 맞으면 어떤 의미에서 맞죠? 만약 맞으면 선생님께 이야기를 듣는다는 것 자체가 아무 의미도 없어지게 되는 것 같아서요.

박홍규 고르기아스의 이 논쟁은 아주 복잡하게 되어 있어. 단순한 논쟁이 아니라고. 자꾸만 읽어봐. 어디가 틀렸느냐를 해결해야만 고르기아스 사상의 허무주의를 평가할 것 아냐? 그것이 다 틀렸냐, 어디까지 틀렸냐, 그것을 해결해야 돼.

강상진 고르기아스의 세 번째 논변 말입니다. 〈만약 파악하더라도 남한테 전달할 수 없다〉. 그게 그러니까 당시의 인식론 수준에서 엠페도클레스처럼 무슨 구멍을 통해서 감각이 들어오는 것처럼 말도 그런 시각이나 청각과는 다른 어떤 감각을 타고서 들어온다. 우리는 시각으로써 보고 청각으로써 듣는데, 말 알아듣는 감각, 말하는 감각 같은 것이 있어서……

박홍규 그렇지, 말하는 어떤 기관organ이라는 것이 있는데, 그것은 보는 것이나 듣는 기관하고는 다르더라.

강상진 예, 그러니까 전달이 안 된다.

박홍규 전달이 안 된다, 응.

이봉재 귀와 입이 다르니까 전달이 안 된다.

박홍규 그렇지.

강상진 그러니까 눈으로 본 내용을 귀에 전달 못하듯이, 말로 전달된 것은 눈이나 입으로 파악되지 않는다는 얘긴데, 이런 논변을 할 때 당시의 인식론적 수준에서 하는 유물론적 설명, 이를테면 시각이라는 것이 들어와도 시각과 청각 사이에 상호 정보 전달이 없고, 촉각과 시각, 촉각과 청각 사이에 상호 정보 전달이 없다, 그런 생각까지 다 받아들이는 겁니까, 고르기아스는?

박홍규 그러니까 당시에 유물론적인 여러 가지 인식론을 모두 공부해야지. 그런데 원자론에 따르면 감각하고 머릿속의 사고는 원자atom가 들어와야 되는데, 거기에는 미세하냐, 둥그냐의 차이밖에 안 들어가. 감각하고 사고하고 원자가 미세하냐 조잡하냐, 크냐 작냐의 차이밖에 없어. 원자론의 입장에서는 그 차이밖에 안 들어가. 왜냐하면 물질적인 설명밖에 하지 않으니까.

강상진 고르기아스의 이론이 깔고 있는 인식론이라는 것이 그런 수준이라는 거지요?

박홍규 그러니까 이 영어 번역은 〈pure mind(순수한 마음)〉라고 했잖아? 〈pure mind〉는 희랍어에는 없거든. 본문에는 〈phronesthai(사유하다)〉라고 했으니까. 〈phronesthai〉를 고르기아스가 당시에 어떻게 생각했느냐 하면, 감각보다는 한층 더 허구적fictive인 것이라 생각했어.

강상진 〈logos〉, 즉 말의 차원…….

박홍규 응, 〈logos〉, 말. 〈phronēsis(사려)〉를 허구적인 말이라고 생각한 것이 분명해, 문장을 읽어보면. 그런데 문헌적textual인 측면에서 얘기하자면, 인식론과 관련해서 고르기아스가 누구의 학설을 기준으로 해서 얘기했는지는 모르지. 이 책만 갖고는 드러나지 않아.

강상진 하여간 이런 식의 논변이 성립하려면, 말하는 것, 촉각, 청각이 서로 정보를 전달하지 못한다는 식의 인식론적인 가정이 있어야 되지 않습니까?

박홍규 있어야지. 그러니까 지금 〈logos〉나, 〈phronēsis〉의 기관은 따로 있다는 얘기야. 〈phronēsis〉의 기관이 무엇이냐 하는 것은 다시 찾아봐야 될 거야. 감각하고 〈phronēsis〉의 기관을 따로 설정한 사람이 누구냐 하는 것은 말이야.

이봉재 그럼 요즘 와서는 시각으로 얻는 정보나 귀로 얻는 정보나 다 서로 교환 가능하다고 생각하니까, 그럼 아예 틀려버린 건가요?

강상진 선생님께서 어제 말씀하셨을 때, 현대 심리학의 이론에 따르면 시각과 청각, 촉각 같은 것들의 상호 조율coordination이 얼마나 발달하느냐에 따라서 인간의 지능 발달을 측정할 수 있다고 말씀하셨으니까, 그러면 이제 이런 식의……

박홍규 어렸을 때는 상호 조율해 나가고, 그리고 그 작용operation 하는 방식이 자꾸 복잡해져 가……(테이프 교체)……그러니까 별도 나면서부터 여왕벌, 일벌 등등 다 나누어져 있어. 사람도 다르다는 말이야. 생명 현상에서 벗어나지 못하는 한에서는 사람도 어느 정도 상태state가 다 달라. 신체적인 물리 현상에서 벗어나지 못하는 한에서는, 한국 사람, 중국 사람 다 달라. 그러나 그것으로부터 벗어나는 한에서는 자꾸 같아져. 그러니까 중국 사람이 말하거나 한국 사람이 말하거나, 서양 사람이 사고하거나 내가 사고하거나 똑같은 것을 사고할 수 있다는 말이야. 알아들었지? 그러니까 지능 현상이 발달할수록 누구에게나 통할 수 있는 것, 일반적algemein인 것이나 공통koinōnein되는 게 문제가 되겠지? 우리가 남자냐 여자냐를 구별할 수 있는 것은 실제 구별이 되니까 남자고 여자 아냐? 그렇지? 이 사람하고 내가 어디가 달라? 신체 구조가 다르지, 허허. 물리 현상으로서는 달라. 왜? 이 사람은 이렇게 생겼고 저 사람은 저렇게 생겼으니까 달라. 이 사람 키는 이렇고, 취미가 다르고, 코가 다르고, 오관이 다르고, 뇌세포가 다 달라. 미시적으로는 하나도 같은 것이 없다고 해야 돼. 그렇게 보면 각 사람은 물리 현상으로는 다 달라. 그것을 벗어나면 다시 같아. 또 우리 체험의 세계라는 것은 구체적인 생활의 결과이기 때문에 각각 다 달라. 개인적private이야. 아까 같아진다, 보편적인 것이 나온다는 것은 하나의 면, 일면이야. 그것만 있다고 생각하면 큰 잘못이야. 내 개인적인 생활하고 저 사람의 개인적인 생활하고 내면에서는 내용이 다 달라. 왜냐? 기억이 다른데? 과거의 생활, 내용이 다 다르잖아. 다 살아 있거든. 그러니까 다 달라. 어떤 사람은 힘든 일을 했고, 어떤 사람은 좋은 일을 했고, 자기 내면적인 세계는 끝도 없이 내용이 다 달라. 그것이 쌓여서 사람을 형성하기 때문에 체험 내용이 달라. 모르는 것 또 질문해.

강상진 선생님, 어제 학문의 기준criterion을 주장하는 논변을 펴고 있다고 하셨는데…….

박홍규 섹스투스 엠피리쿠스Sextus Empiricus는 회의주의 학파니까 기준이 없다는 사람 아냐? 자기 주장을 판단 중지epochē하려는 것이지.

강상진 그런데 파르메니데스가 말한 학문의 기준은 있는 것은 있고 없는 것은 없다는 것인데, 어저께 말씀하실 때 이 사람이 지금 하는 것은 있는 것도 없고 없는 것도 없고…….

박홍규 파르메니데스의 말한다는 행동 그 자체가 전부 다 무의미하다는 것이지.

강상진 예. 그러니까 파르메니데스가 여신의 말logos로부터 출발할 때 말한 그 새로운 어떤 학문의 규준을 다시 한번 반성해 보면 아무것도 없는 것이라는 식의 논변이라고 말씀하시지 않으셨습니까? 우리가 다시 한번 반성했다고 하는 그 과정이 어떤 의미에서 한 차원 더 나아간 반성인지요?

박홍규 파르메니데스가 여신의 말을 들었지만, 여신의 말을 듣고, 글을 썼다는 것, 그 행동 자체가 고르기아스에서는 모조리 의미가 없어. 파르메니데스의 글을 읽어보면 추상적인 차원에서 논의되었는데, 이 책은 추상적인 차원에서 이야기한 것이 아니라, 추상적인 차원에서 이야기하는 행위 자체가 전부 무의미하다는 말이야.

강상진 파르메니데스가 주장하는 내용이 아니라 주장하는 행위 자체가 무의미하다……

박홍규 그렇지, 행위 자체가.

강상진 그런 의미에서 한 차원 더 나간 것이다……

박홍규 한 차원 더 나가. 그 책을 써서 남한테 전달하려고 하는데, 그것 자체가 무의미하다는 거야. 그러니까 판단을 중지하자는 얘기야. 파르메니데스와 똑같이 추상적인 차원에서 얘기하는 것이 아니라, 그렇게 말하는 파르메니데스의 행동 그 자체가 틀렸다. 전달하는 것은 행동 자체가 난센스라는 거야. 기준이 없으니까 회의주의로 가게 되지. 판단을 중지하자는 말이 나오고. 또 질문 있으면 해.

강상진 이 논변 중에서 존재가 없다는 논변은 존재가 존재한다면 영원하거나, 생성된 것이거나, 영원하면서 생성된 것이라고 얘기하는데, 이 논변을 보면서 저는 이런 것과 비슷한 논변이 아닌지 한번 생각을 해봤는데요. 삼각형이라고 해서 그 삼각형이 꼭 이등변삼각형이라고 말할 수는 없죠.

박홍규 그렇지.

강상진 또 삼각형이라고 해서 그것이 꼭 부등변 삼각형이라고 말할 수 없고, 또 삼각형이라고 해서 꼭 정삼각형이라고 말할 수 없단 말입니다. 그렇다고 해서 어떤 것이 삼각형이면 그것은 부등변 삼각형도 아니고 정삼각형도 아니고 이등변 삼각형도 아니라고 말하는 논증은 틀렸단 말입니다. 왜냐하면 삼각형이면 어쨌거나 셋 중의 한 가지 형태를 가져야 될 것 아닙니까? 정삼각형이거나, 부등변이거나, 이등변이거나, 반드시 세 가지 선언지 중에 하나는 되어야 한다는 것이 우리의 상식 아닙니까? 그런데 삼각형이 갖고 있는 의미 내용을 다 간추려보면 그중에서 이등변이라는 것이 필연이다가 나오지는 않고, 또 부등변이라는 것이 필연적으로 나오지 않고, 정삼각형이라는 것이 필연적으로 나오지 않는다고 해서, 필연적으로 정삼각형도 아니고, 부등변 삼각형도 아니고, 이등변 삼각형도 아니라는 논증은 불가능하거든요.

박홍규 아니, 지금 파르메니데스의 철학을 해석해야 된다니까. 파르메니데스는 존재는 있고 무는 없다고 주장한 것이 나와 있지? 그런데 이 우주에는 운동도 있고 다(多)도 있잖아? 그런데 그런 것은 존재했다 무로 갔다 하니까, 파르메니데스 입장에서는 있을 수 없다는 말이야. 논리상으로 있을 수 없어. 그러나 실제로는 눈으로 우리가 보면 있단 말이야. 그러니까 있는 것은 세 개가 있어. 존재이거나 무이거나, 그 다음에 존재에서 무로 가거나 무에서 존재로 가거나. 그러니까 존재라고 하는 것은 이념적 ideal인 것하고 생성된 것 genēton하고 둘뿐이야.

강상진 존재하고 무, 두 개만 딱 놓고 보니까요?

박홍규 응, 존재와 무에서 놓고 보니까. 존재에 속한 것은 그 둘뿐이야. 무는 이제 따로 떨어지니까. 그러니까 이것도 이분법이야. 그런데 그것도 무한정자 apeiron, 즉 연속적인 것이 들어가지 않으니까 양자택일 alternative로만 나와. 존재에서 무로 갔다, 무로부터 존재로 갔다 해. 이념적인 것이거나 존재에서 무로 갔다, 무로부터 존재로 갔다 하는 것이거나 있는 것은 둘뿐이야. 이것 외에는 없어. 또 질문⋯⋯. 복잡 sophisticated하니까 잘 읽어봐.

이봉재 저는 영·미 스타일이기 때문에 약간 다르게 생각하는 것이 있는데요, 언어가 단순한 물리 현상, 물리적인 차원을 떠나 있는 건 분명하지만, 언어적인 능력을 기계로 복제하는 가능성은 열려 있거든요. 사람과 똑같은 형태로 말할 수는 없지만 우리가 말하듯이 개하고 대화 형태를 취할 수도 있고, 우리가 말하듯이 기계가 응답하게 할 수도 있고, 인공 지능이라고 하는 가능성이 아직 열려 있어서 그 문제의 결론은 모르겠지만, 열려 있는 만큼 그런 가능성이 얘기될 수 있는 것은 아닌지요. 언어가 물리 현상과 다른 정도…….

박홍규 아, 다른 정도?

이봉재 그러니까 단순한 물리 현상은 아니지만 궁극적으로는 물리 현상에 포함될 수 있다는 식의 결론을 전망할 수 있는 것은 아닌지요. 요즘 나온 성과로서도 기계가 단순한 문장 정도는 사람들이 하는 대화 형태로 응답 가능하다고 하잖아요?

박홍규 그렇지.

이봉재 그렇게 해서 상당히 고도의 대화 수준까지 발전하게 되면, 물론 지금 이런 대화도 결국 가능하게 될지는 의문이지만, (일동 웃음) 아무튼 그렇게 되면 언어가 인간의 특별한 〈logos〉로서 오관과 분리된 것이라고 과연 얘기할 수 있을지…….

박홍규 그것을 설명하려면 말이야, 물질은 무엇이냐에 대한 정의로부터 출발해야 돼. 그냥 우리가 상식적으로 비슷하니까 물리 현상이라고 말해 버리면 그것이 우리 사람하고 같아질 것 아냐? 어떤 의미에서는 같아지겠지? 그러나 원칙적인 문제는 우리가 학문을 하니까 정의에서부터 시작해야 돼. 물질이 무엇이냐에 대한 정의가 나와야 돼. 그리고 물질 아닌 것은 우리 인식과 어떻게 다르냐에 대한 정의도 나와야 되고. 요컨대 물질을 어떻게 파악했느냐는 문제야. 그렇지? 물질은 여러 가지가 있어. 유물론적인 것도 있고 물활론적인 것도 있고, 여러 가지 규정들이 있는데, 처음에는 실증 과학에서 말하는 물질을 갖고 이야기해야 될 것 아냐. 물리학도 여러 가지가 있어. 아리스토텔레스 물리학, 플라톤 물리학, 현대 물리학, 등등 다 있거든. 거기서 정의가 나와야 될 것 아냐. 그러면 현대 물리학을 구성하고 있는 여러 가지 용어가 있어. 거기서 기본적인 용어들을 다 빼내야 돼, 공통치를. 그래서 자꾸 환원을 해. 환원하고, 또 환원하고, 또 환원하면 최후의 어떤 추상적인 용어가 나올 것 아냐? 그렇지? 그렇게 되면 물질에 대한 정의를 찾아낼 수 있을 것 아냐? 거기에 우리 의식 현상 같은 것이 들어가느냐, 그것 가지고 설명할 수 있느냐 하는 문제가 돼. 그러면 이제 기계는 인간하고 달라서 계속 반복할 수 있는 것 아냐? 그런데 기계 mechanism라는 것은 운동이 외부에서 주어진다고 그래. 투입한다 input고 하지? 외부에서 넣어야만 운동이 주어져. 생명 현상은 그렇지 않아. 플라톤은 외부에서 넣는 것이 아니라 자체 운동한다고 해. 그게 뭐냐는 것은 참 힘들어. 거기서 여러 가지 문제가 나와. 자체 운동한다는 것은 투입하지 않는다는 얘기야. 그러니까 투입해서 언제든지 반복하는 측면만을 끄집어내서 이용하는 것, 그걸 기계라고 해. 사람은 기계가 아니야. 생명 현상은 기계론 속에 들어가지 않는다는 얘기야. 아무리 해봐도 기계는 기계지, 사람이 되지 않아.

강상진 사람도 투입할 수 있지 않습니까? 학습할 때 전혀 무에서 하는 것은 아니잖습니까?

박홍규 학습할 때? 그것은 투입되지 않아도 속에서 자기 운동을 하는데, 그런 능력을 개발하자는 얘기야, 강화시키자는 얘기지. 그렇지만 물리학은 처음부터 투입하지 않으면 아무것도 없어. 학습의 경우는 그렇지 않아. 어린애는 가만 내버려둬도 지능이 발달해. 외부에서 자꾸 교육을 시키면 지능 지수가 좀 더 올라갈 수는 있어. 그러나 가만 내버려둬도 발달해. 생명은 기계하고 그 점에서 달라. 생명은 성장한다고 하지. 기계가 살아 있으면 아무 쓸모 없어. 우리 마음대로 못하잖아? 허허허. 이용 못하잖아? (일동 웃음) 기계가 자기 멋대로 하면 뭐 하러 사람이 그걸 만들어내, 제멋대로 하는데? 우리 마음대로 움직일 수 있으니까 기계를 만들어내고 이용하지. 그러니까 그게 우리 손발의 연장이지 뭐야?

여종현 언어 능력을 기계가 복제할 수 있다는 것은 말하자면 의미 현상을 물리 현상으로 파악할 수 있다는 얘긴지?

이봉재 지금 선생님께서 말씀하신 물리 현상이라는 말에서 물리라는 개념 자체가 문제가 되기 때문에, 제 말이 좀 엉성하게 됐는데, 상식적으로 생각해서 기계가 인간 고유 능력이라고 생각했던 것을 해낼 수 있다면, 하여튼 물질이라는 개념 자체가 달라질 테고, 여러 가지 가능성이 있겠다는 말이죠.

박홍규 안 돼, 못해.

이봉재 개념적으로 안 된다는 말이죠?

박홍규 안 돼.

여종현 컴퓨터의 하드웨어와 소프트웨어 있잖아요, 그러니까 만약 그게 가능하다면, 소프트웨어를 하드웨어로 설명할 수 있어야 된다고요.

박홍규 하드웨어를 소프트웨어로?

여종현 하드웨어가 소프트웨어를 규정할 수 있어야 하는데, 그건 불가능한 겁니다. 그러니까 소프트웨어는 논리라든가 언어 현상의 측면이고, 하드웨어가 물리적인 측면이라 할 수 있는데, 형이 말한 대로 된다면 하드웨어에서 소프트웨어로 나 전환돼야죠.

박홍규 실제로는 안 되겠지. 철학은 하여간 개념 규정에서 출발하니까, 그런 문제는 물질을 어떻게 규정 지을까, 항상 그것을 생각해야 돼. 현대 물리학은 현대 물리학대로, 생물학은 생물학대로 항상 반복 repeat되는 개념 규정은 무엇이냐를 찾아야 돼. 철학적인 차원에서. 구체적인 작동 operation은 딴 문제이고. 또 모르는 것?

여종현 그것과 관련해서 하나 질문하겠는데요, 세계 개념이 보통 중세하고 현대는 비슷한 것 같아요. 그런데 고대 철학에 있어서는 좀 다른 것 같은데, 고대 철학에서는 세계가 조화로운 전체, 질서 지어진 전체이고, 중세에 오면 어떤 전지전능한 자가 세계를 창조했다는 거고, 현대로 오면 인간 의식이 세계를 구성한다, 만들어낸다는 식으로 되거든요. 여기서 아까 존재라는 것이 시초도 없고, 시초가 없으니까 영원하고, 그러다 보니까 특정한 장소에 없고 모든 곳에 있고, 그렇게 보면 이 존재 개념은 절대자가 가지고 있는 어떤 특성 같은 것을 지니고 있는 것 같은데요.

박홍규 여기서?

여종현 여기서 존재 개념이 시초도 없고 영원하고 모든 곳에 있다고 하니까요, 외적인 형식으로 보면 기독교의 신(神) 정의하고 좀 비슷한 느낌이 들거든요.

박홍규 여기서 존재라고 하는 것은 초월적인 기능이라고 하는데, 무슨 뜻이냐 하면 유나 종이 아니라는 얘기야. 그러니까 책상도 있고, 나무도 있고, 사람도 있고, 물도 있고, 공기도 있고, 그것들의 공통치는 뭐냐 하면 〈있다〉는 것이야. 종과 유의 관계는 종이라면 유가 아니고 유가 아니라면 종이 돼. 그러나 이것은 그런 것을 다 떠나. 종이든 유든 모든 것에 대해서 성립해. 추상적abstract으로 어떤 존재자, 어떤 속성 등은 모조리 빼버린 것이야. 그런 것만 있는 게 아니니까. 그러면 그 존재에 대립되는 것은 없다는 것이지.

강상진 존재가 존재한다고 할 때, 만약 영원하다면 무한정하고, 무한정하다면 어느 곳에도 없고, 어느 곳에도 없으니까 없는 것 아니냐는 얘기를 할 수 있다……

여종현 없는 곳이 없으니까 모든 곳에 있는 거죠.

박홍규 그것이 다 멜리소스의 견해라니까. 독일어 번역한 사람이 시간의 계열하고 공간의 계열이 어떻게 같냐고 하거든? 어제 말한 것처럼 파르메니데스나 멜리소스에서 존재는 어떤 특성을 다 빼버리고 존재 일반을 갖고 논하니까, 거기서는 지금 말한 것처럼 시간이나 공간이 구별되지 않아. 그런 경우에만 그 얘기가 들어맞아. 그러니까 지금 엘레아 사상을 멜리소스의 의견을 갖고 논박하고 있는 거야.

강상진 시간이나 공간이 구별되지 않는다······.

박홍규 응, 구별 안 된다.

강상진 어느 곳에도 없으면서 있다고 말할 수 있는 존재도 있지 않습니까? 공간적으로 아무 곳에도 있지 않으면서도 있다고 말할 수 있는 것이 있지 않습니까?

박홍규 가령 뭐?

강상진 플라톤의 형상 eidos 같은 거요.

박홍규 공간에는 여러 가지 차원이 있는데, 그것은 형상이 성립하는 공간에서만 성립해. 수학적인 공간이나 물리적인 공간이 아니라 형상이 성립하는 공간에서.

강상진 그렇다면 그것이 개별화됐다는 데서는 이미 이 논변을 벗어나고 있다고 말해야 됩니까?

박홍규 형상하고는 구별해야 돼. 형상들은 각각 구별되는 여럿이지만, 파르메니데스의 일자는 그것이 모든 존재자인 한에 있어서 하나니까. 형상은 자체적인 것 kath' hauto이라고 해. 자체적인 것인 한에서 형상은 전부 하나야. 시간도 빠지고 공간도 빠지고······.

강상진 모든 형상들이 전부 다 그것 자체로서의 성질을 갖고 있다는 점에서는 하나라고요?

박홍규 자체적인 것이라는 점에서는 하나야. 거기에 접촉해. 접촉한다고 해. 그 점에서 보면 이 이론은 다 들어맞아. 시간도 없고 공간도 없고. 구별하면 들어맞지 않아. 이것은 파르메니데스, 멜리소스의 논리니까 책상도 있고, 나무도 있고, 공기도 있고, 뭣도 있고, 요는 존재로써 충만돼 있어. 파르메니데스가 말한 것처럼 존재로 충만돼 있어. 모두가 존재니까. 그 입장에 선다면 존재는 어딜 가나 어디든지 있다. (한

동안 침묵) 무한정자는 없을 수 있다는 얘기지. 가능성 속에 있어. 또 모르는 것 질문해.

강상진 좀 다른 질문 해도 됩니까? 수학적 공간하고 형상이 성립하는 공간하고는 어떻게 차이가 납니까?

박홍규 형상에서는 모든 것이 하나야. 수학적 공간에서는 항상 되풀이돼. 되풀이되면 연산 operation이 돼. 그러나 형상은 연산의 대상이 되지 않아. 형상하고 수학적 수하고 같은 점은 수학적 수와 형상이 접촉한다는 거야. 연결이 닿아. 자체적인 것이라는 것은 조작의 대상이 되지 않는다는 뜻이야.

강상진 연산의 대상이 된다는 얘기는 우리 인식 수단과 접촉한다는 것 아닙니까?

박홍규 아니, 하나 더하기 하나면 둘이고, 둘에서 하나를 빼기도 하잖아.

강상진 그러니까요, 수학적 공간에서 성립하는 것들은 그렇게……

박홍규 그렇지. 수학적 공간에서는 수학적 연산이 가능하단 말이야. 수학적인 수는 더하고 나누고 곱하고 쪼개고 할 수 있지만, 형상은 그렇게 되지 않지. 하나밖에 없잖아. 자체적인 것은 안 돼. 일자성 oneness은 연산의 대상이 되지 않아. 일 one는 연산의 대상이지만, 하나 자체는 아니야. 그것은 파르메니데스의 일자야. 또 질문? (한동안 침묵) 도움이 되나? 그걸 읽으니까 도움이 돼?

이봉재 이걸 읽는 것보다 선생님께 여쭤보는 것이 더 도움이 되는 것 같아요. (웃음) 선생님, 아까 언어와 물질에 대한 얘기는 솔직히 잘 모르겠어요. 개념을 정의한다는 것 말인데요, 개념을 정의하는 것이 실제 과학적인 성과에 대해서 어떻게 한계 limit로 적용될 수 있는가 하는 의문이 들거든요.

박홍규 과학적 성과에 대해서? 당연히 과학의 한계를 정해 주지. 선험적으로a priori 정해지는 것 아냐? 어떻게 정의하느냐에 따라서 다르니까.

강상진 역사적으로는 철학이 내렸던 과학의 한계가 많이 깨지지 않았습니까? 과학 자신의 성과에 의해서. 그러니까 아리스토텔레스가 물질 개념을 정의하려고 했는데, 그것이 이후 갈릴레이 물리학에 의해서 깨지고, 그래서 다시 새로운 물질 개념에 대한 정의가 나오지 않았습니까?

이봉재 그렇다면 선험적으로 적용한다는 것이……

박홍규 그러니까 우리는 현대 실증 과학을 이야기해야 될 것 아냐? 아리스토텔레스, 플라톤, 유물론, 등등 여러 가지 물리학이 있으니까, 어느 물리학에서 말하는 정의난 말이야. 그런데 우리는 현대 과학에서 말하는 물질에 대한 정의를 찾아야 될 것 아냐? 아까 말한 상식적인 물리학이라는 것은 현대 과학의 산물이지 플라톤이나 아리스토텔레스 과학의 산물은 아니거든. 그러면 현대 과학에서 물질이 무엇이냐를 찾아야지.

이봉재 거기서 물질 개념을 찾아야 된다고요?

박홍규 응, 거기서 항상 되풀이되는 개념을 찾아내야 돼. 그래서 자꾸 분류하고classify, 또 분류해. 그러면 정의가 나올 것 아냐? 그러니까 원칙적으로는 우리가 현대 물리학, 실증 과학을 알아야지. 희랍에서 나온 형이상학metaphysic은 근본적으로는 〈physics〉, 물리학이야. 〈meta〉는 〈그 뒤에〉를 뜻해. 의미상으로는 물리학을 전제하고 그 위에서 있는 것이지.

강상진 선생님, 아까 모든 것이 우리 설명의 대상이 될 수는 없다고 말씀하시지 않았습니까?

박홍규 설명의 대상이 될 수 있는 것이 있고, 없는 것이 있어. 될 수 없는 것이 무엇이냐가 문제야. 아까 무도 함축implication을 가지고는 설명이 되지 않았어. 그러니까 우리는 설명의 대상이 되지 않는 것을 놓고 나가. 학문을 실제로 해보면 그래.

강상진 학문은 설명의 대상이 되지 않는 것을 놓고 나간다고요?

박홍규 응. 설명이 안 되는 것을 우리는 사실fact 속에서 받아들이고 있어. 그런데 설명을 할 수 있는 측면에서만 보려고 하는 것이 학문이야.

강상진 예를 들어서 우주의 기원 같은 것을 지금 완벽하게 설명할 수는 없는데, 그것을 우리가 설명할 수 있는 데까지 계속 탐구해 나가는 것이 학문이라는 말인가요?

박홍규 우주의 기원 같은 것도 설명이 되지 않는 것의 일종이지.

강상진 치열하게 경쟁만 하고 있지, 완전히 확증된 이론은 없죠.

박홍규 그렇지, 가설이지. 실증 과학으로 할 수가 없는 것이지. 실증 과학이라면 우리가 그것을 검증을 할 수 있어야 하는데, 어떻게 검증을 해? 인간이 몇 천 년 전 어디로 가?

강상진 못 가죠.

박홍규 허허허, 못 가지? 그러니까 설명할 수 있는 측면만 우리가 보는 것이지. 그런 것은 추측에 지나지 않아. 학문에 과거의 것을 설명하려는 것이 많잖아? 역사니 뭐니 하는 것 말이야. 또 본질적으로 설명이 안 되는 것도 있어. 결국 어떤 것이 설명되지 않느냐, 바로 그런 문제야. 이런 것(무)도 선험적으로 설명이 안 돼.

강상진 무가 어떻게 대상이 되느냐?

박홍규 응, 그런 것이 어떤 것이냐를 우리가 생각해야 돼. 아까 말한 우주의 시초는 설명이 되지 않는데, 갈릴레이가 말한 것처럼 우주에 대한 커다란 그림이 있어서 처음부터 존재할 수 있다는 등등을 다 가정하면 설명이 되지. 그렇지 않으면 설명이 안 돼. 그것은 사실로서 안 되는 거야. 그러나 사실이 아니라 선험적으로 설명 안 되는 것이 있어. 그것을 학문에서는 회피해. 빠져나가 버려. 학문은 그런 것을 우회해. 그러니까 학문에는 한계가 있어.

박정하 영혼 같은 것도 거기에 포함됩니까?

박홍규 영혼? 사실 설명이라는 것이 무엇을 의미하느냐를 생각해야 돼. 영어로〈explanation(설명)〉이라고 하는데, 〈explico(전개하다)〉란 감겨 있는 것을 푼다는 얘기야. 〈explano(설명하다)〉도 거기서 나왔을 거야. (사전을 찾으며) 〈explano〉, 〈평평하게 만든다〉, 〈설명한다〉, 그러니까 〈explanation〉은 본래 평평하게 만든다는 뜻이 있어. 아무튼 설명을 뜻하는 〈explanation〉이라는 말 자체를 뭐라고 규정해야 할지 문제가 되잖아?

의식에 대한 모든 것들이 데이터로서 주어져야 돼. 그런데 영혼은 데이터로서 주어지지 않아. 영혼이 눈에 보여? 자네 속에 들어 있는 의식 기능이 자네 눈에 보여? 아니지? 느껴져? 못 느끼지? 어떻게 설명해? 설명이 안 돼. 그런데 정의하면 설명이 돼, 선험적으로. 그러면 정의를 어떻게 내리느냐? 영혼이 있는 것과 영혼이 없는 것의 기능을 살펴보니까 그 기능이 다르더라는 거야. 거기서 차이differentia가 나오지? 영혼이 없는 단순한 물질의 기능과 영혼이 있는 생물체의 기능이 다르다면 다른 점이 나와야 되겠지? 그러면 우선 우리에게 직접 주어진 것에 대해서 정의를 내려놓고, 그런 다음 그것에 반(反)하는, 즉 그것에 들어가지 않는 것을 기준으로 해서 이런 것은 이러한 것이라야 되겠다고 정의difine해. 생명 현상에 관한 정의는 전부 다 그렇게 나와. 물리학이나 생물학이나 그런 점에서는 다 똑같아. 직접적으로 주어지는 것을 다루는 실증 과학이라는 점에서는 다를 것이 없어. 다른 점이 있다면 물리학과 생물학의 대상이 다를 뿐이야.

박정하 요청되는 것……

박홍규 요청이라는 것은 또 의미가 다르지. 완전한 정의는 없어. 완전한 정의가 없는 경우에 이런 정의를 우리가 요청한다면 그때는 〈가정한다postulste〉고 해. 모든 것을 다 파악할 수 없을 때, 우리가 이렇게 놓고 나가자고 해서 놓는 것을 공리axiom라고 하지. 요청이란 그런 의미야.

생물학에서는 생명 현상을 이러이러하게 정의해 놓고 설명을 해보니까 되더라는 거야. 가장 중요한 것은 우리에게 직접적으로 주어진 물질 현상인데, 그것에 대한 기본적인 정의가 출발점이 돼. 그러면 그 정의에서 일관적consistant인 점에 대해서 물질 현상과 어떻게 다르냐를 뽑아내야 돼. 그건 형이상학이 하는 일이야. 물질은 생명 현상과 이렇게 다르다. 생명 현상은 스스로가 자기 안에서 조절해. 물질은 밖에서 움직여줘야 돼. 다르잖아, 다르지? 자기 안에서 스스로 움직이는 어떤 현상이 주어지느냐를 죽 연구해. 서양 학문은 모두 그렇게 해서 발전했어. 정의에 의해서 그렇게 체계적으로 정리되어 있으니까, 시행착오가 적고, 발전이 빨라.

이봉재 선생님 말씀을 들으면 데이터가 먼저인지 정의가 먼저인지 계속 의문스럽거든요. 선생님께서 아까 어떤 데이터가 주어지면 설명할 수 있다고 말씀하셨는데, 그러면 정의에 의해서 걸러져야만 체계적이게 된다는 말씀이신가요?

박홍규 데이터에서 정의를 끄집어내야지. 그러면 그것은 해석과 어떻게 다르냐? 해석학자들도 있고 하지만, 해석학의 난점은 해석이라는 것이 무엇이냐를 정의해야 된다는 점에 있어. 학문은 항상 정의에서 출발하지, 해석이 출발점은 되지 않아. 이러저러하게 정의해 놓은 것에 대해서 해석할 필요가 있다고 할 때 해석이 출발하게 되는 것이지, 처음부터 해석에서 출발하지는 않아.

강상진 데이터가 직접 주어지지 않은 것에 대해서 정의를 내릴 때 해석했다고 말하는 겁니까?

박홍규 생명 현상, 내부 현상을 해석학자들은 해석의 대상이라는 거야. 옳아. 직접 주어지면 해석할 필요가 없어. 그런데 해석이라고 말할 수 있으려면, 해석이라는 것이 무엇을 의미하느냐를 정의해야 돼. 그래서 이 정의가 어떤 때 적용되느냐가 나와야 될 것 아냐? 그럴 경우에만 해석이라고 해야지, 그렇지 않은 것에 대해서 해석이라고 하면 곤란해. 해석이 적용되는 범위가 있으면 적용되지 않는 범위도 있는 것이지? 그러니까 해석이라고 해서 맘대로 이렇게 저렇게 해놓는 것은 소용없어. 학문이 되지 않아. 정의에 의해서 해석을 해야 되고, 그래서 소정의 결과로서의 데이터가 우리한테 딱 나와야 돼. 그래야 해석의 의미가 있지, 제멋대로 해석해 버리면 무슨 소용이 있어? 학문의 가치가 어디 있어?

강상진 그런 식으로 말하면 철학도 과학에 대한 인간의 일종의 해석이라고 말해야 됩니까?

박홍규 과학은 해석이라고 할 수 없어. 과학은 직접적으로 우리에게 주어진 것이니까. 해석이 하나도 들어가지 않은 데서 출발해. 해석의 대상은 우리에게 직접 주어지지도 않고 추리의 대상도 아닌 것이야. 추리의 대상은 우리에게 직접적으로 연관이 닿을 수 있는 것이고. 추리의 대상도 아니고, 우리에게 직접적으로 연관이 될 수 없는 것, 그런 것을 해석의 대상이라고 해. 문자는 해석의 대상이지? 왜 그래? 사람 인(人) 자를 써놓고 아무리 봐도 거기서 사람이란 말뜻은 안 나와. 추리한다고 해서 나와? 안 나오지? 그것은 우리가 약속한 것이야. 약속한 사람들끼리만 알아듣지, 미국 사람한테 사람 인 자 보여주고 이게 사람이라고 해봐야 뭘 알겠어? 그림이지. 그러니까 해석이야. 그런데 아까 말한 우주의 시초에 관한 것은 해석이라고 하지 않아. 왜냐하면 그것은 우리 인간이 유한해서 모르니까 그렇지, 그야말로 우리 지식이 무한히 발달하면 언젠가는 우주의 질서가 어떻다는 것을 알 수도 있어. 이론적으로는 불가능한 것이라고 배제하지 않잖아? 그런 것은 해석이라고 하지 않아. 지금 우리가 모르니까 다만 현재의 지식 수준에서 우리가 추리한다고 그러지, 해석이라고는 하지 않아.

강상진 우리 학문이 설명할 수 없는 대상을 피해 나간다고 말씀하시지 않으셨습니까? 어저께 수학에서 영을 말씀하시면서, 그런 의미에서 수학이…….

박홍규 그러면서 자꾸 피해 나가지.

강상진 피해 나가는 방식으로 수학이 건설된다고 말씀하신 겁니까?

박홍규 그렇지. 이태수 선생 설명을 들어봐야 되는데…… 수학적인 조작operation은 모순을 배제하고 나간다는 말이야. 모순된 것은 설명이 되지 않아. 설명되지 않는 것은 일단 피해. 모순은 피해. 아까 무(無)가 나왔는데 이것도 모순이야.

강상진 모순을 피한다는 얘기는 사실 모순이 있다는 것이고, 그렇기 때문에 피하는 것 아닙니까?

박홍규 아, 그렇지, 모순이 있다는 얘기야. 있는데, 모순을 피해 나가는 방식도 있더라, 그런 측면도 있더라는 얘기야. 학문은 그것을 피해 나간다는 거야.

강상진 모순이 있다는 것 자체가 모순 아닙니까?

박홍규 모순이 있지, 왜 모순이 없어?

이봉재 선생님 강의를 몇 번 들었는데요, 선생님께서는 〈학문〉이라는 말을 많이 쓰시는데, 그때 학문이란 것을 선생님께서는 어떻게 정의를 하시는지요.

박홍규 희랍 철학에서 말하는 〈epistēmē(인식)〉이지.

이봉재 현대적으로 말하면 모든 분과 학문들을 다 통칭하는 건가요?

박홍규 현대 철학이 아니라 희랍 철학이니까, 요즘 학문에는 심리학도 있고 여러 가지 있잖아? 다르지. 서양하고 동양도 그렇고. 또 모르는 것 질문해. 자넨 뭘 전공한다고 했어? 칸트?

박정하 예.

박홍규 이것(희랍 철학)하고 거리가 아주 머네. (일동 웃음) 칸트 같은 것은 뭔가 내용이 얼른 들어오는데, 희랍 철학은 어떻게 보면 단순해서 아무것도 아닌 것도 같고. 허허. 그런데 고르기아스는 고도의 추상적인 논리를 갖고 지금 논하고 있어. 자넨 전공이 뭐라고 했지?

박정하 사회 철학입니다. 헤겔입니다.

박홍규 자네도 사회 철학인가?

여종현 후설입니다.

박홍규 아, 후설 어렵지. 문장이, 분량이 많고……

여종현 예, 문장이 지저분하고……

박홍규 문장이 지저분하고, 분량 많고, 문맥이 어디 가 붙는지도 모르겠고……

이봉재 내용은 있는지 모르겠습니다. 하하.

박홍규 허허, 전공한 사람한테 물어봐야지.

여종현 후설도 그렇고 하이데거도 그렇고 희랍 철학을 상당히 좋아하더라고요.

박홍규 하이데거는 희랍 철학을 중요시하지만, 후설은 좀 다르지.

여종현 후설도 후기에 가서는 희랍 철학을 좋아하는 것 같은데요. 생활 세계 이론 끄집어낼 때는 희랍 철학을 굉장히 좋아하는 것 같습니다.

강상진 선생님, 아까 모순이 있다고 그러셨는데요, 그게 사실로서 주어진 겁니까, 아니면 선험적으로 주어진 겁니까?

박홍규 선험적으로도 있고, 사실로도 있고.

강상진 다 있습니까?

박홍규 응. 자네는 또 뭐를 공부했지?

이봉재 저는 언어 철학 했습니다.

박홍규 자넨 언어 철학 하면 흥미 있겠네. 언어에 관한 얘기가 나오니까 말이야. 이 책 뒤에 언어에 관한 해설comment이 있기는 한데, 너무 간단해.

이봉재 선생님, 예전에는 잘 몰랐지만 요즘은 언어 말고도 이런 것이 재미있던데요. 전에도 선생님 강의 많이 들었었는데, 그때에는 이해가 안 되고 해서 B 맞았죠. 허허허. 이정우 군이 이런 얘기를 재미있게 해주더라고요. 그래서 저는 어디서 나온 얘긴가 했더니, 강상진 군이 다 선생님 얘기라고 하더라고요, 허허. (일동 웃음)

박홍규 잘 읽어보게. 현대 사상하고는 다르니까. 차이가 많아. 현대 철학에서 누가 의사소통communicaion이 안 된다, 그러니 남하고 대화할 수 없다는 이야기를 해? 안 하지? 그러나 그런 것을 고대 철학에서는 논의했거든. 절실한 어떤 현실적인 측면이 있기 때문에 이런 소리를 하는 거야.……(테이프 교체)……개인이 완전히 고립돼 있을 적에는 의사소통이 불가능해. 우리 한국 사회를 불신 사회라고 하지? 불신 사회란 의사소통이 되지 않는다는 얘기야.

박정하 그렇지만 고르기아스가 그런 말을 했다는 것은 일단 의사소통을 전제하고서 하는 말이죠. 또 모순이 있다는 것도 전제하고서…….

박홍규 허허, 그렇지. 이런 철학을 또 반성해서 이것을 극복하는 철학이 다시 나와.

강상진 고르기아스가 활동하던 시대는 아테네 민주 정치가 쇠퇴기로 접어들기는 했지만, 그래도 민회와 같은 방식의 의사소통이 많이 이루어지지 않았을까요?

박홍규 실제로는 의사소통이 많이 이루어졌지. 그러니까 소피스트들 사이에 논쟁도 하고 그러지. 그렇지만 이런 측면도 있어. 있으니까 이런 말이 나오는 것이고. 불교에서도 선이라는 것이 있지? 말도 안 하고, 말로 전해 줄 수도 없고, 목탁 치는 수밖에 없다는 거지. 허허 (일동 웃음) 선에서는 일체 의사소통을 하지 않으려고 하지. 그런 세계가 있어.

이봉재 글, 문자를 인정하지 않고요.

박홍규 불립문자(不立文字)라고 해. 문자를 세우지 말자. 의사소통을 거절해. 기독교 신앙에서도 신에 대해서는 신앙 고백을 하는 것이지, 신과 의사소통하는 것은 아니지. 의사소통은 인간에게 속한 것이고.

문성원 아까 인간들이 신체, 또는 물리적인 차원에서 서로 다르지만, 사고할 때에는 누구나 다 보편적인 것을 생각할 수 있다고 말씀하신 건가요?

박홍규 실질적인 사건이나 제약에서 벗어날 때에만 그렇다고 했지.

문성원 예, 실질적인 제약에서 벗어나서, 인식, 사고 같은 데에서……

박홍규 그런 기능이지. 기능만 따진다면 추상적인 사고가 어떻게 발달했느냐 하는 문제야.

문성원 그런데 누구나 보편적인 것을 사고할 수 있는 측면은 있는데, 요즈음에 문제가 되는 것은 오히려 신체 기능은 달라도 같이 살 수 있지만, 생각이 다르면 같이 못 산다는 것이거든요. 생각이 다른 측면들이 아주 많단 말이죠. 예컨대 어저께 TV 토론을 보니까 분단을 어떻게 볼 것인가 하는 주제에 대해 생각들이 아주 달라요.

박홍규 분단? 난 안 들어봤어.

문성원 하여튼 한두 측면에서만 그런 것이 아니고 그런 요소들이 대단히 많아요. 그러니까 같은 것을 생각할 수 있다는 것보다 생각하는 것이 다르다는 것이 더 문제가 되는 경우가 많지 않은가, 그래서 그런 문제를 풀려면 의사소통 문제가 제기돼야 하는 것이 아닌가……

박홍규 의사소통이 안 되는 거야. 그 문제는 말이야, 현대사에 대한 각자의 생각, 그러니까 분단과 관련해서 역사의 이해가 어떤가에 따라 달라지겠지. 그런 차이가 왜 생기느냐를 생각해야겠지. 같은 한국 사람이라도 기후라든지 신체적 조건, 처해진 환경 같은 것들이 달라.

문성원 그런데 그런 문제는 학문적으로는 접근하기 곤란하잖아요.

강상진 실제적으로 인간 사회에서는 충돌conflict, 갈등이 있지 않습니까?

박홍규 갈등이 있지. 갈등은 철학적으로 모순의 대표적인 예야.

문성원 학문으로는 어떻게 접근할 수 있는 방법이 없습니까?

강상진 피해 가는 수밖에 없습니까?

박홍규 아, 학문? 학문은 갈등이 된 것을 피해 가려는 거야. 갈등이 없다는 것이 아니야.

문성원 그런 문제를 해결하기 위해서 학문을 가지고 덤벼들어서는 곤란하다는 말씀이신가요?

박홍규 그런 문제는 말이야, 국민의 합의consensus가 나와야 될 것 아냐? 그러니까 의사소통의 방법이 발달해야 돼. 의견들이 다르다는 것은 우리 한국 사람들 각각의 의견이 합의점을 가지고 있지 않다는 얘기 아냐? 그러면 왜 안 가지고 있는지 그 원인을 파악해야지. 그런데 사회 생활에서 가장 중요한 것, 그리고 합의를 가져다주는 것은 상식인데, 상식은 정합적인 겁니다. 건전한 상식을 가져야만 사회가 잘 되지, 무슨 특별한 이데올로기나 원칙을 따지게 되면 잘 안 돼. 그런 사회는 잘 안 돼. 타협이 안 돼, 절대로 안 돼. 원칙이라는 것은 타협이 되지 않는 거니까. 그래서 분열이 있게 되고, 갈등이 나와.

문성원 상식하고 학문하고는 관계가 있지 않습니까?

박홍규 상식은 그때마다 다르지. 조선 시대 상식하고 지금의 상식하고 다르고, 오십 년 후의 상식하고 또 다르지.

문성원 오늘날 상식 중에 과학적인 지식도 들어가지 않습니까?

박홍규 다 들어가지. 실증 과학에서는 우리가 의견의 일치를 얻을 수가 있지만, 인문 과학은 안 되잖아. 인문 과학의 경험은 증명할 수 없는 것이니까.

박정하 상식이라는 것은 물론 어느 정도 모든 것이 다 흡수되는 면도 있지만⋯⋯.

박홍규 응, 정합적이니까.

박정하 그런 면보다는 오히려 다수의 논리라는 측면이 더 강하지 않습니까?

박홍규 다수의 논리가 강하지.

박정하 그러니까 상식과 진리라는 것은 분명히 구분이 되는 거고⋯⋯.

박홍규 그렇지. 상식이 꼭 진리라고 할 순 없어.

박정하 더군다나 때로는 상반될 수도 있는 거고⋯⋯.

박홍규 상반될 수 있지.

박정하 그런데 사회 통합의 기준을 상식으로 삼는다는 것은 다수의 논리가 정당화된다는 말인데, 거기에 상식의 약점이 있을 수 있지 않겠습니까? 물론 현실적으로 상식 이외에는 타협이 가능한 것이 없을지는 모르겠지만, 그러나 그런 맹점을 생각할 때는 어떤 위험성이⋯⋯.

박홍규 사실 상식도 여러 가지거든. 경제학을 잘 아는 사람의 경제에 대한 상식과 그것을 모르는 사람의 상식은 구별이 돼야 돼. 그러나 어떤 원칙적인 입장에서 연역적으로 생각하는 것하고 상식하고는 달라. 상식은 한문으로 해석하면 일상적으로 우리가 가지고 있는 앎(識) 이란 말야. 상식은 우리가 서로 의견 일치를 쉽게 할 수 있는 힘을 가지고 있어. 그러니까 국민들이 고도의 상식을 일반적으로 가지고 있어야만 그 사회는 발달해. 민도가 높아져. 몇 사람의 학자가 있다고 해도 소용없어. 상식이란 것은 당시 사람들이 볼 때 헛소리는 안 돼. 실증적으로 어느 정도 공감이 생기려면 이상적인 것이 아니라, 현실적으로 어느 정도 타당하다고 여겨져야 돼.

문성원 그런 견지에서 보면 플라톤의 국가 이론 같은 것은 어떻습니까? 그 당시의 상식적인 견지에서 플라톤의 국가 이론은……

박홍규 플라톤의 국가 이론을 상식화하려면, 그것을 이해할 정도의 지적 수준이 먼저 나와야 된다는 얘기야.

문성원 그러니까 그 당시에서도 그게 불가능했다.

박홍규 플라톤 당시에? 그것이 상식은 아니었지. 그러니까 상식이 좋다는 것은 아니야. 제약이 있어. 미국 사람 상식하고 한국 사람 상식하고 다르거든? 성질이 다르고, 다 다른데? 건전한 상식을 갖는 사회가 제일 좋은 사회야, 영국처럼. 갈등이 없어. 그런 국민이 되어야 돼. 민도가 높아져야지. 착실하게 생각해야지. 착실하지 않고 혼란chaos 속에서는 상식이 안 통해. 혼란해지면 상식이 안 통하잖아. 당시 아테네 같은 사회는 상식이 안 통했어. 상식이 없었으니까. 대개 잘되는 나라는 수준 높은 상식이 발달한 나라야. 순수가 강한 나라는 이리 바뀌고 저리 바뀌고 바뀌는데, 그런 것은 별로 좋은 것이 아니야. 원리가 잘 되면 모르지만 잘못되면 참 곤란해. 상식에는 융통성이 있어서 수정할 수도 있지만, 원리를 가지고 하면 그렇게 되지 않아. 또 모르는 것 없어?

강상진 선생님, 어제 차이Unterschied를 말씀하실 때, 희랍 비극은 갈등을 감성 수준에서 얘기하고, 지적 수준에서 갈등을 얘기하는 것이 희랍 철학이라는 건가요?

박홍규 둘이 다 비극이라는 얘기야. 둘이 다 고르기아스 사상이야.

강상진 아, 고르기아스 사상도 역시 갈등을 지적 수준에서 보는……

박홍규 갈등 아냐? 하나의 기준criterium을 놓으니까 그와 반대되는 기준이 부정적으로 나오더라. 가장 확실한 파르메니데스의 논리는 가장 불확실한 허무주의nihilism를 낳더라는 거야.

강상진 파르메니데스 논리가 성립하려면, 무가 존재와 충돌할 수 있는 어떤 것으로 성립해야 되는 것 아닙니까? 멜리소스에서는 무는 없으니까, 존재만 남는다는데, 파르메니데스로 가면 이 두 개가 서로 구별되어서……

박홍규 구분되지.

강상진 구별되는 한에서만 존재는 존재고 무는 무라는 원리가 성립하는 거죠?

박홍규 그렇지, 한계가 딱 지워질 때만 무는 무고 존재는 존재라는 원리principle가 나오지. 그 원리를 놓고 나가니까 반대 되는 모순이 나와.

강상진 그 원리로부터 모순이 나온다.

박홍규 현대에서는 이런 식으로 문제 삼지 않지.

강상진 파르메니데스의 논리가 모순율에 기초하고 있다고 말해야 됩니까?

박홍규 모순율이지.

강상진 이런 식의 허무주의를 넘어서려면 모순율 말고 또 다른 뭐가 있어야지……

박홍규 허무주의를 넘어서려면 모순율로, 즉 파르메니데스로 다시 돌아가야지. 그게 플라톤이야. 기독교도 모순을 극복하는 사상이지. 거긴 더 심각해. 인간이 아무리 노력해도 인간의 힘으로 모순을 극복할 수 없다고 할 때 기독교가 나와. 막다른 골목에서 나오니까 심각한 거지.

강상진 기독교는 적극적으로 모순을 받아들이자는 입장입니까? 파르메니데스의 모순율로부터 고르기아스가 끌어낸 바에 따르면 아무것도 없는데, 실제로는 이것도 있고, 저것도 있고 하니까, 그것 모두가 허무에서 나왔다, 창조했다고 말해야 된다.

박홍규 그렇지, 모순을 받아들이니까.

강상진 모순을 적극적으로 받아들이니까.

박홍규 응, 받아들이는 입장이야.

강상진 학문은 모순을 피해 가는 입장이고.

박홍규 그렇지, 그것이 다른 점이야. 기독교는 모순을 도저히 피할 수 없더라. 모순은 대결해서 도대체 피할 수가 없고, 다른 길을 찾아야 하겠더라는 얘기야. 그래서 모순되기 때문에 믿는다는 테르툴리아누스 Tertulianus의 유명한 말이 있지. 모순되지 않으면 무엇 때문에 믿어?

이봉재 그럼 학문을 하면서 종교를 같이 가진다는 것은 곤란하겠네요.

박홍규 학문하고 기독교에서 말하는 신앙하고는 달라. 똑같은 허무주의의 극복이라고 하지만 둘이 달라. 그러나 신앙만 가지고도 안 되고, 학문만 가지고도 안 돼. 사람은 엉켜 있어. 학문으로 분석해 보면 나타나. 그러나 학문적인 것 갖고 하면 사람들이 신앙에 따라가지 않아. 인간은 인간답게 살자든가, 정의를 구현하자든가, 그런 소리 하면 신앙심이 나오지 않아. 허허허. 그것은 희랍 사상, 다시 말해서 학문의 입장이지. 신앙은 정의를 찾지 않아. 정의를 구현하려면 법으로 해야 하는데, 무수한 사람들이 희생당해. 법으로 치면 구제될 사람은 하나도 없어. 정반대야. 그렇게 구제할 수 없는 사람을 구제하는 것이 기독교 신앙이지, 정의를 찾는 것은 희랍 사상이야. 그것은 절대로 기독교 사상이 아니야. 교회에서 정의 같은 것을 자꾸 주장하면 신도들이 안 따라가. 우리 한국이 그래. 마음 편하려고 교회 가는 것인데 그런 소리 해봐, 귀찮고 싫어지지. 거기서 해방되려고 가는데 거기서 또 그런 소리 하면, 사람들이 따라가지 않아. 실제 그래, 지금. 옛날에 한국 기독교장로회하고 예수교장로회를 구분하잖아? 해방 직후에는 세력이 비슷했어. 기독교장로회가 조금 더 많았지. 예수교장로회는 번영하는데 기독교장로회는 그렇지 못해. 거기 가면 마음이 편하지 않아. 마음의 안정이 안 돼. 신앙의 세계는 학문의 세계와 다르다는 것을 알아야 돼. 학문의 세계가 줄 수 없는 것을 보충받으려고 신앙으로 들어가는 거야. 그래서 교회 가서 기도하잖아. 내가 항상 지켜보는데, 지금은 그 두 교회 차이가 굉장히 많이 나. 신앙과 학문을 구별하자는 것이 서양 사람들의 특징이야. 이제 질문할 것 없나?

강상진 끝으로 한 말씀…….

박홍규 인간 사회는 갈등 속에, 모순 속에 들어가. 파르메니데스는 학문을 위해 모순율을 놓고 나가. 그러나 정반대되는 갈등이 생기더라는 얘기야. 지식은 있을 수도 없고, 있어도 파악할 수도 없고, 그러니 학문은 다 그만두자는 허무주의의 문제는 거기에 있어. 그러나 이런 논리가 다 옳다는 것은 아니야.

강상진 선생님 어저께도 말씀 많이 하시고 오늘도 말씀 많이 하셨어요. 저희는 이만 일어나겠습니다.

(1989. 6. 24.)

강의의 시기, 시간, 필사자, 윤문자

	시기	시간	필사자	윤문자
1. 아리스토텔레스의 우시아	1988. 6. 19.	2시간 40분	강상진	박희영
2. 철학이란 무엇인가?	1988. 12. 11.	2시간 30분	강성훈	최화
3. 플라톤과 허무주의 극복	1989. 12.	1시간 50분	장영란	이정호
4. 플라톤과 전쟁	1990. 6. 17.	2시간 50분	김인곤	최화
5. 소크라테스 이전의 철학	1990. 12. 2.	1시간 30분	손윤락	김인곤
6. 피시스 (I)	1991. 6. 15.	1시간 40분	전헌상	양문흠
7. 피시스 (II)	1991. 12. 15.	2시간	강대진	박희영
8. 존재의 충족 이유율	1992. 6. 24.	2시간	김대오	최화
9. 희랍 철학의 이면	1992. 12. 13.	1시간 50분	김기영	김남두
10. 무제	1993. 12. 12.	2시간	최화	최화
11. 고르기아스 비존재 강의 후 질문	1989. 6. 24.	2시간	강철웅	김인곤

상임 윤문 위원 : 이정호, 김인곤, 최화
윤문과 테이프 재대조, 총정리 : 최화

형이상학 강의 2

1판 1쇄 펴냄 · 2004년 3월 9일
2판 1쇄 펴냄 · 2007년 7월 5일
2판 3쇄 펴냄 · 2014년 1월 14일

지은이 · 박홍규
발행인 · 박근섭
편집인 · 장은수
펴낸곳 · (주) 민음사

출판등록 1966. 5. 19. 제16-490호
(우)135-887 서울 강남구 신사동 506번지 강남출판문화센터 5층
대표전화 515-2000 / 팩시밀리 515-2007

www.minumsa.com

값 25,000원

ISBN 978-89-374-2211-9 (94110)
     978-89-374-2208-9 (세트)